Edward Ryan

Geschichte der Wirkungen der verschiedenen Religionen auf die Sittlichkeit und Glückseligkeit des Menschengeschlechts

In ältern und neueren Zeiten

Edward Ryan

Geschichte der Wirkungen der verschiedenen Religionen auf die Sittlichkeit und Glückseligkeit des Menschengeschlechts
In ältern und neueren Zeiten

ISBN/EAN: 9783743602939

Hergestellt in Europa, USA, Kanada, Australien, Japan

Cover: Foto ©Lupo / pixelio.de

Weitere Bücher finden Sie auf **www.hansebooks.com**

Doktor Eduard Ryan's
Geschichte der Wirkungen
der
verschiedenen
Religionen
auf die
Sittlichkeit und Glückseligkeit
des
Menschengeschlechts,
in ältern und neuern Zeiten.

Aus dem Englischen.

Uebersetzt
und mit Anmerkungen und Abhandlungen
vermehrt
von
M. C. V. Kindervater
Prediger zu Pedelwitz bey Leipzig.

Leipzig
in der Weygandschen Buchhandlung
1793.

Vorbericht des Uibersetzers.

Die Wirkungen der verschiedenen Religionen zu betrachten, ist zuverläßig für den Geist derjenigen Leser, welche Interesse für die wichtigste Angelegenheit der Menschheit haben, eine eben so würdige als unterhaltende Beschäftigung. Daher glaubte ich nichts überflüßiges zu thun, wenn ich die Uibersetzung eines Werks übernähme, in welchem dieser Gegenstand von mehr als einer Seite beleuchtet wird. — Ohne die Verdienste des Verfassers hier zu würdigen — das günstige Urtheil des Uibersetzers wird ohnedem nicht immer für unpartheiisch gehalten — soll dieser Vorbericht zu nichts weiter bestimmt seyn, als von der Art und Weise Rechenschaft zu geben, nach welcher ich das Original in der Uibersetzung behandelt habe.

Was den Stil des Verfassers anlangt, so fand ich ihn mitunter etwas zu wortreich, und den Ton des Vortrags zu einförmig. Diesem suchte ich, so viel möglich, durch veränderte Wendungen mehr Mannigfaltigkeit zu geben, und den Uiberfluß an Worten glaubte ich beschneiden zu dürfen. Auch habe ich im Ganzen genommen das Original um einige Bogen abgekürzt. So ist z. B. aus dem dritten Abschnitte, wo der Leser mit einer zu weitläuftigen Aufzählung von Aberglauben und Pfaffenbetrug unter heidnischen Nationen, überhäuft wird, Einiges weggelassen worden.

Mit einem Worte: ich bin bei dieser Uibersetzung so zu Werke gegangen, daß ich dem Verfasser von dem Seinigen dasjenige wegnahm, was, meiner Einsicht nach, entbehrlich zu seyn schien, Ihm aber doch von dem Meinigen nichts unterschob.

Was ich an ihm zu berichtigen oder von seinen Ideen weiter auszuführen für nöthig fand, ist in den beigefügten Anmerkungen und Abhandlungen geschehen. Die Anmerkungen hätten leicht zahlreicher werden dürfen, wenn ich mich der Unbescheidenheit, dem Leser zu oft in seinem Urtheile vorzugreifen, hätte schuldig machen wollen; denn für Leser ohne alle Kenntnisse ist die Arbeit des Brittischen Gelehrten, seinen eigenen Aeußerungen zufolge, nicht bestimmt.

Sollten vielleicht einige Leser an dieser oder jener meiner Behauptungen in der, dem ersten Abschnitte angehängten Abhandlung, einen Anstoß finden, welches ich da, wo ich nach Kantischen Grundsätzen geurtheilt habe, mit Wahrscheinlichkeit voraussehe; so versichere ich hiermit, daß mir keine Gegenerinnerung, welche sich nicht als einen Machtspruch ankündigt, unangenehm seyn wird, bitte aber zugleich völlig überzeugt zu seyn, daß ich mir nirgends mit Vorsatz eine Parteilichkeit habe zu Schulden kommen lassen.

Vorrede des Verfassers.

Gegenwärtiges Werk ist durch eine Preisfrage veranlaßt worden, welche im Jahre 1775, vom Probste der Dubliner Universität und dessen Kollegen unter dem Titel: „Uiber den Einfluß der Religion auf die bürgerliche Gesellschaft" aufgegeben wurde. Zur Beantwortung derselben wurden vier Monate gestattet; und der Verfasser der besten Abhandlung sollte, versteht sich von selbst, den Preis davon tragen. Der Probst, Herr Hutchinson, suchte auf diese Weise mehr beyn irgend einer seiner Vorfahren, den Eifer der Gelehrten zu beleben, um ihre Muse auf die Hervorbringung schätzbarer Geistesprodukte zu verwenden; und wir dürfen deshalb in kurzen von Männern, welche frühzeitig ihre Ideen richtig zu ordnen gelernt, ihren Stil ausgearbeitet, und mit Untersuchung wichtiger Gegenstände sich beschäftigt haben, vortrefliche Werke erwarten. Die Abhandlung des Verfassers über jene aufgestellte Frage, erhielt von der gelehrten Gesellschaft den Preis; und im Jahre 1780 bewegte ihn der verstorbene Dr. Foresayth, ein Mann von ausgezeichneter Gelehrsamkeit, sich weiter über diese Materie auszubreiten. Er
be=

bedauerte öfters, daß die gelehrtesten und geistvollsten Mitglieder der Universität sich dieser Arbeit nicht unterziehen wollten, und versichert seinen Lesern, daß, wenn er die hierbei zu überwindenden Schwierigkeiten, insbesondere wie viel Scharfsinn zur Untersuchung dieser Frage nöthig wäre, vorausgesehen hätte, er sich mit dieser Materie nicht würde befaßt haben, aus Furcht, die Forderungen nicht erfüllen zu können, welche man hierbei an ihn zu thun das Recht hätte. Da der Verfasser wuste, daß eine Abhandlung, in welcher Theologie durch Geschichte erläutert wird, allemal mehr Leser findet, als trockene Untersuchungen über Religion und Sittenlehre; so hat er Theologie mit Politik, und die Lehren aller Religionen mit älterer und neuerer Geschichte der Kirche, so wohl als der Staaten, mit einander verbunden. Damit das Werk nicht allzuweitläuftig würde, hat man öfters kurze und präcise Säße den gerundetsten Perioden vorgezogen, und allein diejenigen Religionslehren ausgehoben, welche einen Einfluß auf Politik und Moral, allgemeine und besondere Glückseligkeit, bei rohen und gebildeten Völkerschaften, zu haben scheinen. Das Werk wird aus drei Octavbänden bestehen und der erste davon handelt von den Wirkungen der natürlichen, heidnischen, jüdischen, christlichen und mahometanischen Religion. Die folgenden werden ohne Zweifel mehrere Leser interessiren, weil sie eine Geschichte der Wirkungen der Religion in den neuesten Zeiten enthalten sollen.

Die-

Diese Geschichte entdeckt in gewissen Fällen unstreitig falsche Religionssysteme, und zeigt, daß Lehren, welche auf das Verderben der menschlichen Gesellschaft abzielen, und dergleichen schädliche Wirkungen schon darin hervorgebracht haben, von keinem weisen und gütigen Gotte haben können geboten werden. Im Gegentheil sollten wohl die wahren und dauerhaften Vortheile, welche aus den Lehren des Christenthums geflossen sind, und die mannigfaltigen Nachtheile, welche die Verletzung der Gebote desselben nach sich gezogen hat, die Menschen zu denselben geneigt machen, selbst die Feinde des Christenthums bewegen, ihnen wenigstens ein geneigtes Gehör zu geben.

Ich hoffe, daß dieses Werk für Lehrlinge der Gottesgelahrtheit nicht ohne Nutzen seyn wird, indem sie darin zu den besten Quellen über jeden darin abgehandelten Gegenstand geführt werden. Sie finden hier im kurzen das Resultat meines vieljährigen Studiums und Nachforschens. Leser, die keinen andern Vorsatz haben als den, zu tadeln, werden es unstreitig beim bloßen Durchlesen bewenden lassen. Der historischen Erörterungen und überhaupt aller unumstößlichen Beweise ungeachtet, wird es doch heißen: „das Werk hat seine schwachen Seiten, auf welchen es sich gegen verfängliche Einwürfe nicht vertheidigen kann." Unparteiische und gelehrte Leser werden bei der nützlichen Absicht dieses Werks und dem Unterrichtenden desselben, unbedeutende Mängel gern entschuldigen; aber Stren-

ge

Vorrede des Verfassers.

ge ist nur von denen zu erwarten, die bei ihren oberflächlichen Kentnissen ein wenig Geschmack in Absicht auf die Darstellung besitzen oder zu besitzen glauben, sonst aber weder Scharfsinn noch Kenntnisse genug haben, um ein Werk dieser Art gehörig zu würdigen. Der Verfasser hat jezuweilen bei Schriftstellern, die ihm an Genie und Kenntnissen weit überlegen sind, Fehler entdeckt; er erwartet in Rücksicht Seiner das nämliche, und zwar von solchen, die eben so weit unter ihm sind, als Er unter jenen. Jedoch hat Er keine Schriftsteller getadelt als solche, welche Meinungen vortragen, die mit ihren Systemen im Widerspruche stehen, oder Grundsätze aufstellen, die für die Moralität und die Wohlfarth der menschlichen Gesellschaft gefährlich sind. Hat er, gleich jenen Schriftstellern, die er getadelt hat, ähnliche Sätze behauptet, oder ist er mit den Quellen, aus welchen er schöpfte, geflissentlich auf eine unredliche Weise umgegangen, so macht er keine Ansprüche auf die Nachsicht seiner Leser, denn er weiß zu gut, daß Unredlichkeit durchaus keine verdient. Strenge Kritiken sollen ihn von der Vollendung der folgenden Bände nicht abhalten: aber zu Ende des letzten Bandes wird seine Vertheidigung nachfolgen. Beim Schlusse dieser Vorrede sieht sich der Verfasser verbunden, denjenigen Gelehrten seine Erkenntlichkeit an den Tag zu legen, welche einen oder mehrere Abschnitte dieses Werks im Manuscripte durchgelesen und ihm ihre Anmerkungen darüber mitgetheilt haben. Insbesondere dankt er dem Dr. Agar, Erzbischof zu Cashel, für seine gründlichen Anmerkungen in Absicht der Einrichtung

tung des Ganzen, und dem D. Woodward, Bischof zu Cloyne, daß er das ganze Werk durchgelesen und ihm manche wichtige Gedanken darüber mitgetheilt hat. Den übrigen Mitgliedern der Universität zu Dublin und andern Gelehrten, welche größere oder kleinere Abschnitte dieses Werks zwar durchzulesen sich die Mühe genommen, und ihn mit ihren Anmerkungen beehrt haben, entrichtet er seinen verbindlichsten Dank. —

Inhalt.

Erste Abtheilung.

Der Nutzen der wahren Religion für civilisirte Staaten. Ursprung und Wirkungen des heidnischen Aberglaubens.

Zweite Abtheilung.

Einfluß des Judenthums so wohl auf die Hebräer selbst, als auf die moralischen Maximen der Heiden.

Dritte Abtheilung.

Absicht und Wirkungen der christlichen Religion.

Vierte Abtheilung.

Ursprung, Wachsthum und Wirkungen der Mahometanischen Religion.

Die
Geschichte der Wirkungen der Religion
auf die Menschen.

Erste Abtheilung.
Nutzen der wahren Religion für civilisirte Staaten.

Ursprung und Wirkung der heidnischen Religionen.

* * *

Ursprung und Einrichtung der bürgerlichen Gesellschaft.

Man findet in den Untersuchungen einiger Moralphilosophen über den Ursprung und die Vortheile der bürgerlichen Gesellschaft ein Gemählde vom Naturzustande, der nirgends existirt hat, als in ihrer fruchtbaren Einbildungskraft. Sie dachten sich nämlich eine ansehnliche Menge Menschen, die keinen einzigen richtigen Begriff von Eigenthum hätten, einander deshalb befeindet, todtschlügen und ausplünderten. Unstreitig wollten die Anhänger dieser Meinung, durch dergleichen auffallende Gemählde von den Uibeln im Naturzustande den Gesetzgebern und Stiftern der bürgerlichen Gesellschaften, etwas verbindliches sagen. Allein die Hypothese dieser Herrn widerspricht eben so sehr der Vernunft, als den ältesten Urkunden vom Ursprunge des Menschengeschlechts. Die Mosaische Geschichte zeigt uns, daß das Menschengeschlecht einem

nem einzigen Paare seinen Ursprung zu verdanken hat, dessen Kinder unter der älterlichen Herrschaft standen, und denen also von den Eltern ihre moralischen und gesellschaftlichen Pflichten eingeschärft wurden. So wie sich aber die Menschen vermehrten, lößten sich auch die Bande des Blutes allmählig auf; ihr gegenseitiges Privatinteresse wurde verschieden; es bildeten sich, wie wir vernünftiger Weise annehmen müssen, verschiedene kleine Gesellschaften, die von einander unabhängig waren. Freilich konnten solche Gesellschaften, deren Mitglieder sich in einem gewissen Naturzustande bestanden, von jenen Uibeln, welche daher entspringen, nicht frei seyn. Denn wenn sich ein Streit zwischen Familien oder auch nur zwischen ein Paar Mitgliedern verschiedener Familien erhebt; so lassen sich die Folgen davon leicht absehn: die Menschen werden beim Mangel eines gemeinschaftlichen Richters zwischen ihnen, bei ihren Vorurtheilen und ihrer Selbstliebe, allemal hartnäckig seyn, auf kein Urtheil zur Ausgleichung ihres Streites hören, und die Beleidigungen gegen einander so weit treiben, daß sie sich mit nichts anders, als Gewaltthätigkeiten und Blutvergießen endigen. Diesen Uibeln zu entgehen und die Vortheile einer bürgerlichen Gesellschaft zu genießen, hielten es sowohl einzelne Individuen als ganze Geschlechter für zuträglich, sich in eine bürgerliche Gesellschaft zu vereinigen. Vor einer solchen Verbindung genossen sie einer uneingeschränkten Freiheit, und waren keinem menschlichen Richterspruche unterworfen, als dem, ihrer Eltern. Da aber diese Freiheit, in Rücksicht ihrer Dauer, ungewiß ist, und sie der Gefahr, auf mancherlei Weise verletzt zu werden, ausgesetzt waren; so läßt sich sehr wohl begreifen, daß die Menschen geneigt waren, einen Theil davon abzugeben, um den andern, der ihnen übrig blieb, unverletzt zu erhalten. Diese Entsagung war nothwendig zur Errichtung einer Civilverfassung, durch welche die Menschen ihrer ur-

sprüng-

sprünglichen Unabhängigkeit und aller Anmaßung der
Selbstrache beraubt, und solchen Gesetzen unterworfen
worden, die die Erhaltung des allgemeinen Besten erfodert.
Es konnte zuverläßig den Menschen auch nicht schwer fallen, sich in Gesellschaften mit einander zu vereinigen. Ihre
Schwachheit, ihre gegenseitigen Bedürfnisse und andere
Unannehmlichkeiten, erforderten es; die Neigung sich fortzupflanzen, und die Liebe zu ihren Ankömmlichen machten solche Gesellschaften sogar wünschenswerth und vor-
theilhaft. Cicero *) sagt, daß selbst Menschenfeinde,
dergleichen jener Timon zu Athen soll gewesen seyn, dennoch die menschliche Gesellschaft suchen, um wenigstens
jemanden zu haben, denen sie ihre Gedanken mittheilen,
oder gegen die sie sich ihrer Galle über die Menschen ent-
ledigen können. Die Verschiedenheit der Fähigkeiten
bringt unter den Menschen eine gegenseitige Abhängigkeit
von einander hervor, und die Gabe der Sprache, die außer der Gesellschaft eher Nutzen seyn würde, zeigt sich hier
in ihrem vollen Werthe. Die Begierde, Lob einzuärndten,
spornt insbesondere uns an, den mannigfaltigsten Gebrauch davon zu machen. **) Nach diesem Allen müssen
wir urtheilen, daß es der Wille Gottes ist, daß die Menschen in Gesellschaften mit einander leben sollen; denn was
Vernunft und unumgängliche Bedürfnisse den Menschen gebieten, davon können wir vollkommen überzeugt seyn, daß es
Gottes Wille sei. — Ein gewisser geistvoller Schriftsteller
behauptet, daß sich in dem Menschen eben so viel ungesellige
als gesellige Neigungen befinden; daß jene ihm eben so er-
klärlich sind als diese; daß insbesondere Abneigung gegen
Fremde etwas eigenthümliches unserer Natur sei, die sich
so gern zwischen benachbarten Stämmen und überhaupt
bei Kindern zu erkennen gebe; daß, wenn auch wilde Völker

---

*) de amicitia cap. 23.
**) Tucker's Treatise on Governement. Part. II. cap. 1.

ker unter ſich ſanftmüthig, gerecht, gutherzig und gefällig wären, ſo zeigten ſie ſich doch untreu und falſch gegen Fremde oder ihre Grenznachbarn. „Als die Europäer, ſagt er, an einigen Inſeln der Südſee landeten, ſo eilten die Bewohner derſelben mit den Waffen in der Hand herbei, um ihnen das Anlanden zu verwehren." „Bei den Koräken, ſagt er, habe man bemerkt, daß der Mörder eines Eingebohrnen von ſeinem Stamme wäre hart beſtraft worden, indeß man den Todſchlag eines Fremden mit gleichgültigen Augen angeſehen hätte." Allein, ſollte man nicht die Abneigung benachbarter Stämme gegen einander den unvermeidlichen Streitigkeiten des Eigenthums wegen zuſchreiben können? dieſes iſt ja durch keine Geſetze beſtimmt, welche ihre Streitigkeiten beilegen könnten! Auch kann ich den Umſtand, daß die Wilden wider die Europäer die Waffen ergriffen haben, für keinen Beweis ihrer ungeſelligen Neigungen gelten laſſen, da ſie wohl vermuthen durften, daß jene nicht die Abſicht hätten, bloß ihre Küſten in Augenſchein zu nehmen, und ihre Neugier zu befriedigen, ſondern vielmehr den Landfrieden zu ſtören, und die Einwohner aus ihren Beſitzungen zu vertreiben. Es iſt ſehr unſicher, die menſchliche Natur nach der Handlungsart wilder Völker zu beurtheilen; ſolche Menſchen dienen mehr zu Beiſpielen der natürlichen Selbſtvertheidigung, als der geläuterten Vernunft. Hätte dieſer Schriftſteller die Werke des guten Cumberland durchgeleſen, ſo würde er nicht haben behaupten können, daß die bößartigen Neigungen des Menſchen natürlich wären; er würde ihn haben widerlegen müſſen, und der, von Wilden hergenommene Beweis, derer Neigungen, zufolge ihrer Erziehung, nicht gebildet ſind, kann die Räſonnements des Prelaten, welche auf die Natur des Menſchen und ſeine Verbindlichkeit zur Tugend gegründet ſind, nicht entkräften. Selbſt Lord Kaims giebt in demſelben Verſuche Beiſpiele von uneigennützigem Wohlwollen wilder Natiotionen, welche den Fremden, die in ihr Land einfielen, äußerst seltsam vorkämen. Dieser Schriftsteller versichert, daß die Bewohner von einigen Südinseln wenig oder gar keine Abneigung gegen die Fremden zu haben schienen, und daß es von den Celten für ein Kapitalverbrechen wäre angesehen worden, einen Fremden zu tödten, da doch der Todschlag eines Eingebohrnen nur mit der Landesverweisung bestraft wurde.*)

Vor-

*) So sagt Cäsar von den alten Germanen (de b. G. VI. 22. 23.). Civitatibus maxima laus est, quam latissimus circum se vastatis finibus solitudines habere. Hingegen in Ansehung der Fremden heißt es von ihnen: *hospites violare, fas non putant:* qui quaque de causa ad eos venerunt, ab iniuria prohibent, *sanctosque* habent; iis omnium domus patent, victusque communicatur. Tacitus versichert von den Deutschen das Nämliche (Germ. 21.) Allein was beweisen am Ende alle die Thatsachen, die aus ältern und neuern Nachrichten zusammengetragen werden, um die ursprünglich geselligen oder ungeselligen Neigungen der Menschen zu beweisen? Jeder findet in neuern Reisebeschreibungen, was er finden will, fast bei einem und demselben wilden Volke. Will Jemand die ursprüngliche Bösartigkeit der menschlichen Natur und ihre Abgeneigtheit zur Gesellschaft beweisen, so wird es ihm an Thatsachen, von Wilden entlehnt, nicht fehlen, und eben so viel wird auch derjenige für sich haben, welcher das Gegentheil behauptet. Ob der Mensch von Natur ein uninteressirtes Wohlwollen gegen andere habe, läßt sich aus Thatsachen nicht befriedigend beweisen; und diejenigen, welche behaupten, der Mensch liebe in andern nur sich selbst, und sei nur um deswillen ein geselliges Wesen, weil Bedürfnisse und eigener Vortheil ihn dazu anreizen, finden Thatsachen genug, um ihre Meinung damit auszuschmücken. Der Mensch, als ein sinnliches Wesen betrachtet, kann auch nichts anders als ein eigennütziges und selbstsüchtiges Geschöpf seyn. Ist noch dazu (wie man glaubt) der höchste Endzweck seines Daseyns Glückseligkeit, so lassen sich gar keine andern Triebe als

völ-

Vortheile und Mängel menschlicher Gesetze.

Vernunft so wohl als die Aussprüche der Weisen lehren, daß menschliche Gesetze um deswillen sind gegeben worden, damit die Ungerechtigkeit unterdrückt, der Schwache geschützt, der Aufrührer zurückgehalten, dem Tugendhaften Muth eingeflößt, und der Friede und die Wohlfarth

völlig eigennützige in ihm erwarten; er hat keinen zureichenden Grund dem andern wohlzuwollen, als insofern eine angenehme Empfindung oder sonst ein Vortheil für ihn daher zu erwarten ist. Und wenn bei den Wilden es erlaubt ist, Fremde zu bestehlen, wovon man selbst bey den sonst so harmlosen Otaheitern Beispiele gefunden hat, wer kann den Menschen als ein sinnliches Wesen deshalb in Anspruch nehmen; denn warum soll er einem andern etwas gönnen, das ihm ebenfalls behagt? Auf diese Art ist es auch so schwer nicht, das Hobbesische *bellum; omnium contra omnes* zu vertheidigen, und zu zeigen, daß nichts anders, als die Menge der Uibel, die für die einzelnen Menschen daher entstanden und entstehen mußten, sie zur Errichtung bürgerlichen Gesellschaften genöthigt haben. Jedoch wird der Mensch auf diese Weise immer einseitig betrachtet, nemlich von der Seite seines untern Begehrungsvermögens; und die Frage, was der Mensch nach dem Ausspruche seiner sittlichen Vernunft, als ein freies Geschöpf, seyn soll, wird ganz übergangen. Gesetzt nun, es fände sich in der physischen Natur des Menschen und in seiner ganzen Sinnlichkeit nichts, was ihn zur Geselligkeit und zur pflichtmäßigen Erweisung der Socialpflichten anreizte; so würde sich wenigstens eine Vernunftnothwendigkeit dazu erweisen lassen. Hätte man dieses immer bedacht, immer auf die gesetzgebende Vernunft im Menschen Acht gehabt, und sich gehütet, physische und Moralgesetze nicht mit einander zu vermischen; so wäre man gewiß nicht auf den Gedanken gekommen, daß das Recht des Stärkern der Grund des Naturrechts sei. Eben so wenig würde man sich der Fragmente aus der ältesten Völkergeschichte als Materialien bedient haben, um daraus ein Naturrecht zusammen zusetzen. b. Uibers.

farth der Gesellschaft befördert würde.*) Wenn menschliche Gesetze diese heilsamen Wirkungen nicht hervorbringen, so ist der Endzweck der Gesellschaft in so weit verfehlt, als diese Gesetze mangelhaft sind. Folgende Bemerkungen, die ich größtentheils von dem gelehrten Warburton**) entlehnt habe, werden hinlänglich beweisen, daß menschliche Gesetze nicht hinreichen, alles Uibel von der Gesellschaft zu entfernen, und ihr alle die Vortheile zu verschaffen, welche sie beabsichten. Da menschliche Gesetze eingeschränkten, von Vorurtheilen und Selbstinteresse eingenommenen Männern ihr Daseyn verdanken; so können sie nicht immer gerecht seyn, und gesetzt, sie wären es, so werden sie doch nicht alle Unordnungen in einem Staate verhindern, indem manche unvermeidliche Irrungen oder Mißbräuche, selbst der Vorsicht der weisesten Gesetzgeber entwischen. Diese Gesetze sind nicht selten zweideutig, doppelsinnig und öfterer Chikane fähig; selbst die simpelsten und deutlichsten werden, oft ihren klaren Sinne ganz entgegen, ausgelegt. Bürgerliche Gesetze haben bloß die Handlungen der Menschen zum Gegenstande, und verbieten nur dasjenige, was der Gesellschaft augenscheinlich zum Schaden gereicht, oder die menschliche Glückseligkeit gänzlich zerstört. Kleine Irrthümer, die doch zuweilen vieles Unheil veranlassen, oder hervorbringen, ziehen sie nicht vor ihrem Richterstuhl; Undankbarkeit und Unredlichkeit verhindern sie nicht; Stolz, Geiz, Ehrsucht, Neid, Boßheit und ähnliche Untugenden eben so wenig, so sehr

auch

---

*) Horat. serm. 3. 3. Cicer. de Legg. I. 22. II. 5.
**) Warburton's goettliche Sendung Mosis, Buch 1. Abschn. 2.

auch der Friede und die allgemeine Wohlfarth der Gesellschaft dabei leidet? Auch giebt es verschiedene Tugenden, zu welchen keine bürgerliche Obrigkeit durch Strafgesetze zwingen kann, ohne durch dergleichen Zwang einen weit größern Nachtheil hervorzubringen. Denn, würden die Menschen zur Gastfreundschaft, Gutthätigkeit, Treue, Wohlthätigkeit, Dankbarkeit, Aufrichtigkeit und andere moralische Obliegenheiten durch bürgerliche Gesetze gezwungen; so würde der wahre Werth dieser Tugenden dadurch vernichtet werden, indem sie für keine freien Handlungen anzusehen wären, die doch allein die Güte eines Charakters bestimmen. Mit einem Worte, menschliche Gesetze nöthigen den Menschen nicht zur Ausübung dieser Tugenden; die Menschen können, wenn sie wollen, die Pflichten unvollkommener Verbindlichkeit gänzlich unterlassen, ohne sich vor der Obrigkeit deshalb zu fürchten, so viel auch die Ausübung jener Pflichten zur Glückseligkeit und Zierde der Gesellschaft beitragen mag! Bürgerliche Einrichtungen können eine Menge Ausbrüche unserer natürlichen Triebe nicht unterdrücken: sie sind so weit von diesem, an sich wünschenswerthen Zwecke entfernt, daß bürgerliche Einrichtungen oftmals unsere Leidenschaften vielmehr entflammen als auslöschen. In einem wenig gebildeten Staate haben die Menschen auch nur wenig Bedürfnisse, da hingegen in einem verfeinerten Lande, sich die erkünstelten Bedürfnisse vermehren, und der Geiz und die Verschwendung, die unaufhörlich mit einander im Streite liegen, eine auffallende Menge Uibel hervorbringen. Die Sache im Allgemeinen betrachtet, liegt am Tage, daß menschliche Gesetze, als ein System der Anordnungen zur Erhaltung der Gesellschaft, nicht immer gerecht, allgemein anwendbar und bestimmt sind, auch die Unterdrückung der Leidenschaften, die Bes-

serung

serung der Grundsätze und des Herzens überhaupt die praktische Tugend nicht zum Gegenstande haben. *)

Menschliche Sanctionen sind unvollkommen.

Das Unvollkommene menschlicher Gesetze zeigt sich noch mehr, wenn man ihre Sanktionen betrachtet. So nützlich Belohnungen und Strafen sind, um Gehorsam gegen die Gesetze zu bewirken, und so nothwendig sie zur Erhaltung der Regierungsform sind; so ist doch immer unter den Moralisten die Frage gewesen, ob Belohnungen oder Strafen die wirksamern Antriebe zum

---

*) Jeder Zwang dieser Art würde für nichts anders als für Despotismus anzusehen seyn, welcher dem Endzwecke einer bürgerlichen Gesellschaft durchaus zuwider wäre. Denn der Mensch kann doch unter keiner andern Bedingung in die Gesellschaft eingehen, als daß ihm seine moralische Freiheit völlig gesichert bleibe, so viel er auch auf der andern Seite Einschränkungen zu erleiden hat, welche die Sicherheit und Erhaltung der Gesellschaft nothwendig machen. Dem bürgerlichen Gesetzgeber, als solchen, nicht als sittlichem Menschen, muß es, nach dieser Voraussetzung, gleich viel seyn, ob wahre Moralität unter den Staatsbürgern sich findet oder nicht, wenn nur dasjenige von ihnen geleistet wird, was ohne Verletzung der guten Ordnung, der Ruhe, und Sicherheit der Gesellschaft nicht unterbleiben darf. Niemanden kann z. B. verboten werden, sich in seinem Hause zu betrinken, und ganz zum Thiere zu erniedrigen; aber daß solches nicht auf öffentlicher Straße geschehe, wird mit Recht verboten, weil dadurch die Ordnung in der Gesellschaft könnte gestört werden. — Die Vorschläge mancher Philosophen, daß die Obrigkeiten die Ausübung dieser und jener Tugend, wobei kein wesentlicher Zwang statt findet, durch gewisse Belohnungen befördern möchten, meinen es damit zwar sehr gut; aber Tugend, die Werth an sich hätte, kann auf keine Weise dadurch befördert werden. Der Ueberf.

Gehorsam gegen die Gesetze sind. Diese Ungewißheit hat die Nothwendigkeit erzeugt, beides mit einander zu verbinden; und wir finden, daß die Gesetzgeber ihre speculativen Entwürfe auf diese Weise gemacht haben. Daß aber die Gesetze im Betreff der Belohnungen und Strafen unvollkommen seyn müssen, wird sich aus folgenden Anmerkungen deutlich genug zeigen. Die bürgerliche Obrigkeit kann dem Verbrecher seine That nicht allemal hinlänglich erweisen, und er entgeht dadurch der vom Gesetz bestimmten Strafe. Wird ein Verbrecher überwiesen, so hoft er doch noch der Strenge des Gesetzes zu entgehen, weil er auf die Gelindigkeit oder Bestechung der Magistratspersonen sich Rechnung macht. Wird einer bestraft, so ist auch die Strafe für seine That zuweilen viel zu strenge. Wären aber die Strafgesetze weniger strenge, würden da nicht Verbrecher der zweiten Klasse, z. B. Diebe, Räuber u. d. gl. welche oft der verdienten Strafe entgehen, zu mehrern Verbrechen angereizt, folglich der bürgerlichen Gesellschaft noch gefährlicher werden? Was die Aufrechthaltung der Gesetze durch Belohnungen anlangt, so liegt am Tage, daß solches in keiner Regierungsverfassung eingeführt werden könnte; denn sollte, wie ein berühmter Englischer Rechtsgelehrter*) sagt, die Ausübung jeder Tugend durch Belohnungen erzwungen werden, so würde es nicht möglich seyn, in irgend einem Staate einem Fond zu dieser Ausgabe auszumitteln. Die Auszahlung solcher Belohnungen, die durch Auflagen vom Volke müßte gehoben werden, würde ganz unmöglich und keine Nation im Stande seyn, durch Belohnung jeden Unterthan im Lande zum völligen Gehorsam gegen die Landesgesetze zu erwecken. Da nun Belohnungen und Strafen die Grundlage

men-

---

*) Blackstone's Commentaries, Introd. lect. 2.

menschlicher Gesetze und so zu reden die wahren Angeln sind, in welchen sich die Regierung des Staats umdreht, den bürgerlichen Einrichtungen aber in vielen Fällen diese Nutzen so gar fehlen; so siehet man, daß ohne andere Nutzen der menschlichen Gesetzgebung in einem gewissen Grade die gehörige Sanction mangeln muß, mithin der Endzweck, den sie sich vorgesetzt hat, verfehlt wird.

Heidnische Gesetzgeber suchten durch ihre Religion unterstützt, die Menge menschlicher Gesetze zu verbessern.

Da ich bisher eine kurze Uibersicht der Mängel in den Strafgesetzen gegeben habe, so wird es nöthig seyn, irgend ein Mittel ausfindig zu machen, wodurch denselben könne abgeholfen werden. Die Geschichte lehrt uns, daß sich die Richter älterer Staaten dazu der Religion bedient haben, weil sie sie für das wirksamste Mittel ansahen, den Mängeln ihrer Gesetze abzuhelfen und die Schwäche ihres Ansehens zu unterstützen. Kein regelmäßiger Staat ist je ohne eine gewisse Religion gestiftet worden; denn da der Staat ohne Religion nicht schien bestehen zu können, so war sie zur Gründung und Befestigung desselben unumgänglich nöthig. Theseus z. B. vertraute die Sorge für die Religion und die Auslegung der heiligen Gebräuche den Vornehmen im Lande: Lykurg fragte, ehe er seine Staatsverfassung einrichtete, den Apollo um Rath, und die Gesetze des Solons*) so wohl als die, der zwölf Tafeln, nahmen die nöthige Rücksicht auf die Religion**). Diese und mehrere Gesetzgeber, schärften die Idee von diesem höhern Wesen ein, welche auf die menschlichen Handlungen Acht hätten,

*) Plutarch in den Leben dieser Männer.
**) Cicero de Legg. L. II. c. 8. ff. der Uibers.

ten, und bedienten sich dabei der mächtigen Beweggründe von Hofnung und Furcht. Diese Männer warfen nicht etwan einen bloß flüchtigen Blick auf die menschliche Natur, wie viele ältere und neuere Ungläubige; nein, sie waren mit den Neigungen und Fähigkeiten der Menschen durch Erfahrung und Umgang mit der Welt vertraut geworden. Die Gesetzgeber jedes alten Staates sahen zu gut ein, daß sie nicht im Stande seyn würden, ihre politischen Pläne durchzusetzen, benutzten daher die natürliche Geneigtheit der Menschen zur Religion, und gaben ihr diejenige Richtung, welche zur Ausführung ihrer Entwürfe beizutragen schien. Sie errichteten deshalb eine Art von Gottesverehrung, welche zwar dazu eingerichtet war, die Magistratspersonen bei der gehörigen Verwaltung ihrer Aemter zu unterstützen, und dem Volke Ehrfurcht gegen die Gesetze einzuflößen, von welchen es glauben mußte, daß sie von einer Gottheit, die sie verehrten, wären offenbart worden. Um diesen Endzweck desto sicherer zu erreichen, gaben selbst die Gesetzgeber einen vertrauten Umgang mit irgend einer Gottheit vor, und bekannten, daß ihnen ihre Gesetze und Einrichtungen durch den Mund derselben wären offenbart worden. Die Egyptischen Gesetzgeber z. B. behaupten, daß sie ihre Gesetze vom Amasis und Mnemes empfangen hätten; der Baktrianische Zoroaster nannte die Vesta sein Orakel; die Kretensischen Könige Minos und Rhadamantus gaben den Jupiter als ihre Quelle an, Lykurg den Apollo, Romulus den Consus, und Numa die Egeria. Damit sie aber auch ihren Gesetzen Dauer und willigen Gehorsam verschafften; so belebten sie jene religiöse Uiberzeugung durch prachtvolle Ceremonien und Gebräuche, welche nothwendig einen starken Einfluß auf die Gemüther der Menge haben mußten. Es wurden Spiele gegeben, Tempel errichtet, feier-

feierliche Gebräuche zur Ehre der Götter verordnet, unter deren Schutz sie die Gründung ihrer bürgerlichen so wohl als religiösen Rechte vorgaben, und zu welchen sie, als zu ihren Beschützern bei allen wichtigen Vorfällen Zuflucht nehmen könnten.

Die natürliche Religion hat die Verhinderung der Laster zum Zweck.

Da ich nun die Mängel menschlicher Gesetze und die von den Gesetzgebern angewendeten Mittel dawider dargestellt, so habe ich in diesem Abschnitte ferner zu zeigen, welche Wirkungen jene Mittel auf die Menschen gehabt haben, und dann, welchen Einfluß wahre Religion auf die Moralität der Menschen in gebildeten so wohl, als rohen Staaten haben muß, und wie den Mängeln der bürgerlichen Verfassung dadurch abgeholfen wird. Unter wahrer Religion verstehe ich eine Erkenntniß vom Daseyn und den Eigenschaften Gottes, die entweder aus der Vernunft, oder aus der Offenbarung, oder aus der Tradition, oder aus allen diesen Quellen zugleich geflossen ist. Geläuterte Ideen sind mit Wahrscheinlichkeit aus einer alten Tradition, mit Gewißheit aus den Schriften Mosis und den Propheten, und mit Dunkelheit aus der Vernunft abgeleitet worden, wie ich im zweiten Abschnitte dieses Werks zeigen werde. Diese drei Arten von Religion, für deren Quellen ich die Vernunft, die Offenbarung und die patriarchalische Religion halte, nenne ich die natürliche, die geoffenbarte, und die Noachinische, und werde die Wirkungen jeder derselben auf die Sittlichkeit so wohl einzelner Menschen, als auf die Wohlfarth ganzer Gesellschaften untersuchen. Es ist gewiß, daß eine lebendige Erkenntniß der göttlichen Eigenschaften, wie sie aus dem Munde der Patriarchen

chen und den Schriften der Propheten geschöpft, und nachher von den verständigsten und ältesten Weisen war gelehrt worden, die Sittlichkeit befördern, und den Mängeln, die allbereits in jeder menschlichen Gesetzgebung sind gezeigt worden, abhelfen mußte. Die wichtigsten menschlichen Gesetze sind auf die natürliche Religion gegründet: sie bedrohen diejenigen Laster mit bürgerlichen Strafen, die schon durch die Gebote der Natur oder das göttliche Gesetz verhindert werden. Entgeht also auch ein Verbrecher der bürgerlichen Strafe, so kann er doch, wenn er Religion hat, nicht hoffen, vor dem allsehenden Auge des höchsten Wesens sich zu verbergen, dessen Gerechtigkeit die Bestrafung der Uibertreter nothwendig macht.

Einfluß dieser Religion auf Richter und Zeugen, Landesobrigkeit und Unterthanen.

Die Gültigkeit der Eidschwüre ist auf den Gedanken der Allgegenwart und Gerechtigkeit Gottes gegründet; und der Vortheil einer so feierlichen Anrufung desselben zeigt sich, wenn man den Einfluß derselben auf Richter und Zeugen, Souveraine und Unterthanen, betrachtet. Da bürgerliche Gesetze oft zweideutig, dunkel und selten allgemein anwendbar sind; so hängt in allen solchen Fällen die Entscheidung mehr von der Rechtschaffenheit des Richters ab, dessen Pflicht und Richtereid diesen Mangel ersetzen, mithin die Dunkelheiten der Gesetze durch eine treue und einfache Auslegung erhellen muß, so, daß die Gesetze auf eine unpartheiische Weise auf besondere Fälle angewendet werden, und zwar mit genauer Rücksicht auf die wahre Absicht und den Geist des Gesetzgebers *). Die Wahrhaftigkeit der

Zeu-

---

*) Vielleicht hatte der Verf. statt „Rücksicht auf den Geist des Gesetzgebers" (spirit of the legislator) der Bestimt-
heit

Zeugen, welche vor den Gerichtshöfen erscheinen, hängt größtentheils von ihren religiösen Grundsätzen ab: je weniger sie bei der Sache interessirt sind, desto glaubwürdiger sind sie, und die religiösesten sind immer die unpartheiischten, weil ein geringer gegenwärtiger Vortheil in Rücksicht desjenigen, was sie in Absicht der Zukunft und sogar der Ewigkeit dabei verlieren, bei ihnen in keine Betrachtung kommt. Hieraus sieht man, daß die Religion ein wirksames Mittel ist, die Richter vor Parteilichkeit und Bestechung zu bewahren, und daß die Magistratspersonen sich derselben mit ungemeinem Vortheil bedienen, um Treue und Ehrlichkeit in Rücksicht des gesellschaftlichen Lebens und des Eigenthums der Staatsbürger zu erhalten. Eben so nöthig ist auch die Religion für Fürsten und Unterthanen; denn was kann dem Ansehen der höchsten Obrigkeit mehr Gewicht, was kann ihrem erhabenen Posten mehr Würde ertheilen, als die vollkommene Uiberzeugung von ihrer Frömmigkeit und Unparteilichkeit in Aufrechthaltung der Gesetze? „So natürlich, sagt Hooker, ist die Verbindung der Religion mit der Gerechtigkeit, daß wir freymüthig gestehen, da keins von beiden zu glauben, wo nicht beides zugleich da ist." Die treue Verwaltung der Gesetze hängt gewisser Maaßen von dem heiligen Eide ab, wodurch sich der Fürst verpflichtet hat, sie gerecht zu verwalten, und dem Zutrauen, welches sein Volk in ihm gesetzt hat, jederzeit gemäß zu handeln. Die höch-

ste

heit wegen sagen sollen, „mit Rücksicht auf die innere Gerechtigkeit desselben." Denn wenn nach den Buchstaben des Gesetzes jemanden eine Strafe in einem ganz eigenen Falle trift, die er der Natur der Sache nach nicht verdient hat; so verläßt der Richter den Buchstaben des Gesetzes, und entscheidet nach der innern Gerechtigkeit des Gesetzgebers, von der er meint, daß sie ihm beigewohnt habe. der Uibers.

ste Landesobrigkeit kann wohl durch die Furcht, welche ihre Gewalt einflößt, Gehorsam gegen die Gesetze gewissermaßen erzwingen; aber sie darf keinen reinen Gehorsam erwarten, wenn dasjenige fehlt, wodurch er dem Unterthan zur Pflicht wird. Darinn besteht die Kraft der Religion, daß sie von der Seite des Gewissens. so wohl bei Regenten als Unterthanen wirkt, damit von der einen Seite die Befehle gerecht und billig, von der andern, der Gehorsam freiwillig und pflichtmäßig sey. „Ein Fürst, welcher die Religion liebt und fürchtet, sagt Montesquieu*), gleicht einem Löwen, der sich unter die Hand beugt, welche ihn streichelt und auf die Stimme hört, die ihn besänftigt; derjenige, welcher die Religion fürchtet und haßt, gleicht einem wilden Thiere, welches brüllt und in die Kette beißt, die ihn hindert über den Vorübergehenden herzufallen; derjenige aber, welcher gar keine Religion hat, gleicht einem wilden Thiere in der Freiheit, welches zerreißt und verschlingt, was ihm vorkömmt." Da die Religion in den Staaten, wo Obrigkeiten und Unterthanen den Gesetzen unterworfen sind, so nützlich ist; um wie viel nothwendiger muß sie nicht in despotischen Regierungsverfassungen seyn, wo der Souverain unumschränkt herrscht, und das Volk keinen andern Schutz vor der Unterdrückung hat, als die Menschlichkeit seines Oberherrn. Denn was kann wohl dem Herzen eines Monarchen mehr Menschlichkeit einflößen, und ihn so mächtig zurückhalten, sein Zepter in keine eiserne Ruthe zu verwandeln, als der lebhafte Gedanke, daß ein Wesen über ihm wohnt, welches ihn mit seinem Königszepter belehnt hat, dem er von seinen Handlungen Rechenschaft ablegen müsse, und von welchem er nach seiner Würdigkeit Belohnungen oder Strafen empfangen werde?

*) Esprit des Loix L. XXIV. ch. II.

Ursprung der Religionserkenntniß unter einigen alten Völkern.

Untersuchen wir die Meinungen, welche einige alte Völker von der Gottheit hatten, und prüfen ihre Wirkungen; so werden wir finden, daß ihre Begriffe nicht ganz unentwickelt waren, und ihre thätige Moral so beschaffen war, wie sie sich von getreuen Anhängern einer solchen Religion erwarten ließ. Es ist allgemein bekannt, daß sich Ham, einer von Noahs Söhnen, nach der Sündfluth in Egypten niedergelassen hat. Da er ohngefähr hundert Jahre zählte, so war er mit der Religion, der Moral, dem Ackerbau und Künsten, die schon vor der Sündfluth geherrscht hatten, bekannt; er konnte seine Familie und Abkömmlinge in diesem Allem gehörig unterrichten. Man kann sehr wohl annehmen, daß Noah, als der zweite Vater des Menschengeschlechts, seinen Kindern Begriffe von den Eigenschaften Gottes und der Nothwendigkeit der Moral wird tief eingeprägt haben. Seine Errettung aus dem allgemeinen Untergange des Menschengeschlechts führte ihn zur Betrachtung der Güte und Barmherzigkeit Gottes, und erfüllte seine Seele mit einem dankbaren Vergnügen; der Gedanke an die Allmacht, Weisheit und Gütigkeit dieses Wesens, erweckte in seinem Gemüthe Ehrfurcht und Bewunderung, und schreckte ihn ab, es zu beleidigen. Unstreitig wird er seiner Familie erzählt haben, daß die Menschen vor der Sündfluth gar keiner Besserung mehr fähig waren, und ihr Untergang nicht allein eine Strafe ihrer Lasterhaftigkeit, sondern auch ein warnendes Beispiel für die Nachwelt seyn sollte. Der herzerhebende Gedanke, ein Liebling des Himmels zu seyn, mußte unstreitig die Sündfluth, die Laster der Menschen, und seine wundervolle Errettung zu seinem Lieblingsgespräch machen; dieses mußte seine aufmerksamen Zuhörer zur

Ver=

Verehrung des höchsten Wesens und zur Sittlichkeit führen, und dieser Unterricht blieb gleichsam ein Vermächtniß, welches von den Kindern den Enkeln übergeben wurde. Wir sind zwar viel zu wenig mit der Geschichte der Nationen bekannt, die diese Art Unterricht empfangen haben, um befriedigend zu zeigen, welchen Einfluß diese reine Religion auf das Leben der einzelnen Glieder sowohl, als auf das Glück der ganzen Gesellschaft gehabt habe; aber es ist doch wahrscheinlich, daß die Grundsätze dieser Religion von verschiedenen Nationen verschiedentlich beobachtet wurden, und einige sich daran hielten, indeß andere ausarteten, und Lastern, Aberglauben, und Abgötterei sich dahin gaben. Wir finden Spuren der Noachitischen oder vielleicht der geoffenbarten Religion bei einigen alten Völkerschaften, und dabey einen solchen Grad von Sittlichkeit, der sich bei Menschen erwarten läßt, auf deren Gemüther die wahren Vorstellungen von der Gottheit einen merklichen Eindruck machten.

Wirkungen der sogenannten natürlichen Religion auf die alten Sineser.

Nach dem Zeugnisse des Numenius, der vom Eusebus*) angeführt wird, haben die Braminen, Juden, Magier, und Egyptier, (er hätte die Sineser noch hinzusetzen können,) von dem höchsten Wesen beinahe einerlei Vorstellungen gehabt. Dies ist auch nicht unwahrscheinlich, denn sie sind alle von einem Stamme entsprossen, und die Noachitischen Ueberlieferungen waren eine Zeitlang nach der Sündfluth unverfälscht zu allen Nationen übergegangen. Die ältesten Sineser hatten verfeinerte Begriffe von den Eigenschaften Gottes, und ver-

---

*) Ramsey's Philosoph. principles of Religion B. 2. K. 1.

verehrten ihn unter dem Namen Schang-Ti oder Tyen. Sie hielten ihn für ewig, unaufhörlich wirksam, für den höchsten Regenten, für weise, unbegreiflich, allmächtig; sie glaubten, er habe seinen Ursprung von sich selbst, habe durch seine Allmacht Alles erschaffen, sey gerecht, gütig und barmherzig; er belohne oder bestrafe entweder hier oder nach diesem Leben; seine Gerechtigkeit sey Liebe, und seine Strafen Erbarmen.*) Das Volk erhielt seine Religion und praktische Moral eine Zeitlang in ihrer Reinheit; seine meisten Regenten waren fromm, unterrichtet, gerecht und edel; und einer von ihnen gab ein so vorzüglich gutes Beispiel in seinem sittlichen Verhalten, daß er den Unterthanen die Erlaubniß gab, was sie in seinem Verhalten Tadelnswürdiges fänden, auf ein Täfelchen zu schreiben und es für die Kritik des Publikums auszustellen. So wie sich die Religion bei den Sinesern längst in ihrer Lauterkeit erhielt; so übertrafen sie auch andere Nationen an Weisheit und Tugend, und ihr Reich selbst gewann dadurch eine Dauer**). In der Folge artete dieses Volk aus: es wurde abergläubisch und lasterhaft, so viel Mühe auch Confucius anwendete, die ursprüngliche Reinigkeit der Gottesverehrung wieder herzustellen. Nach dem Tode dieses Reformators verbreitete sich der Götzendienst des Fo über einen beträchtlichen Theil von Indien, der Tartarei und China; die Sineser wurden unredlich und betrügerisch; ich wage es aber nicht zu entscheiden, ob der Verfall der Religion oder sonst etwas anderes daran Schuld war.

Wirkung der natürlichen Religion auf die alten Perser.

Nach dem Zeugnisse desselben Schriftstellers, auf welchen sich Eusebius beruft, betrachteten die Persischen Magier das höchste Wesen als ewig, unerschaffen, unver=

*) Ramsay am angef. Orte.
**) Mod. Univ. Hist. Vol. III. fol. Introd. to Hist. of China.

veränderlich, unkörperlich und unzusammengesetzt, als das erhabenste und edelste aller Wesen, als der Schöpfer der Seele und des Leibes, das Licht und der Finsterniß, welches früher als beide da gewesen sei. *) Die Meder und Perser, als Abkömmlinge von Sem, einem Sohne Noahs, behielten wahrscheinlicher Weise lange Zeit die alte Patriarchalische Religion und ihre Gebräuche bei, ohne irgend eine merkliche Veränderung darin vorzunehmen. Zoroaster reinigte die Religion der Perser von den Verfolgungen, die sich in dieselbe eingeschlichen hatten, **) und dazu mochte ihn seine Bekanntschaft mit den Juden während der babylonischen Gefangenschaft und die Kenntnisse, welche er aus dem alten Testamente geschöpft hatte, in Stand gesetzt haben ***). Der gelehr-

---

*) Ramfay's Philofoph. Principles of Religion, Vol. II. Chap. 1.

**) Hyde's Hist. Relig. Vett. Persarum cap. 1. et 22.

***) Ich habe das sonst sehr geschätzte Werk des Thomas Hyde, worauf sich der Verfasser beruft, nicht bei der Hand, und kann folglich über seine historischen Beweise dieses Faktums nicht urtheilen. Ungeachtet es diesem Schriftsteller weder an Gelehrsamkeit noch an Unparteilichkeit fehlt; so scheint er doch als historischer Kritiker nicht immer der beste Gewährsmann zu seyn. Er würde z. B. in dem, was er vom Zoroaster behauptet, zweifelhafter gewesen seyn. Es giebt zwei Arten von Schriftstellern, aus welchen alle den Zoroaster betreffende Nachrichten müssen geschöpft werden. a) Die Griechen, von Gründung des Persischen Reichs an, bis zu dessen Untergange. b) Die Perser, Mahomedaner, und Reisebeschreiber. Die ältesten Historiker, die Zoroasters Zeiten am nächsten gelebt haben, nennen nicht einmal seinen Namen, welches auffallend ist, da sie sonst in Darstellung der Sitten, Religion und Gebräuche der Perser sehr umständlich sind. Die Schriftsteller, welche

zu

lehrte Hyde behauptet, daß die **Perser** außer den Juden und ihren Vorfahren, die einzige Nation auf der Welt

zu Alexanders Zeiten lebten, erwähnen zwar etwas von seinen Erfindungen; aber es ist lauter Widerspruch darin. Die Werke der jüngern Griechen, erzählen zwar viel von ihm, aber ihre Berichte enthalten die unglaublichsten Dinge. Die Schriftsteller der zweiten Klasse sind wieder sehr verschieden; theils sind es anonymische Verfasser derjenigen Schriften, die die heutigen Gebern als alte heilige Denkmäler ihrer Religion und Geschichte verehren, theils Werke von Arabern und Mahomedanern, in welchen mancherlei von dem Leben und den Schicksalen Zoroasters erzählt wird, theils Reisebeschreiber, die aus mündlichen Uiberlieferungen der Gebern zusammengestoppelt haben. Diejenigen Griechen, die seiner gedenken, sind in Ansehung des Namens untereinander ganz uneinig. (Laerz erwähnt dieser Verfasser I. 8.) Bei einem heist er Zorades, bei einem andern Zoroades, bei einem dritten Sesastres, bei einem vierten Zasvades, bei einem fünften wieder anders. In Ansehung der Zeit, wenn er gelebt haben soll, sind lauter Widersprüche. Diejenigen, welche von seinen Lehren sprechen, als z. B. Porphyr im Leben Plories, Clemens von Alexandrien, Plinius, Arnobius sind alle zu jung, als daß sie viel Glauben verdienen könnten. Dies alles scheint zu beweisen, daß es bedenklich ist, über den Zoroaster mit Gewißheit zu entscheiden, und anzugeben, in wie fern er ein Reformator bei den Persern gewesen sey, zumal da ihn einige für einen Baktrianer, andere für einen Meder, und andere ihn für wieder etwas anders ausgaben. Der Herr Hofrath Meiners glaubt nicht einmal, daß ein solcher Zoroaster je existirt habe. Ich wage hierüber nicht zu entscheiden. Man sehe des Herrn M. zwei bekannte gelehrte Abhandlungen darüber in den Comment. Goetting. vom Jahr 1777. von welchen in Wolborths Philoleg. Biblioth. 3ter B. 1. Stück S. 1 — 30. und Band. 4. S. 183 — 232. ein weitläufiger Auszug zu finden

Welt gewesen sind, welche von der Sündfluth an bis auf ihre Zeiten die Erkenntniß und Verehrung des einigen wahren Gottes, wiewohl mit einiger Idololatrie und Aberglauben vermischt, beybehalten habe. Christen so wohl als Mahomedaner haben sie beschuldigt, als wenn sie von Gott nichts wüßten, und ihnen die Verehrung des Feuers zu einem Vorwurfe gemacht. Das letztere gesteht Hyde*) zwar ein, leugnet aber, daß sie es angebetet, und behauptet, daß sie jederzeit den wahren Gott mit Aufrichtigkeit und Inbrunst verehrt hätten. Was das Moralsystem und die Sittlichkeit der Perser anlangt, so war das alles so beschaffen, wie man es von Menschen, welche richtige Vorstellungen von den göttlichen Eigenschaften hatten, erwarten konnte. Ihr Sazder, oder heiliges Buch, ist voll der treflichsten moralischen Grundsätze, die aber mit falschen Ideen vermischt sind. Es fordert von ihnen, jeden Tag mit Lob- und Dankgebet zu Gott anzufangen, keusch und ehrlich zu seyn, die Sinnlichkeit, den Hochmuth, Raub und Selbstrache zu fliehen**). Dieses Volk war in seinen Freudenfesten mäßig, und in seinem Lebenswandel strenge: es wurde dem gemeinen Manne zu einem Verbrechen gemacht, Hurerei zu begehen; selbst dem Monarchen

finden ist. Auch Brucker hat das Ungewisse und einander Widersprechende in der Geschichte des Zoroasters gut gezeigt. Hist. Crit. Phil. To I. L. II. c. 2. die vor einigen Jahren von der Pariser Akademie der Inschriften und schönen Wissenschaften gekrönte Preisschrift des Herrn Pastoret, Zoroastre, Confucius et Mahomet, à Paris 1787. in welcher die erste Abtheilung vom Zoroaster handelt, scheint mir, bei allem dem schätzbaren Raisonnement, das sie enthielt, in Ansehung der historischen Kritik doch kein Verdienst zu haben. der Uebers.

*) Hyde am a. O. Kap. VIII.
**) Brucker Hist. Cr. Phil. L. II. c. 15.

chen war es im Jahre nur ein einzigesmal erlaubt, sich
beim fröhlichen Becher zu erheitern *)

Wirkung der natürlichen Religion auf die alten Indier

Die alten Indier waren der Meinung, daß der
Regierer der Welt dieselbe durchwandere wie die Sonne, ewig, allgütig, allwissend sei, alle Dinge erhalte und
regiere; daß die menschliche Seele, als ein Theilchen der
Gottheit, den Körper überlebe, zur Gottheit wieder zu-
rückkehre, um entweder von ihr belohnt oder bestraft zu
werden **). Nach dem Bedam, oder dem heiligen
Buche der Indier zu urtheilen, glaubten sie an ein höchstes Wesen, welches das Ganze gleichsam durch Statthalter, oder untergeordnete Gottheiten, regiere: das
höchste Wesen selbst hielten sie für einfach, unsichtbar,
unveränderlich, ewig, weise, heilig, wahrhaftig, gütig,

---

*) Hyde Cap. XXXIV. (Xenoph. Cyrop. L. I. c. 2. der
Übers.)
**) Brucker de phil. Ind. L. II. cap. IV. sect. 6. (Die In-
dier schienen keine andere Idee von der Gottheit gehabt
zu haben, als daß sie sich unter ihr eine alles durch-
dringende Weltseele dachten, welche Meinung nachher in Griechenland von so vielen Weltweisen ist angenommen worden, z. B von Pythagoras, vom Alkmäo
von Krotana u. a (v. Aristot metaph. l. v. p. 143.
ed. Pac.) Diese Weltseele war ihnen der feinste Aether,
welche Meinung auch die Stoiker durchaus behauptet
haben. (Plutarch. pl. phil. I. 7. Laert IX. 6. add menge observ. ad h. l. Lipf. Differt. de phyf. Stoic. p   ed.
Antw.) Was die Seele anlange, so war es bei eben
diesen Philosophen herrschende Meinung, daß sie ein
ἀπόσπασμα αἰθέρος wäre, ἀθάνατον δε — ἐπε-
δήπερ καὶ τὸ ἀφ᾿ οὗ ἀπέσπασται, ἀθάνατον ἐςι.
Laert. VIII. S. 28. der Übers.

tig, gerecht und barmherzig*). Die Moral der Indier war so erhaben, so rein, so fähig, die menschlichen Leidenschaften der Vernunft zu unterwerfen, daß Brucker, zufolge einer gewissen Parteilichkeit für die griechische Philosophie, die Vermuthung äußert, die Lehren, welche man den Indiern zuschriebe, möchten wohl aus den Schulen der Griechen und dem Evangelio geflossen seyn. Die Indianische Philosophie forderte von den Menschen, daß sie sündhafte Begierden und verderbliche Leidenschaften ausrotten, und sich eines unschuldigen und strengen Lebenswandels befleißigen sollten. Ihr moralisches Leben war im Allgemeinen ihren Grundsätzen gemäß: die Indier waren so strenge gegen sich, daß viele von ihnen die Gesellschaft flohen, um die Gelegenheiten der Sünde zu vermeiden, und in Abgeschiedenheit von der Welt die Tugend auszuüben. Andere enthielten sich vom Weine und vom Fleische der Thiere, und brachten es in der Enthaltsamkeit und Selbstverleugnung sehr weit, indem manche sogar einen martervollen Tod zu verachten fähig waren **). Die alten Braminen, oder Priester, waren auf eine ausgezeichnete Weise strenge, und erwarben sich einen mächtigen Einfluß auf den Regenten und das Volk, nicht allein durch ihre ausgezeichnete Enthaltsamkeit, sondern auch durch ihre Prophezeihungsgabe,

und

---

*) Ramsay Ch. 1. of God's Existence and Attributes.

**) Diese Schwärmereien der Indier sind bekannt genug, wovon man im Zimmermannschen Werke über die Einsamkeit mancherlei seltsame Beispiele finden kann, wenn man sich nämlich mit so etwas gern unterhält: allein es ist nicht zu beweisen, daß dies die Moral der ältesten Indier gewesen sei, der Verfasser hätte Bruckern hierin keiner Parteilichkeit für die Griechen beschuldigen sollen. der Ubers.

für civilisirte Staaten.

und ihren Zugang zu den Göttern, wenn allgemeines Unglück das Land heimsuchte. Da sie zu Alexander den Großen, welcher ihr Land erobert hatte, abgesendet wurden; so behandelten sie ihn mit Verachtung, gehorchten seinen Befehlen nicht, und verlangten, daß er zu ihnen kommen möchte, wenn er Unterhandlungen zu pflegen für nöthig hielte*). Aus dem bisher Gesagten ergiebt sich, daß die alten Chineser, Perser und Indier, welche erhabene Begriffe von der Gottheit hatten, wie wohl sie mit einigen falschen Meinungen vermischt waren, die Tugend ausübten, und manche von ihnen in ihrer Moral, so gar bis zum Uebertriebenen, strenge waren. Was die Aegyptier betrift, so wissen wir wenig von der Religion und Moral, die in den frühesten Zeitaltern unter jener Nation herrschten; analogisch läßt sich jedoch schließen, daß sie eine Zeitlang religiös und tugendhaft geblieben sind, aber ungefähr um die Zeit, da Moses auftrat, wirklich zum Aberglauben und zur Sittenverderbniß herabgesunken sind**).

Untersuchung über den Ursprung und die Wirkungen des Paganismus.

Da ich nun den Einfluß und die Wirkungen der wahren Religion auf einige alte Reiche gezeigt habe; so

*) Bruckeri Hist. Cr. Phil. sect. 7. (Man lese mit welchen Farben Curtius (B. 8. Kap. 8. 9. ff.) die Sinnlichkeit und den ausschweifenden Luxus der Indier beschreibt, als Alexander dieses Land mit Krieg überzog, und wie er das unum agreste et horridum genus, quos sapientes vocant, darstellt, und man wird keine hohen Begriffe von ihnen bekommen. der Uebers).

**) Der Verfasser hätte billig die Gründe dieser Vermuthung hinzufügen sollen. Cudworth (syst. intell. Jablonski

36 1ſte Abth. Nutzen der wahren Religion

fahre ich fort, den Schaden zu erörtern, welche Folge der Unwiſſenheit und der Verfälſchung jener Grundſätze geweſen iſt. Die Geſchichte der aus der Unwiſſenheit und dem Aberglauben entſpringenden Uebel, iſt ein Beweiß für die Vortreflichkeit der wahren Religion, welche jene Uebel verhindert und unterdrückt. Wahre Religion entfernt, ihrer wahren Natur nach, die abergläubiſchen Meinungen, und unterdrückt die mancherlei übeln Folgen derſelben, ſo wohl für ganze Staaten, als einzelne Individuen. So lange die Menſchen ihre Vorſchriften befolgen, ſo lange bleiben auch jene Uebel von ihnen entfernt; und viele davon wurden in denjenigen Gegenden, welche durch die jüdiſche und chriſtliche Offenbarung aufgeklärt wurden, wirklich ganz und gar ausgerottet. Der Ordnung zufolge dürfte man erwarten, daß ich die Wirkungen der patriarchaliſchen Religion, und desjenigen abergläubiſchen Syſtems darſtellte, welches vor der Geſetzgebung Moſis, in der Welt herrſchend geweſen iſt; allein, da uns die Geſchichte hierzu keine hinreichenden Thatſachen an die Hand giebt, ſo werde ich mich allein auf die Wirkungen der wahren und falſchen Religion, nach jener Zeitperiode, einſchränken. Die Geſchichte beinahe aller Nationen lehrt, daß die Menſchen einige Vorſtellungen von Gottesverehrung bei ſich unterhielten, und daß die menſchliche Seele, verlaſſen von aller ſichern Leitung, gemeiniglich auf unwürdige

Ge-

---

blonski (Panth. Aegypt.) und andere gelehrte Männer, wollen zwar die Verehrung des einzigen wahren Gottes bei den alten Aegyptiern finden; allein nach dem, was ſelbſt Moſes, Herodotus (B. 2) Plato an verſchiedenen Stellen, Diodor (B. 1.) und andere von ihnen erzählen, ſcheint es, daß man wohl das Gegentheil annehmen dürfe, was auch immer Herr Pleſſing nach ſeiner Vorliebe für die Aegyptier, zu ihrem Vortheile zu behaupten ſucht. S. deſſen Memnonium B. 1. Der Uiberſ.

Gegenstände verfällt, deren Verehrung der menschlichen Gesellschaft jederzeit so nachtheilig gewesen ist.

Bevor ich die Wirkungen des heidnischen Aberglaubens beschreibe, wird es nöthig seyn, eine Untersuchung über den Ursprung des Götzendienstes anzustellen und die Beweggründe auseinander zu setzen, durch welche die Menschen dazu angetrieben wurden. Ich gestehe es, daß diese Aufgabe nicht leicht zu lösen ist; denn ältere so wohl als neuere Schriftsteller, sind hierin auf Irrwege gerathen. Herodot, Diodor von Sicilien und Plutarch gehen in ihren Aeußerungen hierüber von einander ab, und was sie zur Erklärung über die Entstehung des Heidenthums beibringen, ist dunkel. Jedoch hat meiner Meinung nach, unter den neuern Mythologen niemand diese Materie mit so vieler Deutlichkeit abgehandelt, und so viel Licht darüber verbreitet, als der Abbé Le Pluche, aus dessen Schriften ich dasjenige gezogen habe, was mir das Wahrscheinlichste über den Ursprung des Götzendienstes zu seyn schien. Ich verlange nicht zu behaupten, daß des Verfassers Hypothese durchaus nicht Stich halte, denn er treibt, gleich allen systematischen Schriftstellern, seine Beweise zu weit; aber dessen ungeachtet scheint seine historische Darstellung vom Ursprunge und Fortgange der Idololatrie natürlicher zu seyn, als die, von irgend einem Gelehrten, welcher denselben Gegenstand abgehandelt hat. Da ich nur einen kurzen Auszug aus seiner Geschichte des Himmels mittheile, so verweise ich diejenigen Leser, welche sich genauer über diese Materie unterrichten wollen, auf das Werk des Le Pluche selbst, oder das, des Lilius Gyraldus*), dem er in der Bearbeitung dieses

Ge-

---

*) Lilius Gregorius Gyraldus, gebürtig aus Ferrara, hat ein Werk geschrieben: Historiam deorum gentilium

Gegenstandes größtentheils gefolgt ist. Der gelehrte Brucker hält sich in Ansehung der Aegyptischen Fabellehre an die Meinung des Plutarch, welche Le Pluche als grundlos verwirft. Hätte Brucker dieses Werk gelesen gehabt, so würde er von dem scharffinnigen Abte nicht abgegangen seyn; wenigstens würde er eine Widerlegung desselben versucht haben. Wer mehreres über diesen Gegenstand zu lesen wünscht, kann sich an den Banier, Lamont und andere Schriftsteller halten, denen es an Gelehrsamkeit nicht fehlt, ungeachtet sie die ganze Sache nicht so lichtvoll dargestellt haben, als der Verfasser, dessen System ich angenommen habe.

Anubis und Sphinx, Aegyptische Symbole, keine wirkliche Wesen.

Alle Mythologen sind darinn einstimmig, daß wir den Ursprung der Idololatrie in Aegypten zu suchen haben, und daß dieses fruchtbare Land gleichsam die Wiege derselben gewesen sey. Allein, wiewohl sie mit einander darin übereinstimmen, daß dieses Ungeheuer in jenem Lande erzeugt worden, so gehen sie doch sehr von einander ab, wenn sie zeigen wollen, auf welche Weise es entstanden, wie es sich vervollkommt habe, und zu so vielen andern Nationen der Welt übergegangen sey. Le Pluche behauptet, die Aegyptier hätten verschiedenerlei Figuren öffentlich aufgestellt, die die Stelle eines Almanac hätten vertreten

tilium et poetarum, tam Graecorum quam Latinorum antiquiorum, Dialogis decem. Florentiae 1551. Die sämmtlichen Werke dieses Schriftstellers sind in zwei Foliobänden vom Johannes Jensius 1696 zu Leiden in Holland herausgegeben worden. Von den Dialogen dieses Schriftstellers handelt Morhof in seinem Polyhistor l. 1. 2. S. auch Jensius de script. Hist. Philosoph. p. 127. ed. Dorn. der Übers.

ten müssen, um dadurch das Jahr und die Monate abzutheilen, die Zeit der Aussaat, die, der Überschwemmung des Nils und des Zurücktretens desselben, und andere wichtige Dinge damit zu bezeichnen. Diese Figuren hießen Symbole oder Hieroglyphen: sie ersetzten, was der Sprache an bezeichnenden Ausdrücken fehlte, und waren eine Art von Unterricht für das Gedächtniß. Die ursprüngliche Absicht dabei war, die Menschen zur Verherrlichung Gottes dadurch zu erwecken, sie mit dem zunehmenden Laufe der Sonne, mit der Annäherung der Hundstage und andern Dingen, die den Feldbau betreffen, bekannt zu machen. Das Wohl der Aegyptier und aller ihr Fortgang beim Ackerbau, hing von der Direction der Winde, von der Höhe der Nildämme, und vom Aufgange des Hundssterns ab, und diese Dinge waren durch Bilder von Vögeln oder andern Thieren, von Männern, Weibern und Kindern, in verschiedenen Kleidungen und Stellungen, je nachdem sie dieses oder jenes vorstellen sollten, bezeichnet. Es war eine allgemeine Beobachtung in Aegypten, daß der Geier, sobald das heiße Wetter eintritt, seinen Flug von Norden nach Süden zunimmt; daher galt die Gestalt dieses Vogels für ein eigentliches Emblem der Hundstagswinde, welche um die Zeit der Sommersonnenwende in dieser Richtung wehen *). Der Widehopf war ein Vogel, der dem Laufe des Nilstromes, so bald sich dieser wieder in sein Bette zurückgezogen hatte, nachging, um sich von den Insekten zu nähren, die aus dem Nilschlamme waren erzeugt worden. Das Bild dieses Vogels wurde öffentlich aufgestellt, damit man daran erkennen sollte, daß die Nilgewässer zurückgetreten wären, und es nun Zeit sey, die Aecker zu bearbeiten **). Der Nil trat aus,

so

---

*) Histoire du Ciel L. I. ch. I. pa. 8.
**) Im angef. Werke.

so bald die Sonne in den Sirius getreten war, und die Aegyptier nannten diesen Stern, zur Bezeichnung der Wachsamkeit, den Hundsstern. Dieses Sinnbild hatte den Endzweck, auf das Austreten des Nilstroms aufmerksam zu machen. Dieses Bild, Anubis genannt, hatte, weil der Hund ein wachsames Thier ist, einen Hundekopf, um zur Wachsamkeit gegen die eintretende Fluth zu ermuntern, in den Armen hielt er einen Topf, wodurch die Nahrung angedeutet wurde: die Füße waren beflügelt, um dadurch zu erinnern, daß man nach den Terracen zu eilen sollte. Mit diesem Symbol war noch eine Schildkröte oder ein Entvogel vergesellschaftet, welches Amphibium die Lage Aegyptens während der Fluth andeuten sollte*). Der Sphynx war ein öffentlich ausgesetztes Bild, durch welches man auf die Bemerkung sollte gebracht werden, wie weit man sich nach den Terracen hin begeben müßte, um der Nilfluth zu entgehen. Diese Figur hatte das Gesicht einer Jungfrau, und den Körper eines liegenden Löwen. Sie sollte die Unthätigkeit ausdrücken, welche während der Uiberschwemmung nothwendig wäre, und die Zeit, welche vorbeistriche, indeß die Sonne durch die Zeichen des Löwen und der Jungfrau gienge**).

Osiris und Neptun, Symbole, keine wirkliche Wesen.

Alle alte Nationen kommen, zufolge einer allgemeinen Sitte im Neumonde zusammen, um Gott die Opfer ihres Lobes und Dankes für seine Gütigkeit und Wohlthätigkeit darzubringen. Das Nämliche thaten auch die Aegyptier, und erfüllten ihre Versammlungsplätze,

*) Im angef. Werke no. 7.
**) Im angef. Werke no. 8.

plätze mit bedeutungsvollen Figuren, die den Verstand ausdrücken sollten, welcher der Sonne Wärme und Glanz, der Erde Fruchtbarkeit, und der Arbeitsamkeit Segen verliehe. Die vornehmsten Figuren hatten anfangs die Absicht, daß sie die Attribute der Gottheit und die Einrichtungen der Feldwirthschaft bezeichnen sollten; allein nachher wurden sie Gegenstände des Aberglaubens und der Abgötterei. Die Aegyptier machten die Sonne, den größten sichtbaren Himmelskörper, zu einem Emblem des Allmächtigen, sie stellten sie in ihren gottesdienstlichen Zusammenkünften als einen Zirkel auf, fielen davor nieder, und nannten diese Figur, die nur ein Symbol der Gottheit seyn sollte, den Ewigen, den Vater des Lebens, den Allmächtigen, den Höchsten. Da nun die Seele, bei jeder gottesdienstlichen Feier, auf die Sonne und den aufgestellten Zirkel, als das Sinnbild derselben gerichtet war; so vergaßen sie nachher darüber die Gottheit selbst, schrieben jene genannte Eigenschaften der Sonne zu, und vermengten endlich den Schöpfer mit dem Geschöpf. Sie stellten sogar den Beherrscher der Welt unter dem Bilde eines Mannes vor, welcher einen Zepter hält; je zuweilen unter dem, eines Fuhrmannes, mit der Peitsche in der Hand, und nannten diese verschiedene Figuren Osiris, ein Wort, welches ursprünglich einen Aufseher, einen Führer, einen König, die Seele der Welt und den Regierer der Sterne bedeutet. Da dieses lauter Attribute der Gottheit sind; so können diese Figuren nichts anders als sinnliche Darstellungen gewesen seyn*).

In der Folge erklärten die Aegyptier ihre ausgezeichneteste Figur von dem Stammvater ihrer Nation,
und

---

*) Im angef. Werke. B. 1. K. 2. no. 1.

und wendeten besondere Umstände aus der Geschichte des Cham auf ihn an. Da sie den Zirkel, das Symbol der Gottheit und der Sonne, an der Stirne des Osiris fanden, so verwechselten sie ihn selbst damit, und legten dem Cham oder Ammon, dem Stammvater oder Stifter des Aegyptischen Reiches, göttliche Natur bei. Diese Figuren hatten noch manche Nebenzierrathen an sich, wodurch die Attribute der Gottheit bezeichnet wurden, z. B. Schlangen oder Aale, (Symbole des Lebens und Wohlstandes in Aegypten!) bedeuteten, daß Gott der Urheber dieser Güter sey. Andere Figuren von fruchtbaren Gewächsen, waren an dem Zirkel oder die Sphäre angefügt, um den Segen der Vorsehung dadurch abzubilden. Die Aegyptier hatten ein Bild des Osiris öffentlich aufgestellt, um damit die jährliche Wiederkehr des Handels, der Schiffarth und Kaufmannschaft anzuzeigen. Dieses Bild nannten sie Poseidon oder Neptun, Worte, welche die Provision der am Meer gelegenen Gegenden, und das Anlanden der Schiffe ausdrückten. Dies Symbol hielt man nach der Zeit für das Bild eines Gottes, der sich in der See aufhielte *).

Isis, Ceres, Diana und Venus.

Die Aegyptier hatten auch verschiedene weibliche Figuren, deren jede Isis genannt wurde: eine davon mit der Sichel in der Hand, bedeutete die Aerndte; eine andere, in einem ganz verschiedenem Aufputze, wurde öffentlich aufgestellt, wenn sie an ihren Festen zusammenkamen, um der Gottheit für die Früchte der Erde zu danken. An den Festen der Neu- oder Vollmonde stellten sie einen zunehmenden oder vollen Mond über

das

---

*) Im angef. Werke. B. 1. K. 1. no. 9.

Haupt dieses Symbols: sie kündigten durch eine Isis, die mit einer Menge Brüsten versehen war, ein gesegnetes Jahr an. War es hingegen ein unfruchtbares Jahr, so stellten sie eine Isis mit einer einzigen Brust aus, und daher schreibt sich wahrscheinlicher Weise die Fabel von den Amazonen*) Die Aegyptische Isis, die Phönizische und Sicilianische Ceres, die Demeter der Griechen, und die Diana der Ephesier waren eine und dieselbe. Eine Figur der Isis, welche die Erdgewächse bezeichnete, hieß Diana, und man hielt sie für eine irrdische Gottheit. Zuweilen betrachtete man die Diana als den Mond, weil sie den zunehmenden Mond auf ihrem Haupte trug, und zu anderer Zeit als die Königin der Unterwelt; denn da sie um die Zeit des Neumondes auf eine Zeitlang unsichtbar war, so glaubte man, sie durchwandere indeß das unterirrdische Reich des Todes. Die Dichter haben die Diana als eine keusche Göttinn dargestellt; und doch bleiben sie sich in ihren Fictionen so wenig gleich, daß sie ihrer nächtlichen Besuche erwähnen, die sie dem Schäfer Endymion gegeben habe. Der Ursprung dieser übeln Nachrede war folgender: Es war gewöhnlich, den ersten Zustand des Menschen vor der Ueberschwemmung, nahe bei einer anmuthigen Grotte, oder Quelle, Namens Endymion zu feiern, dahin wurde eine Isis nebst einer andern Figur Namens Horus gestellt, welche ein Symbol der Arbeit war. Endymion war also der Platz, wo die Figur der Diana aufgestellt wurde; diesen haben die Dichter in einen Mann verwandelt, und die Diana beschuldigt, als wenn sie Nachtbesuche bei ihm ablegte**). Man hatte auch eine Isis, welche ein Kind in ihrem Schooße hielt, und
diese

*) Im angef. Werke B. 1. K. 1. no. 10.
**) Im angef. Werke B. 1. K. 2. no. 12.

diese hielt man für ein Symbol eines fruchtbaren Weibes; diese Figur wurde in der Folge zu einer Göttin umschaffen, deren ganze Macht dahin ging, Menschen und Thiere zur Fortpflanzung anzureizen. Diese Göttin erhielt nachher von den Dirnen, die sich in ihrem Tempel Preis gaben, den Namen Venus; denn dergleichen Mädchen hatten in der Phönizischen Sprache den Namen Venoth *).

Mars, Herkules, Vulkan, Apollo, haben ihren Ursprung vom Horus, einem Aegyptischen Symbole.

Die Aegyptier hatten verschiedene Figuren, welche öffentlich aufgestellt wurden, wodurch das allmälige Wachsthum der Industrie und des Ackerbaues bezeichnet wurde: Diese benannten sie insgesamt mit dem Namen Horus, welches Wort ursprünglich Wirthschaft oder Kenntniß des Ackerbaues ausdrückt. Zuweilen stellten sie das Bild eines bejahrten Mannes auf, zuweilen das, eines Kindes, zuweilen das, eines Jünglings. Der verschiedene Anputz einer und derselben Figur lehrte sie, wenn die jährliche Arbeit anfing, und sich endigte, und gab zugleich jede Vorsicht an die Hand, welche dabei nothwendiger Weise zu beobachten war. Der Horus, dessen Hände und Füße belastet und eingewickelt waren, stellte die Unthätigkeit während der Ueberschwemmung vor: wurden andere Bilder desselben aufgestellt, an welchen die Glieder in mehrerer Freiheit waren, so zeigte solches die Abnahme der Gewässer an; und ein schlafender Horus war nichts anders, als ein Emblem der Ruhe von der Arbeit **). Rüsteten sich die Aegyptier

zu

---

*) Im angef. Werke no. 12.
**) Im angef. Werke S. 1. K. 1. no. 12.

zu einem Kriege, so kleideten sie den Horus als Soldat
an, und nannten ihn den Fruchtbaren. Dieses Symbol
wurde nachher für ein Bild eines Kriegers angesehen,
und erhielt in verschiedenen Ländern verschiedene Namen. Asis bey den Syrern, Ares bei den Griechen,
Mars bei den Lateinern. Die Thracier und andere
kriegerische Nationen hielten ihn für einen alten Helden ihres Vaterlandes, welcher ihnen im Kriege beistän-
de*). Wenn das Bild des Horus, mit einer Keule bewafnet, öffentlich aufgestellt wurde, so that es kund,
daß ein Held eine Expedition entweder gegen ein wildes
Thier oder einen beträchtlichen Räuber unternehmen wolle.
Dieses öffentlich aufgestellte Bild, Namens Herkules,
bedeutete einen ausgezeichneten Krieger: nachher wurde es aber für die Statue eines Helden angenommen,
dessen Beschäftigung es wäre, Räuber und Ungeheuer
auszurotten**). Horus, als ein Eisenschmidt aufgestellt, war ein Sinnbild der mechanischen Künste, und
hatte den Namen Vulcan, ein Wort, welches die Voll-
führung der Arbeit ausdrückt. Wenn Krieg angekün-
digt wurde, so trennte man das Symbol des Vulcans
von dem, der Isis, und setzte das Bild des Mars
an dessen Stelle: dies veranlaßte die Fabel von Vulcans Eifersucht auf ihn, und dem ehebrecherischen Umgang der Venus mit dem Kriegsgotte ***). Die Gestalt des Horus, mit Pfeilen bewafnet, und als Sieger
des Typhon, bedeutete, daß der Nil wieder in sein
Bette zurückwich, und der Feldbau, ungeachtet der Uiberschwemmung, dennoch seinen Fortgang behielt. Als
dieses Symbol auf die Insel Delos gebracht wurde, so
gab

*) Im angef. Werke B. 1. L. 1. no. 20.
**) Am angef. Orte.
***) Ebend. no. 22.

gab es Gelegenheit zu der Fabel, nach welcher Apollo die Schlange Py hon tödtet, und dem zu Ehren die Pythischen Spiele hier und an andern Orten gehalten wurden*). Einige Figuren des Horus bezeichneten gewisse Geschäfte, die in jeder Jahreszeit mußten verrichtet werden, und daher kam es, daß man in der Folge vom Apollo fabelte, er gebe Orakelsprüche, und sey mit der Zukunft vertraut**).

Musen, Gratien, Pallas, Pales, alle von Bildern der Isis entstanden.

Aegypten war neun Monat lang von der Uiberschwemmung frei, denn diese dauerte ein Vierteljahr; daher hatten die Aegyptier neun verschiedene Abbildungen der Isis, um die ersten Tage dieser neun Monate damit zu bezeichnen, und drei andere, die sich auf die drei Monate der Uiberschwemmung bezogen. Jene neun Figuren veranlaßten die Fabel von den neun Musen, und die drei Figuren die Fabel von den drei Gratien. Wir können die Wahrscheinlichkeit dieser Meinung nicht in Zweifel ziehen, wenn wir bedenken, daß die ursprünglichen Worte, welche durch Musen und Gratien sind übersetzt worden, Sicherheit vor den Gewässern, und Trennung oder Unterbrechung und Gemeinschaft der Städte miteinander, während der Uiberschwemmung bedeuteten. Die Figur des Apollo mit der Harfe, schrieb sich von dem Horus her, der sich beim Abzuge des Wassers mit Musik ergötzte; und weil jene neun Monate in anhaltender Arbeit zugebracht wurden, so finden wir,

daß

---

*) Im angef. Werke B. 1. K. 2. no. 19.
**) Ebend. no. 29.

daß die neun Musen unter der Aufsicht des Apollo, stehen*).

Aus den Namen und Verrichtungen der Atheniensischen Pallas und der Sabinischen Pales ergiebt sich, daß sie gleichsam Umwandlungen der Aegyptischen Isis sind. Pales gab den Ackersleuten in Italien Gesetze; Pallas lehrte die Athenienser den Ackerbau: beide Namen bezeichnen eine öffentliche Verordnung, in Beziehung auf die Verrichtungen der Isis, welche die Jahreszeiten durch verschiedene, ihr eigenthümliche Zeichen anordnete. Zu Sais in Aegypten wurde ein Isisbild öffentlich aufgestellt, welches andeutete, daß die Truppen marschieren, und Werbungen geschehen sollten. Daher bewafneten die Athenienser, als eine Aegyptische Kolonie, ihre Pallas, um jene Isisfigur nachzuahmen, und entlehnten die Linnenmanufactur von den Saiten. Da die Aegyptische Isis einen Weberbaum in der Hand hielt, so fingirten deshalb die Athenienser, daß sie dem Unterrichte ihrer Göttin die Linnen= und Wollenweberei und mehrere ähnliche Künste zu verdanken hätten **).

Symbole und Leichenceremonien der Aegyptier als Quellen von Fabeln.

Die Aegyptier hatten eine Figur, Saturn genannt, zum Symbol der Gerechtigkeit gemacht, welches in der Folge bei Griechen, Römern, und andern Nationen, für eine wirkliche Person gehalten wurde. Homer spricht von ihm als einem Wesen, welches scharfsichtig sey, um Verbrecher zu entdecken und zu be-

---

*) Im angef. Werke. B. 1. K. 2. no. 29.
**) Im angef. Werke no. 15.

strafen, und man ertheilte ihm ein gewisses Wohlgefallen an Menschenopfern bei seiner Verehrung. Um das Ende des alten Jahres, und den Anfang des neuen zu bezeichnen, bildete man einen alten Mann ab, welcher seinem Sohne den Kopf abzubeißen schien, und daher stammt die Fabel von einem Saturn, der seine eigenen Kinder verschlingt *).

Die Leichenceremonien der Aegyptier, und die bei dieser Gelegenheit aufgestellten Symbole, welche Beziehung auf den Zustand des Todten hatten, wurden nachher als Gemälde von der Behandlung angesehen, die der Abgeschiedene in der andern Welt zu erleiden hätte. Es war ein Begräbnißplatz bei Memphis an den Ufern des Acheusischen Sees **: hier saßen gewisse Todtenrichter, welche eine Untersuchung über die Aufführung des Abgeschiedenen anstellten. Hatte Jemand z. B. seine Schulden nicht bezahlt, oder die Landesgesetze übertreten, so blieb sein Leichnam unbegraben, oder wahrscheinlicher Weise wurde er in einen Sumpf, Namens Tartarus geworfen. Erschien kein Ankläger, oder wurde die Anklage falsch befunden, so erhoben seine Freunde seine Ehrfurcht gegen die Religion, seine Recht-

---

*) In angef. Werke B. 1. K. 2. no. 39.

**) Wir wollen annehmen, daß zu Moses Zeiten die Volksmenge in Aegypten sich auf 5 Millionen belaufen habe — wir könnten sie aber weit höher annehmen. — Wir wollen die Mortalität vom Hundert des Jahrs auf vier setzen; so kommt eine Zahl von 200,000 heraus, davon auf jeden Tag über 600. Was für einen Wirrwarr müßte das nicht bei Memphis gegeben haben! Wie viel Todenrichter über eine solche Anzahl Verstorbene! Wer dieses glauben kann, läßt sich wohl mehreres weis machen! Der Übers.

für civilisirte Staaten. 49

Rechtschaffenheit, Keuschheit und andere Tugenden; dann führten sie seinen Leichnam über den See auf eine Pläne, Namens Elysium, welche mit Bächen, Gräben und andern ländlichen Zierrathen geschmückt war, bestreueten ihn dreimal mit Sand, nannten ihn dreimal mit Namen, und sagten dem Verblichenen das letzte Lebewohl. Um dieses in einer symbolischen Sprache auszudrücken, hatten sie eine Figur, Namens Tharon, welche einen unbestechlichen Fährmann vorstellte, der nur diejenigen übersetzte, welche die Probe aushalten konnten. Bei dem Eingange in das Elysium stellten sie die Figur eines dreiköpfigen Hundes, Namens Cerberus auf, ein Wort, welches das Geheul beim Grabe ausdrückte, und noch vier andere, Namens Pluto, die ein Symbol der Befreiung des Gerechten war. Diese schuf man in der Folge zu dem bekannten Höllengotte um*). Hier erblickte man noch andere Sinnbilder, z. B. ein bodenloses Gefäß, in welches unaufhörlich Wasser gelassen wurde, und andere Schrecken einflößende Dinge, unter andern, die Figur eines Menschen, der an ein Rad angeschlossen war, welches sich unaufhörlich mit ihm umwälzte; ferner das Bild eines Elenden, dessen Herz ununterbrochen von einem Geier abgefressen wird, und immerfort zu neuer Pein wieder wächst**). Dies waren aller Wahrscheinlichkeit nach Symbole von endlosen Martern, welchen die Lasterhaften ausgesetzt wären, indeß die Tugendhaften zu den Wohnungen der Seligen gelangten.

Ja-

*) Angef. Werk. B. 1. K. 2. no. 2.

**) Angef. Werk. B 1. K. 1. no. 17.

Fabel von den Giganten und der Proserpina.

Noahs Nachkommen stellten die schrecklichen Wirkungen der Sündfluth durch Sinnbilder dar; und ihre vornehmsten Feste bezogen sich auf die fürchterliche Zerstörung, die nach der großen Uiberschwemmung wahrgenommen wurde. Dieses Schauspiel bezeichneten sie durch ein Wasserungeheuer, welches aus den untersten Tiefen emporstieg, und durch Bilder von Riesen, die aus der Erde hervorkamen, um den Osiris vom Throne zu stoßen. Ihre Namen hießen Briareus, Othus, Ephialtes, Enceladus, Mimas, Porphyrion und Rhecus. Sie waren Sinnbilder der Zerstörung, welche die Uiberschwemmung verursacht hatte, und des unglücklichen Zustandes, in welchem sich die Menschen nach diesem Zeitraume befanden. Ihre Namen, der Reihe nach übersetzt, bedeuten Verlust des heitern Himmels, veränderte Jahreszeiten, zusammenziehende Wolken, die man zuvor nicht gesehen hatte, Verheerungen durch die Wasserfluthen, Erdbeben, Regengüsse und Stürme. Nach der Fabel überwand Osiris diese Riesen, und sein Sohn Horus, als das Symbol des Fleißes, ergriff das Haupt und die Klauen eines Löwen, um sich dem Rhekus oder dem Winde zu widersetzen, welcher seine Hoffnungen zu vereiteln drohte. Dieser Theil der Fabel enthielt keinen andern Sinn, als daß sie die zerstörenden Wirkungen des Rhekus oder Windes nicht anders vermeiden könnten, als wenn sie auf den Eintritt der Sonne in das Zeichen des Löwen Acht hätten *). Die Aegyptier hatten ein Isisbild, welches den ehemaligen Zustand der Erde, die durch die Sündfluth verheert war, darstellte. Dies Symbol be-

---

*) Angef. Werk B. 1. R. 1. no. 14.

betrauerte den Verlust der vormaligen Fruchtbarkeit des
Landes, den Mangel der Nahrung und des Feuers,
welches das Volk zum Lichte und zur Wärme bedurft
habe. Diese Figur, welche nachher Ceres genannt
wurde, erzeugte die Fabel von der Göttin mit brennen=
den Fackeln, die mit Aemsigkeit und zärtlichen Kummer
ihre Tochter Proserpina suchte; ein Wort, welches
das, unter dem Unkraute erstickte, Getreide bezeichnet *).

Mercurius, Memnon und Bacchus.

Die Beobachtung des Hundssterns verschafte den
Aegyptiern einen Überfluß an Getreide; und da sie sol=
ches bei benachbarten Völkern absetzten, so wurde die=
ses Volk dadurch reich. Deshalb war das Bild des
Anubis oftmals mit einem vollen Beutel versehen, und
man nannte ihn den Kaufmann, den Künstler oder
auch bloß den Handel. Dieses Sympol hieß bey den
Hetruriern Camillus, bei den Lateinern Janus, bei
den Griechen Hermes, bei den Phöniciern Mercu=
rius. Aus diesem öffentlich aufgestellten Symbol, wur=
de in der Folge ein Gott des Handels und der Intri=
ke; da es in der Hand eine lange Meßruthe hielt,
um das Steigen des Wassers abzumessen, so hielt man
diese Gottheit nachher für einen Führer, Boten, oder
auch für einen Redner. Die Schwingen an den Fü=
ßen, wodurch die Aegyptier anfangs sollten erinnert
werden, daß sie zu den Terracen fliehen möchten, tru=
gen dazu bei, daß Mercur nachher für einen Geschwind=
läufer angesehen wurde. Die Fabel von der Statue
des Memnon, welche täglich bei Sonnenaufgang einen
Schall von sich gäbe, entstand von den öffentlich aufge=
stell=

*) Angef. Werk, B. 1. K. 2. nö. 45.

stellten Symbol des Horus, der dem Landmann jedes, von ihm im Jahre zu vollendende, Tagewerk andeutete*). Wenn die Aegyptier die Kindheit des Landbaues nach der Sündfluth abbilden wollten, so geschah es durch das Symbol des Horus oder eines Kindes. Und die Griechen, welche dergleichen Aegyptische Vorbilder nachahmten, nahmen dieses symbolische Kind für ein wirkliches Wesen, nämlich für den Sohn der Semele. In Italien hatte es den Namen Bacchus, und in Griechenland Dionysius, welche Worte, die bei dieser Feierlichkeit gewöhnliche Sorgfalt ausdrückten. Wie man aus den Schilderungen der Dichter sieht, waren Horus und Bacchus eine und dieselbe Person, denn sie legten diesem alle Eigenschaften des Horus bei, nämlich die, der ländlichen Industrie. Dies war ein Sinnbild der Landwirthschaft, bei welchem man auf die Uiberschwemmungen der Flüsse und Sterne Acht hatte, um sie abzuwehren.

Ursprung des Thierdienstes, des Auguriums und andern Aberglaubens.

Wir werden finden, daß die Verehrung der Thiere, die Vogeldeuterei und anderer Aberglaube, einen ähnlichen Ursprung gehabt haben. Es war bei den alten Aegyptiern gewöhnlich, an ihren Festen gewisse Thiere auszustellen, welche den Namen derjenigen Himmelszeichen hatten, in welchen die Sonne um diese Jahreszeiten einging. Die Aerndte war bei Theben geendigt, wenn die Sonne in den Widder trat, und bei Memphis, wenn sie in den Stier ging, und bei Mendes,

---

*) Angef. Werk B. 1. K. 2. no. 26.
**) Le Pluche L. 1. ch. 2. no. 45.

des, wenn sie in die Ziegen ging. Diese Thiere stellten sie bei ihren Aerndtefesten aus, und daher kam es, daß man in der Folge bei Theben den Widder, bei Memphis den Ochsen, und bei Mendes die Ziegen verehrte. Bei dem großen Feste der Isis, ging ein lebendiger Hund in der Prozession voraus, und war nichts anders, als ein Sinnbild des Hundssterns. Dies gab Veranlassung, daß nachher in einigen Gegenden Aegyptens die Hunde heilig gehalten wurden. Jede Thierart, deren man sich bei gewissen Ceremonien bediente, wurde einige Zeit nachher ein Gegenstand der Anbetung, wie z. B. Widder, Ziegen, Stiere, Böcke, Fische, Schlangen, Krokodile, Wölfe u. d. m. Sogar Gewächse erhielten dieselbe Verehrung, wenn mit ihrem Laubwerke die Bildnisse jener Thiere waren geschmückt worden*). Die alten Einwohner Aegyptens schifften, säeten oder pflanzten nie, ohne zuvor diejenigen Bilder von Vögeln befragt zu haben, welche zu Wetterhähnen dienten, um die Direction der Winde und die Veränderung des Wetters anzudeuten. Der Habicht, der Widehopf, die numidische Henne, und der Ibis, waren öffentliche Symbole von gewissen Winden; sie gaben auch einige Auskunft in Ansehung des Wetters, deuteten Fortgang der Landwirthschaft, der Schiffarth, des Handels, des Krieges und anderer Unternehmungen an. In der Folge wurde die ursprüngliche Einführung dieser Symbole vergessen: man fragte zu Rom und in andern Ländern die jungen Hühner und andere Vögel um Rath, wenn man begierig war, die Zukunft zu wissen. Die Landleute oder Reisende hatten nun nicht mehr auf diese Figuren Acht, um zu erfahren, woher der Wind käme; sondern sie warteten

bis

*) Le Pluche L. 1. ch. 2. no. 41. 42.

bis sich einige Vögel der Art sehen ließen, welche ihnen von dem Erfolg ihrer Wünsche Auskunft ertheilten, in dem völligen Wahne, daß diese Vögel, die zufälliger Weise in der Luft schwebten, Gesandte der Götter wären, und ihnen den Willen derselben kund machten. Selbst die Zierraten jener ursprünglichen Sinnbilder vermehrten in der Folge die Mäße des Aberglaubens. Die Symbole des Osiris, der Isis, des Horus und Anubis hatten zuweilen ein Zepter in der Hand: ein andermal ein Horn, um das Volk zusammenzurufen; ein andermal einen Statthalterstab, um ein Fest anzudeuten, an welchem er präsidirte; zu einer andern Zeit einen Rohrstab, um anzuzeigen, daß der Weinstock einer Stütze bedürfe, einen Spinnrocken, um zu bemerken, was man vor Nutzen vom Weberstule ziehen könne. Der Ursprung dieser Sympole gerieth nach und nach in Vergessenheit, und das Zepter und andere Zeichen der Art, wurden für Dinge gehalten, welche die Zukunft offenbarten. Selbst die Flöten, Leiern und andere musikalische Instrumente, deren man sich bei Volksfesten bedient hatte, wurden für Werkzeuge der Divination angenommen. Der verschiedene Aufputz einer und derselben Figur erzeugte eine neue Gottheit, und die Götter vermehrten sich nach der Menge der Symbole, und je nachdem entweder Philosophen oder Dichter diese Dinge verschiedentlich erklärten, oder durch eigne Erdichtungen verschönerten*).

Ursprung der Idololatrie und der Verehrung falscher Götter.

Der Abt Le Pluche zeigt mit vieler Wahrscheinlichkeit, daß andere Figuren einen ähnlichen Endzweck hat-

---

*) Le Pluche L. 1. ch. 3. no. 1.

hatten, 'und die sämmtlichen heidnischen Götter und Göttinnen von nichts anders, als von dem Gebrauche der Symbole in Aegypten entstanden sind. Die Kretenser nahmen sie mit einigen Veränderungen der Namen und Attribute auf; die Phönicier und andere Völker, welche nach Aegypten kamen, um Getreide aufzukaufen, verpflanzten sie nach Asien und Europa. Die Griechen und Römer setzten sie zu einer Menge Götter und Göttinnen, Halbgötter und Herren hinzu, deren Genealogie und Schicksale sie treflich auszuschmücken wußten. Anfangs war in den Symbolen nichts geheimnißvolles; das Bedürfniß, gewisse Dinge sinnlich darzustellen, hatte sie erfunden, und diese Bildersprache war jedermann verständlich. Nach der Erfindung der Buchstabenschrift, kam diese symbolische Sprache in Abnahme; jedoch behielten die Priester und Gelehrten bei Festen, Begräbnissen und andern Religionsgebräuchen diese Sinnbilder noch bei. Allein, im Allgemeinen war die ursprüngliche Absicht derselben vergessen, und die Menschen erwiesen ihnen eine blinde Verehrung, weil sie mit dem vernünftigen Endzwecke derselben nicht mehr bekannt waren. Die Ausleger derselben gaben ihnen so verschiedene Deutungen, als ihrem Interesse und ihrer Einbildungskraft gemäß war; und diesen können wir die seltsamen Abentheuer der Herren und Halbgötter zuschreiben, die nirgends als in der fruchtbaren Phantasie jener Leute existirten. Hatten sie irgend einen Grund in der Natur, so konnte die heidnische Mythologie unmöglich mit so viel Irrthümern und einander widersprechenden Fabeln ihrer Ausleger erfüllt werden. Symbole waren das Alphabet der alten Aegyptier; und es ist eben so thörigt, in der Wirklichkeit ein Wesen aufzusuchen, von welchem ein Sphinx oder Anubis entstanden wäre, als es unnütz seyn würde, der Genealogie irgend eines Buchstaben im Alphabete nachzuspüren. Es scheint auffallend zu seyn, daß die Aegyptier die ursprüngliche Bedeutung der Symbole von den Jahreszeiten, sollten mißverstanden haben, da diese doch jährlich wiederkehrten, folglich öfters erneuert wurden; allein es läßt sich begreifen, daß, da das alte Aegptische Jahr aus dreihundert und fünf und sechzig Tagen bestand, ohne daß alle vier Jahre ein Tag eingeschaltet wurde, ihre Feste und Jahreszeiten nach und nach verrückt werden mußten. Als daher die Symbole die Jahreszeiten, die in denselben auszuführenden Arbeiten und Festtage nicht länger mehr anzeigten; so vergaßen die Menschen natürlicher Weise die Beziehung und ursprüngliche Absicht derselben *). Der Verfasser der philosophischen Principien der Religion ist der Meinung, daß die Nachkommen Noahs, die Lehren der Religion und andere wichtige Wahrheiten als Hieroglyphen in Stein gegraben hätten, weil sie eine neue Sündfluth befürchtet, folglich dieses Eingraben für ein besseres Mittel gehalten hätten, gewisse Wahrheiten auf die Nachkommen fortzupflanzen, als die mündliche Uiberlieferung. Dieser Schriftsteller glaubt, daß die wahre Bedeutung der Hieroglyphen von den Nachkommen vergessen, und die geheiligten Symbole zu Gegenständen des Götzendienstes und des Aberglaubens wären gemacht worden.**)

Bruckers Meinung wird untersucht.

Ein gelehrter Schriftsteller versichert, daß der erste Aegyptische Gesetzgeber seine Gesetze in Säulen eingegra-

---

*) Le Pluche L. 1. ch. 1. no. 8.
**) Ramsay Vol. II. Indroduct.

gegraben, und sie durch Bilder von Thieren und andern in der Natur vorkommenden Gegenständen ausgedrückt habe, damit sie nicht möchten verloren gehen oder vergessen werden. Diese Symbole waren anfangs um deswillen erfunden, damit die Lehren nicht verdunkelt, sondern aufgeklärt würden; nicht in der Absicht, die Religion in ein geheimnißvolles Dunkel einzuhüllen, sondern, um ihr dadurch Erhabenheit und Eingang in den Verstand der gemeinsten Menschen-Classe zu verschaffen. So weit stimmen Brucker und und Ra nsan mit dem Abbe Le Pluche überein; allein der erstere entfernt sich von ihm bei der Frage, wie die Aegyptische Theologie erzeugt worden, und welchen Ursprung der Götzendienst bei andern Nationen gehabt habe. Brucker nimmt Plutarchs Meinungen an, daß nämlich die ältesten Gottheiten Aegyptens nichts anders, als Menschen gewesen wären, die sich durch große Verdienste um ihre Mitbürger ausgezeichnet hätten, und dafür von den Nachkommen wären vergöttert worden. Er leugnet, daß die Aegyptier bloße Menschen für wahre Götter gehalten, und behauptet, sie hätten an eine, durch das Universum verbreitete, göttliche Kraft geglaubt, wovon einige Theilchen oder Ausflüsse in denjenigen Menschen wirkten, welche sich durch Genie und nützliche Erfindungen hervorthäten. Er behauptet sogar, die Aegyptier hätten die Sonne, Sterne und Planeten angebetet, weil sie den Menschen nützlich, von einer gewissen göttlichen Kraft belebt, und die vornehmste Wohnung der Gottheit wären. Er meint, der Unwissende habe Sonne und Sterne ohne alle Einschränkung angebetet, indeß der Weise sie nur für den Thron oder die Wohnung der Gottheit angesehen habe*). Ich habe die Meinung dieses Ge-

lehr=

---

*) Brucker de philos. Aegyptiorum. cap. VII. sect. 8. et 14.

lehrten als eine grundlose Hypothese verworfen, weil sie sich durch keinen einzigen, auch nur wahrscheinlichen, Beweis unterstützen läßt. Osiris, Isis und andere, von welchen Le Pluche beweißt, daß sie nie existirt haben, hält Brucker für wirkliche Personen, die einmal in Aegypten berühmt gewesen wären. Einmal leugnet er, daß die Aegyptier bloße Menschen, als Götter verehrt hätten; und doch gesteht er wieder zu, daß weise, tugendhafte und verdienstvolle Männer Gegenstände ihrer heiligen Verehrung gewesen wären. Da er sich zu schwach fühlt, die ursprüngliche Bedeutung der **Symbole** zu erklären, so giebt er verschiedene Ursachen dieser Schwierigkeit und Dunkelheit an, unter andern, daß Aegypten durch die Überschwemmungen viele Veränderungen erlitten habe, so daß die Einwohner genöthiget gewesen wären, Wanderungen vorzunehmen; nachher wären durch feindliche Einfälle von Fremden neue Gebräuche so wohl, als neue Lehren in diesem Lande eingeführt worden. Da die Aegyptier wegen der Verehrung der Sonne, der Sterne, der Herren und sogar der Thiere bei benachbarten Völkern lächerlich wurden, so haben die scharfsinnigsten Versuche, jenen Aberglauben zu erklären, die hier herrschende Dunkelheit nur noch mehr vermehrt*). Sogar die Priester trugen dazu bei, daß die Hieroglyphen auch unverständlicher wurden, indem sie sie auf eine Weise erklärten, wobei es ganz darauf abgesehen war, den Unwissenden und überhaupt das gemeine Volk zu täuschen, und ihren eigenen Vortheil so wohl, als den, der Regenten zu vermehren**). Auch die Poeten hatten viel Schuld an der Unerklärbarkeit

---

* Brucker de philos. Aegypt. cap. VII. sect. 11.

**) Ebend. sect. 2.

keit der heidnischen Mythologie, weil die den Ruhm
der Helden in einer hyperbolischen Sprache besangen,
und ihnen sogar Eigenschaften des höchsten Wesens beilegten.

Ursachen der Dunkelheit in der heidnischen Mytholoige

Als nun einmal das fabelhafte Zeitalter der Dichter seinen Anfang nahm: so wurde der Sinn der alten
Symbole entstellt. Die erhabensten Wahrheiten wurden zu den seltsamsten Visionen herabgewürdigt, und
endlich ging die Kenntniß vom wahren Ursprunge der
Hieroglyphen ganz unter, und wurde unter den zahllosen Auslegungen ihrer Erklärer völlig vergessen. Die
historischen Interpreten bildeten sich ein, daß die Fictionen der Dichter, die wahre Geschichte der Könige
und Feldherrn enthielten und wendeten auf sie, als auf
wirkliche Personen, dasjenige an, was in den Fabeln
der Dichter von Königen und Helden erwähnt war.
Die Unterthanen erklärten diese Symbole nach ihrer
Manier, durch verschiedene Wirkungen der Natur, wovon sie in den Hieroglyphen die Sinnbilder zu entdecken
glaubten. Die Stoiker, sagt Seneca*), stellten die
verschiedenen Wirkungen des höchsten Wesens unter verschiedenen Namen dar; sie nennen es z. B. Bacchus,
als den Vater und Urquell aller Dinge, Herkules, weil
es ununterbrochen thätig und unüberwindlich ist, Mer-
kur, wegen der Klugheit, Ordnung und Weisheit, die
sich in allen seinen Wirkungen zeigt. Der heil. Augustinus

---

*) De benef. c. 12. (Der Verfasser hätte hier den Cicero
de nat. deor. L. II. c. 25. 26. 27. 28. anführen müssen,
weil hier ex professo von den allegorischen Erklärungen der Stoiker gehandelt wird. Der Übers.)

nus*) versichert uns, daß der wahre Gott, zufolge seiner verschiedenen Wirkungen, verschiedene Namen angenommen habe. „In den ätherischen Regionen heißt er Jupiter, in der Luft Juno, in der See Neptun, in der Erde Pluto, in der Unterwelt Proserpina, in dem Elementarfeuer Vulcan, in der Sonne Phöbus, in der Divination Apollo, im Kriege Mars, in den Wäldern Diana, in den Wissenschaften Minerva; und alle diese Menge Götter und Göttinnen, sind nichts anders, als einer und derselbe Jupiter unter verschiedener Darstellung seiner Macht und übrigen Eigenschaften." Anaximander, Demokrit, Epikur, Lukrez und die übrigen Materialisten, verstanden diese Symbole auf diese Weise, d. h. dem Geiste der alten Hieroglyphen durchaus zuwider. Diese Weltweisen hielten den Streit der Götter mit den Titanen für Allegorien, welche die verschiedenen Veränderungen und den Zwietracht der Elemente enthalten sollten, und die Wirkungen dieser Erklärungen waren Fabel und Impietät**). Einige weitdenkendere Philosophen, als z. B. Zoroaster, Pythagoras, Sokrates und Plato erklärten die Symbole und die Fabeln der Dichter auf eine theologische Weise, und zeigten, daß sie geistige und göttliche Dinge darstellten. Gewisse Juden und Christen sind der Meinung, daß die heidnische Mythologie auf die Schriften der Hebräer und die Geschichte dieses Volks gegründet sey; daß Osiris und Jupiter Adam wären; Isis und Juno, Eva; Tubalcain, Vulcan; Bacchus, Noah; Apollo, Adonis, Mythras, Mars, Mercurius und Herkules, Abraham, Moses und Josua; kurz, daß alle jüdische berühmte Männer heidnische Götter wären.

Un-

---

*) De Civitate dei L. IV. cap. 10.
**) Ramsay, Vol. II. Introd. lect. 12.

für civilisirte Staaten.

Ungeachtet diese Meinungen von gelehrten Männern, z. B. von Bochard, Vossius, Huet, Thomasin, Gale, und mehrern Schriftstellern vertheidigt wird; so ist sie doch aus vielen Gründen unwahrscheinlich und unerweislich; denn, um nur dies einzige zu erwähnen, so ist ja bekannt, daß die Heiden Feinde der Hebräer, folglich nicht geneigt waren, ihre Gesetzgeber zu vergöttern, oder den Helden dieser Nation göttliche Verehrung zu erweisen.

Cicero's Meinung untersucht.

Man hat geglaubt, daß die Dichter, welche Alles in der Natur lebend und wirkend darstellten, die Zahl der Volksgottheiten vermehrt hätten, indem sie Dingen, welche für die Menschheit nützlich und heilsam sind, die Namen irgend einer Gottheit beigelegt, und z. B. die Erde Ceres, die See Neptun, und die Luft Juno genannt hätten. Cicero behauptet, daß die Aegyptier bei ihrem Thierdienst bloß auf die Vortheile Rücksicht genommen hätten, welche die Menschen von ihnen erhielten, den Ibis*) z. B. aus der Ursache heilig gehalten, weil er ihr Land von gewissen Uibeln befreiete, nämlich die geflügelten Schlangen wegfräße, welche aus den Wüsten Libiens zu ihnen herüberzogen. Die Dichter hätten die Helden alter Völker durch erhabne Schilderungen ihrer Thaten verewigt, und ihre Nachkommen hätten ihnen Altäre und Denkmale errichtet; Bildhauer und

---

*) De nat. deor. L. 1. cap. XXXV. (Dieser Meinung ist auch Josephus Antiqq. Iudaic. II. c. 5. welcher erzählt, daß diese Schlangen den Aegyptiern außerordentliche Beschwerden verursacht hätten, mithin diese Art Aegyptische Störche für sie keine kleine Wohlthat gewesen wären. Der Uiberf.)

und Maler hätten das Ihrige beigetragen, und durch Kunstwerke diese Irrthümer auf die Nachwelt fortgepflanzt. Cicero*) versichert, daß die Menschen sich vom Jupiter, der Juno und andern Gottheiten nach den Abbildungen, welche Bildhauer von denselben gegeben, Vorstellungen gemacht hätten. Ich leugne zwar nicht, daß Dichter und bildende Künstler durch ihre Werke die Irrthümer des Volks vermehrt haben; aber hiermit erklärt der römische Philosoph nichts weniger, als den Ursprung des Götzendienstes; auch bleibt der Ursprung der Fabeln und anderer sinnlichen Darstellungen der Götter hiermit unerörtert. Man kann zwar nicht leugnen, daß Dichter und Künstler das Volk irre führten; aber hiermit ist die ursprüngliche Entstehung dieser Irrthümer noch nicht angezeigt. Poeten und Maler folgen ihrer Phantasie, und schmücken denjenigen Stoff, welchen sie zu ihren Werken aus der Natur entlehnen, weiter aus; aber wo ist in der Natur Veranlassung zu einem Sphinx, einer Chimaera, oder in der alten Völkergeschichte zu einem Jupiter oder einer Juno? — Le Pluche hat diese Schwierigkeit zu mehrerer Befriedigung gehoben, indem er gezeigt, was Dichter und Maler zu ihren Phantasiegeschöpfen Veranlassung gegeben habe, wodurch denn, dünkt mich, die wahre Quelle des heidnischen Aberglaubens entdeckt wird.

Wirkungen des Paganism in Aegypten.

Da ich den Ursprung und Fortgang der Idololatrie angegeben habe, so gehe ich nun zur Untersuchung der Wirkungen fort, welche die Abgötterei in Aegypten, Griechenland, Italien, und andern weniger verfeinerten und civilisirten Ländern gehabt hat. Bei der Erörterung dieser Frage will ich meine Leser nicht mit Fabeln und

*) de nat. deor. l. cap. XXIX.

für civilisirte Staaten.

und Genealogien heidnischer Götter und Göttinnen, welche jedem Knaben bekannt sind, ermüden; sondern nur solche Bemerkungen über die heidnische Volksreligion mittheilen, welche sie in Stand setzen können, ihren Gehalt und ihre Wirkungen einzusehen, und wie eine Offenbarung nöthig war, um den verderblichen Einfluß derselben theils zu vermindern, theils gänzlich zu vernichten. —

Die alten Aegyptier feierten ihren Göttern zu Ehren verschiedene Feste, wobei es mancherlei Auftritte von Grausamkeit und Unordnung gab. An dem Isisfeste rollten sie einen Esel von einem Abhange (precipice) hinunter; an dem Feste des Mars fochten sie unter einander auf eine wüthende Weise mit Keulen, und an dem Bacchusfeste überließ man sich ausschweifendem Gelächter und Schwelgerei *). Nichts konnte abge-
schmack-

---

*) Dergleichen Beispiele beweisen nichts für den schädlichen Einfluß der heidnischen Religion auf die Sittlichkeit der Menschen; denn man kann ähnliche Auftritte bei christlichen Festen entgegen stellen. Feierte man nicht im 13ten Jahrhunderte zu Tours in Frankreich dem Esel, auf welchem die Maria nach Aegypten geflüchtet war, ein Fest? Ein Esel wurde vor die Gemeinde geführt, und eine Messe gelesen, wobei der Pfaffe die Stimme dieses Thieres nachmachte. (S. Du Cange in Gloss. med. et infim. Lat. v. *asinus*.) In eben diesem Jahrhunderte mußte der Prediger der christlichen Gemeinde am ersten Osterfeiertage etwas zu lachen machen, weil sie zuvor in der Fasten traurig gewesen wäre; der Pfaffe riß auf der Kanzel Zoten, und erzählte Schwänke, so viel er nur konnte. S. Thomasii Dissertation: de risu paschali. So wenig man diese Dinge für Folgen des Christenthums erklären kann, eben so wenig darf man jene Unsittlichkeiten bei heidnischen Festen geradezu als Folgen des Heidenthums aufstellen. Der Uebers.

schmackter seyn, als die heilige Verehrung, welche die Aegyptier Katzen, Hunden, Krokodilen und mehrern Thierarten erwiesen. Man hatte besondere Ländereien zu ihrer Unterhaltung ausgesetzt; Leute von Stande warteten ihrer, und genossen eine Art von Verehrung, weil sie sich diesem heiligen Dienste gewidmet hatten. Wurde ein solches Thier mit Vorsatz getödtet, so verfiel der Thäter augenblicklich in Todesstrafe; war es nicht mit Vorsatz geschehen, so überließ man seine Strafe der Willkühr der Priester, und starben diese Thiere von selbst, so beweinte man sie, und feierte ihr Leichenbegängniß mit einem prachtvollen Aufwande. Für die Katzen hatten die alten Aegyptier eine so tiefe Verehrung, daß auch ein solcher, der unvorsichtiger Weise eine getödtet hatte, mit dem Leben dafür bezahlen mußte *). Diodor von Sicilien gedenkt eines Auftritts, daß ein Römer zufälliger Weise in Aegypten eine Katze getödtet habe, worüber der Pöbel in solche Wuth gerathen wäre, daß weder das Ansehen des Königs noch die Ehrfurcht für den römischen Namen, im Stande gewesen, diesen Unglücklichen zu retten. Uiberhaupt würden die Aegyptier zur Zeit der Hungersnoth lieber einander selbst aufgezehrt, als sich an einem geheiligten Thiere vergriffen haben **). Man bewahrte in einer anmuthigen Gegend bei Memphis ein geflecktes Kalb auf, dessen sämtliche Bewegungen für weißagend gehalten wurden; man opferte ihm unter dem Titel Apis. Wenn man die Zukunft von diesem Orakel wissen wolle, so gab man Acht, in welche von beiden Kammern, die vor ihm zubereitet waren, der Apis einging; auch zog man daraus Vorbedeutungen, je nachdem

---

*) Ancient Univ. Hist. Vol. I. B. 1. ch. 3.
**) Broughtons Diction. Art. *Helurus*.

er das ihm vorgeworfne Futter gefressen oder liegen gelassen hatte. Wurde er alt, so hielt man es für unanständig, ihn von selbst sterben zu lassen: man ersäufte ihn daher, begrub ihn mit feierlicher Betrübniß und suchte nachher ein anderes Kalb mit den nämlichen Flecken wieder auf. Auch zu Heliopolis bewahrte man einen heiligen Ochsen auf, zu welchem ganze Karavanen wallfartheten, um ihm zu opfern. Der Eigennutz der Priester, kann man wohl glauben, bestärkte diesen Aberglauben immer noch mehr *).

Die vornehmsten Gottheiten der Aegyptier wurden im ganzen Königreiche verehrt, die untern hingegen nur in gewissen Städten und Provinzen. Manche Städte hatten ihren Namen von den Göttern oder Thieren, welche sie anbeteten, wie z. B. Diospolis, Heliopolis, Cynopolis. Insgemein hatte jede Stadt ihre verschiedenen Abgötter, und die Einwohner der einen trugen kein Bedenken, Thiere zu essen, die von einer andern Stadt heilig gehalten wurden. Diodor von Sicilien gedenkt dieser Verschiedenheit des Götzendienstes als einer Quelle gegenseitiger Feindseligkeit, welche die Könige selbst begünstigt hätten, um unter den unruhigen Köpfen im Lande Religionssecten zu unterhalten und Verschwörungen wider ihre eigene Person dadurch zuvor zu kommen **). Als der Persische Monarch Cambyses Aegypten bekriegte, und bei der Belagerung von Pelusium bemerkte, daß seine Truppen von den feindlichen Pfeilen verwundet wurden; so bediente er sich
eines

*) Le Pluche histoire du ciel L. I. ch. II. no. 41.

**) Ancient univ. hist. Vol. I. fol. B. P. ch. 4. sect. 1.

einer Kriegslist, welche den glücklichsten Erfolg hatte. Er stellte nämlich vor die Fronte seiner Armee eine Menge Katzen, Hunde, Schaafe und anderer heiligen Thiere; durch diese gedeckt, rückte er ungehindert näher vor die feindliche Mannschaft und bemächtigte sich ihrer, weil die Aegyptier sich nicht getraueten einen Pfeil abzuschießen, aus Furcht, ein heiliges Thier zu tödten *). Hieraus sieht man, welchen mächtigen Einfluß der Aberglaube in Aegypten, so wohl auf die Landesregierung als die Gemüthsbeschaffenheit der Einwohner hatte, und wie er nichts weniger als die Sittlichkeit jenes Volks befördern konnte. Juvenal **) schildert den Aberglauben Aegyptens und die Wirkungen desselben in der funfzehnten Satyre auf folgende Weise:

> Quis nescit, Volusi Bithynice, qualia demens
> Aegyptus portenta colat? Crocodilon adorat
> Pars haec: illa pavet saturam serpentibus Ibim.
> Illic caeruleos, hic piscem fluminis, illic
> Oppida tota canem venerantur, nemo Dianam.
> Porrum et caepe nefas violare, ac frangere morsu.
> O sanctas gentes, quibus haec nascuntur in hortis
> Numina! Lanatis animalibus abstinet omnis
> Mensa. Nefas illic foetum iugulare capellae;
> Carnibus humanis vesci licet.

Volksreligion anderer heidnischen Völker.

Es ist bekannt, daß die Heiden ihren Gottheiten, Zorn, Furcht, Kummer, Eifersucht, und andere der göttlichen Natur unwürdige Leidenschaften beilegten. Tertullian ***) legt daher den Heiden folgende Fragen vor:

---

*) Polyaen Stratagemat. L. VII. cap. IX.
**) Gleich zu Anfange der 15ten Satyre.
***) Apolog. cap. X. XI.

vor: „Gleicht irgend eine von euren Gottheiten an Weisheit dem Sokrates, an Gerechtigkeit dem Aristides, an Tapferkeit dem Themistocles, an Größe dem Alexander, an Glück dem Polycrates, an Beredsamkeit dem Demosthenes? Welche von ihnen ist so selbstständig oder weise als Cato, der Kriegswissenschaft so kundig als Scipico, so mächtig als Pompejus, so reich als Crassus, so beredt als Cicero? Die heidnische Religion beförderte die Ehre Gottes nicht; denn jene Gottheiten waren vielmehr durch ihre Laster ausgezeichnet, als durch ihre Tugenden, und was rechtfertigten sie durch ihr Leben und ihre ganze Aufführung anders, als ein unheiliges Leben. Fanden sich nicht unter ihnen Ehebruch, Blutschande, Diebstal, Mord und ander unnatürliche Laster in Menge? denn nach der allgemeinen Volksreligion war Mercur ein Dieb, Venus ein Prostibulum, Bacchus ein Säuffer, und Jupiter hatte seinen Vater Saturn, der seine eigenen Kinder ermordet hatte, und dem man Menschenopfer von kleinen Kindern darbrachte, vom Thron gejagt. Ungeachtet Homer den Jupiter, den Vater und König der Götter, den Götterversammler, den Rathgeber, den Beschützer der Häuser und Städte nennt; so stellt er ihn doch zugleich als einen Blutschänder seiner Schwester Juno und seiner Tochter Minerva dar; er ist ein Liebhaber der Ganymedes, entführt mit Gewalt die Europa und andere Weibspersonen. Zufolge der Theologie dieses Dichters, ist der Vater der Götter und Menschen der Urheber dieser Zwietracht*): er ermuntert die Trojaner, bei seiner Tochter Venus einen Meineid zu begehen; diese liebt den Sarpedon und Hek-

---

*) Iliad. IV. v. 74.

vor, und ist ihrentwegen höchlich bekümmert*). Die andern Götter verschwören sich gegen den Jupiter, und würden ihn, hätte sie nicht Briareus **) erschreckt, mit Ketten gebunden haben. Mars und Venus wurden vom Diomedes verwundet; Götter und Göttinnen ergriffen widereinander die Waffen, und Jupiter äußert dabei eine heftigere Leidenschaft gegen sein Weib Juno, als er irgend einmal gegen eine von seinen Weibern oder Buhlschwestern hat blicken lassen ***). Dieser höchste Gott ruht in den Armen der Alcmene, nachdem er zuvor die Gestalt ihres Mannes angenommen, und Minerva beschützt den Ulyß, um sein Geld in einem Keller zu bewahren und sich mit einem Bettler schlagen zu können †). Die Vorstellungen, welche sich die Tyrier von ihren Göttern machten, waren so kindisch, daß sie z. B. die Statue des Herkules in Ketten legten, damit er nicht zu Alexander den Grossen, der sie belagerte, übergehen möchte ††).

Die Perser beteten den Ariman als den Urheber des Bösen an; die Griechen hatten ihre κακοδαιμονες und die Lateiner ihre Vejoves †††). Man opferte dem Fieber, den Seestürmen und jedem Dinge, von welchem Unglück zu befürchten war: Theseus und Alexander der Grosse brachten der Furcht ein Opfer, damit ihre Truppen an einem Schlachttage nicht in Schrecken gerathen möchten. Titius Latius verehrte die Göt-

---

*) Iliad. XVI. 433. et XXII. 168.
**) Iliad. I. 399.
***) Iliad. XVI. 315.
†) Odyss. L. XIII.
††) Quint. Curt. L. IV. cap. 14.
†††) Cicero de nat. deor. III. cap. 24.

für civilisirte Staaten. 69

Göttin Cloacina, und Griechen sowohl als Römer errichteten der Schmach, der Schamlosigkeit und Frechheit Tempel*). Die heidnischen Götter führten ein so unreines, unkeusches und liederliches Leben, daß Julius Africanus ihren Religiosen den Rath gab: sie sollten lieber ihre Tempel in Schauspielhäuser verwandeln, Komödianten zu Priester wählen, und von diesen die Liebschaften und Abentheuer der Götter sich vorsingen lassen. Plato verdammt die Theologie und Genealogie der Götter beim Hesiodus und andern Dichtern als falsch und für die Staatsverfassung schädlich; er behauptet, daß, wenn sie auch wahr wären, sie doch nicht allgemein bekannt werden dürften, denn sie verdürben die Moralität der Jugend und verleiteten sie zu Rache, Todschlag, Raub, Trunkenheit, Diebstal und Widerspänstigkeit gegen ihre Eltern. Er tadelt den Homer, daß er seine Götter so niedrigen Leidenschaften unterworfen habe, da doch die Fabeln der Dichter vielmehr weise Entzwecke der Politik oder Moral befördern sollten. Cicero ist mit dem Plato sehr zufrieden, daß er aus seiner idealischen Republik den Homer und andere Dichter verbannt hat. Seitdem diese Albernheiten durch die Annehmlichkeit der dichterischen Darstellung Beifall gefunden, so haben die Dichter ihre Götter, entstammt von allen möglichen Leidenschaften, aufgestellt; da ließt man ihre Kriege untereinander, ihre Wunden, Haß, Feindschaft, Zwietracht, Geburten, Tod, Klagen, Weinen, gränzenlose Ausschweifungen, Ehebruch, Dienstbarkeit, Verbindungen mit Menschen und Menschen-göttlichen Ursprungs**). So war die schöne Mythologie beschaffen, die, wie Gibbon sagt, die Dichtungen eines

Ho-

---

*) Cicero de legg. II. c. 11. et 17.
**) Cicero de nat. deor. I. j 16. Tuscul. Quaest. II. 11.

Homer, Virgil und anderer Poeten belebte; wiewohl sie doch die unreinste und unzusammenhängendeste ist, welche irgend eine menschliche Einbildungskraft sich schaffen konnte! dieser genannte Schriftsteller beschreibt den heidnischen Gottesdienst als etwas, das aus Opfern, Processionen, Schauspielen, und öffentlichen Festen bestand, wobei einladende Fröhlichkeit herrschte, und die schönen Künste in ihrem vollen Glanze sich zeigten; er übergeht aber jeden Umstand, aus welchem man sehen kann, daß das alles nichts anders ist, als ein Zusammenhang von niedern Lüsten, Grausamkeit und Unsittlichkeit. Hätte der Verfasser der Römischen Geschichte gewußt, daß Plato und Cicero *) dieses System verworfen

*) Man kann einem Manne, wie Gibbon, wohl zutrauen, daß er gewußt habe, warum Plato aus einer Republik die Dichter verbannt hat, nämlich, weil ihre Theologie der Moral nachtheilig seyn könnte. Was den Cicero betrift, so mag der Verfasser wohl keine der von ihm angezogenen Stellen im Zusammenhange gelesen haben. De nat. deor. I. 16. spricht Cicero nicht in seiner Person; es redet dort der äußerst süffisante Cllejus, welcher die *somnia philosophorum*, wie er sie nennt, aufgezählt hat, und am Ende damit schließt: daß dies alles eben so abgeschmackt und ungeniesbar sey, als was Dichter und Künstler desfalls von den Göttern gefabelt hätten. In der andern Stelle (Tusc. II. 11.) tadelt Cicero die Dichter, daß sie ihre Helden mit so viel menschlichen Schwachheiten aufgestellt hätten; daß diese z. B. beim Schmerze weinten; dadurch, meine er, entstünde Weichlichkeit der Sitten. Man sollte fast glauben, er wolle in jener Abhandlung — vielleicht der schlechtesten, die aus seiner Feder geflossen! — einen Gladiator für das Römische Amphitheater abrichten, weil er die Dichter ihrer Menschlichkeit wegen tadelt. Warum hält sich Hr. Ryan über seinen großen Landsmann Gibbon auf, daß er nicht mit dem Plato die Dichter proscribiren will?

fen haben, er würde vielleicht Achtung gegen ihr Ur=
theil gehabt, und die Kirchenväter, welche die Dichter
tadelten, deswegen nicht in Anspruch genommen haben.
Ich kann schlechterdings nicht glauben, daß der Ge=
schmack und die Grundsätze dieses Geschichtschreibers in
dem Grade verderbt sind, als er von dem Paganismus
bezaubert worden, so daß er ihre Ritus zu auserlesenen
Ceremonien und unschuldigen Gebräuchen macht; un=
streitig hat er die innere Häßlichkeit und den verderbli=
chen Einfluß derselben auf die Menschen übersehen. —
Es wird sich zeigen, daß jene Wirkungen so beschaffen
waren, wie sie natürlicher Weise, nach solchen falschen
Begriffen von den Göttern, konnten erwartet werden.

Ich will nun darthun, daß jene genannte und ähn=
liche Laster, ächte Früchte des heidnischen Aberglaubens
gewesen sind.

**Unreinigkeit, Ehebruch und Trunkenheit, Wirkun=
 gen des Paganismus.**

Eine allgemeine Sittenverderbniß war die natürli=
che Folge der heidnischen Theologie. — Die Moral
der

will? Er behauptet ja nur in ästhetischer Rücksicht,
daß die Volksreligion der Alten, ihre Mythologie und
was damit Zusammenhang, dem Dichter und Künstler
zu den schönsten Kunstwerken begeistert habe. Dieses
Urtheil ist, wie man sieht, unabhängig von dem, über
die Moralität der alten Mythologie und an sich zuver=
läßig wahr. Wie viel in dieser Rücksicht ein Virtuose
bei den Alten vor den neuern voraus hatte, haben
Garve, Heydenreich, (System der Aesth. B. 1 Abh.
1.) u. a. scharfsinnig genug gezeigt. Uibrigens hat Plato
seinen Beruf als Aesthetiker über die Dichter, nament=
lich über den Homer, zu urtheilen, etwas verdächtig ge=
macht S des Abt Barthelemy Voyage du jeune
Anacharsis. To l. 9§. Deuxp. Der Uibers.

der Heiden war so beschaffen, als sie vernünftiger Weise aus den Vorstellungen fließen konnte, die sie sich von ehebrecherischen, blutschänderischen und unreinen Göttern machten, und die sie in allen ihren Abscheulichkeiten nachzuahmen, für lobenswerth hielten. Da sich die heidnischen Götter unerhörter Verbrechen schuldig gemacht hatten: so richteten auch ihre Diener ihre Gottesverehrung so wohl als ihren Lebenswandel nach den Vorstellungen ein, die sie sich von ihnen gemacht hatten. Diejenigen, welche sich unterfangen wollten, die Ehe zu brechen, wurden durch Jupiters Beispiel dazu angereizt. Wer Reitz zu unnatürlicher Liebe empfand, sah auf den Ganymed in Jupiters Umarmungen oder den Hyacinth als den Liebling des Apoll; und die Abneigung vor der Blutschande wurde durch Jupiters Verbindung mit seiner Schwester, wenigstens in einem hohen Grade, vermindert. Venus, als die Schutzgöttin aller liederlichen Weibspersonen, beförderte unzählige Ehebrüche, Entführungen und Blutschande, theils durch ihr eigenes Beispiel, theils durch ihre Beihülfe. Sie selbst hatte einen Sohn von ihrem Bruder Mercur, und und reizte den Nicimiene und Myrrha mit ihren Vätern Blutschande zu begehen*). Die Römer, die sich auf ihre Abkunft von dem Aeneas, einem Sohne der Venus, nicht wenig zu gute thaten, errichteten dieser Göttin Tempel, und erwiesen ihr unter allen weiblichen Gottheiten die ausgezeichneteste Verehrung. Oeffentliche Weibspersonen dienten ihr, um durch ihre Beihülfe etwas zu gewinnen; reine Jungfrauen baten sie um Schönheit, Matronen um Eintracht mit ihren Männern, Witwen um andere Männer, junge Weiber um Fruchtbarkeit. Die Athenienser, Chier, Thracier, und mehrere

*) Ovid. Metomorph. H. u. X.

rere Völkerschaften verehrten ursprünglich die Göttin
der Frechheit Cotytto durch die unehrbarsten Gebräuche, und ihre Priester, Namens Baptae, feierten ihre
Mysterien bei Nacht mit Tänzen und allen Arten von
Unzucht. Eupolis verfertigte ein Schauspiel, worin
er die ehrlose Aufführung jener Priester schilderte; aber
sie rächten sich, und warfen ihn in das Meer*). Die
Phönicischen Weiber pflegten alle Jahre ihr Haar abzu-
schneiden, zum Zeichen der Betrübniß über den Tod des
von der Venus so geliebten Adonis. Diejenigen, welche solches nicht mitmachen wollten, waren verbunden,
sich einen ganzen Tag feilzubieten, und jedem Fremden, der es forderte, Preis zu geben; das Geld, welches sie dafür einnahmen, kam in den Tempel der Göttin, wo die größten Abscheulichkeiten getrieben wurden,
um damit die trauernde Göttin in ihrem Kummer zu trö-
sten **). Die Heiden hatten verschiedene unzüchtige Gemälde des Jupiter, durch deren eines Terenzens Cherea
Muth bekam, ein Mädchen zu schänden; denn Beispiele
wirken mächtiger als Lehren, und Leute, die geneigt waren, ihre Leidenschaften zu befriedigen, wurden durch
Jupiters Beispiel mehr dadurch angereizt, als sie durch
Platos Lehren oder Cato's Grundsätze davon abgehalten wurden; nie fehlte es an einem Beispiele von einem
Gotte, um Ehebruch, Hurerei und unnatürliche Laster
zu rechtfertigen ***). Selbst der öffentliche Gottesdienst
der Heiden eröfnete zuweilen Scenen der Leichtfertigkeit
und Unkeuschheit. Nackte Priester feierten die Lupercalia
zu Ehren des Pan. Der gelehrte Potter versichert, daß
verschiedene Gebräuche bei Griechischen Götterfesten von

sol-

*) Broughton Art. *Baptae*.
**) Anc. Univ. hist. Vol. I. chap. 6. sect. I.
***) August. Civ. dei L. II. c. 7.

solcher Art exiſtirt, und doch von vielen für etwas Un=
ſchuldiges wären angeſehen worden. Die Lokrier tha=
ten unter andern einmal das Gelübde, daß, wenn ſie in
dem zu führenden Kriege glücklich ſeyn würden, ſie ihre
Jungfrauen an den Feſten der Venus Preis geben woll=
ten *) Dieſe Aphrodiſin wurden in verſchiedenen Ge=
genden Griechenlandes auf eine ärgerliche Weiſe gefeiert;
und im Tempel der Venus zu Byblus in Syrien über=
ließen ſich die Weiber an einem gewiſſen Tage den be=
zahlten Umarmungen jedes Fremden, und der Lohn ih=
rer Unzucht wurde der Göttin zum Geſchenk darge=
bracht**). So traurig waren die Wirkungen einer
Gottesverehrung, die Herr Gibbon als etwas unſchul=
diges anſieht; ſo ſchädlich die Folgen der Unkenntniß
des wahren Gottes! doch dies waren nicht die einzigen
Früchte jener reizenden Mythologie; die Griechen z. B.
hielten nächtliche Feierlichkeiten, genannt Nyctelia, zu
Ehren des Bacchus, wo ſie bei Fackelerleuchtung zech=
ten, und andere Begierden befriedigten. Dies ahm=
ten die Römer in der Folge nach**). Solche abſcheu=
liche

*) Iuſtin. hiſt. Phil. L. XXI, cap. 3.

**) Leland's Offenbarung des Chriſtenthums, Th. 1. K 7.

***) Broughton, Art. Nyctelia. (Der Verfaſſer thut den
Römern hierin Unrecht. Da er von öffentlich einge=
führten und von der Nation angenommenen Götterfe=
ſten ſpricht, und daraus den ſchädlichen Einfluß auf die
Moralität zu zeigen ſucht; ſo hätte er dieſer Bacc
chiſchen Orgyen ſchlechterdings nicht erwähnen ſollen.
Im Jahre 56. a. u. hatte ſie ein Schwärmer aus
Griechenland nach Rom gebracht, und zwar ohne den
Willen des Senats und des römiſchen Volks. Eine
Menge Enthuſiaſten verſammleten ſich dazu des Nachts;
man ſpiegelte ihnen Weiſſagungen vor, die auch in dem

ver=

liche Scenen gab es an den Bacchusfesten, so daß man auch ehrbare Frauen warnte, nicht dabei zu erscheinen, und Aristipp, um eine keusche Frau zu beschreiben, sagt: „sie mag sich sogar nicht einmal bei den Bacchanalien verführen lassen." Zu Rom wurde an diesem Feste so viel Unzucht, Mord, Vergiftung und anderes Unwesen getrieben, daß sie durch ein Senatsdecret abgeschäft wurde; zu Theben geschah, wie Cicero berichtet, das Nämliche durch den Diagondas.

Der Paganismus, eine Quelle der Grausamkeit.

Ich habe bisher dargethan, daß die heidnische Superstition nichts anders bewirken kann, als dasjenige, dessen sie ihrer Natur nach fähig ist, d. h. unmoralische Handlungen. Ich fahre fort, dieses durch mehrere Thatsachen, welche uns die Geschichte darlegt, zu beweisen. Zu Sparta wurden zuweilen die Knaben zu

verborgenen Schlupfwinkel der Versamlung gegeben wurden; die unnatürlichsten Laster wurden dabei ausgeübt, welches Livius weitläuftig beschreibt (L. XXXIX. c. 10. sqq.) Die rechtschaffensten Männer in Rom fanden an diesem Unwesen einen gerechten Abscheu, und der Senat ließ zuerst eine gelinde Verordnung bawider ergehen, weil er glaubte, daß die Schwärmerei nicht durch Gewalt zu unterdrücken sey; endlich wurden die Untersuchungen strenger: ut quaestio de his habeatur, qui coissent coniurassentve quo stuprum flagitiumve interrent. (Liv. l. l. cap. 14.) Solche Prvatconventicula, die ein einzelner Schwärmer veranlaßt hatte, und das darin vorgegangene Unwesen einer ganzen Nation zur ast zu legen, ist eben so unbillig, als wenn man heut zu Tage eine ganze Nation zu Anhängern eines Schröpfers, Rosenfelds Cagliostro, Mesmers und anderer Prätendenten auf den Ruhm der Propheten und Wunderthäter machen wollte. Der Übers.)

Ehren der Diana orthia gepeitscht, und diese grausame Ceremonie endigte sich oft mit dem Tode des Gepeitschten*). Als die Römer wider die Gallier zu Felde gingen, so begruben sie, dem Ausspruch eines Orakels zu folge, zwei Männer und zwei Weibspersonen lebendig**) und Porphyrius versichert, daß zu seiner Zeit an dem Feste des Jupiter Latiaris ein Mensch wäre geschlachtet worden***). Die Priester der Bellona opferten ihrer Göttin mit ihrem eigenen Blute: in jeder Hand hielten sie blanke Schwerter, womit sie sich selbst verwundeten, und dann liefen sie hin und her, wie Besessene †). Ereigneten sich allgemeine Landplagen, so opferten die Regenten den rächenden Geistern Kinder, um das Uibel abzuwenden, welches sie erlitten oder befürchteten. Die Karthaginienser versuchten einmal die Pest von ihrem Lande dadurch abzuwenden, daß sie ihren Göttern unschuldige Kinder opferten ††), so wie auch Agememnon

---

*) Dies war kein Fest, welches der Diana gegeben wurde; sondern dieses Peitschen hatte nach den Lycurgischen Gesetzen eine ganz andere Absicht, nämlich, die Spartaner frühzeitig gegen allen Schmerz abzuhärten. Laboribus erudiunt (leges Lycurgi) juventutem, venando, currendo, esuriendo, sitiendo, algendo, aestuando. Spartae vero pueri ad aram sic verberibus accipiuntur, ut multus e visceribus sanguis exeat; nonnunquam etiam, ut, cum ibi essem, audiebam, ad necem: quorum non modo nemo exclamavit unquam, sed ne ingemuit quidem. Cicero Tuscul. II. cap. 14. conf. Xenoph. de rep. Lacedaem. cap. II. p. 304. ed. Mor. Der Uibers.

**) Plutarch, im Leben des Marcellus.

***) Leland im angef. Werk, Th. 1. Kap. 7.

†) Lact. L. V. cap. 10. et L. I. cap. 21.

††) Iustin. Hist. L. XVIII. cap. 6.

von den Zorn der Diana, deren Hirsch er getödtet hatte, durch das Blut seiner Tochter Iphigenie stillen wollte. Die Phönicier mußten dem Saturn alle Jahre kleine Kinder zum Opfer darbringen, und die ältern Karthaginienser dem Moloch. Unter dem letztern Volke mußten sogar die Mütter ihre Kinder zu dem schrecklichen Opfer begleiten, ihr mütterliches Gefühl unterdrücken, und bei dem Angstgeschrei der schuldlosen Opfer Freude heucheln; entfloh ihrem Auge eine Thräne oder ihrer Brust ein Seufzer, so glaubte man, das Opfer habe in den Augen solcher blutdürstigen Gottheiten keinen Werth. Es ist nicht zu leugnen, daß diese schrecklichen Opfer der Karthaginienser keinen geringen Einfluß auf ihre Sitten hatten; denn sie bezeigten sich gegen Freund und Feind unmenschlich und grausam, und waren gegen jeden Eindruck der Zärtlichkeit und des Mitleiden verhärtet. Die Druiden brachten ihren Götzen Menschenopfer dar; einige tödteten sie mit Spießen, andere kreutzigten sie, und einige legten sie auf Pfäle, und ließen sie an einem langsamen Feuer dahin sterben. Diese Unmenschlichkeiten reitzten den Augustus, daß er die Religion der Druiden zu unterdrücken suchte, und Tiberius und Claudius schaften jene grausamen Gebräuche gänzlich ab*). Uiber diese und ähnliche Schandthaten der Helden macht Lactantius folgende sehr treffende Bemerkungen: „Wie konnten sie sich vom Blute enthalten, da sie blutgierige Gottheiten, den Mars und die Bellona, anbeteten? Wie ihrer Eltern schonen, da sie einen Jupiter verehrten, der seinen Vater aus dem Himmel verjagt hatte? Wie ihrer Kinder schonen, da Saturn die seinigen verzehrte? Wie sich der Keuschheit befleißigen,

da

---

*) Sueton in Claud. 25. Broughton Art. *Druids*. Strabo L. IV. 308. ed. Amstel. 1707.

da sie eine nackt' un' ehebrecherische Göttin, verehrten, die jedem Buler sich Preis gab? Wie des Betrugs und des Diebstals sich enthalten, da sie die Diebereien des Mercur wußten, und, dadurch gelehrt wurden, daß der Betrug nichts anders, als eine feine Verschlagenheit sey? Wie ihren Lüsten Gewalt anthun, da die Ausschweifungen des Jupiter, Bacchus, Apollo und anderer Götter so gar in Schauspielen dargestellt und in Chören besungen wurden, damit sie recht allgemein bekannt würden? Wie sollten sie gerecht seyn, da die Beispiele der Götter sie zum Gegentheile verleiteten *). Dies waren die Früchte eines Systems, aus welchem Herr Gibbon auf eine feine Weise dasjenige herausgelesen hat, was er schöne und unschuldige Gebräuche nennt. Es ist doch seltsam, daß er ein System, in welchem so viel verabscheuungswerthe Gebräuche vorkommen, so sehr erhebt, bloß um den Grund der heiligen Schrift zu untergraben, welche darauf abzweckt, dergleichen Laster zu unterdrücken, und die auch ihres grossen Endzwecks, in allen den Landen, wo sie ist ausgebreitet worden, auf keine Weise verfehlt hat! —

Außer solchen Auftritten von Grausamkeit, die wir bisher als Folgen des Heidenthums betrachtet haben, gab es noch andere eben so auffallende Verbrechen, die aus den nemlichen Quellen entsprangen. Die alten Germanier, Gallier und Britannier beteten Sonne, Sterne und Planeten an, und opferten zuweilen ihren Idolen Menschen. Die Scythen und Thracier weiheten von jedem Hundert Kriegsgefangenen einen dem Mars. Die Germanier erwiesen dem Mercur dieselbe Ehre, und die Cimbrischen Priesterinnen pflegten den

Ge

*) L. V. de Iustitia.

Gefangenen die Gurgeln durchzuschneiden, um aus dem
Rieseln des Blutes den Ausgang des Kriegs zu weißagen. Die Lithauer rissen in der nämlichen Absicht den
Gefangenen die Eingeweide aus den Leibern; denn sie
bildeten sich ein, daß der Teufel an denen ihm darzubringenden Opfern kein Wohlgefallen hätte, wenn sie
nicht zuvor wären gemartert worden. Nicht allein bei
wilden Völkern, sondern ogar in Griechenland und andern civilisirten Ländern findet man Beispiele von Menschenopfern. So opferte selbst Themistokles den Göttern einige gefangene Perser, um sich ihres Beistandes
gegen die Feinde des Vaterlandes zu versichern*); und
Bacchus hatte in Arkadien einen Altar, auf welchem
junge Mädchen mit Rädern zu Tode geschlagen wurden**. Achill schlachtete beim Leichenbegängniß des
Patroclus ***) zwölf gefangene Trojaner, und der seiner Frömmigkei wegen so berühmte Aeneas opferte der
Pallas acht Menschen ****). Solche unmenschliche
Grausamkeiten, die dem Moloch, Saturn und andern
heidnischen Idolen zu Ehren ausgeübt wurden, und die
groben Ausschweifungen, denen man sich an den Festen
des Baalberith, der Cybele, der Venus u. a. überließ,
müssen uns mit Schauder vor solchen Greueln erfüllen,
und uns für dasjenige Religionssystem, welches sowohl
selbst davon frei ist, als auch wo es nur ausgebreitet
worden, den Aberglauben zerstört hat, eine gerechte Bewunderung einflößen. Ein alter Dichter, der die wahre Religion nicht kannte, und Aberglauben mit vernünftiger Gottesverehrung verwechselte, war geneigt dergleichen

*) Plutarch. v Themist.
**) Broughton. Art. *Sacrifices*.
***) Homer Iliad. XXIII. 75.
****) Virgil. Aeneid. X. 520.

chen blutige Auftritte für Folgen der Religion anzusehen. Saepius olim, sagt er

> Religio peperit scelerosa atque impia facta.

desgleichen:

> Tantum religio potuit suadere malorum! *).

Dieser Ausruf war bei dem Lukre durch den Gedanken an die **Iphigenie in Aulis** erregt worden. Die Heiden haben sich zwar mehrerer grober Verbrechen schuldig gemacht **), ich schränke mich aber bei dieser Untersuchung nur auf solche ein, die sie zufolge ihrer Religion, ausübten. Diese erleichtern uns den Beweis von der Wahrheit derjenigen Religion, welche die Absicht hat die Laster auszurotten. Die übeln Folgen der falschen oder der verunstalteten wahren Religion beweisen die Vortreflichkeit der letztern, und legen den Völkerbeherrschern die Verbindlichkeit auf, die Gemüther ihrer Unterthanen zur wahren Gottesverehrung geneigt zu machen, damit, wenn sie auch nicht die Vortheile erlangen, welche natürlicher Weise daher fließen, wenigstens das Uibel von ihnen abgewendet werde, welches aus einer falschen Religion entspringt. Wird ein Acker mit keinem guten Saamen bestellt, so bewächst er mit schädlichem Unkraut; eben so treten auch Superstition und Schwärmerei in die Stelle der wahren Religion, und werden als Werkzeuge zur Erreichung schädlicher Endzwecke gebraucht. Dies war der Fall in heidnischen Ländern, selbst in Ländern, wo die wahre Religion verderbt oder mißverstanden war, wie sich in der Folge dieser Untersuchung zeigen wird.

Heid=

---

*) Lucret. de nat. rer. L. I. 84. et 102.

**) Wie sonderbar! Als wenn es unter den Christen keine Diebe, Blutschänder, Räuber, Mörder, Giftmischer, u. s. w. gäbe! Der Uibers.

Heidnische Priester und Schauspieler hielten das Laster im Römischen Reiche nicht zurück.

Man glaubt vielleicht, daß die schädlichen Wirkungen der heidnischen Religion durch die Priester, theatralische Vorstellungen, die Lehren der Philosophen und die Politik der Staatsmänner wären geschwächt worden; das Letztere war zwar gewissermaßen eine Schutzwehr gegen das Laster; hingegen jene genannten Dinge waren äußerst schwache Gegenmittel, und jezuweilen reitzten sie die Menschen vielmehr zur Untugend, als daß sie sie davon abschreckten. Die heidnischen Götter gaben ihren Dienern weder moralische Vorschriften an die Hand, noch Beweggründe denselben zu folgen. Augustinus*) behauptet daher, daß die Heiden nie moralische Vorschriften im Namen solcher Götter gegeben hätten, und fordert diejenigen, die hierüber anderer Meinung sind, auf, ihm die Stellen zu zeigen, woraus man sehen könnte, daß dergleichen moralische Vorschriften dem gemeinen Volke mündlich oder schriftlich wären vorgetragen worden. Die heidnischen Priester verband keine Pflicht, Mäßigkeit, Keuschheit, Gerechtigkeit und andere Socialtugenden einzuschärfen. Das Volk besuchte den Tempel, um den Göttern nicht zu mißfallen, und wohnten daselbst den Opfern und andern Gebräuchen bei; aber die Priester machten sich, wie Locke**) behauptet, kein eigentliches Geschäft daraus, es Tugend zu lehren. Mit einem Wort, das Heidenthum war ein Gemisch von Fabeln und Priesterbetrug, und die Vertrauten der Götter lenkten die Aufmerksam=

---

*) Civit. dei L. II. cap. 5 et 6.
**) Reasonableness of Christianity.

samkeit der Menschen auf die unwürdigsten Gegenstände. Diese Leute vollführten ihre lächrrlichen und abgeschmackten Gebräuche mit so viel feierlicher Ernsthaftigkeit, daß sich Cato wundert, wie ein Haruspex seinem Kollegen in das Gesicht sehen konnte, ohne ein lautes Gelächter dabei aufzuschlagen *). Die theatralischen Vorstellungen trugen zu der Zeit, da das Römische Reich in Abnahme gerieth, zur Beförderung der Sittlichkeit schlechterdings bei **). Die Schauspieler stellten die Berecynthia, die Mutter der Götter, in einer plumpen Sprache und mit unzüchtigen Gebärden vor, und brachten auf ein volles Schauspielhaus Scenen, welche Augen und Ohren keuscher und tugendhafter Personen beleidigten. Und doch glaubte man, wären solche schändliche Vorstellungen den Göttern wohlgefällig, so, daß man zur Zeit der Pest, oder bei andern allgemeinen Landplagen, sie je zuweilen dadurch zu besänftigen suchte! ***) Wer dürfte sonach wohl erwarten, daß die Menschen, vom Einfluß der Religion gereitzt, sich der Reinigkeit des Lebens würden beflissen haben, da man in dem Wahne stand, daß die Mutter der Götter an Schauspielen, voll der unzüchtigsten Auftritte, Gefallen fände. Man gab zu Rom alle Jahre zu Ehren der Flora mit vieler Devotion Spiele, wo Tag und Nacht die H—n nackend die Straßen auf und ab liefen, unzüchtige Lieder sangen, und keines keuschen Auges durch ihre Gebärden schonten. Sollte man es wohl glauben, daß dergleichen Schauspiele nicht allein keinen Abscheu erweckten, sondern vielmehr vom Stadtmagistrate begün-

---

*) Cicero de Divinat. II. 24.

**) August. de Civit. dei, ibid.

***) August. de Civit. dei, II. 7.

günstiget wurden? *). Man ließ sogar die Jugend zu diesen unzüchtigen Zeitvertreiben, und die weisesten Senatoren, die rechtschaffensten Hausfrauen, und die strengsten Magistratspersonen fanden sich dabei ein **). Mit einem Worte, ihre theatralischen Belustigungen waren so abscheulich, daß Augen und Ohren dadurch auf eine gewaltsame Weise mußten beleidigt werden; und doch betrachtete man die Schauspieler als Leute, welche der Republik wichtige Dienste leisteten! ***)

Auch hielten die Philosophen weder durch ihre Lehren noch durch ihr Beispiel die Menschen vom Laster zurück;

---

*) Ken. Antiqq.

**) Es ist werth hierbei zu bemerken, wie mächtig das Beispiel eines einzigen tugendhaften Mannes auf eine ganze Volksversammlung wirkte. Catone ludos Florales spectante populus, ut Mimae nudarentur, postulare erubuit: quod cum ex Favonio una sedente cognovisset, discessit e theatro; ne praesentia sua Spectaculi consuetudinem impediret. Quem abeuntem ingenti plausu populus prosecutus, priscum morem jocorum in scenam revocavit. Val. Max. L. II. cap. 10 no. 8. Rom. Wenn Lactanz Recht hat, der bei allen historischen Nachrichten oft nur die Quelle in sich selbst hat, so waren die ludi Florales daher entstanden, daß eine gewisse famöse Buhlerin, ihr auf diese Weise verdientes Geld dem Römischen Volke, unter der Bedingung, vermachte, daß sie ihr jährlich ein Fest dafür feierten. Der Senat, dem zwar das Geld ganz angenehm war, fand es doch etwas niedrig, einer solchen liederlichen Weibsperson ein jährliches Fest zu halten. Er sprach deshalb mit den Priestern; und die Kasuistik dieser Herrn verwandelte jene großmüthige Erblasserin in die Göttin Flora. Lact. de fall. relig. L. 10. Der Uibers.

***) Hackwell's Apol. B. IV. ch. VI.

rück; denn weder ihre Lehren noch ihr persönliches Verhalten waren so beschaffen, um dieses leisten zu können; im Gegentheil empfohlen und rechtfertigten einige der vornehmsten Philosophen die Hurerei durch Lehren und Beispiel. Aristoteles z. B. hielt es für gesetzmäßig, Kinder abzutreiben*); (Polit. VII. 16.) und Plato,

Kin-

---

*) Nachdem Aristoteles in einem Kapitel verschiedenes über die Jahre der Mannbarkeit gesagt und gezeigt hat, was dabei für Vorsicht genommen werden müsse, damit der Staat eine gesunde Nachkommenschaft erhielte; so sagt er, daß, nach einer gesunden Politik, die Anzahl Menschen für einen Staat bestimmt seyn müsse. In dieser Rücksicht müsse darauf gesehen werden, daß nicht zu viel Menschen erzeugt würden. ὡρίσθαι γαρ δει της τεκνοποιιας το πληθος. Wie er dieses meint, zeigt sich aus seinen übrigen Räsonnement, daß es z. B. nicht wohlgethan sey, wenn Männer vor dem vollkommenen männlichem Alter heirathen. Im Fall der Noth meint er: ἐμποιεισθαι δει την ἀμβλωσιν, jedoch eh' Empfindung und Leben der Frucht da wäre; (πρεν αισθησιν εγγενεσθαι και ζωην) außerdem wäre es uns gerecht. Ich mag dieses Raisonnement des Stagiriten auf keine Weise in Schutz nehmen; man sieht aber doch, daß er gewissen schlechten Leuten in unsern Zeiten so wohl als in ältern, die sich mit solchen Dingen abgegeben haben, nicht ähnlich war. Ihm war es ein ausgemachter Grundsatz: „daß der allgemeinen Wohlfarth wegen, die Anzahl Menschen in einem Staate bestimmt seyn müsse," und dadurch wurde er verleitet, jene ἀμβλωσιν unter gehöriger Einschränkung zuzulassen. Ob sein Princip von der bestimmten Anzahl Menschen in einem Staate richtig sey, getraue ich mir nicht zu entscheiden. Ich weiß wohl, daß es heut zu Tage Politiker giebt, die es für äußerst zuträglich halten, ein Land quovis modo mit Menschen zu besaamen. Daß dieses für die landesherrlichen Einkünfte gut seyn könne, scheint einzuleuchten; aber ob auch für die Moralität? Mir ist dieses problematisch; wage es aber nicht, darüber zu entscheiden. Der Übers.

für civilisirte Staaten. 85

Kinder auszusetzen *). Demokrit und Epikur verwarfen die Heirath **). Plato, die Epikureer und Stoiker ***), ja sogar Sokrates und Cato †) erlaubten die Hurerei und die Gemeinschaft der Weiber. Aristipp erlaubte die Päderastie, (Diog. Laert. v. Aristipp.) Epicur, Zeno und die übrigen Stoiker tolerirten den incestus (Theophil. Antiochen. L. III. ad Autol. p. 120. ed. Paris.) und die Cyniker, welche in den Aeußerungen des Geschlechtstriebes ganz schamlos waren, authorisir-

*) De rep. L. 1. ed. Steph. p. 461.
**) Clem. Alex. Strom. L. II. cap. 23. Vol I. ed Oxon. p. 503. (Das ist eine Anschuldigung des Clemens, die sich durch keine anderweitigen Nachrichten bestätigt. Der Uibers.)
***) Sext. Empiric. Hypot. Pyrrh. L. III. cap. 24. p. 526. ed. Antwerp. (Sextus sagt zwar, die Stoiker hielten es nicht für thöricht mit einer Hetäre zu thun zu haben — ἐκ ἄτοπον εἶναι τὸ, ἑταίρᾳ συνεῖκειν — welches doch wohl etwas anders ist, als was der Verf. *Fornication* nennt. Was die *community of wives* anlangt, die er den Stoikern vorwirft, davon sagt Sextus nichts. Uibrigens ist auch an dieser Nachricht des Sextus noch zu zweifeln, weil Plutarch in seiner Abhandlung de repugnantiis Stoicorum hiervon gänzlich schweigt. Der Uibers.)
†) Tertullian. Apolog. cap. 39. (Dies ist eine nicht würdige Verläumdung des Tertullian. Dieser, so wie mehrere Apologeten des Christenthums, insbesondere Lactanz, suchen mit unverschämter Stirne den Charakter aller Weltweisen zu beschimpfen. Man lese unter andern das Buch des Letztern *de falsa Sapientia*, und man wird über seine Unredlichkeit erstaunen. Den Sokrates gegen einen solchen Menschen zu vertheidigen, ist unnöthig, weil ich Leser voraussetze, die ihn besser kennen. Nur über Cato den Censor ein paar Worte.

Als

sirten die unnatürlichste Liebe*). Epictet erstaunte über die Selbstverleugnung des Sokrates, welcher die Jugend

Als er, wie Horaz erzählt, einen jungen Menschen aus einem Bordell heraus gehen sah, und dieser sich schämte: macte virtute esto, inquit sententia dia Catonis: nam simulac venas inflavit tetra libido, huc juvenes aequum est descendere, non alienas permolere uxores. Sat. L. I. II. 31. seqq. Cato wollte also nur, daß von zweien Ubeln das kleinste statt finden sollte. Der junge Mensch hatte, wie der Scholiast hinzusetzt, dieses macte virtute esto! falsch verstanden und jenen Ort zu oft besucht, worüber ihm der Censor folgenden Verweis gab:; Adolescens, ego te laudavi tanquam huic interdum venires, non tanquam hic habitares. Der Uibers.)

†) Es ist ja von jeher das Schicksaal der Cyniker gewesen, sich Dinge nachsagen zu lassen, deren sich die verworfensten Menschen kaum schuldig machten. Aber mit welchem Rechte durfte man dieses? Antisthenes, als der Stifter dieser Sekte, blieb in der Moral dem Sokrates seinem Lehrer vollkommen getreu, nur daß er, was die praktischen Vorschriften derselben anlangt, vielstrengere Forderungen an seine Schüler ergehen ließ, als jener. Diese äußerste Strenge beobachtete er auch gegen sich selbst. Was man an ihm tadeln könnte, ist, daß er einen zu finstern Ernst über seine Lehre verbreitete, als daß er viel Anhänger zu finden das Glück gehabt hätte. Jedoch die wenigen, welche seine eifrigen Schüler wurden, verdienen noch immer den Beifall und die Achtung der Nachwelt. Uiber den wahren Geist des Cynicismus lese man beim Arrian im dritten Buche die 22ste Rede, welche vortreflich ist. Auch hat Herr Meiners diese Schule gegen die Anschuldigungen im Betreff der Unsittlichkeit gut vertheidigt. (Geschichte der Wissenschaften B. 2. S. 656. ff.) Daß manche im Punkte der Anständigkeit sich einer gewissen Licenz schuldig machten, ihren Körper vernachläßigten, und durch ihre kapucinermäßige Unreinlichkeit eleganten Weltleuten Stoff zum Lachen gaben, will ich nicht leugnen,

gend und Schönheit des Alcibiades verachtete; und
Maximus Tyrius ertheilt dem Agesilaus seinen Bei=
fall, daß er einen schönen Knaben bloß bewunderte.
Solon gestattete die Knabenliebe;*) nur den Sklaven
war

nen, auch daß wohl eines und des andern Individuum
seine ungesittete, sondern eine unsittliche Lebensart führ=
te. Aber ist dies ein Vorwurf für ihre Moral als
Lehre betrachtet? Legt man etwa die Laster der Chri=
sten der christlichen Lehre zur Last? Der Uibers.

*) Leland's Chriſt. revel. Part. I. chap. 7. (Die Män=
nerliebe der Griechen war in den ältesten Zeiten ihrer
Republiken nichts anders als die innigste Freundschaft,
durch welche sie sich zur Vaterlandsliebe, Tapferkeit
und anderer Civiltugenden verbanden. Zu diesem En=
thusiasmus der Freundschaft, der der feurigsten Liebe
glich, waren die Griechen um so geneigter, jemehr durch
ein Zusammentreffen verschiedener zufälliger Umstände
das weibliche Geschlecht immer in einer gewissen Abge=
sondertheit von dem männlichem lebte. Diese Seelen=
liebe wurde selbſt von den Gesetzgebern begünstigt, ja
sie ermunterten sogar dazu, um sie zu einem Keime bür=
gerlicher Tugenden zu machen. Hingegen die Ausar=
tungen, die unnatürlichen Liebschaften, die in spätern
Zeiten daher entstanden oder veranlaßt wurden, nahm
kein Gesetzgeber in Schutz. Der weise Solon wird
vom Verfasser beschuldigt, daß er den Freien die Päde=
rastie erlaubt und den Sklaven sie untersagt habe. Durch=
aus Verläumdung! Die Seelenliebe, um sie so zu
nennen, gestattete er den freien Athensiensern und nicht
den Sklaven; wer aber Mißbrauch hierin trieb, den beleg=
te er, so wie Lykurg in Sparta gethan hatte, mit entehren=
den Strafen. Ein solcher Mensch war von allen öffentli=
chen Aemtern, von der Rednerbühne, vom Votiren in
Volksversammlungen u. s. w. ausgeschlossen. Dieses
Solonische Gesetz kommt verschiedentlich bei den Alten
vor. v. Diog. Laert. L. I. p. 55. insbesondere was Menage p. 32. zu dieser Stelle gesammlet hat. Der Uibers.

war sie untersagt, weil diese Nachsicht zu groß für sie
seyn würde; ja die Kretenser ermunterten sogar zu die=
ser Liebe durch ein Gesetz, damit sich die Nachkommen=
schaft nicht allzusehr vermehren möchte. Zur Zeit des
Ju iu:s Firmicus *) wurden in dem Tempel der Juno
unnatürliche Laster begangen; und Ciceros Cotta, ein
Mann von Rang und feiner Lebensart giebt sich selbst
dieses schändlichen Verbrechens schuldig, und rechtfer=
tigt eine solche That durch das Ansehen aller Weltwei=
sen **). Diese Entehrung der Natur geschahe zu Se=
necas Zeiten ohne alle Zurückhaltung, und das Scan=
tinianische Gesetz verbot die öffentlichen Heirathen der
Männer mit Männern ***). Diese waren damals in
Rom

*) De errore profanarum religionum.

**) Cicero de nat. deor. I. cap. 28. (Dieser Sünde
giebt sich Cotta nicht schuldig; die ganze Stelle ist ein
Scherz wider die Epikureer, welchen er zeigt, daß die
Urtheile über Schönheit unter den Menschen oft sehr
verschieden und höchst sonderbar wären. Nobis, qui
concedentibus philosophis antiquis, adolescentulis de-
lectamur, etiam vitia saepe jucunda sunt. Unter diesen
Nobis versteht er sich nicht mit; sondern sagt nur so
viel: die Menschen finden öfters die Fehler an ihren
amasiis schön, und bei dieser zweideutigen Galanterie
stützten sie sich mit darauf, daß die alten Gesetzgeber
diese Liebschaften erlaubt hätten! Aber das Laster, wel=
ches unter diesem Deckmantel begangen wurde, hatten
die alten Gesetzgeber nicht erlaubt. Dem Cotta wenig=
stens geschieht hier vom Verf. Unrecht. Der Uibers.)

***) Was diese öffentlichen Männerheirathen, (public
marriages of men to men) welche das Scatinianische
Gesetz verboten habe, seyn sollen, weiß ich nicht. Die
lex Scatinia, oder Scantinia existirte schon zu Cicero's
Zeiten und war wider die pathicos gegeben, welche eine
Geldstrafe von tausend Sesterzien erlegen mußten. In
der

für civilisirte Staaten.

Rom so gemein geworden, daß der Satyriker Jouvenal mit weniger Schauder davon spricht, als von den Gefechten der Gladiatoren.

Vicit et hoc monstrum tunicati fuscina Gracchi.

Selbst die berühmtesten Männer unter den Alten haben sich des Verbrechens schuldig gemacht, Hand an sich selbst zu legen, und andere Laster zu begehen, welche den Glanz ihrer schönsten Tugenden verdunkeln. Brutus nahm sich selbst das Leben, und Cato der Uticenser kürzte seine Tage ab, weil er die Last seines Unglücks nicht glaubte ertragen zu können*). Kleanth, Chrysipp, Zeno, Kleombrotus und Menippus haben sich eben dieses Verbrechens schuldig gemacht. Die drei erstern waren der Meinung, daß diese unnatürliche That eben sowohl zu gestatten wäre, als der Umgang mit öffentlichen Weibspersonen, (Fornication) und Zeno und Kleanth hielten dafür, daß Kinder das Fleisch der Eltern essen dürften**). Die Cyniker behaupteten, daß die Eltern das Recht hätten, ihre Kinder zu opfern oder zu verzehren, und daß sich niemand zu schämen hätte, öffentlich irgend eine unzüchtige Handlung zu begehen. Der Stifter

der Folge wurde dieses Laster als ein Kapitalverbrechen behandelt. Cicer Phil. 3. 6. Caelius Epist. VIII. 1e. Sueton. v. Domit. 16. Iouvenal. II. 44. Der Uibers.)

*) Dieser rigidi servator honesti, wie ihn Luzian nennt, der vom Cäsar nichts zu fürchten, wohl aber alle Gunstbezeugungen zu hoffen hatte, fand bloß darin einen Ueberdruß des Lebens, daß die Freiheit seines Vaterlandes dahin war. Diese wollte er nicht überleben! Der Uibers.

**) Woher der Verfasser diese Nachricht habe, kann ich nicht sagen. Der Uibers.

ter dieser Secte überzeugte die Welt, daß er seinen Grundsätzen treu war, indem er kein Bedenken trug, auf öffentlicher Straße die verkäuflichen Gunstbezeugungen einer liederlichen Weibsperson zu genießen *). Aristipp wollte, ungeachtet er reich war, dennoch seine Kinder nicht ernähren, denn er sah sie für nichts anders, als für abgegangene Säfte oder Gewürme an, die aus seinem Körper entstanden waren; er hielt ein Serail von Knaben und amasiis, und behauptete, daß man auf eine gesetzliche Weise Diebstal, Tempelraub, oder Ehebruch begehen könne, je nachdem man von einem oder dem andern thierischen Instincte angereizt würde **). Xenophon beging unnatürliche Laster mit dem Clinias; Crates und die Philosophie Hipparchia trieben ihr Un-

we-

---

*) Der Verf. führt hierzu keinen Beweis an. Diese Sage, welche vielleicht bei einem Apologeten des Christenthums, wie z. B. Lactanz, stehen mag, kann man ohne Bedenken verwerfen, da Antisthenes, nach dem einstimmigen Zeugniß glaubwürdiger Schriftsteller, äußerst strenge in der Ausübung der Sittenlehre worden. Der Uibers.

**) Auch zu diesen Plumpheiten fehlt ein gültiger Beweis. Das Princip der Aristippischen Philosophie war dieses: daß die körperliche Wollust das höchste Gut sei, und hieraus läßt sich freilich alle mögliche Licenz ableiten. Man kann auch nicht leugnen, daß unter den so genannten Cyrenaikern die lasterhaftesten Menschen waren. Nur Aristipp selbst war ein so kluger Kopf, daß er sich grober Laster und Verbrechen um deswillen enthielt, weil man in Absicht des dauerhaften Lebensgenußes zu viel dabei verlöre. Diese Maxime schärfte er auch seinen Schülern fleißig ein. Sein Charakter ist vortreflich gezeichnet vom Abt Barthelemi in der *Voyage du jeune Anacharsis To. IV. p.* :. — *14. ed. Douzzone*. Der Uibers.

für civilisirte Staaten.

wesen öffentlich; und selbst Sokrates*) und Plato sind der verhaßten griechischen Liebe beschuldiget worden. So war Lehre und Leben der öffentlichen Lehrer unter den Heiden beschaffen!**) Dies waren die Früchte, welche Unwissenheit der wahren Religion und ihrer Antriebe zur Tugend hervorbrachten***)! Es ist andem, die Weltweis

*) Daß auch Sokrates dieser Verläumdung nicht hat entgehen können, ist etwas bekanntes. Aber ein Schriftsteller, selbst in den entferntsten Zeiten, sollte doch bedenken, daß die Ehre berühmter Männer ein heiliges Depositum bei der Nachwelt seyn müsse; er sollte sich hüten, Verunglimpfungen zu wiederholen, die nicht zu erweisen sind. Dies ist der Fall beim Sokrates. Seine Vertheidigung dagegen ist gründlich geführt worden von dem Herrn Eberhardt (Neueste Apologie des Sokrates B. 1. letzter Abschn.) und Herrn Meiners, Geschichte der Wissenschaften B. 2. S. 131. desgleichen in der Abhandlung: Uiber die Männerliebe der Griechen, verm. philos. Schrift. B. 1. S. 61 — 119. Der Uibers.

**) Man kann die Philosophen keine öffentlichen Lehrer des Volks nennen.

***) Aus diesem so siegreichscheinenden Räsonnement würde folgen, daß da, wo die wahre Religion herrschte, gar keine solchen Laster anzutreffen wären. Wie nun, wenn jemand einwendete: „Man gehe hin wohin man wolle, so trift man Lasterhafte; die Richtplätze, die Galgen und Räder, die Zuchthäuser, die Festungsbaue, beweisen, daß es Diebe, Räuber, Ehebrecher, Mörder in Menge bei uns giebt; die unnatürlichen Laster herrschen, zumal in größern Städten, bei uns Christen eben so wohl, als bei den Heiden; Königsmörder, Watermörder, Brudermörder, Selbstmörder, finden sich bei uns so wohl, als bei den Heiden; vielleicht haben London, Paris und Geneve eben so viel und noch mehr Selbstmörder hervorgebracht, als ehedem Rom und Athen; in den Klöstern der Mönche geht es

weisen geboten in einer schönen und erhabenen Sprache Vaterlands- und Freundesliebe; aber ihr Wohlwollen erstreckte sich selten weiter, selten auf den übrigen Theil des Menschengeschlechts. Sokrates hielt es für etwas gesetzmäßiges, sich über das Unglück der Feinde zu freuen *); und einer von den sogenanten sieben Weisen pflegte zu sagen: „sey wohlwollend gegen deine Freunde, und räche dich an deinen Feinden"**). Zenos Meinung war, man dürfe seinen Beleidigern nicht verzei-

---

es vielleicht nicht um das mindeste besser zu, als unter den Pädiconen der Griechen und Römer; man findet unter unsern Geistlichen ebenfalls moralische Auswürfe, die den Isispriestern nichts nachgeben; wir haben Blutsauger unter den Rechtspraktikanten, die noch schlimmer sind als die Sykophanten unter den Griechen. Wir haben unsere Banditen und die Römer hatten ihre Sicarios; mit einem Worte: Es gab unter den Heiden kein Laster, welches man unter den Christen nicht in eben der Qualität anträfe." So unsinnig es nun seyn würde, dem Christenthum diese Dinge zur Last zu legen; eben so ungerecht ist es auch, wenn der Lehre alter Philosophen Verbrechen aufgebürdet werden, für welche sie nicht respektabel seyn kann. Und wie einseitig ist es nicht geurtheilt: „dieser oder jener alte Philosoph lebte unmoralisch; denn er kannte die wahre Religion nicht!" Hieraus würde folgen, daß unter den Christen gar kein Lasterhafter existiren könne! Der Uibers.

*) Ich kann nicht sagen, wo Sokrates dieses für gesetzmäßig erklärt hat. Gesetzt aber dem wäre so: so sollte man einem Alten nicht alle seine Werke, so zu reden, mäkeln. Als wenn Wir nicht ein Te Deum laudamus sängen, wenn die Feinde sind geschlagen worden! Der Uibers.

**) Youngs Idololatrous Corruptions, Vol. II. chap. IV.

zeihen;*) selbst der liebenswürdige **Germanicus** ermunterte seine Freunde an denjenigen Rache zu nehmen, die ihn vergiftet oder bezaubert hätten**). Cicero***) hielt es für die erste Pflicht der Gerechtigkeit, niemanden, ohne dazu gereizt zu seyn, Leid zuzufügen, und an einer andern Stelle behauptet er, ein rechtschaffener Mann werde niemanden beleidigen, er müßte dann vorsetzlicher Weise von andern dazu veranlaßt worden seyn, das Vergeltungsrecht an ihnen auszuüben. Selbst die heidnischen Götter waren eben so rachsüchtig, als sie sonst unmoralisch waren. Die Juno verfolgte noch immer den Aeneas, da er sich schon in Italien niedergelassen hatte, und die Göttin der Weisheit ertheilte dem Ulysses ihren Beifall über die unedle Freude, welche er empfand, als er seinen überwundenen Nebenbuler Ajax von einer schrecklichen Raserei befallen sah.

Ουκαν γελως ηδιστος εις εχθρυς γελαν; †)
Ist nicht das Lachen, das der Feinde höhnt, das süßeste?

Ich will nicht leugnen, daß z. B. Plato, Epictet, Marc Antonin und einige andere lehrten, daß man Beleidigungen nicht erwiedern müsse; indeß zeigt doch ein gelehrter Schriftsteller, daß die Principien, worauf sich die Versöhnlichkeit bei ihnen gründet, gewiss-

*) Wo hat Zeno diesen unsinnigen Gedanken geäußert? Der Uibers.

**) Skelton's Deism, revealed, Dial. II. (Das Skeltonsche Werk, worauf sich der Verf. mehreremale beruft, zeichnet sich meiner Einsicht nach, weder durch Scharfsinn, noch durch Unparteilichkeit, noch durch den Vortrag aus. Man hat davon eine deutsche Uibersetzung: Die geofenbarte Deisterei. Braunschw. 1756. 2. B. 8. Der Uibers.)

***) De officiis L. I. cap. VII. et L. III. cap. 19.
†) Sophocl. Ajac. Act. 1. Sc. 1.

wissermaßen falsch sind, und ihre Beweggründe zu dieser erhabenen Tugend denjenigen, welche uns das Evangelium darbietet, sehr weit nachzusetzen sind. *)

Die heidnischen Gesetzgeber schärften einige Tugenden ein.

Niemand darf leugnen, daß Griechen, Römer und andere Völker, manche Tugenden, die zur Erhaltung ihrer Staatsverfassungen unumgänglich nöthig waren, ausübten. Daher flößten ihre Gesetzgeber Ehrfurcht vor dem Eidschwur ein, vergötterten die Treue, die Gerechtigkeit, die Eintracht, die Wahrhaftigkeit, und errichteten ihnen Tempel und Altäre. Es wird jedem, der in der Römischen Geschichte nicht unwissend ist, bekannt seyn, wie heilig dieses Volk den Eid beobachtete. Aber hierüber dürfen wir uns gar nicht wundern; denn sie waren gelehrt worden, daß die Verletzung des Eidschwurs die Rache des Himmels nach sich ziehe, und daß der Verbrecher auf der Erde mit Schande gebrandmarkt und mit Unglück belastet werde **) Man sieht aus einer Stelle des Cicero, daß bei den Heiden sogar die Verehrung falscher Götter mitwirkte, daß Schwüre nicht gebrochen, Versprechen und Verträge gehalten wurden. Indem dieser Schriftsteller von der Religion spricht, so drückt er sich folgendermaßen darüber aus ***): „Wer wollte leugnen, daß diese Meinungen auch nützlich wären; da er sieht, wie vieles durch den Eid bewiesen wird, und wie viel auf die gewissenhafte Beobachtung der Verträge ankomme? wie viele durch die Furcht

---

*) Lelands angef. Werk. Th. 2. Kap. 10.
**) Leges XII. tabular.
***) De Legg. L. II. cap. 7.

für civilisirte Staaten.

Furcht vor göttlichen Strafen vom Bösen abgehalten werden, und welche Heiligkeit der bürgerlichen Gesellschaft dadurch zuwachse, daß die unsterblichen Götter in derselben zu Richtern und Zeugen genommen werden? „Um zur Tapferkeit zu ermuntern, geboten die Gesetze der zwölf Tafeln nicht allein diejenigen Götter zu verehren, welche jederzeit für solche waren gehalten worden, sondern sogar den Herkules, Aesculap, Romulus, Castor und Pollux Männer, welche, ihrer Verdienste wegen, in den Himmel waren aufgenommen worden. In diesen Gesetzen war es verboten, irgend ein Laster zu verehren; nur die Tugenden, durch welche sich berühmte Männer einen Platz im Himmel erworben hatten, als z. B. Verstand, Tapferkeit, Frömmigkeit und Treue, erhielten eine Stelle unter den Gottheiten.*) — Wenn die Römer Neigung zu einer Tugend, oder Abscheu vor einem Laster dem Volke einflößen wollten, so errichteten sie dieser Tugend einen Tempel. Da sah man dem Siege, der Treue, der Eintracht Tempel erbauet; auch verrichteten sie demüthige Gebete vor dem Altar der Furcht, daß ihre Truppen in den Stunden der Gefahren nicht den Muth verlieren möchten. Ein berühmter Geschichtschreiber**) erwähnt, daß Numa, um die Privatcontrakte desto verbindlicher zu machen, die Treue als eine Göttin dargestellt, ihr einen Tempel erbauet und Opfer bestimmt habe, die ihr auf Kosten des Staates sollten gebracht werden. Denn er glaubte, daß wenn eine allgemeine Achtung für diese Tugend entstünde, sie auch allmälig in dem Herzen jedes Individuums würde erweckt werden, und gewiß! es

---

*) Legg. XII. tabular.

**) Dionys. Halicarn. p. 75. ed. Oxon. 1714.

er verfehlte seines Endzwecks nicht. Die Treue wurde hoch geachtet, so, daß das Wort eines Mannes oft mehr Gewicht hatte, als Zeugen und Eide, und es trafzuweilen, daß der bürgerliche Magistrat bei verwickelten Fällen, sein Endurtheil auf Treue und Glauben desjenigen fällte, der etwas behauptete. Ein anderer berühmter Geschichtschreiber *) bedauert, indem er von den Römern spricht, die Ausartung seiner Landsleute, deren Staat damals in Verfall gerieth, indeß die Römer mit mächtigen Schritten der Oberherrschaft über die Welt entgegen gingen. Er sagt, die Alten hätten sehr weise gehandelt, solche Begriffe von den Göttern und einem künftigen Leben in Umlauf zu bringen; da hingegen die Menschen seiner Zeit, eine große Einfalt verriethen, sie zu verwerfen. Um diese Behauptung zu rechtfertigen, beruft er sich auf Thatsachen. Wenn jemanden, erzählt er, bei seinem Volke öffentliche Gelder anvertraut würden, sollte es auch nur ein einziges Talent seyn, so müßte er vor zwanzig Zeugen zehnfache Sicherheit stellen, und doch könnte der Betrug nicht allemal vermieden werden; bei den Römern hingegen wären dergleichen Dinge äußerst selten.

Ungeachtet die heidnischen Gesetzgeber dem Bacchus oder der Venus Tempel zu bauen erlaubten, so schärften sie dessen ungeachtet moralische und bürgerliche Pflichten ein, aber freilich! auf eine unvollkommne Weise. Diese Pflichten waren keine Folgen der heidnischen Religion oder des Unterrichts der Priester, sondern der politischen Klugheit, deren zufolge die Gesetzgeber sich der falschen Religion bedienten, um aus derselben Beweggründe zu gewissen Tugenden herzuleiten. Die Staatsmän-

---

*) Polybius L. VI. cap. 34.

männer erkannten die Bürgertugend für unumgänglich nothwendig zur Erhaltung der allgemeinen Wohlfarth, und die politischen Vortheile vermochten so viel über sie, daß sie die Moralität unter denjenigen zu befördern suchten, welche sie regieren wollten. Aber, wer darf leugnen, daß die Tugend eines festern Grundes bedarf, als der politischen Klugheit, und ihrer Natur nach von menschlichem Unterrichte unabhängig ist? Als die guten bürgerlichen Anordnungen zu Grunde gingen, und das Staatsruder des römischen Reiches in die Hände verabscheuungswürdiger Tyrannen fiel; so war auch die Grundveste ihrer Moralität zernichtet, und aus den Römern wurde das lasterhafteste und verabscheuungswürdigste Volk, welches je auf dem Erdboden existirt hat.

Der Paganismus ein bloß politisches Kunstwerk.

Die einsichtsvollsten Männer unter den alten heidnischen Völkern bedienten sich der Superstition des Volks als Mittel, gewisse politische Endzwecke zu erreichen, und diese oder jene Staatsprojekte durchzusetzen. Unter dem Beistande der falschen Religion bewirkten sie die Ausübung bürgerlicher Tugenden; sie wurden dadurch im Stand gesetzt, die Sitten eines noch wilden Volks zu mildern, die Wuth aufrührerischer Demagogen zu besänftigen, und sich sogar derselben als Werkzeuge zu bedienen, um ihre Plane auszuführen. Gereizt durch solcherlei Aussichten, beförderten Staatsmänner, weil sie selbst von wahrer Religion nichts wußten, den Aberglauben unter ihrem Volke, erbauten Tempel, errichteten Altäre, führten Opfer ein, und feierten ihren Gottheiten allgemeine Volksfeste. Weit entfernt, die Irrthümer, welchen sich die Leichtgläubigkeit eines ungebildeten Vol-

kes dahin giebt, zu entfernen oder zu vermindern, beförderten sie solche vielmehr mit allem Eifer, um ihre anderweitigen Absichten desto sicherer zu erreichen. Um den Enthusiasmus zu großen Thaten zu entflammen und Gehorsam gegen Gesetze und Obrigkeiten zu bewirken, lehrten sie, daß verschiedene Gottheiten Helden, Gesetzgeber und Wohlthäter der Menschen gewesen wären, die zur Belohnung ihrer Verdienste unter die Götter wären erhoben worden. Man sieht aus einigen Stellen des Cicero, daß die Volksgötter Könige und andere berühmte Männer gewesen seyn sollten, die sich um ihr Vaterland ausnehmend verdient gemacht hatten. Da nun diese falsche Religion für die Politik sehr nützlich war, so übernahmen, aus diesem Grunde, auch die Ersten im Staate die Aufsicht über die Religion. Die Priesterwürde kam gewöhnlicher Weise an die Könige selbst, oder an Männer vom ersten Range. Amphilochus und Mopsus waren Archivische Könige und bekleideten das Amt der Augurn*), und wenn die Spartanischen Prinzen den Thron bestiegen, so waren sie verbunden die Priesterwürde zu übernehmen. Anius z. B. war Priester des Apollo,**) und Priamus hatte seinen Sohn Helenus zu einen Augur, und seine Tochter Cassandra zu einer Prophetin gebildet. Cicero***) erwähnt, daß niemand König in Persien habe seyn können, der nicht im Allgemeinen mit der Disciplin und der Weisheit der Magier bekannt gewesen wäre. Der Kaiser in China verrichtete das Amt eines Oberpriesters als die erhabenste Person im Lande, die zum Dienste des Schang — Ti geschickt seyn könnte. Einer von den Kaisern machte
eine

---

*) Cicero de Div. I. cap. 11. et 12.
**) Virgil. Aen. L. III. 80.
***) Cicero de Divin. L. I. c. 12.

für civilisirte Staaten. 99

eine Verordnung, daß niemand, außer ihm, der Gottheit opfern sollte, und nur in Krankheitsfällen sollte ein Mandrin seine Stelle vertreten. *) Ehedem waren auch die Japanischen Kaiser die Oberpriester, und ihre Personen deshalb so heilig, daß die geringste Widersetzlichkeit gegen ihre Religions = oder Civilverordnungen als ein Verbrechen wider die Gottheit selbst angesehen wurde. Sie gaben sich blasphyeme Ehrentitel und gestatteten eine Verehrung ihrer selbst, die dem Götzendienste sehr nahe kam.**) Die Aegyptischen Könige hatten ihre Magier; die Brittischen, Gallischen und Irrländischen ihre Druiden; die Spartanischen ihre Augurn, die Athenienstschen Könige und Archonten ihre Propheten ($\mu\alpha\nu$-$\tau\epsilon\varsigma$). Je ehrwürdiger die Diener der Religion waren, in desto genauerer Verbindung glaubte man stünden sie mit der Gottheit, um Seegen auf das Volk herabzubitten, ihre rächenden Strafen von ihm abzuwenden, und allgemeine und besondere Unglücksfälle voraus zu verkündigen.

Van Dale beweißt, daß die heidnischen Orakel ihre Quelle in der Arglist der Priester, und in der Leichtgläubigkeit des Volks gehabt haben; denn das Volk erwies den sogenannten Auslegern des göttlichen Willens eine blinde Verehrung. Daß diese Orakel nichts anders waren, als politische Kunstgriffe, davon kann man sich aus dem gelehrten Werke des genannten Schriftstellers überzeugen; ja man kann es aus den Antworten abnehmen, welche den Rathfragenden insgemein ertheilt wurden. Als die Athenienser den Apollo befragen
G 2   lie=

---

*) Mod. Univ. History, Vol. III. fol. Introd. to History of China.

**) Ebend. Vol. III. und Resnal's Sect. Vol. I. Buch 1.

ließen, wie sie sich in Ansehung des bei ihnen einzuführenden Gottesdienstes zu verhalten hätten; so erhielten sie die Antwort: sie möchten bei der Religion ihrer Vorfahren bleiben!*) Zweideutigkeit und Dunkelheit war insgemein das Charakteristische jener Aussprüche; die Priester, welche diese Antworten ertheilten, befriedigten damit die Wißbegierde der Rathfragenden, befolgten aber dabei ihre eigenen Zwecke, oder die, ihrer Regenten. In Fällen, wo die responsa etwas deutlicher waren, und der Ausgang der Sache doch nicht mit dem Orakel übereinstimmte; so schrieben die Priester solches einem Irrthume in der Auslegung des Götterspruchs oder irgend einem Fehler zu, welcher bei der Rathfragung wäre begangen worden. Als die Römer Veji zehn Jahre lang belagert hatten, und keine Hofnung da war, die Stadt zu erobern, so drangen die Soldaten mit Ungestüm darauf, wieder zurückzukehren; zufälliger Weise traf es, daß der Albanische Landsee austrat, und sogleich erklärte ein Orakel, daß Vej in einem Jahre würde erobert werden, in welchem der See ausgetreten wäre**), daher ließen sich die Soldaten gefallen, die Belagerung fortzusetzen. In allen Fällen beobachteten die Priester, die in den Religionsmysterien eingeweihet waren, die größte Verschwiegenheit, und pflanzten Irrthümer auf die Nachwelt als Dinge fort, die zur Erhaltung des Staates dienten und wobei sie selbst ihre Rechnung nicht übel fanden. Niemand wird daher zweifeln, daß diese Charletane die ansehnlichen Donationen, die den Tempeln ihrer Gottheiten gemacht waren, zu ihrem eigenen Besten verwendeten. Als die Römer bei der Uiberschwemmung des Albanischen

---

*) Cicero de Legg. II. cap. 14.
**) Livius L. V. cap. 15 et 16.

schen Landsees das delphische Orakel befragen ließen, so finden wir mit ausdrücklichen Worten beim Livius, daß Tempel und Priester keinesweges waren vergessen worden. „Wenn ihr, sagte die Gottheit, den Krieg geendigt, und eure Feinde überwunden habt, so bringt reiche Gaben und Geschenke in meinen Tempel!"*)

Van Dale**) berichtet, daß die Städte, in welchen es Orakel gegeben hat, mit Gastwirthen, Weihrauchhändlern, Gewürzkrämern, Opferthierhändlern, Auguru, Opferpropheten, Priestern, Poeten und andern Dienern der Religion wären überschwemmt gewesen, weil sie sich von diesem lukrativen Gewerbe zu nähren gewußt hätten. Diese Betrüger schickten ihre Emissarien in die entferntesten Gegenden, um den Ruf ihrer Orakel auszubreiten; und in Rom so wohl als in andern Städten, hielten sie Spione, die ihnen von dem Geschäfte der Konsulenten im Voraus Nachricht geben mußten. ***)

Eine ganz auffallende Betrügerei ging bei dem Orakel des Trophonius vor. Stieg ein Rathfragender in die Höle des Gottes hinab, so war er genöthigt von einem Wasser zu trinken, welches ihn taumelnd machte. Wenn er nun in diesem Zustande nicht auf sich Acht hatte, z. B. seine an den Gott zu richtenden Gebete sich üb rhörte, oder auch mit seinen Sklaven sprach, so entdeckten die Priester seine Absicht, und ersonnen im Voraus auf seine Frage eine zweideutige Antwort.†)

Diese

---

*) Ebend.
**) Differt. I. de Oraculorum Ethnicorum origine et Authoribus cap. V.
***) Ebend. Kap. 1.
†) Differt. de oracul. Ethnic, orig. et Auth. cap. VIII.

Diese Leute brachten mannichmal lange Zeit mit Gebeten, Opfern, Reinigungen, und Untersuchungen der Eingeweide der Opferthiere zu, um unterdessen irgend eine Nachricht über das Geschäft des Rathfragenden einzuziehen. Wer Lust hat, sich von allen diesen Betrügereien genauer zu unterrichten, den verweise ich auf das angeführte Werk von Van Dale.

Einige besondere Wirkungen des Paganismus in heidnischen Regierungen.

Laßt uns noch einen Blick auf die Wirkungen der heidnischen Religion werfen, in so fern sie in den Händen der Gesetzgeber und Regenten ein Mittel zur Erreichung dieser und jener politischen Zwecke war. Hier finden wir, daß sie sich der Religion bedienten, um ihre Unterthanen der Wildheit, in welcher sie sie fanden, zu entwöhnen. Livius versichert, *) daß Numa bei seiner Religionsstiftung keinen andern Zweck als diesen vor Augen gehabt habe. Curtius **) behauptet, daß nichts geschickter sey, barbarische Nationen im Zaume zu halten als die Religion, und wenn sie bei ihrer übrigen Wildheit und Grausamkeit dennoch ihren Priestern, Regenten und Feldherrn gehorchten, so sey dies bloß dem Einflusse ihrer Religion beizumessen. Anlangend den Einfluß derselben auf die Römische Staatsverfassung, will ich mein Urtheil noch mit einigen Beispielen bestätigen. Es war in diesem Reiche ein allgemein angenommener Gebrauch, bei iedem wichtigen Unternehmen, im Kriege oder Frieden, entweder den Flug oder Gesang der Vögel zu Rathe zu ziehen, oder die Einge-

*) Liv. L. I. cap. 19.
**) Libr. IV. cap. 39.

weide der Opferthiere zu besehen, auch Orakel zu befragen, und Träume und Wunder ausdeuten zu lassen. *) In allen diesen Fällen waren die Priester Ausleger, welche jede Aufgabe der Art nach ihren bestmöglichsten politischen Einsichten behandelten. Die Schlüsse des Senats blieben ungültig, und die Volksversammlungen trennten sich oder wurden aufgeschoben, so bald man bei heiterm Himmel Blitz und Donner bemerkt hatte. Cicero **), sagt die Formel: „wenn Jupiter donnert oder blitzt, so sollen keine Volksversammlungen gehalten werden," habe Gesetzeskraft im Staate erhalten, meint aber doch, es wäre nichts weiter, als eine Regierungsmaxime, um unter einem gültigen Vorwande zuweilen keine Komitien zu halten. Wir finden beim Livius, daß der Augur bei der Königswahl des Numa Pompilius mit seinem gebogenen Staabe die Himmelsgegenden absteckte, seine rechte Hand auf Numas Haupt legte, und folgendes Gebet dabei an den Jupiter richtete: „Wir bitten dich, Jupiter, daß, wenn du die Wahl desjenigen genehmigest, dessen Haupt meine Rechte bedeckt, du uns ein Zeichen deines Willens innerhalb den Gränzen gebest, die ich mit meinem Staabe bezeichnet habe."***) Superstition und Unwissenheit des gemeinen Volkes diente den Patriciern zur Schutzwehr gegen den Uibermuth der Plebejer; denn es gab in dieser Volksklasse beständig Parteien, die nichts anders beabsichteten, als den Vornehmen einen Theil der Ehrenstellen zu entreißen, die sie sich ausschließungsweise zugeeignet hatten. Hier zeigte sichs, daß unter allen Mitteln, deren sich die Patricier gegen die aufrührerischen Plebejer bedienten,
die

---

*) Cicero de nat. deor. L. II. cap. 15.
**) De Divinat. L. II. cap. 15.
***) Liv. L. I cap. 18.

die Superstition eins der wirksamsten war. Denn so konnte z. B. eine Versammlung getrennt oder aufgeschoben werden wenn man Gesetze zum Vortheile des tiers-état durchzusetzen gedachte. Im Jahr 356. waren alle Officierstellen bei der Armee, eine einzige ausgenommen, mit Plebejern besetzt worden, ohne daß es die Patricier hätten verhindern können. In demselben Jahre wurde das Land von einer Hungersnoth heimgesucht, und die Patricier ermangelten nicht, von dieser Plage und der Leichtgläubigkeit des Volks ihren Vortheil zu ziehen: Dies sind nun, hieß es, die Früchte eurer Neuerungen! Dies ist die Strafe der Götter dafür! Das Volk ließ sich, wie voraus zu sehen war, dadurch in Furcht jagen, war es zufrieden, daß die alte Sitte wieder hergestellt wurde, und der Senat nahm das folgende Jahr die Militärtribunen wieder aus seinem Mittel *). Als die Gallier Rom in Brand gesteckt hatten, so war das von seinen Tribunen gereizte Volk kaum von dem Vorsatze abwendig zu machen, Veji zum Sitze des Reichs zu erwählen, bis endlich Camillus durch eine Anrede an das Volk, in welcher er auf dessen Vorurtheile und Aberglauben wirkte, der Sache eine andere Wendung gab. „Hier, sagt Camillus, hier in dieser Stadt ist das heilige Feuer der Vesta aufbewahrt, hier sind die heiligen vom Himmel empfangenen Schilder niedergelegt worden; wenn wir also in dieser Stadt bleiben, so können wir uns auch gewiß auf den Schutz der Götter verlassen." **)

Livius und Dionysius von Halikarnassus gedenken einiger Prodigien, die so abgeschmackt sind, daß auch

*) Livius L. V. cap. 14.
**) Ebend. Kap. 6.

auch nur allein das Volk damit konnte betrogen werden.
Andere Erscheinungen, z. B. Sonnen= und Mondfinsternisse, Kometen, Blut= und Steinregen, Mißgeburten
wurden als Vorboten schwerer Unglücksfälle angesehen,
und ganze Römische Legionen ergriffen aus Unkunde der
Ursachen solcher Dinge, erschrocken die Flucht. Wenige
Generale wagten es zu unternehmen, bevor sie nicht die
Diener der Religion deshalb zu Rathe gezogen hatten, und
diese weißagten einen glücklichen Erfolg, je nachdem das
Opferthier willig oder gezwungen zum Altar gegangen
war. Taumelte das Thier lange, wenn es den Schlag
empfangen hatte, ehe es zu Boden fiel; brach es durch
und lief davon; fielen die Eingeweide dem Aruspex aus
der Hand; oder liefen gewisse Thiere links über den
Weg, so bedeutete dies nichts anders, als daß das vorhabende Unternehmen den Göttern mißfalle. Gieng hingegen der bekränzte Stier mit einer gewissen Leichtigkeit,
ohne Widerstand, und in einer geraden Linie zum Opferaltar, so war dies eine gute Vorbedeutung; wenn er
hingegen sich widersetzte, scheu wurde, oder auf eine etwas ungewöhnliche Weise zu Boden fiel, so gab dies alles Stoff zu verschiedenerlei Auslegungen! Die Opferpropheten Charuspices) besichtigten die Eingeweide;
und wenn diese gesund waren, so bedeutete es, daß die
Götter das Unternehmen billigten; waren sie aber schadhaft, so hielt man es für ein schlimmes Anzeichen. Die
Römer bildeten sich sogar ein, daß die Wahrsagerhühner nie ohne Verlust wären vernachläßigt worden, und
immer habe man sich ihrer mit Vortheil bedient, *)
denn diese Thiere, meinten sie, könnten es besser aussagen,
ob eine Expedition gut ablaufen werde, als selbst der erfah=

---

*) Minucius Felix, lect. 24.

fahrenſte General. *) Dieſer Meinung zufolge unternahmen die Generale nicht leicht etwas, ohne die Wahrſagerhühner um Rath zu fragen. Je nachdem dieſe Thiere begierig fraßen, oder nur ihr Futter hin und her warfen, davon hing oft, wie man ſich einbildete, der Ausgang einer Schlacht oder wohl gar das Schickſaal eines Königreichs ab. Die Geſchichte erwähnt, daß ein General, welcher dieſen Wahrſagerhühnern nicht die ſchuldige Verehrung erwies, zuverläßig für einen Religionsverächter, und für einen Urheber allgemeines Unglücks angeſehen wurde. — Im erſten Puniſchen Kriege, wurden die Hühner um Rath gefragt: da ſie aber ihren Brei nicht freſſen wollten, ſo ließ ſie Claudius Pulcher in einen Teich werfen, damit ſie, wie er ſich ausdrückte, wenigſtens ſaufen möchten. Cicero gedenkt in der Perſon des Stoikers Lucilius Balbus **) dieſer Verachtung der Divination, und bemerkt dabei, daß dieſer Spott die Urſache einer unglücklichen Seeſchlacht geweſen ſey, und Claudius ſowohl als das Vaterland die unſeligen Folgen davon empfunden hätten. Sein College Decimus Junius vernachläßigte die Auſpicien, und man glaubte, daß deshalb die Römiſche Flotte im Sturme zu Grunde gegangen wäre. Deshalb, ſagt Lucil, wurde Claudius vom Volke zum Tode verdammt, und Junius nahm ſich ſelbſt das Leben. Bei Gelegenheit des unglücklichen Schickſaals dieſer beiden Männer bemerkte Cicero, (in der Perſon Lucils) daß diejenigen Staatsmänner, welche die Religionsgebräuche genau beobachtet, die Macht des römiſchen Reiches vermehrt, und die Gränzen deſſelben erweitert hätten.

Als

---

*) Bayles Anmerkungen.
**) Cicero de nat. deor. L. II. cap. 3.

Als einmal ein Augur der Armee gebot, Halt zu machen, bis er Auspicien angestellt und eine Vorbedeutung aus derselben gezogen hätte, so soll unter andern ein Jude als gemeiner Soldat unter der Armee gedient haben. Dieser zielte nach einem Auguralvogel und tödtete ihn mit einem Pfeile, um die Römer von ihrem thörigten Aberglauben zu überzeugen. Der Augur sowohl als die Soldaten geriethen über diesen Frevel in Wuth, und überhäuften den Juden mit Flüchen und Verwünschungen. Hierauf erwiederte dieser mit lauter Stimme: „Welche Thorheit, sich einzubilden, daß dieser Vogel, welcher seinen eignen Tod nicht vorhersah, irgend etwas von dem Ausgange unsers Feldzugs weißagen werde!" *)

Die heidnische Religion nutzte den Römern zur Ausbreitung ihrer Eroberungen.

Die Römische Geschichte giebt uns Data, woraus man erkennet, wie viel der religiöse Aberglaube zur Erweiterung des Reichs beitrug. Selten lieferten sie eine Schlacht, ohne von dem Gedanken durchdrungen zu seyn, daß die Götter durch die zuvor genannten Arten der Divination ihre Billigung an den Tag gelegt hätten. Ueberzeugt von dem göttlichen Schutze zogen die Krieger auf das Schlachtfeld, begeistert von einem Muthe, der Folge ihrer Religion war, und fochten mit einer Unerschrockenheit, welche gemeiniglich mit dem Siege gekrönt wurde! Nichts konnte sie stärker zur Tapferkeit spornen, als der Anblick ihrer Befehlshaber, die von demselben Feuer belebt waren; nichts konnte größern Schrecken und Verwirrung unter den Feinden hervorbrin=

---

*) Eusebii Praepar. Evangel. L. IX. cap. 2.

bringen, als wenn sie gewahr wurden, daß die Römischen Feldherrn, voll Vertrauen auf den Schutz der Götter, furchtlos vor der Gefahr, und unerschrocken vor dem Tode, auf sie hereinstürzten. So mächtig war der Einfluß der Superstition auf eine ganze Römische Armee, daß auch Lucill beim Cicero *) die außerordentliche Tapferkeit der Römischen Soldaten keiner andern, als dieser Ursache, zuschreibt! Denn es gab Fälle, wo sich die Generale sogleich den Göttern devotirten, und um das Vaterland zu retten, in die Waffen der Feinde hineinstürzten. Cicero ** sagt, die vornehmsten Werkzeuge, durch welche die Römer ihre ungeheuren Eroberungen gemacht hätten, wären nicht so wohl Stärke und Staatsklugheit, als Gottesverehrung und Religion. Auch Horaz ***) schreibt die glänzenden Siege und die Ausbreitung der Oberherrschaft über den Erdboden, eben dieser Ursache zu, und leitet aus der Verachtung der Religion alles das Unglück her, welches Italien in den bürgerlichen Kriegen getroffen hatte. Hier kann ich nicht umhin, einer ganz eignen Wirkung des Heidenthums zu gedenken, nemlich, daß die ausgebreiteten Eroberungen der Römer in der Folge die schnellere Ausbreitung des Christenthums begünstigten; denn diese wurde um so leichter, um so genauer die Verbindung war, in welchen alle Provinzen mit dem Reiche, durch gemeinschaftliche Regierungsform zusammenhingen †)

Der

---

*) De nat. deor. L. II. cap. 3.
**) De Aruspic. responf.
***) Carm. L. III. Ode VI.
†) Das Raisonnement des Verf. hängt unstreitig so zusammen: „die Religionsverehrung war eine Ursache, warum die Römer in ihren Eroberungen so glücklich
was

für civilisirte Staaten.

Der Aberglaube trug zum Untergange des Römischen Reichs bei.

Es ist eine eigene Bemerkung, daß, so wie die Superstition das Wachsthum des Römischen Reiches befördert hatte, sie auch wieder zum Verderben und Untergange desselben mitwirkte. Die Wahrheit derselben erhellet aus folgenden Thatsachen, welche uns die Geschichte aufbewahrt hat. Wodan, ein berühmter Kriegsheld, wurde aus Asien von dem Pompejus verjagt, und floh mit seinen Anhängern nach den nördlichen Königreichen, wo er Norwegen, Schweden und Dänemark eroberte. Als sich sein Ende nahete, versammlete er seine Freunde um sich, und gab sich in ihrer Gegenwart neun Wunden in Gestalt eines Zirkels. Er versicherte, daß er nach seinem Tode unter den Scythischen Göttern seinen Platz finden, und alle diejenigen belohnen werde, die, mit den Waffen in der Hand, unerschrocken den Tod fänden. Dieser Tapferkeit und dieses Selbstmordes wegen wurde er nach dem Tode von dem abergläubischen Volke unter die Götter versetzt, und seine Verheißungen trugen in der Folge zum Untergange

waren, daß sie die entferntesten Länder unter ihre Botmäßigkeit brachten; nun knüpfte diese Länder eine Einförmigkeit der Regierung gewissermaßen zusammen, und diese trug zur Ausbreitung des Christenthums bei, weil die ersten Lehrer desselben mit den Gesetzen und Gebräuchen einer Provinz bekannt seyn durften, um ohne Hindernisse in allen übrigen fortzukommen. Dies will der Verf. unstreitig sagen. Schon mehrere haben diese Bemerkung vor ihm gemacht; allein die schnelle Ausbreitung des Christenthums mußte sich unstreitig mehr auf die innere Empfänglichkeit der Menschen für diese Lehre, als auf solche zufällige Umstände gründen. Der Übers.

gange des Römischen Reiches mit bei *). Seine Anhänger belegten ihn mit dem Ehrennamen eines Gottes der Waffen, nannten ihn den Vater des Mordens, den Verwüster u. s. w. und man gelobte ihm, die gefangenen Feinde zum Opfer darzubringen. Die Wirkung seiner Vertheißungen war, daß diese Krieger desto mächtiger wurden und alles wagten, um ihren heiligen Durst nach Blut zu stillen. **) Die Scythen sahen es für eine unverletzbare Pflicht an, das Unrecht, welches ihr Vaterland erlitten hätte, zu rächen. Diese Grundsätze hatte Wodan angenommen und sie auch andern Nationen z. B. den Cimbern und Germanen beigebracht, um sie wider die Römer, die ihn aus seinem Vaterlande vertrieben hatten, aufzubringen. Dieser Geist der Rache durchglühete lange Zeit zuvor ihre Brust, ehe sie im Stande waren ihm Genüge zu leisten. Nachdem sie aber ihren Verlust, welchen sie in den Kriegen mit den Römern erlitten hatten, wieder hergestellt sa=

*) Willism's Hist. of Northern Kingdoms, Book II. (Se non e vero e ben trovato, könnte man allenfalls zu dieser Geschichte sagen. Eigentlich muß man sich aber wundern, wie der Verf ein Histörchen anführen kann, welches nichts weiter als eine bloße Sage ist. Und in welcher Absicht? Um zu zeigen, daß der Aberglaube die erste Veranlassung zum Untergange des Römischen Reiches gewesen sey. Eben so scharfsinnig leitete die Kammerfrau in der Medea des alten Ennius Medeens Unglück von dem Baume her, welchen die Axt auf dem Pelischen Gebürge gefällt habe, woraus die Argo, er bauet worden, auf welcher Jason nach Colchis gesegelt und die Medea daselbst habe kennen lernen:

 Utinamne in nemore Pelio securibus
 Caesa cecidisset abiegna ad terram trabes!
  (Cicer. de nat. deor. III, 30.) Der Uibers.)

**) Reinal's Settl. Vol. II. Book 1.

sahen; so fielen sie in das abendländische Reich ein, zerstörten den Römischen Staat und rächten das an ihren Vorfahren verübte Unrecht.*) So wurde das Römische Reich, welches durch Aberglauben und Priesterbetrug zu einem so hohen Grade der Macht und des Ansehens gelangt war, durch dieselben Mittel wieder von seiner Höhe herabgestürzt und zertrümmert. Montesquieu giebt verschiedene Ursachen von dem Verfall des Römischen Reiches und der Sittenlosigkeit seiner Bewohner an. Montagu**) hält die atheistische Lehre des Epikurs, welche sich in Rom ausgebreitet hatte, für die wahre Ursach der Sittenverderbniß. Diese Lehre soll an dem Luxus und an allen den übrigen landverderblichen Lastern vornemlich Schuld gewesen seyn. Ich räume zwar ein, daß die unmoralischen Grundsätze der Epikurischen Schule, die Sitten der Römer verderben konnten, auch daß dieses abergläubische Volk solche annahm und ihnen eifrig anhing; aber um Montagus Urtheil zu rechtfertigen, müßte man zuvor darthun, daß die heidnischen Götter Moralität geboten, Schwelgerei und liederliches Leben untersagt hätten. War der Aberglaube der Römer nicht ein System einer Moral, so begreife ich nicht, wie der Atheismus oder die Verachtung ihrer Götter im Stande gewesen sey, Sittenverderbniß und Laster hervorzubringen.

Der Religionszustand unter den Heiden beweist die Nothwendigkeit einer höhern Offenbarung.

Ich habe nun einige der auffallendesten Beispiele von dem Einflusse des Heidenthums auf die Moralität
an-

*) William's am angef. Orte.
**) Rise and Fall of ancient Republic's.

angeführt, und die Geschichte jedes heidnischen Volks ist
Beweises genug davon. Allein da das Heidenthum in
neuern Zeiten weniger bekannt ist als das, in ältern; so
will ich die Wirkungen desselben bei dem dritten Ab=
schnitte dieses Werks darzulegen suchen und diesen mit
einigen allgemeinen Anmerkungen beschließen. Wir ha=
ben bisher gesehen, daß der Paganismus der alten Zei=
ten voll Grausamkeit und Sittenlosigkeit war, vermischt
mit einigen unschuldigen Religionsgebräuchen, wie sich
Herr Gibbon darüber ausdrückt. Die Priester waren
zufolge ihres Amtes nicht verbunden, das Volk Moral
zu lehren, und die Weltweisen vermochten weder durch
Lehre noch durch Beispiele zur Tugend zu erwecken.
Zwar verwarfen einige Weltweise die Volksreligion
als ein Gewebe von abgeschmackten Fabeln, welches die
Einbildungskraft der Dichter erzeugt habe, und mach=
ten sich von Gott und seinen Eigenschaften erhabene
Vorstellungen, aber dessen ungeachtet waren diese Vor=
stellungen mit den gemeinen Irrthümern vermischt, so,
daß sie auch durch ihr Leben denselben widersprachen. Die
weisesten Männer besuchten die Tempel, deren Opfer und
Gebräuche sie zu verachten vorgaben, und halfen die Di=
vination und andere Kunstgriffe der Staatsleute mit be=
fördern. Als Sokrates angeklagt worden war, daß
er die vaterländischen Götter nicht für solche anerkenne;
so beruft sich Xenophon in seiner Vertheidigung auf sein
bekanntes Verhalten, indem man sie öfters in seinem
Hause und in den Tempeln habe opfern sehen *). Auch
ist nicht zu leugnen, daß er an die Divination glaub=
te; denn er gestand selbst, daß er von seinem Dämon
Eingebungen empfinge, und opferte sogar in seiner To=
des=

---

*) Xenoph. Memorr. Socr. L. I. cap. 1.

für civilisirte Staaten.

desstunde dem Aesculap einen Hahn.*) Plato erzählt, daß das Delphische den Atheniensern habe gebieten.

*) Es ist hier der Ort nicht, über das Dämonium des Sokrates eine Untersuchung anzustellen. Hat Sokrates wirklich geglaubt, daß sein Schutzgeist auf ihn wirke, so läßt sich dies nicht anders erklären, als aus einer zu lebhaften Einbildungskraft, welcher er sich, besonders in den Stunden der Einsamkeit, lange hintereinander überließ. Dieser Meinung ist Herr Meiners in seiner bekannten Abhandlung über den Genius des Sokrates. (Verm. Schriften 3ter Band No. I.) Herr Justi, in einer Abhandlung gleiches Inhalts, glaubt, die Fälle, wo Sokrates jemanden vor etwas gewarnt habe — denn nach Platos Bericht trieb ihn das Dämonium zu nichts an, sondern warnte ihn nur in gewissen Fällen — wären alle so beschaffen, daß ein kluger Mann, nach der Lage der Sachen, nichts anders habe urtheilen können. Die Fälle, die er aus dem Plato anführt, sind auch fast alle der Art, daß nichts weiter als ganz gemeine Klugheit dazu gehörte, um denjenigen Rath zu ertheilen, von welchem Sokrates vorgab, daß er ihn von seinem Schutzgeiste empfangen habe. Aus einer Stelle beim Xenophon, (Memorr. IV. 3.) welche von den beiden genannten Schriftstellern nicht bemerkt worden ist, scheint meines Erachtens zu erhellen, daß Sokrates sich den Willen der Gottheit, durch genaue Aufmerksamkeit auf ihre Werke zu erklären suchte. Sollte vielleicht hierin sein Dämonium bestanden haben? — daß Sokrates in seiner Todesstunde dem Aesculap einen Hahn geopfert habe, wie der Verfasser erzählt, beweißt, daß er etwas von der Sache gehört hat, aber nicht recht. Die Sache ist diese: als er seinen Geist aufgeben wollte, sagte er zu seinem Freund Kriton: ὦ Κριτων, τῳ Ασκληπιῳ ὀφειλομεν ἐλεκτρυονα· ἀλλα ἀποδοτε, και μη ἀμελησητε. (wir sind dem Aesculap einen Hahn schuldig, gebt ihm solchen und ver-

ten müssen, was für Götter im Lande verehrt werden, und was für ein Gottesdienst statt finden sollte. *) Cicero ist der Meinung, daß ein weiser Mann der Religion seiner Vorfahren treu bleiben müsse **), und Epictet empfielt Libationen zu halten, Opferthiere und die Erstlinge vom Felde den Göttern darzubringen, ganz so, wie es in seinem Vaterlande eingeführt wäre ***). Da nun

vergeßt es nicht. Phaed. p. 498. ed. Fisch.) Uiber diese Worte ist Sokrates von ältern und neuern Schriftstellern diffamirt worden. Lactanz z. B. (Inst. 3. 20. 16.) spricht ihm ohne Anstand deswegen den Verstand ab. Warum Sokrates dieses geboten habe, darüber sind die Meinungen der Gelehrten sehr verschieden. Die ganze Sache war meines Erachtens symbolisch und aus der Pythagorischen Disciplin entstanden (v. Menage ad Laert. v. Pythag. L. VIII. S. 34.) Der Hahn, der dem Apollo geheiligt war, wurde dem Aesculap als dem Seher desselben dargebracht, wenn jemand von einer schweren Krankheit errettet war, folglich das Tagslicht noch länger sehen konnte; denn der Hahn ist ein nuntius diei. Der Ausdruck also in Sokrates Munde: „Wir sind dem Aesculap einen Hahn schuldig," heißt, wenn man ihm das Symbolische nimmt, sonach nichts weiter, als: „bald werde ich von allem Elende befreiet; bald werde ich ganz glücklich seyn;" denn im 39sten Kapitel des Phädons hatte er schon zu seinen Freunden gesagt: „bald werde ich kommen," προς τον αγαθον και Φρονιμον θεον. Es folgt also gar nicht, daß Sokrates Freunde an ein eigentliches Opfer denken mußten, weil seine Worte symbolisch zu nehmen waren. Uiber diesen Gebrauch hat weitläuftiger gehandelt: Rhodiginus in Lect. Antiqq. L. XVI. cap. 12. et 13. Conf. Fischer ad Plat. Phaed. p. 498. Der Uibers.

*) De legg. L. VIII. init.
**) De nat. deor. L. III. cap. 2.
***) Enchiridion, cap. XXXI.

nun die erleuchtesten Männer unter den Heiden sich dem Aberglauben nicht entgegen setzten, sondern sogar die Volksreligion mit aufrecht erhielten und selbst ihre Gebräuche beobachteten; da sie mit der wahren Religion in vielen Rücksichten unbekannt, und durch Gesetze, zur Ausübung einer falschen, verbunden waren; da sie keinen Auftrag hatten, Irrthümer zu zerstreuen, und moralische Vorschriften durch ihr Ansehen nicht zu unterstützen vermochten; wie beklagenswerth war da nicht der Zustand eines heidnischen Staates, dem keine höhere Offenbarung zu Theil geworden! Wie gränzenlos jene Unwissenheit, die nur durch eine übernatürliche Offenbarung zu vertilgen war! Dies wird man eingestehen, wenn man überlegt, wie wenig die Weisen im Stande waren, eine vernünftige Gottesverehrung vorzuschreiben, und durch hinlängliche Sanctonen ihre moralischen Sätze zu bestätigen.

Ich werde nun zeigen, daß der hebräische Gesetzgeber seine Nation von dem damals allgemein herrschenden Götzendienste befreiete, und daß das Gesetz und die Propheten die Juden vor demjenigen Aberglauben der bisher beschriebenen Götzendiener bewahrten. Das Christenthum aber vertrieb das Heidenthum aus vielen Ländern, und die wohlthätigen Wirkungen des Evangeliums zeigten sich bei allen Nationen, denen es gelehrt wurde, wie man in dem dritten Abschnitte dieses Werkes sehen wird.

Zusätze zum ersten Abschnitte
von dem Uibersetzer.

Ich war anfangs gesonnen, einige historische Untersuchungen, insbesondere über die symbolischen Gottheiten der Aegyptier, über den Zoroaster der Perser, und andere alte Gesetzgeber, über welche der Verfasser sehr fragmentarisch abgeurtheilt hat, diesem ersten Abschnitte beizufügen; allein da ich bald gewahr wurde, daß diese Zusätze vielleicht länger, als der ganze erste Abschnitt werden dürfte, so wollte ich dieses Werk nicht ohne Noth verlängern, zumal da ich meinen eigenen Kräften nicht zutrauete, etwas vorzügliches zu liefern. Bei den Gottheiten der Aegyptier hat der Verfasser nichts weiter gethan, als des *Le Pluche Histoire du ciel* excerpirt, unstreitig, weil er kein besseres Werk über diesen Gegenstand kannte. (Dessen was Warburton in der göttlichen Sendung Mosis wider ihn geschrieben hat, gedenkt er mit keinem Worte.) Hierbei kann ich nicht umhin, den Leser auf dasjenige aufmerksam zu machen, was der gelehrte Herr Pr. Tychsen über die Buchstabenschrift der alten Aegyptier, desgleichen über einige Symbole und Gottheiten derselben unlängst mitgetheilt hat.*) Ich für meine Person will bloß einige Ideen, die sich mir während der Uibersetzung dieses ersten Abschnitts aufgedrungen haben, verständigen Lesern zur Beurtheilung vorlegen. — Daß die Urtheile des Verfassers über die Religion der Heiden, und die Theologie und Moral ihrer Weltweisen zuweilen einseitig ausgefallen sind, auch nicht immer die gehörige Unpartheilichkeit, die einen Untersucher dieser Materie nie verlas=

---

*) Bibliothek der alten Litteratur und Kunst, Sechstes Stück, S. 163. und Siebendes Stück, S. 179.

laſſen ſollte, von ihm beobachtet worden, habe ich in den Anmerkungen unter dem Texte mehreremale zu verſtehen gegeben, und will jetzt dasjenige nachholen, was für die Anmerkungen zu weitläuftig würde geweſen ſeyn. Den Fehler einer gewiſſen Einſeitigkeit und Parteilichkeit hat Ryan mit mehrern ältern, ſowohl als neuern Kritikern der heidniſchen und natürlichen Religion gemein. Die Kirchenväter, vornemlich die Apologeten des Chriſten‑ thums, ſchienen in dieſer Art Kritik den Ton angegeben zu haben. Mag ihre Abſicht, dem Chriſtenthume allge‑ meine Ausbreitung zu verſchaffen, und es unter ſeinen Bekannten recht verehrungs‑ und liebenswürdig zu ma‑ chen, an ſich lobenswerth ſeyn; ſo laſſen ſich doch die Mittel, wodurch ſie jenen Endzweck zu erreichen ſuchten, auf keine Weiſe rechtfertigen. Bei manchen mag die Unkenntniß desjenigen, was alte Weltweiſe gelehrt hat‑ ten, an ihren falſchen Urtheilen über ſie, eben ſo viel Schuld haben, als ihr Vorſatz. Aber auch dieſes iſt nicht zu entſchuldigen; weil es unbeſcheiden iſt, über et‑ was abzuſprechen, was man nicht kennt. Was erlau‑ ben ſich nicht unter andern Irenäus*), Tertullian**), Lactanz*), Minutius Felix†) u. a. für ſonderbare Verdrehungen der Lehren alter Weltweiſen, unter wel‑ chen die, des Lactanz, die auffallendſten ſind. Und nicht genug, ihnen Lehren und Grundſätze anzudichten, die ihnen nie in den Sinn gekommen waren, und die dieſer elende Sophiſte nur durch Knoſequenzmacherei herauszubringen weiß, verunglimpft er noch oben drein ihren Charakter auf die entehrendſte Weiſe, und giebt,

um

---

*) Adv. Haereſes, im erſten Buche.
**) In vielen Stellen des Apologetici.
***) Vornemlich im dritten Buche *de falſa Sapientia*.
†) In verſchiedenen Stellen des Octavius.

um nur eines einzigen zu erwähnen, dem Sokrates Dinge Schuld, die ein einziger Blick in die Schriften des Xenophon und Plato widerlegt. Justin der Märtyrer dachte deßfalls ganz anders, indem er alle diejenigen, welche den Gesetzen der Vernunft gemäs zu leben suchen, unter die Zahl der Christen mit aufnimmt, namentlich der Heraklit und Sokrates; *) und der philosophische Clemens von Alexandrien führt diesen Gedanken noch weiter aus, und zeigt, daß es den Eigenschaften gemäß sey, jeden nach seinen Fähigkeiten zu behandeln, und daß Gott auch jeden Menschen nach seiner Fähigkeit der Seligkeit theilhaftig machen werde. **) Allein statt in die Fußtapfen solcher Männer zu treten, hat man lieber jene Methode vorgezogen, die dem Wahrheit liebenden Untersucher auf keine Weise gefallen kann.—

Der Endzweck der Kritiken, die man oft genug theils über die heidnische Religion, theils über die Theologie der alten Weltweisen angestellt hat, ist kein anderer, als aus der Falschheit und Inkonsequenz der ersten, und aus der Unzulänglichkeit der letztern die Nothwendigkeit der Offenbarung zu beweisen, und durch Vergleichung der natürlichen und geoffenbarten Religion zu zeigen, wie unendlich weit diese über jene erhaben, und wie es für jedermann, der ihren Inhalt kenne, Pflicht sey, uneingeschränkt an sie zu glauben. Um dies zu erweisen, hat man ein Gemälde der Unwissenheit, des ganz unzählbaren Aberglaubens und der verschiedenen Arten der Idololatrie aufgestellt. Man kann nicht leugnen,

---

*) οἱ μετα λογȣ βιωσεντες χριστιανοι εισι — καν ἐν Ἑλλησι Σωκρατης και Ἡρακλειτος. Apol. I. p. 38. Steph.

**) Stromat. L. VI. p. 636. ed. Sylburg.

nen, daß es nicht wenig in das moralische so zu reden eingreift, den Menschen dergestalt von seiner Würde herabgesunken zu sehen, und zu finden, wie er sich der edelsten Gottesgabe der Vernunft so ganz entäußert hat. Hiermit hat man ein eben so auffallendes Gemälde menschlicher Unsittlichkeit als eine nothwendige Folge des Götzendienstes aufgestellt, welches nicht minder empörend ist, als jenes. (Ryan hat in dieser Rücksicht mancherlei zusammen-gestellt.) Man hat ferner die Lehren alter Weltweisen von einem Schöpfer und Weltregierer, von der Bestimmung des Menschen und seinen Erwartungen nach dem Tode gewürdigt, und eine Menge Widersprüche darin gefunden; keine Tugend in ihren Systemen wahrgenommen, welche sich auf richtige Principien gründete, keine festen Gründe, nach welchen der Mensch eine Fortdauer nach dem Tode und gemessene Belohnungen oder Bestrafungen seines vormaligen Verhaltens mit Zuverläßigkeit erwarten könne. Endlich hat man es sich angelegen seyn lassen, durch Thatsachen zu zeigen, daß die alten Weltweisen ihren Lehren von der Tugend nichts weniger als treu geblieben wären; daß sogar diejenigen, die bei der Nachwelt in ganz vorzüglicher Achtung stunden, hervorstechende Flecke ihres Charakters an sich gehabt hätten. Aus diesem Allem zog man das Resultat: daß eine Offenbarung nothwendig war; daß sie der, von seiner Vernunft unaufhörlich irre geführte sittliche Mensch wünschen, und daß Gott nach seiner Weisheit und Menschenliebe ihm solche ertheilen mußte, damit der Hauptendzweck seiner moralischen Weltregierung nicht verfehlt würde. Da nun dasjenige, so wird weiter gefolgert, was uns als Offenbarung ist überliefert worden, die stärkste innere und äußere Beglaubigung seines höhern Ursprungs für sich hat, so ist es Pflicht des Menschen, da mit Bescheidenheit zu schweigen, wo

Gott

Gott selbst zu ihm spricht, und den Aussagen seiner Vernunft nur in so fern zu trauen, in so fern sie mit dieser übernatürlichen Belehrung übereinstimmen; ihr aber jedesmal Stillschweigen zu gebieten, wenn sie sich wider einen Ausspruch der Offenbarung sträubt, den sie zu fassen nicht im Stande ist; denn sind gleich manche Aussprüche der Offenbarung über die Vernunft, so sind sie doch nicht wider dieselbe.*) — — Gegen dies alles lassen sich einige Zweifel erheben, und vielleicht läßt sich darthun, daß, ohne den Werth der Offenbarung im mindesten herabzusetzen, oder ihren höhern Ursprung zu bezweifeln, doch dieser Weg nicht zum Ziele führe. —

Es ist ein durch die Geschichte, so weit nämlich unsere Urkunden reichen, bestätigtes Faktum, daß der Götzendienst und der Aberglaube in den frühern Zeiten der Welt allgemein war, und dabei entstehet nun die Frage: ob die Lasterhaftigkeit jener Zeiten nothwendige Folge der Abgötterei und des Aberglaubens war. Dies zu behaupten sind viele geneigt, weil, wie man gefolgert hat, die Unkenntniß eines einzigen wahren Gottes als moralischen Gesetzgebers, nothwendiger Weise Immoralität, nach sich ziehen muß. Hier würde aber zu beweisen seyn, daß die Vernunft des Menschen durch ihre eigene Kraft nicht im Stande sey, was recht und unrecht ist, zu erkennen, und daß das moralische Gefühl als eine Folge der sittlichen Vernunft schlechterdings unwirksam sey, wofern nicht ein Gott als Gesetzgeber wäre erkannt worden. Dies würden aber wohl wenig Theo-
Jo-

---

*) Diesen Gedanken hat Leibnitz in dem, seiner Theodicee vorgesetzten, Diskurs: Von der Uibereinstimmung des Glaubens mit der Vernunft, weitläuftig ausgeführt.

logen behaupten, indem sie hier den Ausspruch Pauli
wider sich hätten, welcher von den Heiden, denen keine
Offenbarung zu Theil geworden war, urtheilt: daß sie
sich selbst ein Gesetz wären, weil des Gesetzes Werk in
ihrem Herzen gleichsam geschrieben stünde. Und was
den Gewissenstrieb anlangt, der nach genauer psychologischen Erörterung für nichts anders anzusehen ist, als
für eine Folge der Wirksamkeit unserer sittlichen Vernunft; so läßt sich weit eher beweisen, daß der Gewissenstrieb uns mit von diesem einer moralischen Gottheit überzeuge;*) als daß jene Erkenntniß vorher gehen
müsse, um das Gewissen in die gehörige Thätigkeit zu
setzen. Und dies würden doch, dünkt mich, diejenigen
zu beweisen haben, welche die Unkenntniß des wahren
Gottes, als die vornehmste Ursache der Immoralität
unter den alten heidnischen Völkern ansehen. Ich werde nachher zu diesem Gegenstande wieder zurück kehren;
nur dieses setze ich hier noch als eine Art von Axiom
hinzu, daß sich a priori nicht beweisen läßt, daß die
Lasterhaftigkeit nothwendige Folge der Unkenntniß des
wahren Gottes, Folge des Götzendienstes sey. Wenn
ich hier in moralischer Rücksicht als Endämonist sprechen wollte, was ich aber nicht bin, so könnte ich getrost behaupten, daß die Moral des Menschen von dem
erkannten Daseyn einer Gottheit unabhängig sey. Die
Welt, könnte ich behaupten, möchte durch Zufall entstanden seyn, oder durch den Willen einer verständigen
Ursache, sie möchte von einem höhern Wesen regiert
wer-

*) Crusius setzt den Gewissenstrieb unter die wahr-
scheinlichen Beweise vom Daseyn Gottes. S. dessen
Entwurf der nothwendigen Vernunftwahrheiten
§ 232. S. 429. ff. die Stärke oder Schwäche dieses
Beweises zu untersuchen, ist hier der Ort nicht.

werden, oder nicht, so bliebe doch das Verhältniß der äußern Dinge zu uns, und überhaupt das gegenseitige Verhältniß der Menschen zueinander immer dasselbige, so, daß wenn sie glückselig seyn wollten, sie sich der Tugend befleißigen müßten. Dieser Satz ist hin und wieder nicht ohne Scharfsinn ausgeführt worden. *) Könnte nun bewiesen werden, daß selbst bei dem **Atheismus** die Tugend bestehen könne, so müßte auch die Behauptung statt finden können, daß die Moralität beim **Götzendienst** bestehen könne. Wenigstens glaube ich, meine Behauptung wiederholen zu dürfen, daß sich a priori nicht beweisen lasse, daß Immoralität **nothwendige** Folge der Idololatrie sey. Kann sie gleich unter gewissen Umständen dazu beitragen, und trägt wirklich dazu bei; so ist die Unsittlichkeit doch keine **nothwendige** Wirkung davon. —

Man könnte sich zwar auf die alte Völkergeschichte berufen, und wenn sich da bei allen abgöttischen Nationen ein gleicher Grad von Immoralität fände, so dürfte man nicht in Versuchung gerathen, den Götzendienst als die erste Ursache davon anzunehmen. Allein hier findet sich die auffallendeste Verschiedenheit. Die Karthaginienser z. B. waren Götzendiener, und wenn den Römischen Geschichtschreibern zu trauen ist, so war dieses Volk ohne Treu und Glauben, habsüchtig und grausam. Die Aegyptier waren Götzendiener, und übertrafen an Superstition die meisten übrigen Völker; man kann aber nicht sagen, daß sie in dem Grade bös-

ar-

---

*) Nur noch vor einigen Jahren fand die Meinung, daß die Moralität bei jedem theologischen Systeme, es sey Theismus oder Deismus, Epikurischer, Stratonischer oder Spinozischer Atheismus, gleich gut bestehen könne, bei nicht wenig Philosophen Beifall.

artiger und lasterhafter gewesen wären, als andere, bei
welchen sich eine ungleich geringere Masse von Aberglau=
ben fand. Ich enthalte mich mehrere Belege aus der
Geschichte beizubringen; nur dieses sage ich als Faktum
hinzu: daß bei verschiedenen Völkern die Immoralität
geradezu der Zeit zunahm, da der verständigere Theil des
Volks gar nicht mehr an die Volksgottheiten glaubte,
und der gemeine Haufe sie mit weniger Anhänglichkeit
verehrte, als seine Vorfahren. Ein einziger Blick auf
die Römische Geschichte muß uns von der Wahrheit die=
ser Bemerkung überzeugen. Wir werden finden, daß
die Römer ein tapferes, arbeitsames, gerechtes Volk wa=
ren, eben um die Zeiten, da der Glaube an ihre Volks=
gottheiten, an Haruspicie, Vogeldeuterei und alle übri=
ge Arten der Divination noch allgemein herrschend war.
Als hingegen im siebenten Jahrhunderte die Griechi=
sche Weisheit in Rom eingeführt, und die verschiede=
nen Schulen derselben ihre Anhänger gefunden hatten,
so verschwand auch nach und nach die alte Tugend der
Römer, die Mäßigkeit, Gerechtigkeit, Arbeitsamkeit,
Patriotismus. Die Sittenlosigkeit wurde unter den
Kaisern um so viel auffallender, je mehr die alte Volks=
religion verachtet oder vernachläßiget wurde. So we=
nig ich nun aber die Einführung der Philosophie und
der liberalern Denkungsart in Religionssachen zur er=
sten Ursache des Sittenverfalls annehmen möchte, eben
so wenig würde ich auf der andern Seite behaupten, daß
die Immoralität unausbleibliche Folge der Idololatrie
sey.

Es ist sehr leicht, eine Menge Abscheulichkeiten
aus der Geschichte heidnischer Völker auf einen Haufen
gleichsam zusammen zu tragen, das Gefühl des Lesers
dadurch in Bewegung zu setzen, und wo möglich ihm

den

den Ausruf abzunöthigen: „das sind Greuel des Heidenthums, das sind Folgen der Abgötterei, welche nicht würden gewesen seyn, wenn das Christenthum jene Länder erleuchtet gehabt hätte!" Wenn man von einem gewissen Indischen*) Volke oder von den Ceensern**) liest, daß allemal die nächsten Verwandten einen Kranken tödteten, um nicht sein Fleisch einzubüßen, wenn er an der Krankheit das Leben endigte; oder, wenn wir finden, daß es bei einigen alten Peruvianischen Völkern***) üblich gewesen ist, das Blut noch lebender verwundeter Feinde zu trinken, Fleischbänke mit Menschenfleisch von den Gefangenen anzufüllen, oder sogar mit gefangenen Weibspersonen Kinder zu zeugen, sie aufs sorgfältigste zu ernähren, und nachher Mütter und Kinder als eine köstliche Mahlzeit zu verzehren; oder wenn uns Cook von einigen Otaheitischen Stämmen sagt, daß es unter ihnen wollüstige Gesellschaften gäbe, die sich zum Kindermorde vereiniget hätten; so schaudert man natürlicher Weise, die Menschen in solchen Verderbniß zu erblicken. Aber unausbleibliche Folge des Götzendienstes kann dies unmöglich seyn, weil sonst dergleichen moralische Greuel bei den Heiden allgemein seyn müßten, wovon uns aber die Geschichte das Gegentheil lehrt. Man beruft sich unter andern auf die Menschenopfer, um zu beweisen, was für Schandthaten nothwendiger Weise aus dem Götzendienste entstehen müßten. Diese abscheulichen Opfer scheinen in den ältesten Zeiten durchaus üblich gewesen zu seyn. Die Phönicier opferten dem Moloch nicht etwan Kriegsgefangene, sondern sogar ihre eigenen Kinder; die Kartha-

---

*) Herodot. L. III. S. 49.
**) Aelian. Var. Hist. L. III. cap. 37.
***) Garcilasso della Vega. B. 1.

thaginienſer, als Abkömmlinge der Phönicier, die alten
Gallier und Britannier, ſelbſt die Griechen brachten
ihren Gottheiten Menſchenopfer dar. In ſpätern Zei=
ten, oder je nachdem ſich eine Nation ausbildete, nah=
men dieſe Opfer ab, ungeachtet der Götzendienſt beibe=
halten wurde und der Aberglaube ſich immer noch ver=
mehrte.   Der Götzendienſt als ſolcher kann alſo die Ur=
ſache davon nicht geweſen ſeyn, weil die Menſchenopfer
nur damals bei einer Nation gefunden wurden, als ſie
ſich noch in der Kindheit befand. Ich bin der Meinung,
daß die Menſchenopfer in den älteſten Zeiten den äu=
ßerſten Grad von Immoralität noch gar nicht bewei=
ſen; denn es iſt ein großer Unterſchied zwiſchen Tod=
ſchlag und Menſchenopfern.   Dieſe entſtanden aus der
irrigen Meinung, daß man den mächtigen Weſen außer
uns — denn die Macht war die vornehmſte Eigen=
ſchaft, die man den Göttern zuſchrieb, und worauf auch
die großen Wirkungen der Natur führten — dasjenige
geben müſſe, was uns entweder am nächſten angienge,
oder doch von unſerm Geſchlecht wäre.   Von dieſer
Seite die Sache angeſehen, iſt ein Menſchenopfer kein
Beweiß von äußerſter Sittenverderbniß, ſondern nur von
einem ſittlichem Gefühle, welches erſt bis auf den aller=
niedrigſten Grad ſich entwickelt hat.   Der Erzvater
Abraham war um nicht viel beſſer, daß er ſeinen Sohn
Gott opfern wollte, als eine Phöniecrin, die ihr Kind
dem Moloch, oder als Agamemnon, der die Iphigenia
in Aulis darbrachte.   Man nehme den Befehl Gottes
an Abraham für was man wolle; entweder für einen
ausdrücklichen in Worten abgefaßten Befehl, oder für
eine Wirkung ſeiner Phantaſie, nämlich daß Gott ihm
ſeinen Sohn wieder entreißen wolle; ſein Gehorſam
gründet ſich auf nichts anders, als auf den Gedanken:
daß der Allmächtige ſein Herr ſey, und ihm auch das

Lieb=

Liebste entreißen dürfe. Man muß schlechterdings voraussetzen, daß Abraham die Menschenopfer, die er bei den Chaldäern mochte gesehen haben, für pflichtmäßige gottesdienstliche Handlungen ansah, außerdem dürfte er es haben anstehen lassen, seinen Sohn dahin zu geben. Sein menschliches und moralisches Gefühl war sonach noch gar nicht entwickelt, weil er seinem Gott zutrauen konnte, daß er einen solchen Beweis des Gehorsams von ihm verlange. Stellt man nun den Abraham als einen Tugendhelden dar, weil sein Gehorsam gegen die Gottheit sich zu Dingen verstand, zu welchen wir uns in unsern Zeiten, bei würdigern Begriffen von dem höchsten Wesen, gewiß nicht entschließen würden; so sey man in der Kritik über Heidenthum behutsam, um nicht aus den Menschenopfern den alleräußersten Grad von Immoralität unter den ältesten Völkern zu beweisen. Aus diesem wenigem bisher gesagten scheint es sich zu ergeben, daß die Menschen die höhern Wesen außer sich allemal nach dem Grade von Sittlichkeit einbildeten, auf welchen sie sich selbst befanden, mit einem Worte: der Mensch schuf seine Götter analogisch nach sich selbst. Der Jehovah der Juden war bei der gemeinern Volksklasse ein despotisches Wesen, welches eifersüchtig auf seine Ehre war, und weil die Nation von ihren Nachbarn sich entfernt hielt, und sie verachtete, so war auch ihr Gott nur einem Volke gewogen, nahm ihre Brandopfer u. d. m. mit Wohlgefallen an und freuete sich derselben. Die Griechen, ein Volk von feinerer Sinnlichkeit, ertheilten ihren Göttern allen den Leichtsinn und die Leidenschaften, von welchen sie selbst beherrscht wurden. Ihre Sensualität hatte eine reizende Mythologie hervorgebracht, und ihre Galanterien waren auch die, ihrer Götter. Die Völker der alten Germanier, waren rüde Soldaten, wie sie selbst. Ich könnte diese Induction weit treiben, und

es

es würde sich durchaus finden, daß die Götter der Heiden den Charakter derjenigen Nation an sich hatten, von welcher sie verehrt wurden.

Die Reisebeschreiber liefern uns zu dieser Behauptung Thatsachen in Menge, wovon ich hier eine einzige ihrer Sonderbarkeit wegen anführen will. Die Kamtschadalen sind, nach der Beschreibung, die uns Steller von diesem Lande gegeben hat, eins der schmuzigsten und, in Ansehung des Geschlechtstriebes, unordentlichsten und ausschweifendesten Völker; und ihr Gott Kutka ist ihnen vollkommen ähnlich. Dieser Gott, heißt es in der Kamtschadalischen Mythologie, verliebte sich einsmal in seinen eignen gefrohrnen Unrath, den er für ein schönes Mädchen hielt, mit äußerster Heftigkeit, und nichts als ein schnelles Thauwetter war im Stande ihn von seiner Täuschung zu überzeugen. Mehrere eben so ungezogene Galanterien dieses Gottes erzählt Steller in dem angeführten Werke.*) Alles Uibrige, was dieser Gott thut, ist ganz in dem Charakter der Kamtschadalischen Dummheit und Etrurderie. Aus diesen und ähnlichen Bemerkungen, welche uns die Geschichte in Menge darbietet, erklärt sich, daß das Subjective im Menschen allemal der Maaßstab ist, den er außer sich anwendet, um die Eigenschaften einer oder mehrerer Gottheiten zu bestimmen. Je blödsinniger ein Volk ist, desto einfältiger ihre Götter; je sinnlicher eine Nation, desto ausschweifender ihre Götter; je grausamer ein Volk, desto grausamer ihre Götter. Ist dieses, so kann man mit Ryan und vielen andern auf den Grund wenig bauen, daß die lasterhaften Beispiele der Götter von

Zank

---

*) Herr Meiners hat davon einen Auszug gemacht, im 1sten Theile seiner vermischten philos. Schrift. S. 164. f.

Zank und Streit unter sich selbst, von Liebschaften, liederlichen Leben u. s. w. die Immoralität ihrer Götter befördert hätten. Ich will es zwar nicht ganz leugnen; aber diese Sache verhält sich mehr umgekehrt. Aus dem unentwickelten moralischen Gefühle der Menschen entstanden erst die Vorstellungen von solchen unwürdigen Gottheiten: Der Mensch machte das Subjective in sich selbst zu einem Kriterium des Objectiven in Absicht seiner Götter.

„War es nun also nicht unumgänglich nothwendig, daß der eingeschränkten Denkungsart der Menschen eine Offenbarung zu Hülfe kam; eine Offenbarung nicht allein vom Daseyn einer einzigen Gottheit, sondern auch von den Eigenschaften derselben, welche die Vernunft durch ihre eigenen Kräfte nicht zu ergründen vermochte." Ich erinnere hierbei vorläufig, daß sich gar nicht die Möglichkeit zeigen läßt, wie Gott sein Daseyn anders offenbaren könne, als wie er sich allen Menschen kund macht; denn der Glaube an eine Offenbarung, die durch eine andere, als die uns bekannte Naturkausalität geschieht, setzt doch nothwendiger Weise den Begriff vom Daseyn eines Gottes, der sich auf eine übernatürliche Weise offenbaren könne und offenbaren wolle, voraus, mithin ist diese Art des Supernaturalismus keiner weitern Antwort werth; er ist ungedenkbar, wenn es gleich auch in den neuesten Zeiten Philosophen gegeben hat, welche ihm das Wort zu reden scheinen. Die zweite Behauptung; daß der Mensch zwar das Daseyn Gottes aus der vor ihm liegenden Welt müsse erkannt haben, nachher aber zu einer Kenntniß seiner Eigenschaften durch außernatürliche Kausalität der Offenbarung am sichersten gelangen könne, ist, meines Erachtens, eben so ungegründet, als unbestimmt.

Der

Der Begriff von diesem eines höchsten Wesens, dessen Eigenschaften mir gänzlich unbekannt sind, ist so wohl in theoretischer als praktischer Rücksicht völlig leer und ohne Anwendung. Denn was soll man sich bei einem Gotte ohne Eigenschaften denken? Höchstens ein erstes Glied in der Reihe der Dinge; ein Etwas, womit die Progression des Bedingten geschlossen wird. Dieses Unbedingte als nothwendig gedacht, ist bei weitem nicht hinlänglich zum Glauben an das Daseyn Gottes. Denn jeder Atheist muß es ebenfalls annehmen! Um nun zu glauben, daß sich die erste Ursache aller Dinge mir als Menschen offenbaren könne und offenbaren wolle; muß ich wenigstens schon die dunkle Einsicht haben, daß zwischen mir und ihr kein zufälliges, sondern ein nothwendiges Verhältniß sey, folglich muß die Idee von Oberherrschaft auf der einem und die, der Unterwürfigkeit auf der andern Seite voraus gehen. Soll sich das höchste Wesen als allgütig und allweise offenbaren; so wäre diese hyperphysische Kundmachung seiner selbst, für die menschliche Intelligenz eine unverständliche Hieroglyphe, wofern sich die Vernunft nicht selbst schon den Begriff von höchster Einsicht und Güte aus ihren eigenen Mitteln zusammengesetzt und auf die erste Ursache aller Dinge übergetragen hätte. Dies werden manche nicht einräumen; „Es ist uns ja offenbart, werden sie sagen, daß Gott allweise ist, und zwar mit ausdrücklichen Worten der Schrift! Gott ist die Liebe, heist es im Evangelio Johannis; und welcher Sterbliche hat uns durch die Aussagen seiner Vernunft solche Begriffe von dem höchsten Wesen mitgetheilt?" Man giebt aber doch hoffentlich zu, daß alle Offenbarung, so wohl in Absicht ihres Ursprungs als ihres Inhalts, erst durch Vernunft muß geprüft werden, und daß diese das Recht hat, jede Offenbarung zu verwerfen, die den Begriffen von einem höchsten Wesen unwürdig ist, auch

außer

außerdem keine Beglaubigung ihres hyperphysischen Ursprungs für sich hat. Wird nun nicht allemal die Vernunft bei der Offenbarung einer oder mehrerer von den genannten Eigenschaften Gottes, als z. B. der Weisheit und Güte erst die Probe machen müssen, ob sie mit der Vorstellung eines höchsten Wesens bestehen könne, oder vielmehr, ob die Abstraction dieser Eigenschaften, in dem Totalbegriffe einer Gottheit gegründet sey? Und wenn nun dieser Begriff schon da seyn muß, um mit diesen einzelnen Abstractionen eine Vernunftprobe anzustellen, läßt sich da wohl behaupten, daß die Gottheit diese Eigenschaften erst offenbaren müsse? Gesetzt aber auch, diese Vernunftprobe würde nicht damit angestellt, wiewohl sie unnachlaßlich ist, so würde sich doch eben diese Vernunft das Recht nicht nehmen lassen, wenigstens einen empirischen Weg einzuschlagen, und von dieser Seite die Probe mit den Aussprüchen der Offenbarung zu machen. Die hyperphysische Bekanntmachung von einer gränzenlosen Weisheit und Güte würde sie mit den Phänomenen der visiblen Welt vergleichen müssen, und denn wäre die Gränze ihrer Erkenntniß, im theoretischen Sinne, um keinen Schritt weiter gebracht, als es durch ihre eigenen Mittel geschehen könnte und schon geschehen wäre. Was verlören wir, wenn vielleicht im theoretischen Sinne gar keine Erweiterung unserer Vernunfterkenntniß durch hyperphysische Kausalität möglich wäre? Genug wenn sie es in praktischer Rücksicht ist! Und hier glaube ich hätte man bei jeder Art dieser Untersuchungen die Frage genau bestimmen sollen: a) Was ist Religion, und b) was kann uns durch eine übernatürliche Kausalität in Absicht auf Religion bekannt gemacht werden. *)

*) Ich verstehe hierunter, um allem Mißverstande vorzubeugen

von dem Übersetzer.

Verehrungswürdige christliche Theologen haben den Unterschied zwischen christlicher Theologie und christlicher Religion längst auseinander gesetzt, und dadurch das Scinotistische von dem Praktischen hinlänglich unterschieden. Diese Untersuchung kann auch im Allgemeinen angestellt und überhaupt der Unterschied zwischen Theologie und Religion festgesetzt werden. Und auf welchem Wege gelangen wir überhaupt zur Theologie, das heißt, zur Kenntniß oder vielmehr zur Annehmung eines Wesens, welches die größte Macht, den vollkommensten Verstand und den besten, d. h. einen durchaus guten Willen hat, der das Gute bloß darum will, weil es gut ist. Hier sind für uns zwei Wege; die moralische Vernunft und die Betrachtung der Wel. Schließen wir den moralisch vollkommensten Willen von dem Begriffe einer Gottheit aus, und lassen die höchste Heiligkeit bloß in dem Nichtwollen desjenigen bestehen, wodurch die Glückseligkeit der Lebendigen vermindert oder aufgehoben wird, so bleibt die Güte für uns die Haupteigenschaft, und wir haben sonach den Weg der Naturbeobachtung einzuschlagen, um zu sehen, ob uns die visible Welt auf ein Wesen, welches allgütig, allmächtig und allweise ist, führt. Da uns aber die Betrachtung der Welt, so weit nämlich unsere Erfahrung reicht — denn diese ganze Induction muß nothwendiger Weise empirisch seyn — wohl auf den Begriff einer erstaunlichen Macht, nicht aber auf den Totalbegriff der Allmacht führt, weil immer die Frage übrig bleibt, warum hat die Allmacht die Welt nicht vollkommener erschaffen? warum hat sie das

beugen, eine Wirkung, die nicht in dem nexu der Dinge, so weit wir Menschen wenigstens solchen kennen, gegründet ist, und die man also der Gottheit zuschreibt.

Uibel in der Welt nicht verhindert? Da uns ferner die Ordnung in der Natur nicht auf den Begriff der höchsten Weisheit, sondern nur überhaupt auf der, der Kunst und des Bildungsvermögen leitet, weil auf eben diesem Wege, auf welchem der Beweis davon soll vollendet werden, sich mächtige Einwürfe dawider zeigen; ferner, da aus dem Daseyn des Uibels ein fortdaurender Einwurf gegen die höchst Güte kann gezogen werden; endlich, da die objectiv? Realität desjenigen, was wir als Ordnung, Uibereinstimmung u. s. w. den Dingen außer uns zuschreiben, nie kann erwiesen werden, sondern nur als etwas Subjectives in Rücksicht unsers Vorstellungsvermögens anzunehmen ist; so werden wir auf diese Weise wohl nie zu einem alles befassenden Begriffe von einem vollkommensten Wesen gelangen; und fehlt uns dieser, so ist es nicht viel besser, als wenn wir gar keinen hätten. *) Sollen wir also zu dem Glauben an das Daseyn eines höchsten Wesens gelangen, welches auch den vollkommensten moralischen guten Willen hat; so bleibt uns kein anderes Mittel, als zu versuchen, ob uns die praktische Vernunft zu diesem Glauben verhelfen könne. — Durch diese, und nur durch sie allein, ist uns a priori ein Endzweck aufgestellt, nämlich das höchst. Gut, die höchste moralische Vollkommenheit, mit welcher die Glückseligkeit im gemessensten Verhältnisse steht. Das Vernunftgebot bestimmt uns, dieses höchste Gut, als vernünftige Wesen, zu wollen. Ob es im theoretischen Sinne möglich sey, kann nicht entschieden werden. Da es aber doch vernunftwidrig seyn würde,

---

*) Diese hingeworfenen Aeußerungen wider den sogenannten physikotheologischen Beweis für das Daseyn Gottes, werden niemanden, außer denjenigen, der mit der kritischen Philosophie ganz unbekannt ist, befremden.

würde, etwas zu wollen, was an sich **unmöglich** wäre, so beruhigt sich die praktische Vernunft, um es wollen zu können, an die Möglichkeit desselben zu glauben. Nehmen wir nun die Möglichkeit dazu an, so müssen wir auch, um einstimmig mit uns selbst zu bleiben, alle Bedingungen, unter welchen seine völlige Gedenkbarkeit statt findet, als nothwendig anerkennen. Die höchste Sittlichkeit besteht darin, daß man das Gute, bestimmt durch das allgemeine Sittengesetz, wolle, und außer sich realisire. Betrachten wir uns selbst; so finden wir zwar, daß das Gebot der praktischen Vernunft, das Gute um sein selbst willen zu wollen, und außer uns zu realisiren, unnachlaßlich ist. Dieses **Sollen** ist unbedingt, es ist categorisch. Aber wir finden auch, daß wir unserer sinnlichen Natur nach, von einer Naturkausalität abhängen, welche wir unsern freien Willen nicht unterwerfen können. Da nun aber die praktische Vernunft von ihrem Gebote dennoch nicht abgehen kann; so ist sie genöthigt, eine Annäherung des **endlichen Wesens** in ewiger Progression zur höchsten Sittlichkeit zu postuliren. Das höchste Sittengesetz ist also ein unveränderliches Gesetz für die Ewigkeit. Und wie soll nun die höchste Glückseligkeit, als der zweite Theil des höchsten Gutes, wirklich gemacht werden? Daß der Mensch dieses nicht könne, davon überzeugt ihn seine Abhängigkeit von der Natur; denn es ist nicht möglich, die Gesetze derselben abhängig von seinem freien Willen zu machen. Hier ist der Punkt, wo die praktische Vernunft, um ihre Forderungen nicht aufgeben zu müssen, das Daseyn eines Wesens postulirt, welches nicht allein den vollkommensten moralischen Willen habe, sondern auch das höchste Wesen außer sich realisiren könne; von dessen freien Willen folglich die ganze Naturkausalität abhängig sey. Hierin liegt der Glaube an ein ganz

heili-

heiliges, allmächtiges und allseliges Wesen. Es wird die Glückseligkeit nicht anders, als nach der **Würdigkeit** derselben austheilen; hierin liegt der Glaube an die **höchste Gerechtigkeit.** *) Diese Vernunftresultate, welche den Glauben an ein ewiges nothwendiges Wesen, von der größten Macht, dem vollkommensten Verstande und dem besten Willen erzeugen, kann man die Theologie nennen. Aber noch ist hiermit keine Religion begründet. Dies alles könnte todter Buchstabe für den Verstand bleiben, ohne daß dadurch ein Interesse des Herzens oder des sittlichen Willens bei dem Menschen entstände. Wir müssen mit der Gottheit so zu reden in nähere Verbindung treten, wenn wir sagen wollen, daß wir Religion haben; und dies kann nicht anders geschehen, als daß erstlich der Gedanke an das heilige Wesen zu einer Motive werde, dem Sittengesetze zu gehorchen; zweitens, daß der Gedanke an das gerechteste Wesen, welcher ewiger Vollzieher des Sittengesetzes ist und bleibt, Standhaftigkeit, Ruhe der Seele und lebhaftes Vertrauen in uns hervorbringt. Hier entsteht nun die Frage: Soll ich, als vernünftiger Mensch, dem Sittengesetze gehorchen, **weil es der Wille Gottes** ist? Die Untersuchung dieser Frage kann ich hier nicht weitläuftig führen, und will deshalb das Resultat nur kurz angeben. Durch die Vernunftgesetzgebung gelangen wir, wie wir zuvor gesehen haben, zum Glauben an ein ganz heiliges, **allgerechtes und allmächtiges**

---

*) Alle übrige Eigenschaften der Gottheit, z. B. Wahrhaftigkeit, Allwissenheit, Unveränderlichkeit, liegen alle in dem Begriffe eines Wesens, welches das höchste Gut will, und völlig realisiren kann. Als ein solches kann man es auch das höchste Gut selbst nennen. Daher sagt auch der Erlöser: „Niemand ist gut, denn der einige Gott."

ges Wesen, welches das höchste Gut in alle Ewigkeit
will und realisirt. Sein Wille, der ganz heilig ist, und
den sich unsere sittliche Vernunft, als vollkommen un=
abhängig von jeder heterogenen Kausalität denken muß,
ist nicht die Ursache des Sittengesetzes; denn es wäre
unmöglich, daß unsere praktische Vernunft irgend etwas
von Sittlichkeit sich als möglich denken könnte, wofern
sie sich nicht selbst ein Gesetz d h. ihre eigene Gesetzge=
berin wäre. Mithin kann sie sich in moralischer Rück=
sicht nicht denken, daß Gott etwas anders will, als was
sie selbst will. Der Satz also: „Es ist etwas gut, weil
es Gott will," bringt eine Heteronomie der Vernunft
hervor; er muß folglich so heißen: „Gott will etwas,
weil es gut ist!" Ja wie fern, entsteht nun die Frage,
kann der Gedanke an die Heiligkeit Gottes, Einfluß
auf unsern Willen haben? In so fern er nichts anders
will, als was unsere Vernunft gebietet! denn gründete
sich unser Gehorsam auf die Neigung, sich seine Gunst
zu erwerben, oder auf die Furcht vor seinen Strafen;
so wäre das erste Selbstsucht, das zweite Sklavensinn.
Jesus macht in seiner Lehre „Liebe zu Gott" zum Haupt=
prinzip der Sittlichkeit. Daß hier von keiner pathologischen
Liebe, von keinen hohen unerklärbaren Gefühlen, von In=
tuition und andern mystischen unaussprechlichen Empfind=
nissen die Rede seyn könne, versteht sich von selbst; denn der
erhabenste Sittenlehrer konnte kein moralisches Princip,
bestände es auch aus der feinsten Sensualität, zum Grunde
legen. Jene Liebe zu Gott kann also nichts anders seyn
als: reine Achtung für das Sittengesetz, dessen unum=
schränkter Vollzieher Gott ist. Gott lieben heißt also: das
Gute um sein selbst willen achten; sich durch das Ver=
nunftgesetz allein bestimmen lassen. Diese tiefe Ehrfurcht
also vor Gott, dem heiligsten Wesen, das uns so nahe
ist, mit dem wir so genau verbunden sind, weil sein
Ge=

Gesetz und das Gesetz der praktischen Vernunft eins und dasselbe sind, der Gedanke an seine Gerechtigkeit und gränzenlose Macht, nach welcher er in alle Ewigkeit dem vernünftigen Geschöpfe dasjenige Loos zutheilen wird, dessen es sich, nach dem Ausspruche seiner eigenen gesetzgebenden Vernunft, würdig gemacht hat, erfüllt die Seele mit Vertrauen, mit froher Hofnung, mit Standhaftigkeit, mit Dank. Hier kommt das untere Begehrungsvermögen des Menschen, sein nie zu vertilgender Reiz nach Glückseligkeit, so zu reden, mit ins Spiel: Dies ist Religion des Menschen; sie ist ein Antheil endlicher Wesen! — In welcher Absicht wird sich also die Gottheit — um auf das Vorige wieder zurück zu kommen — den Menschen offenbaren? Etwa um das Gebiete der speculativen Vernunft zu erweitern? Auch die Möglichkeit einer solchen Erweiterung würde sich nicht darthun lassen. Es bleibt also nur eine praktische Rücksicht übrig, nämlich die, der Moralität! Da nun aber, das Gesetz Gottes kein anderes seyn kann, als das Gesetz der Vernunft, so wäre ja, könnte man einwenden, alle Offenbarung deßfalls überflüßig? Dies wage ich auf keine Weise zu behaupten. Wenn ein solcher Sittenverfall unter dem Menschengeschlechte eintreten kann, daß die Sinnlichkeit vollkommene Herrschaft über den innern Menschen verlangt zu haben schiene, so, daß er sich aus dieser Verderbniß entweder gar nicht, oder nur äußerst spät herausarbeiten würde, sollte da nicht eine übernatürliche Offenbarung eintreten dürfen? Sollte es der Gottheit unwürdig seyn, sich den Menschen selbst als Gesetzgeber und zwar vornehmlich von Seiten seiner Macht, welcher das Geschöpf gehorchen müsse, anzukündigen? Hieraus folgt unleugbar, daß sich die Offenbarung jedesmal nach dem mehr oder weniger entwickelten Grade der menschlichen Vernunft würde richten

ten müssen, und dies zeigt sich, dünkt mich, gar nicht
undeutlich aus den ältesten Urkunden des Menschenge=
schlechts, die wir als Offenbarung verehren. Da ist
noch kein erstes Prinzip der Sittlichkeit, überhaupt gar
keins aufgestellt, nichts von einem höchsten Gute, kein
rein moralischer Beweggrund zum Gehorsam*). Israel
soll

*) Es könnte sich bei dieser meiner Behauptung jemand
auf die Worte des A. T. berufen: „Ihr sollt hei=
lig seyn, denn ich bin heilig der Herr euer Gott."
Von einigen neuern Philosophen werden auch diese
Worte für ein Gebot des heiligsten Wesens an die
moralische Vernunft angesehen. Daran ist aber gar
nicht zu gedenken, wovon man sich leicht überzeugen
kann, so bald man nur den Zusammenhang, in welchem
sie vorkommen, genau ansieht. Der Befehl: „Ihr sollt
heilig seyn, denn ich der Jehovah bin heilig," — ki
kadolch ani iehovah — heißt nichts weiter als: „ihr
sollt ein von andern Völkern abgesondertes Volk seyn;
denn ich der Jehovah — euer Herr und oberster Re=
gente des Landes — habe mit andern Völkern nichts
zu schaffen." Das hebräische *kadosch* gilt hier, in sei=
ner ersten Bedeutung, daß es heißt, *separatum esse.* In
allen den Stellen, wo dieser Befehl vorkommt (Levitic.
XI. 44. XIX. 2. XX. 7. 8. XX. 24. 25. 26) ist zuvor
die Verordnung: die Israeliten sollten sich der unrei=
nen Thiere enthalten, um durch den Genuß derselben
nicht mit den Kananitern in Gemeinschaft zu treten;
und dann schließt sich jedesmal die Verordnung mit den
angeführten Worten, z. B. Levitic. XX. 25. 26. „Ich
bin der Herr euer Gott, der euch von andern Völkern
abgesondert hat, daß ihr auch absondern sollt, das rei=
ne Vieh von dem unreinen, unreine Vögel von den rei=
nen, und eure Seelen nicht verunreiniget am Vieh, an
Vögeln und an allem das auf Erden kreucht, das ich
euch abgesondert habe, daß es unrein ist, darum sollt
ihr mir heilig seyn, denn ich der Herr (der Jehovah)
bin heilig, der euch abgesondert hat von den Völkern,

daß

soll gehorchen, denn Jehovah ist der Herr über alles; er wird sogar die Kinder der Väter wegen bestrafen, und der Gehorsam gegen seine Befehle wird reiche Aerndten und Weinlesen nach sich ziehen. Eine Tugend, der man höchstens einen Marktpreis beilegen darf! Wer sich aber hieran ärgert, mag sich auch daran ärgern, daß man dem Knaben ein dürftiges Elementarbuch in die Hände giebt und, im Fall der Noth, die Ruthe bei ihm gebraucht. *) Nun sehe man die Geschichte des jüdischen Volks an, welchem sich Gott auf eine übernatürliche Weise kund gemacht hatte, oder man fange vielmehr von ihrem Stammvater an, und entscheide, ob je die Offenbarung über den Grad von entwickelter Vernunft hinausgegangen ist, welchen die Menschen zu der Zeit erreicht hatten. Ein Abraham schaudert nicht, ein Menschenopfer zu bringen; ein Lot, ein Judas und viele andere begehen abscheuliche Dinge; das Israelittische Volk ergiebt sich von Zeit zu Zeit allen Lastern, verläßt sogar den Dienst des Jehovah einmal über das andremal und betet Abgötter an — und hatte doch eine Offenbarung? und die Offenbarung wirkte nicht mehr? Gott will nie, daß der Mensch, der ein freies, moralisches Geschöpf ist, durch seine Offenbarung zur Maschine werde! Die Offenbarung wirkt und kann nie mehr wirken, als es nach dem mehr

oder

daß ihr mein wäret." In so fern nun die Israeliten diese Landesverordnungen befolgten, in so fern waren sie ein heiliges Volk, mochte es mit der innern Heiligkeit des Herzens aussehen, wie es wolle.

*) Man lese, wie der unersetzliche Lessing diese Ideen in der Erziehung des Menschengeschlechts ausgeführt hat, und setze dasjenige hinzu, was der Scharfsinn des Verfassers der Kritik aller Offenbarung, hierüber mitgetheilt hat S. 67. ff. —

oder weniger entwickelten Grade der sittlichen Vernunft des Menschen möglich ist. Wir sind endlich wieder auf dem Punkte, von welchem wir ausgingen, nämlich: das Unstatthafte in dem Räsonnement derer zu zeigen, welche behaupten, die Laster der Heiden wären um deswillen so groß gewesen, weil sie keine Offenbarung von Gott gehabt hätten! —

Ich fahre fort mehrere Fehler in so manchen Kritiken über das Heidenthum zu bemerken.*) Man will ferner die Nothwendigkeit der Offenbarung aus dem Mangelhaften, und zum Theil Irrigen, in der Theologie und Moral der alten Weltweisen darthun. Hierbei werden manche Uibereilungen und Unredlichkeiten begangen. Die erste und unverzeihlichste ist diese, daß man hin und wider bei dem Charakter jener Männer, nicht bei ihren Lehren angefangen und aus dem Charakter hat beweisen wollen, daß ihre Lehren zu keiner wahren Sittlichkeit hätten führen können. Erstlich sind ein Theil jener Anschuldigungen ungegründet, und haben entweder keins oder allein das Zeugniß eines Apologeten vor sich; der, wenn er mit Gründen nicht auszukommen dachte, die Sitten der alten Philosophen in einem nachtheiligen Lichte aufstellte. Man hätte solche unerwiesene Nachrichten oder offenbaren Lästerungen, die man über einen Sokrates, einen Plato, einen Antisthenes, einen Diogenes, einen Zeno u. a. ausgegossen hat, nie wiederhohlen sollen. Es ist ungerecht, daß man unter andern den Epikur als einen höchst unmoralischen Menschen aufgestellt hat, weil er es nicht war. Seine Kosmogonie erkläre man immerhin für

Un=

---

*) Ich führe niemanden insbesondere an, wer mit solcherlei Schriften nicht ganz unbekannt ist, wird sich erinnern, wo solche Behauptungen stehen, denen dieser kurze Versuch entgegen gesetzt ist.

Unsinn, wenn man Veranlassung dazu hat; man sage
es immerhin, daß seine Moral, als eine Sammlung em=
pirischer Anweisungen zur Glückseligkeit, keine Vernunft=
principien habe; nur schone man seines Charakters, der
zwar im ganzen genommen, kein hohes Ideal zur Nach=
ahmung seyn dürfte, aber doch immer eben so viel
Werth hat, als der Charakter manches geachteten Eu=
dämonisten in unsern Zeiten, vielleicht noch mehr. Daß
die Sophisten, die doch auch für Weltweise gelten woll=
ten, weder Moral lehrten noch ausübten, sondern aus=
gemacht gemeinschädliche Menschen waren, bedarf we=
nig Beweises. Doch schon zuviel hierüber! Gesetzt auch es
ließe sich von verschiedenen verehrten alten Weltweisen
hinlänglich darthun, (was ich gar nicht leugnen will)
daß sie nichts weniger als moralisch gute Menschen wa=
ren; was gehört diese Chronique scandaleuse für die
Beurtheiler ihrer Lehren? Und doch hat man damit
beweisen wollen, daß sie als Nichtchristen keine bessere
Menschen hätten seyn können. Wie nun, wenn jemand
ganz κατ' ἀνθρωπον hiernach erwiederte: „Es wäre
doch sonderbar zu behaupten, daß, weil sie nicht besser
gewesen wären, sie auch nicht besser hätten seyn können!
es wäre sonderbar, zu glauben, daß sie als Christen
unstreitig besser würden gewesen seyn, weil das Chri=
stenthum eine bessere Sittenlehre und und stärkere Be=
weggründe ihr zu gehorchen, enthielte! daraus würde
ja folgen, daß jeder Bekenner des Christenthums jedem
alten Weltweisen und tugendhaften Manne des Alter=
thums, einem Aristides, einem Phocion, einem Sci=
pio Africanus an sittlichem Gehalte vorzuziehen sey;
da nun aber die Galgen und Räder unter uns dieses zu
widerlegen scheinen, so dürfte es so widersinnig nicht
seyn, die Immoralität oder die noch mangelhafte Tu=
gend verschiedener alten Weltweisen andern Ursachen,

als

als den Mängeln ihrer Sittenlehre und Theologie zuzuschreiben." Und wie? könnte derselbe Zweifler fortfahren, giebt es nicht sogar unter den christlichen Lehrern Männer, die ihres Berufs, von der moralischen Seite betrachtet, ganz unwürdig sind? Könnte es nicht sogar solche unter uns geben, die über die ersten Gründe der Sittlichkeit anhaltend nachgedacht, und vortrefliche Sittenlehren geschrieben hätten, und doch nicht darnach handelten? Wie nun, wenn man sich hier des nämlichen Kriteriums bediente, welches man im Betreff der alten Weltweisen anzuwenden pflegt, daß die christliche Sittenlehre unstreitig ihre wesentlichen Mängel haben müsse, weil man solche unmoralische Sittenlehrer unter den Christen fände; daß sie unstreitig um wenig oder nichts besser seyn könne, als die Moral der Heiden, weil man virtualiter alle Laster derselben unter den Christen wieder fände." Was könnte man hierauf wohl antworten? Im Allgemeinen nichts anders, als was der Apostel Paulus schon gesagt hat, daß ein Gesetz in unsern Gliedern wäre, welches dem Gesetze der Vernunft widerstritte; daß dieses bei dem Menschen ewig wahr bliebe: video meliora proboque deterioraque sequor. Wenn das ist, würde jener Zweifler antworten, so bin ichs zufrieden; ich sehe, daß die alten Weisen ebenfals das Bessere gewußt aber nicht immer ausgeübt haben; und beide Theile heben, natürlicher Weise, mit einander auf. —

Ich komme zur Theologie der alten Weltweisen. Hier wird ihnen unter andern der Vorwurf gemacht, daß sie insgesamt Polytheisten gewesen wären, weil sie neben einem höchsten Wesen, doch mit dem Volke auch untergeordnete Götter verehrt hätten. Dies, setzt man hinzu, würde nicht geschehen seyn, wenn sie eine Offenbarung gehabt hätten. Dieser Vorwurf ist nicht das, was

was es zu seyn scheint. Die transcendentale Einheit eines Gottes, die alle untergeordnete oder koordinirte Götter nothwendigerweise ausschließt, ist keine Idee, welche offenbart werden konnte; und so bald die Vernunft zur gehörigen Reife gelangt ist, so entsteht sie in dem Menschen von selbst, ohne Einwirkung einer hyperphysischen Kausalität. Es ist dem Menschen, welcher über die Ursachen der Weltphänomene nachzudenken anfängt, natürlich mehrere außerordentliche Ursachen für die mannigfaltigen Erscheinungen in der Natur anzunehmen. Die Abstraction bis zu einer einzigen Ursache, als der Quelle der tausendfältigen Wirkungen, ist für ihn noch zu schwer; er macht sichs leichter, und nimmt seine Zuflucht zu mehrern höhern Wesen. Indeß da die in ihm verborgen liegenden Gesetze von Ordnung, und das Bedürfniß, eine gewisse Einheit in die Reihe der Dinge zu bringen, ihre Wirksamkeit bei ihm äußern, so setzt er an die Spitze dieser Wesen ein höchstes, welchem die übrigen mehr oder weniger subordinirt sind. Dieses höchste Wesen bildeten die Heiden besonders von Seite der Macht vorzüglich aus; es war der König des Himmels, es war der Mächtigste und zugleich der Gütigste, weil es, zufolge der Macht, der Gütigste seyn konnte; es hatte das Schicksaal in seiner Gewalt, es war aber auch Nothwendigkeit und Schicksaal selbst; der Nothwendigkeit unterworfen. Lauter Bestimmungen, die sich einander widersprachen! Dies ist nicht zu verwundern, denn die Vernunft, die ihre eigenen Anlagen, ihre Gränzen, und das in ihr liegende Sittengesetz noch so wenig kennet, keinen moralischen Weltplan fassen und sich abbilden kann, muß nothwendiger Weise auf solche Inkonsequenzen gerathen, die auch durch keine Offenbarung können gehoben werden, wenn die Vernunft noch nicht dazu gereizt ist. Die Menschen werden dennoch Polytheisten bleiben,

ben, so lange sie für den reinen Theismus noch keine subjective Empfänglichkeit haben. Die Geschichte des A. T. enthält davon keine undeutlichen Spuren. Der Jehovah erklärte sich, daß er allein Herr sey, und daß man keine andern Götter neben ihm haben solle. Aber dessen ungeachtet war hiermit bey dem Volke der Vernunftglaube noch nicht begründet, daß es gar keine Götter weiter gäbe. Die Juden waren im Grunde nichts anders als Polytheisten; denn so bald es den Anschein hatte, als wenn ein benachbartes Volk mehr Wohlthaten von seinen Göttern erhielt, als sie von dem ihrigen, so waren sie willig und bereit dem Dagon, dem Moloch oder irgend einem Götzen zu dienen.*) Hier ist

*) Die Lehre Mosis von dem Jehovah sollte, dünkt mich, den wahren Theismus nicht begründen, sondern nur vorbereiten, und dies muß jeder einsehen, der nur einige Begriffe davon hat, was es heiße, Theismus lehren. Der Jehovah kündigt sich dem Volke als seinem Oberherrn an, als seinen Gott, der es aus der Sklaverei Aegyptens geführt habe, und keinen Dienst fremder Götter neben sich dulden wolle. Die Strafen der Abgötterei waren sehr hart, denn die Abgötterei war hier das vornehmste Staatsverbrechen. Außerdem konnte und mochte ein Israelit in seinem Herzen von fremden Göttern denken was er wollte; dies war kein Gegenstand für die bürgerlichen Gesetzgeber. — Und traurig ist es doch, daß selbst dieses Volk nicht einmal ganz von der Neigung, Menschen zu opfern, konnte entwöhnt werden. Moses hatte solche bei schwerer Strafe verboten, welches voraussetzt, daß die Möglichkeit ihre Kananitischen Nachbarn nachzuahmen, oder vielmehr die Wahrscheinlichkeit dazu, nicht klein war. Das Verbot mag vieles gewirkt haben; wer darf dies leugnen? Aber ganz ausgerottet wurden sie vor dem Babylonischen Exil nie, gesetzt auch, daß sie selten waren. Jeremias und Ezechiel klagen über diese Greuel als

ist schlechterdings kein wahrer Theismus, denn es ist
unmöglich, daß ein vernünftiger Theist ein Abgötter
werden könne. Und zeigen die Stellen, wo es heißt, daß
der Jehovah über alle Elohim erhaben sey, nicht deut‐
lich, daß unter dem Volke, ungeachtet der Offenbarung,
dennoch der Polytheismus herrschte? daß er bei den
Heiden andere weit verschiedenere Gestalten gehabt habe,
thut

als über Dinge, die zu ihren Zeiten vorgefallen waren.
S. Ezech. XVI. 21. Jerem. VII. 31. XIX 5. Diese
und mehrere Stellen der Art beweisen jene Verleugnung
des natürlichen Gefühls hinlänglich. Es giebt Erege‐
ten, so wohl jüdische als christliche, welche es nicht für
möglich hielten, daß auch unter diesem Volke diese
Opfer jezuweilen wären dargebracht worden, und die
deshalb jenen Stellen quovis modo einen andern Sinn
unterlegen. Der Ritter Michaelis zeigt einleuchtend
genug, daß man, ohne diesen Stellen die äußerste Ge‐
walt anzuthun, nichts anders als Menschenopfer dar‐
in finden könne. S. dessen Mosaisches Recht 5ter
Theil §. 247. Gab es nun bei einem Volke, welches
eine übernatürliche Offenbarung hatte, sogar noch
Menschenopfer; so scheint, dünkt mich, so viel dadurch
bestätigt zu werden, daß eine Offenbarung nie mehr
wirken kann, als nach der jedesmaligen Entwickelung
der Vernunft und des moralischen Gefühls möglich ist.
Nochmals, konnte das jüdische Volk, so bald es irgend
einen Vortheil dabei sah, andern Göttern nachhängen,
ihnen Opfer und Geschenke darbringen, sogar die Al‐
täre mit Menschenblut benetzen; gewiß! sie waren
nichts weniger, als Theisten! Daß man die gemeine
Denkungsart des Volks nicht allen ehrwürdigen Män‐
nern dieser Nation, einem Salomo, einem Jesaias,
Jeremias u. s. w. beilegen darf, versteht sich, ohne mein
Erinnern, von selbst. Dies hieße solche Männer eben
so sehr verkennen, als wenn man einen Solon, Ana‐
xagoras, Sokrates, Antisthenes, Plato, Theo‐
phrastus, u. a. in Betreff ihrer Aufklärung, mit dem
gemeinen Volke ihrer Nation in eine Klasse setzen wollte.

thut hier nichts zur Sache. Genug, daß auch die Offenbarung den Polytheismus bey den Juden nicht vertilgen konnte, ehe die subjective Empfänglichkeit für den Theismus da war. Und diese scheint nach der Zeit der Babylonischen Gefangenschaft eingetreten zu seyn. Allein, wenn auch der Mensch sich so weit emporgearbeitet hat, daß er den Polytheismus fahren läßt; so ist für seine Einbildungskraft der Abstand zwischen ihm und einem höchsten Wesen immer noch zu ungeheuer; er bedarf, zu seinem nähern Schutze, gewisser Mittelwesen, die zwar mächtiger sind als er, um ihn schützen zu können, aber doch, ihrer Natur nach, mit ihm in näherer Verbindung stehen, um ihn in beständiger Obacht zu haben. Die Heiden hatten daher ihre Lares, Geister der Vorfahren, die nach dem Tode in einem bessern Zustand waren versetzt worden, aber doch die Neigung zu den Ihrigen nicht ablegten, sondern unsichtbar an ihren Begebenheiten Theil nahmen und sie schützten. Diese Mittelwesen waren, wie bekannt, theils wohlthätige, theils übelthätige Geister. Und so wie die erstern, das Bedürfniß eines nähern Schutzes mochten erzeugt haben; so brachte auf der andern Seite die Verlegenheit, den Ursprung gewisser Uibel in der Welt zu erklären, die bösen Geister hervor. Selbst die tief verborgene Quelle des moralischen Uibels, die zu entdecken, dem Menschen eine angelegentliche Sache war, mußte die Vorstellung moralisch böser Geister veranlaßt haben.*) Der Stifter des Christenthums fand diese Dämo-

---

*) Es ist in historischer und exegetischer Rücksicht sehr viel Schätzbares von einem Semler, einem Farmer u. a. über die Dämonologie geschrieben worden. Demjeni-

monologie in allen ihren mannigfaltigen Schattirungen vor. Er war es nicht, der sie lehrte; aber er widerlegte sie auch nie auf eine directe Weise. Man könnte hier wohl annehmen, daß die Offenbarung des N. T. diese Vorstellungen nicht ausrotten konnte, sondern die fernere Berichtigung derselben der mit der Zeit sich immer mehr entwickelten Vernunft überlassen wollte.

Daß also, um wieder auf die alten Weltweisen zurück zu kommen, verschiedene von ihnen dem Polytheismus ergeben zu seyn schienen, gründet sich nicht auf den Mangel an höherer Offenbarung; denn auch die Juden waren bei dem Besitz derselben immer keine wahren Theisten geworden. Allein es ist auch nicht an dem, daß sie alle für ihre Person an die Götter des Volks glaubten, wenn sie auch dieselben im Munde führten, oder ihnen gar öffentlich opferten; Man weiß, was z. B. dem Anaxagoras u. a. die zu freien Aeußerungen über die Nationalgötter für Unheil zuzogen. Ganz natürlich, daß andere, die nicht dazu gemacht waren, Märtyrer ihrer Lehren zu werden, temporisirten, und wenn sie unter dem Volke oder vor dem Volke redeten, sich nicht anders darüber ausdrückten als das gemeine Volk. Dies hat man gar zu oft aus der Acht gelassen, und einem alten Philosophen, der etwa im Plural von den Göttern gesprochen, als einem Abgötter und Polytheisten den Prozeß gemacht.*) Ich verlange keinen alten

Welt=

gen aber, der mit Hülfe der kritischen Philosophie die ganze Sache beleuchten, und die Arbeiten jener Männer dabei benutzen wollte, thäte unstreitig keine gethane Sache.

*) Nur ein einziges Beispiel dieser Voreiligkeit! Der Hr. D. Leß hatte im Phädon des Plato gelesen, daß

So=

von dem Übersetzer. 147

Weltweisen deswegen zu vertheidigen, daß es sich aus
Furcht vor dem Volke und den Priestern angefeindet zu
werden, scheuete, mit der Sprache heraus zu gehen, und
den Polytheismus zu bestreiten. Im Fall er aber vor=
aus sah, daß er seines Endzwecks verfehlen dürfte, folg=
lich seine zu erleidende Verfolgung keinen Nutzen stiften
würde; so läßt sich sein Zurückhalten wenigstens ent=
schuldigen.

Man begeht in der Kritik über die Systeme der
Alten noch weit mehrere Fehler, indem man in ihren
Schriften nicht Rücksicht darauf nimmt, unter welchen
Umständen dieses oder jenes von ihnen vorgetragen wor=
den, ob sie selbst in eigner Person sprechen, oder nicht,
und was sie z. B. in Dialogen für eine Rolle übernom=
men haben. Was hat man nicht alles z. B. aus dem
Cicero bewiesen, ohne vorher zu fragen, ob ein Epiku=
rer, oder Akademiker, oder Stoiker in der angezogenen
Stelle spricht; ob Cicero bei der ganzen Unterredung ei=
ne Rolle mitspielt, oder nur verschiedene Schulen ihre
Systeme gegen einander stellen läßt. Welch ein Unter=
schied ists nicht, ob Sokrates wider die Sophisten den
Sceptiker macht, oder als Dogmatiker untersucht;
ob er eine Lehre in einen Mythos einkleidet, oder mit

K 2 dür=

Sokrates sagt, er würde bald zu den Göttern kom=
men, und er beschuldigt ihn deswegen in einer Stelle
seiner vermischten Schriften, daß er kein einiges höch=
stes Wesen geglaubt habe. Er hätte weiter lesen sollen,
so würde er (cap. 29. ed. Fisch. p. 336.) folgendes
gefunden haben: ἡ ψυχη ἀρα το ἀειδες το εἰς τοι=
τον τοπον ἑτερον ἀιχομενον, γεννχιον, και καθα=
ρον και ἀειδη, εἰς ἁδε, ὡς ἀληθως, παρα του
ἀγαθον και Φρονεμον Θεον οἱ, ἀν Θεος
ἐθελη, ἀυτικα και τη ἐμη ψυχη ἰτεον. Steht im
N. T. etwas anders?

dürren Worten einen Satz vorträgt? Endlich ist zwar nicht zu leugnen, daß sich in der Theologie verschiedener treflicher Weltweisen auffallender Unsinn findet, der mit ihren übrigen Sätzen sehr seltsam kontrastirt. Hier erfordert es die Pflicht des strengen Untersuchers, sorgfältig zu prüfen, ob sie zufolge ihrer übrigen Sätze so etwas haben sagen können, oder ob die Sammler, aus welchen man ihre Systeme erst mit Mühe zusammen lesen muß, z. B. Jambliches Laerz, Suidas, alte Scholiasten u. a. nicht ihre Sätze entweder mit Vorsatz oder aus Nachläßigkeit und Mangel an Penetration verfälscht haben. Vor allen diesen Fehlern haben sich die Apologeten des Christenthums, wenigstens die meisten von ihnen, nicht in Acht genommen. Es ist mir noch übrig, über die Moral der alten Weltweisen etwas zu sagen. „Diese Moral, heißt es, war an sich unzulänglich und zum Theil irrig, folglich war eine höhere Offenbarung nöthig, um diesen Mangel zu ersetzen." Bevor ich den Gehalt dieser Behauptung näher prüfe, muß ich zuvor etwas weniges über den Beweis für die Göttlichkeit der Moral des N. T. sagen, welcher aus ihrer innern Vortreflichkeit geführt wird. Diese Moral, sagt man, übertrift alles, was je die weisesten unter allen Völkern gelehrt haben; also muß sie den Menschen durch eine höhere Offenbarung seyn mitgetheilt worden. Auf diesen Beweis haben manche so viel gebaut, daß sie glaubten, aller übrigen Beweise für die Offenbarung entbehren zu können, und solche wohl gar gänzlich Preis gaben. Man sollte, meines Bedünkens, so freigebig nicht seyn, um nicht hintennach dasjenige wieder hervorsuchen zu müssen, was man zuvor nicht nöthig zu haben glaubte. Der Schluß, daß die christliche Moral, weil sie die vertraulichste unter allen sey, um deswillen einen höhern Ursprung haben müsse, ist meines Bedünkens der elendeste,

poe-

welcher je ist gemacht worden. Wer kann die Gränzen
der Vernunft bestimmen? W   kann angeben, bis zu
welchem Grade sie sich entwickeln könne, so daß darüber
hinaus weiter kein Fortschritt mehr möglich sey? Wer
kann, wer darf dieses? Eine unter den verschiedenen
Sittenlehren muß doch wohl die beste seyn? Hätte man
auf diese Weise zu Zenos Zeiten nicht eben diese Behauptung wagen können: „Die Sittenlehre des Zeno,
hätte er sagen können, übertrift alle die vor ihn gewesen
sind; folglich ist sie durch übernatürliche Offenbarung
entstanden." Mit dieser Art zu schließen würde man
unstreitig nicht zufrieden seyn, und doch bedient man sich
keiner andern in Ansehung der Moral des Christenthums!
Man wird vielleicht dieses Räsonnement damit zu unterstützen suchen, daß man zeigt, wie diese Sittenlehre nicht
allein alles übertreffe, was in dieser Rücksicht von den
weisesten des Alterthums ist gelehrt worden, sondern
auch an sich so erhaben und dabei doch so menschlich
sey, daß keine menschliche Vernunft, ohne höhere
Einwirkung, sie habe erreichen können. Aber, wie
schon gesagt, wer darf es bestimmen: „Bis hieher und
nicht weiter kann die menschliche Vernunft durch ihre
eigene Kraft gelangen!" Wenn zu erweisen ist, wie
ich zuvor ganz kurz berührt habe, daß das höchste
Gut, welches in der reinsten Sittlichkeit, verbunden
mit der höchsten Glückseligkeit besteht, uns allein durch
die Vernunft gegeben wird; wenn das kategorische Ver-
nunftgebet unser oberes Begehrungsvermögen nöthigt,
diesen Endzweck zu wollen, wenn das Gebet auf der
einen Seite unnachläßlich, und auf der andern unsere
Abhängigkeit von der Naturkausalität uns die Unmög-
lichkeit einsehen läßt, ein richtiges Verhältniß der Glückseligkeit zur Würdigkeit derselben durch unsern Willen hervorzubringen; mithin die Vernunft, um nichts unmög-

li-

liches zu wollen, weil sie als solche nichts unmögliches wollen könne, das Daseyn eines ganz heiligen Wesens, welches nicht allein den vollkommensten sittlichen Willen, sondern zugleich unumschränkte Gewalt über die Naturkausalität hat, folglich außer sich das höchste Gut realisiren, d. h. Glückseligkeit im gemessensten Verhältnisse zur Würdigkeit derselben vertheilen kann, und in alle Ewigkeit als der gerechteste Regente der moralischen Welt vertheilen wird; wenn die Vernunft im praktischen Gebrauche ein solches Wesen als nothwendig postulirt, und ohne das in uns liegende Sittengesetz der Glaube an ein höchstes moralisches Wesen nicht könnte hervorgebracht werden; wenn, sagt ich, dies zu erweisen ist, so sehe ich nicht ab, wie sich jene Behauptung gut machen lasse, daß uns ein Sittengesetz könne offenbart werden, dessen Principien nicht schon in uns liegen. Indeß läßt sich wohl denken, daß eine vollständige Sammlung von einzelnen moralischen Vorschriften dem Menschen auch durch eine Offenbarung könne bekannt gemacht werden. Diese Vorschriften könnten ihm insgesamt neu vorkommen; sie könnten auch zuvor noch von niemanden in dem Zusammenhange, in der Deutlichkeit und Faßlichkeit seyn gelehrt worden. Die Vernunft könnte gleichsam dadurch aus ihrem Schlummer geweckt werden; sie würde dies alles prüfen, und noch was anders, als nach den in ihr liegenden sittlichen Principien? — sie würde finden, daß ihr etwas wäre aufgestellt worden, was zuvor unentwickelt in ihr selbst lag, und was sie nun als ihr Eigenthum betrachtete. Denn wenn von aufgeklärten Theologen behauptet wird, „Christus habe nichts anders als die reinste Vernunftmoral gelehrt," so kann das unstreitig keinen andern Sinn haben. Die Offenbarung, sollte ich denken, bliebe dabei in ihrer ganzen Würde; denn sie

scheint

scheint zu gewissen Zeiten der Vernunft voraus zu gehen; sie ist, wie Lessing an einem Orte sehr treffend sagt, ein Wecker der Vernunft! —

Nur entstünde hier doch noch die Frage, ob die Sittenlehren, welche Jesus vorgetragen hat, nicht schon zuvor von einem, oder mehrern Weltweisen des Alterthums wäre gelehrt worden. Daß sie wenigstens einen allgemeinen Umlauf unter dem Volke gehabt haben, gesetzt auch, sie wären gelehrt worden, muß man ohne Anstand eingestehen; aber das Factum, ob sie vor Jesu Zeiten sind gelehrt worden oder nicht, kann a priori nicht beantwortet werden. Die Meinung, daß die menschliche Vernunft zuvor noch nicht die gehörige Reife dazu erlangt habe, hat schlechterdings nichts vor sich; denn was bei Millionen nicht war, konnte wenigstens bei einzelnen statt finden. In den frühesten Zeitaltern der Menschen, wo weder Kultur noch Aufklärung unter einem Volke zu finden war, konnte es dennoch Männer gegeben haben, bei welchen sich die Vernunft bis zu einem hohen Grad entwickelt hatte, und die also Lehrer und Gesetzgeber für die Übrigen seyn könnten. So war es auch wirklich, was jeder wissen wird, der mit der Geschichte der Philosophie nicht unbekannt ist. Man lese, um nur ein einziges Beispiel anzuführen, was Cicero*) von dem alten Lokrensischen Gesetzgeber Zaleucus.

---

*) „Es wäre Thorheit — dies ist etwas von dem, was Cicero vom Zaleucus anführt — wenn jemand sich anmaßte, Er allein habe Verstand und Vernunft, und außer ihm sey weder im Himmel noch auf der ganzen Welt welcher anzutreffen; Thorheit wäre es zu glauben, dasjenige, was wir mit aller unsrer Vernunft und Klugheit nicht begreifen, werde ohne irgend einen Verstand

cus anführt, und es ist zu bewundern, wie ausnehmend die Vernunft dieses Mannes schon gebildet war, und wie er in so frühen Zeiten aus der Vollkommenheit der Welt eine höchste Intelligenz gezeigt hat. Indeß ist nicht zu leugnen, daß die Schule ächter zusammenhängender Moral sich erst mit dem Sokrates eröfnete, und von seinem vortreflichsten Schüler dem Plato vollkommener ausgebildet wurde. Wenn sich nun fände, daß Jesus keine andere Moral gelehrt habe, als die sich schon im Plato findet? Dies würde der Vortreflichkeit derselben gar nicht das Geringste benehmen, aber man könnte dann nicht mehr behaupten, daß seine Moral die vollkommenste sey, daß kein Sterblicher zuvor dieses gelehrt habe, und habe lehren können, daß sie folglich auf übernatürliche Weise haben offenbart werden müssen. Diese Behauptung hübe sich hiermit von selbst auf.

Frei=

stand in Bewegung gesetzt. Wen die herrliche Ordnung der Gestirne, die Abwechselung der Tage und der Nächte, die gemäßigte Wärme und Kälte der verschiedenen Monate, wen endlich die auszuwachsenden Früchte der Erde zu keiner Dankbarkeit erwecken, darf man den noch für einen Menschen halten? Sind nun alle vernünftige Wesen besser als die unvernünftigen; und wäre es gottlos irgend etwas für besser zu halten, als die Natur aller Dinge; so muß man doch wohl eingestehen, daß diese Vernunft besitze. (Cicero de legg. L. II. cap. 7). Man stoße sich nicht an dem Ausdruck natura omnium rerum. Da er ihr Verstand und Einsicht beilegt, so sehen wir was er darunter versteht. Ob Zaleucus die Gottheit, wie in der Folge mehrere Weltweisen, zu genau mit der Welt verbunden habe, weiß ich nicht; es ist wahrscheinlich. Allein es ist das Schicksaal jeder spekulativen Vernunft im transcendentalen Gebrauche, daß, wenn sie objective begreifen will, was die Gottheit sey, sie allemal in Labyrinthe geräth.

Freilich wer eigensinnig ist, und die Worte, mit welchen die Moral des N. T. vorgetragen ist, mit für etwas wesentliches hält, der kann es getrost abwarten, ob sich aus den Schriften des Plato derselbe auffinden lasse. Wer sich hingegen nur an den Geist hält; wird es zugeben, daß Plato im Ganzen dasselbe gelehrt habe. Ich will und kann hier die Sache nicht ausführen, und deshalb nur die Hauptmomente kürzlich anzeigen. Es sind folgende:

a) Gott war eher als die Welt war, von Ewigkeit ein selbstständiges und ganz vollkommenes Wesen, welches diese Vollkommenheit so viel möglich, auch außer sich wirklich machen wollte *).

b) Die Welt, die sein Wille hervorbrachte, war eine Nachbildung seiner Vollkommenheiten; ein Abdruck seines Verstandes, seiner Macht, seiner Güte. **)

c) Nach den Gesetzen seiner Weisheit und Güte dauert sie fort: seine Vorsehung erhält und regiert sie. ***)

d) Alles Gute in der Welt ist von Gott. Das Uibel ist theils nicht von ihm, sondern hat seinen Grund in der Materie, (ein Leibnitzianer sagt in der Einschränkung) theils ist es nur Scheinübel, theils bedient sich die Gottheit desselben, als Mittel zu größern Guten. †)

e) Der Mensch ist ein Gottähnliches Geschöpf, und soll die Eigenschaften des höchsten Wesens nachahmen. Aber er ist auch zufolge seiner Begierden immer mit sich im Streite; die Begierden sind es, die ihn von

der

*) Plato im *Timaeus* S. 317. f. Val. IX. ed. Bipont. de legg. X. Val. IX. p. 99. 104. de rep. II. Val. VI. p. 155.
**) Timaeus p. 305. p. 318.
***) Timaeus p. 309. 3. O. 317.
†) Im Timaeus, desgleichen de legg. X. Val. IX. p. 110.

der Erkenntniß des Wahren und Guten, und der Annäherung zu dem höchsten Wesen abziehen. *)

f) Das Gefühl des Menschen ist, sich in diesem Leben von den sinnlichen Begierden zu reinigen und durch Vernunft sie zu beherrschen; dadurch nähert er sich dem höchsten Wesen. **)

g) Weisheit und Tugend sind für den Menschen die einzigen wahren Götter, die ihm nicht entrissen werden können, und wodurch er allein seine Würde behauptet. Er soll Gott erkennen, ihn verehren, die Gerechtigkeit lieben, mit einem Worte, Gott ähnlich zu werden suchen. ***) .

h) Er muß sich bemühen das allgemeine Beste in der Welt zu befördern, und seinem Vaterlande die schuldigen Pflichten erweisen. †)

i) Angethane Beleidigungen muß er vergessen ††).

k) Der Obrigkeit und den bürgerlichen Gesetzen muß er gehorchen. †††)

l) Er muß die Gottheit durch Dank und Gebet verehren; seine erste und unbedingte Bitte muß um Tugend seyn.*)

m) Der Mensch ist unsterblich, und nach der Trennung von seinem hinfälligen Körper erlangt er die wah-

---

*) de legg. I. Val. VIII. p. 44. f. Timaeus Val. IX. p. 330. und im Phädon an verschiedenen Stellen

**) Diese καθαρσις wird in Phädon sehr weitläuftig ausgeführt. Conf. Timaeus Val. IX. p. 332. 333.

***) Im Phädon, im Timäus p. 326. de legibb. IV. Val. VIII. p. 186.

†) Gorgias Val. IV. p. 131.

††) Dies lehrt Sokrates im Kriton.

†††) Eben daselbst.

*) Das wird im 2ten Alcibiades ausgeführt.

wahre Freiheit; dann fängt sein rechtes Leben an. Mithin ist das jetzige eine bloße Vorbereitung auf das zukünftige.

n) Wer sich in diesem Leben durch Weisheit zu jenem geschickt gemacht, wer das Gute geliebt und ausgeübt, wer nach seinen Kräften das Beste der Menschen befördert hat; empfängt von dem gerechten Regenten der Welt die Glückseligkeit, deren er sich würdig gemacht hat; aber der Thoren und Lasterhaften erwartet ein höchst unglückliches Schicksaal nach dem Tode. *)

Dies sind die Hauptsätze der Platonischen Sittenlehre **) und sie sind, dünkt mich, dem Gehalte nach von denen, in der Sittenlehre des N. T. nicht verschieden. Nach den Forderungen der kritischen Philosophie findet sich freilich das höchste Princip der Moral noch nicht bestimmt; allein alle diese Sätze sind doch so beschaffen, daß sie davon abgeleitet werden können und abgeleitet werden müssen; und eben so ist es auch mit den praktischen Lehren des N. T.

Wenn nun das N. T. keine Sittenlehre enthielte, die nicht schon zuvor existirt hätte; so dürfte man ja wohl annehmen, diese letzte Offenbarung an das Menschengeschlecht wäre ganz unnütz gewesen, oder vielmehr, sie wä=

---

*) Dies wird in vielen Stellen der Platonischen Dialogen, besonders im Phädon weitläuftig ausgeführt.

**) Nach der Meinung verschiedener gelehrten Theologen soll Plato seine besten Ideen von den Juden entlehnt haben. Selbst Grotius behauptet dieses in seinem sonst trefflichen Buche de veritate religionis Christianae. Den Beweis ist man zu dieser Behauptung schuldig geblieben, und einer hat sie dem andern auf Treue und Glauben nachgesagt. Das Ansehen einiger Kirchenväter thut hier nichts zur Sache.

wäre für gar keine zu halten, indem eine Offenbarung, welche nichts offenbarte, unmöglich diesen Namen verdienen kann? Hierauf ist noch mancherlei zu antworten. Derjenige redliche Mann, welcher keine Zeit und Fähigkeit zum Untersuchen hätte, aber nach allen seinen Kräften dieser Sittenlehre sich gemäß verhielte, und die beseligenden Wirkungen davon an seinem Herzen fühlte, mit sich und der Welt dadurch zufriedener und in der Hofnung eines bessern Lebens immer mehr gestärkt und befestiget würde, ein solcher Mann dürfte vielleicht ganz unbekümmert dabei seyn, weil er sich nie dasjenige würde abdisputiren lassen, was seinem moralischen Bedürfnisse so unentbehrlich wäre, möchte es doch durch den Mund eines Confucius, eines Plato oder durch übernatürliche Offenbarung seyn gelehrt worden. Indeß ist sehr zu zweifeln, daß diese Denkungsart allgemein seyn oder werden dürfte. Nicht eben viele dürfen mit Melanchthon sagen: Proinde sic stutuemus nihilominus divina praecepta esse ea, quae a sensu communi et naturae iudicio mutuati docti homines gentiles litteris mandarunt, quam quae extant in saxeis Mosis tabulis. — Neque ille ipse coelestis pater pluris a nobis fieri eas leges voluit, quas in saxo scripsit, quam quas in ipsos animorum nostrorum sensus impresserat. *) Es giebt aber auch noch andere Gründe, warum es dennoch muß nothwendig gewesen seyn, daß den Menschen die Sittenlehre der Vernunft auf eine übernatürliche Weise bekannt gemacht würde. Die höhere Autorität, unter welcher sie vorgetragen wurde, mußte ihr bei dem größern Theile der Menschen weit mehr Eingang verschaffen, als die bloßen Gründe der Vernunft. Ein Gesandter an das Menschengeschlecht,

wel=

---

* Praefat. in Hesiod. ἔργα p. 24.

welcher im Namen des heiligsten, gerechtigsten und wahrhaftigsten Wesens zu dem Menschen spricht, sich durch untrügliche Kreditive in Absicht seiner höhern Sendung rechtfertigt, und so seine Aufträge erfüllt, hat ungleich mehr vor sich als der Weise, der in dem engen Bezirke seiner Schule Sittenlehre vorträgt. Wie unendlich verschieden die Wirkungen und die allgemeine Ausbreitung der Lehre Jesu von der Lehre des Plato, des Zeno oder irgend eines Weltweisen waren, wird kein Unparteiischer leugnen. Ursache genug, dem Menschengeschlecht durch diese Offenbarung zu Hülfe zu kommen! Der Vortheil davon erstreckt sich immerfort auf die entferntesten Zeitalter, welches eben so unleugbar ist. Der allgemeine Menschenverstand ist dadurch in dem Grade aufgehellt worden, daß da, wo das Christenthum hingelangt ist, die Menschheit nie zum Götzendienste wieder herabsinken kann. Selbst wenn es möglich wäre, daß ein allgemeiner Atheismus in einem Lande sein Haupt empor hübe; so würde endlich diese bleibende Offenbarung doch in dem Grade wieder auf das moralische Gefühl wirken, daß die gesetzgebende sittliche Vernunft ihre entäußerte Würde wieder erlangte, und den Glauben an ein heiliges und allgerechtes Wesen von neuen begründete. Und wenn einst die Menschheit, — denn wer kann wissen was hinter dem Schleyer der Zukunft verborgen liegt? — durchaus in niedrige Sinnlichkeit und gänzliche Immoralität versinken sollte; wenn die gefährlichste Krankheit der Seele, ein allgemeiner Leichtsinn, sich aller Gemüther bemächtigte, so, daß jede ernsthafte Untersuchung über Recht und Pflicht zum Gegenstande des Gespöttes und des Hohngelächters würde; so könnte es dennoch nicht fehlen, das Gewissen hätte noch eine Stütze, um von dem Wirbel der Verderbtniß nicht ganz mit fortgerissen zu werden, und diese wäre das ausdrückli-

che

che Gebot des heiligsten Wesens, welches sich selbst als den allgerechten Richter durch seinen beglaubigten Gesandten hätte vernehmen lassen. Wer dürfte nun noch lange fragen, ob eine durch übernatürliche Kausalität bewerkstelligte Offenbarung nöthig gewesen sey?

Hiermit schließe ich diesen Anhang zum ersten Abschnitte des Brittischen Gelehrten, dessen Ideen ich bisher im Allgemeinen theils prüfen theils berichtigen wollte. Außerdem gebe ich diesen Aufsatz als einen kurzen Abriß von einem besondern Werke, welches ich in einiger Zeit über diesen Gegenstand herauszugeben gesonnen bin, und in welchem eine ausführlichere Auseinandersetzung desjenigen erfolgen soll, was ich hier nur kurz berührt habe. Uibrigens verdiente die Idololatrie der alten Völker eine besondere ausführliche Untersuchung nach den Grundsätzen der kritischen Philosophie. Ich wünschte solche von einem Manne ausgeführt zu lesen, der mit dem Richtmaße dieser Philosophie zugleich den gehörigen Fond von Gelehrsamkeit verbände.*)

*) Kompilirt ist hierüber mancherlei, aber auch wenig mehr; z. B. das feiste Werk von Joh. Gerh. Vossius *De origine et progressu de Idolatrie* ist nichts weiter als ein schwerfälliges Kollectanenbuch ohne Ordnung, und was noch trauriger ist, ohne alles philosophische Räsonnement. Wenn er zum Beispiel den Ursprung einer auffallenden Gattung von Aberglauben erklären will; so nimmt er seine Zuflucht zur Einwirkung des Satans, und alles fernere Philosophiren darüber hat, wie man sieht, auf einmal ein erwünschtes Ende.

Zweite Abtheilung.
Wirkungen des Judaismus sowohl auf die Hebräer selbst, als auf heidnische Nationen.

Absicht der Wunderwerke Mosis und seiner ganzen Gesetzgebung.

Keinem Volke auf dem Erdboden sind so klare Begriffe von den Eigenschaften Gottes zu Theil geworden, als der Nation der Hebräer; von der Macht Gottes wurden sie durch die Wunder überzeugt, die er vor ihren Augen in Aegypten that, und durch ihre Befreiung aus der Dienstbarkeit; seine Weisheit und Gütigkeit wurde ihnen durch die Herablassung zu ihren Schwachheiten nahe gelegt, so wie durch die Wahl der schicklichsten Mittel, sie moralisch besser zu machen; und seine Gerechtigkeit mußten sie aus den Drohungen und Verheißungen, die Ausübung seiner Gesetze zu belohnen, und die Uibertretung derselben selbst in diesem Leben noch zu bestrafen, hinlänglich erkennen. In den frühesten Zeiten der Welt, da die Menschen abstrakte Vernunftgründe zu fassen noch nicht fähig waren, schien es schlechterdings nothwendig zu seyn, daß die Gottheit ihre Eigenschaften auf eine außerordentliche Weise offenbarte; denn, von der gemessenen Reihe der Ursachen und Wirkungen in der Welt sie abzuleiten, erfordert, selbst in gebildetern Zeitaltern, einen höhern Grad von Aufmerksamkeit und Aeußerung.

Gott ließ es zu, daß Pharaons Herz sich verstockte und die Israelitten nicht ausziehen ließ*). Dadurch wollte

---

*) Gott verstockte das Herz Pharaonis, wie es beim Mo-

wollte er den Israeliten sowohl als den Aegyptiern seine Macht an den Tag legen, und der Heerführer dieses Volks sollte um so aufmerksamer auf die Eigenschaften Gottes werden, je mehr Beweise durch die Sinne davon wahrgenommen worden. Moses promulgirte einige Gesetze, welche sich für alle Völker schicken, und die eine immerwährende Verbindlichkeit bei sich führen: andere von ihm, waren nur Lokalgesetze, und schickten sich allein für die Einwohner des Landes Kanaan. Ungeachtet der Decalogus besonders den Israeliten gegeben war, so schickt er sich doch für alle Völker und Nationen des ganzen Erdbodens. *) Indeß gab Gott Mosen die Vollmacht, eine Menge politische und kirchliche Einrichtungen zu machen, wie sie die Bedürfnisse jenes

---

Moses heißt, wird zwar insgemein so erklärt, daß es Gott nur zugelassen habe, und, wie die Grammatiker sagen, daß das Kal durchs Hiphil müsse erklärt werden. Diese Erklärung mag die einzige Gott anständige seyn, daran zweifelt niemand. Aber es läßt sich mit nichts beweisen, daß der Historiker seine Worte so habe wollen verstanden wissen. Die Ideen von einem unbedingten Faktum sind so alt, daß sie sich in den Dunkelheiten der frühesten Zeiten verlieren, und scheinen ganz allgemein angenommen gewesen zu seyn. Davon kann man sich fast aus allen Griechischen Dichtern überzeugen. In ihren meisten Trauerspielen wurde das Faktum auf die Bühne gebracht, und weil solches geschah; so läßt sich daraus abnehmen, daß es keinen Anstoß fand. Daß Oedipus beim Sophokles und Euripides seinen Vater tödtet, seine Mutter heirathet, und dafür schrecklich büßen muß, in diesem allen war er nichts weiter als eine Maschiene in der Hand einer Gottheit, welches auch von den Dichtern deutlich genug angedeutet wird. Der Ulberf

*) Das dritte Gebot macht hiervon, versteht sich, eine Ausnahme. Der Ulberf.

sowol auf die Hebr. selbst als auf heidn. Nat. 161

enes Volkes nothwendig machten. Wir wollen diese
Einrichtung unter dem jüdischen Volk nicht als ein vol-
lendetes Religionssystem betrachten: Moses selbst erkannte das Unvollständige und Mangelhafte derselben,
und würde auf größere Vollkommenheit dabei bedacht
gewesen seyn, wenn ihm nicht des Volkes Härtigkeit
des Herzens an so Manchem gehindert hätte. Man
sieht aus einigen Stellen des Exodus, welcher eher von
ihm ist abgefaßt worden als der Levitius, daß er wünschte das alte patriarchalische System wieder einführen zu
können. *) Die hebräischen Lehrer behaupten, **) seine
vornehmste Absicht sey gewesen: Ehrfurcht gegen Gott und
rechtschaffene Gesinnungen (good will) gegen die Menschen einzuschärfen; da er aber nach seiner vierzigtägigen
Entfernung des Volks ausschweifenden Hang zur Abgötterei gesehen, habe er eine Menge willkührlicher Gebräuche eingeführt, um durch dieses Mittel die Sinnlichkeit desselben von dem Götzendienste abzuziehen. Er
sah jetzt ganz deutlich, daß die Israeliten mit den bloßen Naturgesetzen des Decalogus nicht zufrieden seyn
würden, weil sie zum Kälberdienste geneigt waren.
Daher verordnete er ihnen eine Menge Gebräuche, um
sie von der Idololatrie zu entwöhnen. Wir finden daher auch, daß in der Folge die Propheten allen diesen
Dingen nicht den geringsten Werth beilegten, wenn Gerechtigkeit gegen die Menschen, Dankbarkeit gegen Gott
und überhaupt ein reines Herz dabei fehlten. ***)

Um uns einen richtigen Begriff von der Absicht des
jüdischen Gesetzbuches zu machen, wollen wir eine kurze
Ui-

*) Exod. cap. XIX. et XXV.
**) Thomas Burnet de fide et officio Christianorum.
***) Psalm V. Iesai. I. Ierem. VI. 20. Hosea, VI. 6.
Micha, VI. 8.

Uiberſicht der Feſte, Gebräuche, Gebote und Verbote des Geſetzgebers anſtellen, und wir werden finden, daß keins von denſelben Endzweck an ſich, ſondern dem höhern moraliſchen untergeordnet war, nämlich: Abgötterei auszurotten oder zu verhindern, und die Kenntniß des einigen wahren Gottes zu erhalten. Bei dieſer Unterſuchung werde ich zuvörderſt darauf Rückſicht nehmen, was die Moſaiſche Oekonomie für Wirkungen bei ihrem eigenen Volke hervorbrachte; nachher ſoll gezeigt werden, was Moſes, und der Propheten Schriften für einen Einfluß auf die Theologie der berühmteſten heidniſchen Philoſophen hatten.

Abſicht und Wirkungen des Sabbaths.

Der größte Theil der Menſchen glaubte in den früheſten Zeiten der Welt, daß die Sterne, die Sonne, der Mond und die übrigen Planeten ewig wären, und hielten alſo dieſe Theile der viſibeln Welt für die vornehmſten Gegenſtände der Anbetung. Um die Meinung von der Ewigkeit der Welt auszurotten, lehrte Moſes die Iſraeliten, daß Gott im Anfange diejenigen Dinge geſchaffen habe, welche die Heiden für ewig und göttlicher Natur anſähen. Die Vorſtellung alſo von der Weltſchöpfung zu erhalten, und die Menſchen von der Verehrung geſchaffener Dinge abzuhalten, war die Abſicht des Sabbaths. *) Daß der Hauptendzweck der Moſaiſchen Einrichtung kein anderer war, als die Abgötterei zu verhindern, zeigt ſich aus verſchiedenen Stellen des Alten Teſtaments; an demſelben Orte, wo geboten wird, den Sabbath heilig zu halten, ließt man auch das Gebot von Vermeidung der Abgötterei, und, den

Sab‍

---

*) Spencer de legg. Hebraeorum, L. I, cap. IV.

sowol auf die Hebr. selbst als auf heidn. Nat.

Sabbathschänden und Abgöttern anhängen, findet man in der Schrift oftmals zugleich erwähnt. *) Außerdem daß die Sabbathsfeier der ersten Absicht zufolge an den Weltschöpfer erinnerte; so wurde den Israelitten zugleich ihre Befreiung aus der Knechtschaft mit ins Gedächtniß zurückgeführt. Dies flößte ihnen Menschlichkeit gegen Fremde und ihr Hausgesinde ein, und milderte in einer despotischen Regierung die Härte der Sklaverei, indem man sehr leicht auf den Gedanken geräth, daß die Sklaven zu nichts anders als zu ununterbrochener Arbeit gebohren wären, ohne daß man ihnen einen Tag der Erhohlung zu gestatten nöthig hätte. **)

Nach der Rückkehr aus der Babylonischen Gefangenschaft hielten die Juden den Sabbath so strenge, daß sie es sogar für unerlaubt hielten, einen Weg von einer gewissen Strecke zu gehen, Feuer zu löschen oder Speise auf diesen Tag zuzubereiten. So abergläubisch strenge waren sie, daß sie sich nicht einmal vertheidigen wollten, wenn sie am Sabbathe von Feinden angegriffen wurden! Da sie nun den Schaden ihrer Thorheit bald gewahr wurden, so entschieden sie, daß es nach dem Gesetze erlaubt sey, zur Vertheidigung des Lebens am Sabbathe zu fechten. Dessen ungeachtet war es ihrer Meinung nach gesetzwidrig, die Vorkehrungen, die etwan der Feind zu ihrem Verderben machen dürfte, an diesem Tage zu unterdrücken. Dies machte sich Pompejus zu Nutze. Er verbot seinen Soldaten, die Juden am Sabbath anzugreifen, sie sollten aber mit allem Fleiße ihre Maschienen anlegen und was sonst zur Einnahme der Stadt dienlich

---

*) Exod. XX. 16. Exod. XXIII. 12. Lev. XXVI. I. Ezech. XX. 18. XXII. 8. XXIII. 37. Malach. I. 44.

**) Fiddes Body of Divinity, Vol. II. p. 85.

seyn konnte, herbeischaffen. Auf diese Weise bemächtigte er sich bald der Stadt und des Tempels. *)

Hebräische Feste.

Die Israeliten, welche sich während Josephs Administration in Egypten niedergelassen, hatten sich reichlich vermehrt, und ihre Abkömmlinge waren kurz vor Moses Zeiten ein kriegerisches, reiches und einträchtiges Volk, unermüdet in ihren Geschäften, im Handel, Ackerbau und Viehzucht. Die Aegyptier, welche ihre zunehmende Macht mit Eifersucht wahrnahmen, legten ihnen schwere Frohndienste auf, um ihre Körper zu schwächen und ihre Vermehrung zu verhindern. Als Pharao von diesen Anstalten keinen Erfolg sah; so gebot er den Wehmüttern, die Kinder bei ihrer Geburt umzubringen; und da auch dieser Befehl nicht ausgeführt wurde, so gebot er so gar den Eltern ihre Knäbchen in den Nil zu werfen. **) Um diese Zeit wurde Moses von Gott gesandt,

---

*) Lewis's Hebrew. Antiquities, Book IV. chap. XVI.
**) Die Israeliten sollen ein kriegerisches Volk gewesen seyn! Moses sagt nichts weiter, als Pharao habe be‑ fürchtet: „sie möchten sich einmal zu seinen Feinden schla‑ gen" (Exod. II. 10.) Von dem Handel der Israeli‑ ten um diese Zeit hat man auch keine Nachricht. Da die Wehmütter die neugebohrnen Knaben nicht um‑ bringen wollten, so befahl, wie der Verf. sagt, Pharao so gar den Eltern, daß sie die Knaben in den Nil wer‑ fen sollten! (commanded even the parents to drown their male children in the river Nile). Pharao müßte sehr einfältig gewesen seyn, wenn er geglaubt hätte, daß die Eltern diesen Befehl besser respectiren würden, als die Wehmütter. Die Worte beim Moses sind fol‑ gende: „da gebot Pharao allem seinem Volk und sprach: Alle Söhne, die gebohren werden, werft in's Wasser, und alle Töchter laßt leben." (Exod. 2. 20. Der Übers.

sowol auf die Hebr. selbst als auf heidn. Nat. 165

sandt, um den Pharao seine Grausamkeit und Ungerechtigkeit vorzuhalten, sein Volk aus dem Lande der Knechtschaft auszuführen, und diesen vermessenen Fürsten durch viele in seiner Gegenwart verrichtete Wunder und Landplagen, die die Aegyptier hintereinander zu erleiden hatten, von seiner göttlichen Sendung zu überzeugen. Ungeachtet diese Wunder schrecklich waren, so verfehlten sie doch beim Könige ihres Endzwecks; er ließ die Israelitten nicht ziehen, bis Gott den Todesengel sandte, welcher die Erstgeburt an Menschen und Vieh hinwegrafte, vor den Häusern der Israelitten aber vorüberging. Endlich wurde die Erlaubniß zum Auszuge gegeben, und Moses veranstaltete zum Andenken desselben das Passa, damit sein Volk das Wunder seiner Errettung nie vergessen und den Gott der Güte dankbar dabei verehren möchte.*) Das Pfingstfest erhielt das Andenken an die Gesetzgebung Mosis am funfzigsten Tage nach dem Passa. Das Volk versammelte sich alle Jahre an diesem Feste, um Gott für die empfangene Erndte zu danken, und ihn durch Opfer und allgemeine Freude zu ehren.**) An dem Laubhüttenfeste dankte man theils für die Früchte des Landes, theils für die Glückseligkeit in bequemern Wohnungen zu leben, als man vormals in der Wüste gehabt hatte. ***) Das Fest der Neuenmonden, nach welchen die übrigen Feste bestimmt waren, wurde mit Trompetenschall begangen. Hier brachte man auserlesene Opfer dar: †) man enthielt sich niederer Arbeit: ††) alles war aufmerksam

*) Fiddes Vol. II. p. 86.
**) Exod. XXIII. Lev. IX. 9.
***) Lewis, Antiqq. Hebr. IV. ch. XX.
†) Numer. XXXVIII. 11.
††) Amos. VIII. 5.

sam auf den Gottesdienst.*) man weihte dem Geber alles Guten die ersten Früchte, welche jeder Monat hervorbrachte. Moses schränkte diese Neumonden auf dreie ein, indeß die Heiden einen großen Theil des Jahrs der Feier derselben widmeten. Seine angeordnete Feste erinnerten an ausgezeichnete Wohlthaten, indeß jene zum Andenken an unbedeutende oft lächerliche Vorfälle gehalten wurden. Diese waren Uibungen der Frömmigkeit und Tage der Freude; jene, Tage der Unsittlichkeit und der Ausschweifungen. —

Sabbathsjahr, Jubeljahr und Wuchergesetze. **)

Außer den bestimmten Jahrfesten hatten die Hebräer noch andere Zeiten als Religionsfeste zu beobachten; dahin gehört, daß das siebente Jahr jedesmal ein festliches Jahr seyn sollte, weil es zur Ruhe von aller Arbeit bestimmt war. In diesem Jahre durfte man weder pflügen noch säen noch ärndten; und was die Erde von selbst hervorbrachte, war mehr eine Aerndte für die Fremden, Waisen und Armen im Volke, als für die Besitzer der Grundstücke ***). Das Sabbathsjahr flößte den Israeliten Menschlichkeit gegen Fremde und Sklaven ein, und lehrte sie ihre Abhängigkeit von dem Gotte, der sie so reichlich versorgte, erkennen. In diesem Jahre waren alle Schuldner, welche, um die dringendsten Bedürfnisse des Lebens zu befriedigen, hatten borgen müssen, im Fall sie wirklich nicht

*) 2. Reg IV. 23.
**) Ich habe das Wort Wucher statt Zinsen beibehalten, weil es in Luthers Uibersetzung so vorkommt. Der Uiberf.
***) Lev. XXV. 4. 6, Deut. XV. 2.

nicht zu zahlen vermochten, ihrer Schulden ledig; *) der vornehmste Endzweck dieser Erlaffung war, zu verhüten, daß die, in mißlichen Umständen sich befindenden Hebräer, nicht zu den Heiden austreten und ihre Religion verändern möchten. Doch kam diese Wohlthat nur den Israeliten und den Proselyten der Gerechtigkeit zu statten; Fremde hingegen, selbst die Proselyten des Thores, hatten keine Ansprüche darauf zu machen. **)

Das Jubeljahr fiel allemal nach dem funfzigsten Jahre, und ertheilte fast dieselben Privilegien, welche das Sabbathsjahr gab, nur mit dem Unterschiede, daß in diesem die Schulden ausgethan, in dem Jubeljahre aber die Sklaven freigelaffen und die Grundstücke der alten Besitzer wieder hergestellt wurden. In diesem Jahre wurde kein Feldbau getrieben; alles war gemeinschaftlich; und für Leibeigene oder Nothdürftige war es ein wahrer Freudengenuß. Freiheit und Eigenthum wurden jetzt jedem wieder hergestellt; die Thüren der Gefängniffe eröfnet, die Sklaven frei gelaffen, und jedem der Genuß seiner alten Besitzungen wieder gegeben. Alle Sklaven und Gefangene wurden bei Trompetenschall für frei erklärt; alle Rechtshändel waren abgethan, und alle veräußerten oder verhypothecirten Güter wurden den alten Besitzern wieder abgetreten. ***) Der vornehmste Zweck dieser Einrichtung war, die ursprüngliche Gleichheit in der hebräischen Republik zu erhalten; denn dadurch wollte man die Unterthanen an

ihr

---

*) Sie waren es nicht; der Schuldner durfte nur in diesem Jahre nicht angegriffen werden, weil er keine Aerndte hatte. S. Michaelis Mosaisches Recht B. 3. §. 158. Der Uiberf.
**) Lewis Antiqq. Hebr. B. IV. ch. XXII.
***) Stackhoufe's Body of Divinity, fect. 4.

ihr Vaterland gleichsam fester anknüpfen. Wer sieht nicht ein, wie wirksam dieses Mittel seyn mußte? Denn da Besitzungen doch nicht länger als auf ein halbes Jahrhundert unter einem andern Herrn seyn konnten, so bleibt dem Armen jederzeit die Hofnung, endlich einmal sein väterliches Erbgut wieder zu bekommen; er hielt in seinem Vaterlande aus und veränderte nicht auswärts seine Religion; denn auf immer unterdrückt und verarmt konnte er nie bleiben. *) Nur Israeliten oder Convertirte, die die Beschneidung empfangen hatten, konnten sich der Wohlthaten des Jubeljahrs erfreuen, und auch diese wurden derselben verlustig erklärt, wenn sie ihre Grundstücke veräußert hatten, um einen Handel zu treiben, oder aus irgend einer andern Ursache, als aus drückender Armuth. **)

Das Wuchergesetz war in diesem Lande und unter dieser Staatsverfassung, in Rücksicht des Eigenthums, gerecht; angewendet auf andere Nationen, durchaus unrecht. Da die Verhinderung des Wuchers auf eine gleiche Vertheilung des Landes gegründet war; so konnte sie in denjenigen Landen nicht statt finden, wo diese Gleichheit fehlte. Von einem Volke, welches wenig Handel trieb, konnte man annehmen, daß es nicht zu borgen brauche, ausgenommen bei Unglücksfällen; mithin diente die Verhinderung der Interessenbezahlung dem Dürftigen zu einer Erleichterung. „Wenn du — heißt es beim Moses — Geld leihest meinem Volke, das

---

*) Lewis, Antiqq. hebr. B. IV. ch. 13.
**) Dieses Gesetz ist oft Jahrhunderte lang nicht gehalten worden; und es scheint diese Uibertretung nöthig gewesen zu seyn. Man lese, was der vortrefliche Michaelis hierüber gesagt hat, im Mosaischen Rechte B. 2. §. 76. Der Uibers.

sowol auf die Hebr. selbst als auf heidn. Nat.

das arm ist bei dir, sollst du ihn nicht zu Schaden bringen, und keinen Wucher auf ihn treiben," (Exod. 22. 25.) d. h. du sollst ihn nicht mit Härte behandeln wie es Wucherer zu machen pflegen. Im Levitico (25. 35.) war es ausdrücklich untersagt, von einem verarmten Israeliten, oder einem Proselyten Zinsen zu nehmen; Im fünften Buche Mosis (23. 30.) wenigstens findet sich eine Stelle, nach welcher es scheint, daß nur von denjenigen Interessen zu heben erlaubt war, die weder Juden noch Proselyten waren. *)

Von

*) Vollständig hat von dieser Materie gehandelt der Ritter Michaelis in seiner Dissertation: De mente ac ratione legis Mosaicae usuram prohibentis. Goetting. 1745. welche im zweiten Theile seines Syntagmatis commentationum vermehrt abgedruckt worden. Dazu ist zu setzen, was er im dritten Theile des Mosaischen Rechtes §. 152. ff. darüber kommendirt hat. Ryan hätte bemerken sollen, daß beim Moses von zweierlei Zinsen die Rede ist, und beide verboten waren, nämlich Geldzinßen und Fruchtzinßen, von welcher Art Producten es auch seyn mochte. Das erste Zinsgesetz Mosis verbot nicht überhaupt, Zinße zu nehmen, sondern nur von den armen Israeliten. Allein die Bedeutung der Wörter arm und reich läßt sich nie nach einem absoluten Kriterio bestimmen; sie ist durchaus relativ. Nun liegt wohl am Tage, daß ein Gesetz, welches verbietet, von dem Armen Interessen zu nehmen, auf alle Weise der Chicane ausgesetzt ist. Moses gab deshalb 40 Jahre nachher ein anderes Gesetz, nach welchem von gar keinem Israeliten, mochte er viel oder gar nichts im Vermögen haben, Zinße gehoben werden durfte Sie von Fremden zu nehmen war erlaubt; wie viel? darüber war nichts bestimmt. Daß dieses Gesetz, in Beziehung auf den jüdischen Staat, gut und billig war, hat der Verf. zum Theil angezeigt. Weitläuftiger ist hierüber nachzulesen Michaelis im angeführten Werke §. 155. Der Ulbers. —

Von reinen und unreinen Thieren, und dem zum Gottsdienste bestimmten Orte.

Der jüdische Gesetzgeber machte einen Unterschied zwischen reinen und unreinen Thieren *), und verbot den Israelitten gewisse Thiere zu essen. Dabei hatte er die Absicht sie von den Gastmälern und Festen auswärtiger Nationen abzuhalten, weil diese für sie eine Verführung zur Idololatrie und Verehrung fremder Götter hätten seyn können. Diese Unterscheidung muß der Absicht des Gesetzgebers entsprochen haben; denn Leute, von welchen einem eine Speise herrlich vorkommt, die der andere verabscheuet, speisen gewiß nicht mit einander; und der Jude verzehrte gerade diejenigen Thiere, die den Heiden heilig waren. Die ältesten Götzendienste hatten eine äußerst abergläubische Verehrung gewisser Thiere. Die Aegyptier insbesondere verehrten Ochsen, Schaafe und Ziegen zu Memphis, Heliopolis und Mendes. Einige Gelehrte sind der Meinung, daß Moses seinem Volke gewisse Thiere zu opfern und zu essen erlaubt habe, um den Aberglauben, der denselben eine gewisse Heiligkeit beilegte, theils zu unterdrücken, theils zu verhindern. Andere hingegen, glaubten sie, habe er als unrein verboten, weil sich die Heiden bei ihren Opfern und Mysterien derselben bedient hätten. **) Moses verordnete die Thiere um diejenige Zeit zu tödten, wenn sie die Aegyptier opferten; dasjenige Fleisch zu braten, welches jene roh aßen; den Kopf mit zu verzehren, welchen jene nie aßen; die Eingeweide auf den Tisch zu bringen, was jene nie thaten, weil sie solche nur bei der Divination und

an=

---

*) Levitic. cap. XI.

**) Lewis, Antiqq. B. V. ch. XVI.

sowol auf die Hebr. selbst als auf heidn. Nat. 171

andern abergläubischen Dingen gebrauchten. *) Aber die Hebräer wurden von abgöttischen Völkern nicht allein durch den Unterschied der Speisen abgesondert, sondern auch durch die verschiedene Zurichtung derselben, ferner durch ihre Sprache, Regierungsform, Gebräuche, Zeiten und Oerter des Gottesdienstes, ja so gar die Lage ihres Vaterlandes trug mit dazu bei. Palästina nämlich war ein Land, welches die Natur befestiget hatte, und wohin man nur mit Mühe eindringen konnte. Dies beförderte die Absonderung von fremden Nationen.

Die

---

*) Den Unterschied zwischen reinen und unreinen Thieren hatte Moses nicht zuerst gemacht, sondern ihn schon bei seinem Volke gewissermaßen gefunden; denn jedes Volk hat, es sey aus was für Ursachen es wolle, seine reinen und unreinen Thiere, d. h. einige pflegt es zu essen, anderer enthält er sich. Die Deutschen z. B. mögen keine Krähen essen; den Franzosen hingegen fällt es nicht schwer. Dieses Widerwillens der Nation gegen das Essen gewisser Thiere bediente sich der Gesetzgeber, um gewisse Verordnungen darauf zu gründen, und vermehrte die Anzahl derjenigen, die das Volk ohnedem nicht essen mochte noch mit mehrern, welche von den Kananitern und Aegyptiern genossen wurden, um sie dadurch in einer gewissen Entfernung von diesen Völkern zu erhalten. Dies sieht man sehr deutlich aus folgender Stelle des Levitici (cap. XX. 24. 25. 26.) „Ich bin der Herr euer Gott, der euch von andern Völkern abgesondert hat, daß ihr euch absondern sollt das reine Vieh vom unreinen, unreine Vögel von den reinen, und eure Seelen nicht verunreiniget am Vieh, an Vögeln und an allem, das auf Erden kreucht, das ich euch abgesondert habe, daß es unrein ist. Darum sollt ihr mir heilig seyn, denn ich der Herr (der Jehovah) bin heilig, der euch abgesondert hat von den Völkern, daß ihr mein wäret." Alle diese Speisegesetze Mosis hatten so nach keine andere Absicht, als gänzliche Absonderung des Israelitischen Volkes von seinen Nachbarn.

Die Heiden glaubten an eine Menge Götter, z. B. an Schutzgeister der Wälder, Flüsse, Geburge und Thäler und verehrten sie in Tempeln, welche an dergleichen Oertern erbaut waren. Um diese Art von Idololatrie zuvorzukommen, gab Moses die Verordnung, daß die Israelitten Gott an einem einzigen Orte ihre öffentliche Verehrung erweisen, und die Opfer, welche er forderte, an dem von ihm selbst erwählten Orte darbringen sollten. Auf den Ungehorsam gegen dieses Gebot, stand die Strafe der Ausrottung aus dem Lande. —

Der Prophet Zephania weißagt, daß wenn die Abgötterei von der Erde würde vertilget seyn, so würde sich die Verehrung des wahren Gottes nicht mehr auf Jerusalem einschränken, sondern man würde ihn an allen Orten anbeten. *) Die alten Patriarchen verrichteten ihren Gottesdienst auf Hügeln und Bergen, und bepflanzten sie mit Bäumen, deren Schatten ihnen Ehrfurcht einflößten, und wo die Stille der Einsamkeit in ihren Herzen ein heiliges Gefühl von Ehrfurcht für das höchste Wesen erweckte. Die alten Heiden verkehrten diese unschuldige Weise und beteten Sonne, Mond und Sterne auf den Anhöhen an, heiligten die dunklen Wälder ihren Göttern, und verstorbenen Helden, und begingen in denselben schändliche Laster der Gottlosigkeit, Unreinigkeit und Hurerei. Um das Volk vor solchen ärgerlichen Gebräuchen zu bewahren, verbot Moses, in der Nähe der heiligen Oerter Bäume zu pflanzen, und ließ das Volk alle die Plätze zerstören, wo abgöttische Nationen ihre Götter verehrten; ihre heiligen Haine ließ er ausrotten, und die Altäre auf den Höhen schleifen. **)

Daß

---

*) cap. II. v. 11.
**) Exod. XXXIV. 13.

sowol auf die Hebr. selbst als auf heidn. Nat.

Daß diese Haine der Abgötterei wegen verboten waren, kann man daraus sehen, weil auch nachher die frommen Könige dieses Volks sie ausrotteten, die abgöttischen hingegen wieder welche anpflanzten. *)

Jedes Gebot, jedes Verbot, jeder gottesdienstliche Gebrauch der Israeliten, die Zeiten und Oerter ihrer Gottesverehrung, ihre Priester u. s. w. alles zielte darauf ab, die Idololatrie zu entfernen und Verehrung des wahren Gottes zu erwecken. In den ältesten Zeiten verrichteten die Patriarchen und Häupter der Familien das Amt eines Priesters; man brachte auf den Feldern oder auf den Gipfeln der Berge Götzenbildern, oder Dämonen Opfer dar. Um diese Quelle der Idololatrie zu verstopfen, schränkte Moses die Priesterschaft auf eine gewisse Familie ein; und diese war eifrig in Bestrafung der Götzendiener, und schonte aus Haß gegen die Abgötterei selbst ihre eigenen Verwandten nicht. **) Sogar die pünktliche Beobachtung der Zeiten trug zur Unterdrückung des Götzendienstes bei. Die alten Heiden pflegten den ganzen September Festen und Opfern zu weihen, und Spencer glaubt deshalb, Moses habe aus keinem andern Grunde die Feierlichkeiten in diesem Monate so vermehrt, oder dieselbigen Tage, an welchen die Heiden ihre Götter öffentlich verehrten, zu Opferfesten bestimmt, als um dem Götzendienste ein Hinderniß in den Weg zu legen. Die Neumonde und das Passa der Juden fielen um dieselbe Zeit, in welchen die Heiden Feste feierten, so daß die Juden deshalb von jehen gar keine Notiz nehmen konnten. Auch war es nicht wohl möglich, daß Leute, welche wußten, daß ihr
Sab=

*) Spencer de legib. Hebr. L. I. cap. VI.
**) Spencer l. l. L. II, cap. VI.

Sabbath eine Erinnerung an den Weltschöpfer sey, das Geschöpf statt des Schöpfers anbeten. *)

Der jüdische Gesetzgeber bediente sich verschiedener Mittel einem sinnlichen Volke Ehrfurcht vor Gott und seinen Dienst einzuflößen. Der Hohepriester gieng alle Jahr einmal in das Allerheiligste. Man zündete hierbei kein Feuer zum Opfer an, sondern es wurde vom Altar dazu genommen. Auf Gottts Befehl ließ Moses einen Menschen steinigen, welcher am Sabbathe Brennholz gelesen hatte, und da sich zu Davids Zeiten Usa unvorsichtiger Weise einkommen ließ, die Bundeslade zu berühren, so tödtete ihn Gott selbst, daß er bei der Lade starb. **) — Die Priester durften keinen Wein trinken, wenn sie in die Stiftshütte gingen, oder unter irgend einem Vorwand das Heiligthum verlassen, bis der Gottesdienst zu Ende war. ***) Ungestaltete krüplichte Personen, oder die sonst einen Naturfehler hatten, durften nicht Priester werden, damit nicht der Gottesdienst durch sie verächtlich würde. Ihr Anzug war prächtig und fiel in die Augen, damit das Volk, welches an das Sinnliche gewöhnt ist, desto mehr Ehrfurcht für sie haben möchte. Auch durften die Diener der Religion keine geschiedene Frau, eine Geschwächte, oder auch nur eine Witwe heirathen. †) Keiner durfte das Hei-

---

*) Spencer l. l. L. II. cap. VI. (Und doch geschah es von den Juden mehr als zu oft, wovon ihre Geschichte vom Anfange an bis zur Babylonischen Gefangenschaft eine Menge Beispiele enthält. Der Uibers.)

**) 2. Sam. VI. 6.

***) Levitic. X. 7.

†) Eine Witwe zu heirathen war nur dem Hohenpriester untersagt; den übrigen war nun verboten, eine Ge-

Heiligthum in Schuhen oder mit ungewaschenen Händen betreten, oder ihm den Rücken zukehren, wenn sie aus der Stiftshütte gingen. Die Kindbetterinnen durften nicht in das Heilige kommen, bis sie sich gereiniget hatten, und Priester sowohl als Laien, welche irgend eine Unreinigkeit an sich hatten, durften bei Strafe der Steinigung kein Fleisch von Opfern essen. Moses bediente sich noch mehrerer Mittel, um die Erkenntniß des wahren Gottes wieder herzustellen, und das Volk vor dem Rückfall zum Aberglauben und Götzendienst zu bewahren. Er ließ sie nämlich vierzig Jahre in der Wüste leben, damit sie die Vorurtheile, welche sie aus Aegypten mitgenommen hatten, verlernen möchten. *) Er zerstöhrte unter ihnen diejenigen Rotten, welche ganz unheilbar zu seyn schienen, vertilgte die Kananitter und andere Völker, welche sein Volk zum Götzendienste verführen konnten, und drohte, alle diejenigen von der Erde zu vertilgen, die sich dazu würden hinreißen lassen. **)

Von der Stiftshütte und dem Tempel.

Bei einigen alten heidnischen Völkern war es gewöhnlich, die Bildnisse ihrer Gottheiten, gleichsam als Begleiter und Beschützer, mit auf Reisen zu nehmen. Sie glaubten, daß diese Bilder von den Göttern selbst be=

Geschiedene oder eine Hure zu nehmen. Die Gesetze in Ansehung der Priesterehen stehen 3. B. Mos. XXI. 7. 13. 14. Das Gesetz scheint in der Folge noch strenger geworden zu seyn; denn nach Ezechiel XLIV. 22. wird auch dem gemeinem Priester untersagt eine Wittwe zu heirathen, außer eine Priesterwitwe. S. Michaelis Mosaisches Recht, B. 2. §. 99. Der Uibers.

*) Spencer de legib. Hebr. L. I. cap. XII.
**) Deuteron. XIII. 6. 15.

wohnt würden, und befestigten sie deshalb auf der Erde, theils um ihr Bleiben zu sichern, theils damit sie genau inne werden möchten, wer zu ihnen betete und um Schutz sie anrufte *) Der Prophet Amos macht daher den Israeliten den Vorwurf, daß sie das Bild des Moloch in der Wüste, nach Art der Aegyptier, mitgeführt hätten. **) Um diesen Gebrauch abzubringen, erbaute Moses zur Verehrung Gottes die Stiftshütte, die man abbrechen und an einem andern Orte wieder aufschlagen konnte. Hierin sollte ihnen die Gottheit gegenwärtig seyn! Man sieht hieraus, daß sich Moses nach der sinnlichen Vorstellungsart des Volks bequemte, welches außerdem gedacht hätte, sein Gott wäre ihm nicht gegenwärtig oder bekümmere sich nicht um sie. Diese irrige Vorstellung suchte Salomon in der Folge zu berichtigen. Denn nach Erbauung des Tempels redete er zum Volk diese Worte: „Wird Gott auf der Erden wohnen? Der Himmel und aller Himmel Himmel kann ihn nicht fassen, geschweige denn das Haus, welches ich ihm erbauet habe!" „Der Himmel, sagt der Prophet im Namen Gottes, ist mein Thron und die Erde mein Fußschemmel, was ist das Haus, welches ihr mir erbauet habt?" Und der Apostel spricht: „Salomon erbaute ihm ein Haus, wiewohl der Höchste nicht in Tempeln wohnt, die mit Händen gemacht sind." ***) Wir können uns keine so unwürdige Vorstellung von Gott machen, daß er einen so prächtigen in die Augen fallenden Dienst seinetwegen gefordert habe. Durch einem so herrlich gezierten Tempel ließ man sich zur Sinnlichkeit

des

*) Spencer l. l. L. III. cap. III.
**) Amos. V. v. 26.
***) Jes. XVI. 1. 2 Kön. VIII. 27. Apostelgesch. VII. 47.

des Volks herab, um ihm Ehrfurcht für dasjenige Wesen einzuflößen, welches in demselben verehret wurde. Man wollte hierdurch das Volk vom Götzendienste entfernen und der Verehrung des wahren Gottes empfänglicher machen. *)

Opfer und Reinigungen.

Moses erlaubte die verschiedenerlei Opfer, welche unter den Heiden gewöhnlich waren, aber er verbesserte sie und gab ihnen eine andere Gestalt. Einige derselben drückten Ergebenheit und Dankbarkeit aus; andere sollten den Unwillen des höchsten Wesens besänftigen; andere bezeichneten wieder etwas anders: alle hatten aber doch den gemeinschaftlichen Zweck, die Abgötterei zu verdrängen. **) Moses gebot dies alles nicht als etwas absolut nothwendiges, sondern richtete sich vielmehr damit nach den Vorurtheilen des Volks. Sie forderten Opfer; bloß die Wahl und Anordnung derselben war sein Werk. Der Prophet Jesaias that daher die nachdrückliche Frage an seine Nation „wer fordert dies alles von euren Händen?" Den Psalmist erklärt es für gottloß, sich einzubilden, als wenn Gott an dem Blute der Opferthiere Wohlgefallen habe. Der Apostel Paulus nennt diese Opfer und den ganzen Ceremonialgottesdienst, dürftige Anfangsgründe, und Petrus sagt, daß die Verehrung eines reinen Herzens der einzige Dienst sey, welcher dem Höchsten gefalle. Abel, Cain, Noah brachten zwar Opfer dar; aber sie waren nicht

*) Spencer L. III. Diff. VI.
**) Levitic. XXIII. Numer. XV. 20. Levit. II. 14.
Numer. VIII. 12.

nicht geboten, sondern es geschahe freiwillig. Cain opferte von den Früchten seines Feldes, und Abel von den Erstlingen seiner Heerde; beide thaten dieses aus freien Willen, und die Propheten versichern, um die hohe Meinung von den Opfern herabzusetzen, daß sie Gott, als er das Volk aus Aegypten führte, nicht gefordert habe. *)

Spencer glaubt, die Heiden hätten ihre Opfer und andere Gebräuche von den Patriarchen entlehnt, und die Idololatrie gewissermaßen auf die Verehrung des wahren Gottes gegründet; Moses habe in der Folge diese Gebräuche von allem Unheiligen wieder gereiniget und den Gegenstand verändert, weil sie nicht abzuschaffen waren. Aus dieser Quelle leitet dieser gelehrte Schriftsteller die Aehnlichkeit zwischen einigen heidnischen und Mosaischen Gebräuchen her, und behauptet, daß diese Aehnlichkeit den Israeliten gefallen habe. Die Heiden hatten Abwaschungen und Reinigungen, und bildeten sich ein, das Wasser, zumal das Salzwasser, reinige die Seele eben so wohl von ihren Flaken, als den Körper. Spencer sieht hier keinen andern Grund, warum auch Moses dergleichen verordnet habe, als um das Volk von der Abgötterei abzuhalten, und zum Dienst des wahren Gottes zu leiten. Die von ihm verordneten Reinigungen waren einfach und frei von allem Pompe, und sollten zu weiter nichts dienen, als den Leib zu reinigen; die heidnischen hingegen waren mit vielen magischen Gebräuchen verbunden. **) Man sieht hieraus, daß Moses manche, bei den Heiden vorhandene, Gebräuche in sein Kirchengesetz aufnahm, aber mit

---

*) Ierem. VII. 22.
**) Spencer, L. III. Dissert. III. p. 992.

sowol auf die Hebr. selbst als auf heidn. Nat.

mit sorgfältiger Veränderung, indem er alles dasjenige davon absonderte, was zum Aberglauben oder zur Idololatrie gewissermassen verleiten konnte.

Absicht der Theokratie und der zeitlichen Sanctionen.

Die theokratische Regierungsform und die temporellen Sanctionen, welche man bei den Hebräern findet, hatten keine andere Absicht, als den Götzendienst zu verhindern. Der Jehovah war ihnen unter doppelter Autorität dargestellt worden, einmal unter der, der Gottheit, und zweitens unter der, einer bürgerlichen Magistratsperson. Weigerte sich gleich ein Israelit ihm als Gott zu gehorchen, so sahe er sich doch als Unterthan des Landes verbunden, ihm als seinem Könige zu gehorchen. Alle Götzendiener wurden daher als Staatsverbrecher angesehen; und manche wurden durch die vom Mose aufgestellte Drohung der so schweren Strafe dafür, von der Idololatrie abgehalten. Zu leugnen ist freilich nicht, daß ein unsichtbarer König und eine Theokratie einem so sinnlichem Volke verächtlich vorkommen mußte, weil der Glanz der Königswürde in seinen Augen einen so ausgezeichneten Werth hatte. Der Jehovah hatte zwar Regenten gesetzt, welche seine Stelle vertreten, und in bürgerlichen Angelegenheiten sowohl als in Religionssachen entschieden; aber das Volk war mit einer solchen Regentschaft nicht zufrieden und forderte einen König, der sich gegen ihre Vorurtheile geneigter finden ließe; sie wagten es, die göttliche sowohl als die politische Autorität des Jehovah zu leugnen! Hier ist zu bemerken, daß diejenigen Regenten (Richter), welche Gott selbst gesetzt hatte, fromme und rechtschaffene Männer, die Könige hingegen, die sich das Volk wählte, Götzendiener

diener und Tyrannen waren. Die Regierungsart der erstern war sanft und billig; die Könige hingegen unterdrückten das Volk, und stürzten es in die Sklaverei, weshalb auch Samyel die Nation so ernstlich davor warnte.

Gott verhieß den Israeliten oft und auf eine feierliche Weise, eine zahlreiche Nachkommenschaft, ein äußerst fruchtbares Land, langes Leben und Sieg über ihre Feinde, unter der Bedingung, daß sie seinen Gesetzen gehorchten; hingegen drohete er ihnen Landplagen, Hungersnoth, Tod und Verderben, so bald sie ihm abtrünnig würden. — Die Mosaischen Sanctionen waren dem Charakter eines ungebildeten und irrdisch gesinnten Volkes vollkommen gemäß; denn Vernunftgründe konnten in jenen Zeiten wenig bei ihnen ausrichten. Die alten Heiden hatten den Aberglauben, daß sie ohne den Willen ihrer Götter oder Dämonen keinen Seegen bei ihrem Feldbau erwarten könnten, und wenn sie Mißwachs oder anderes Unglück zu erleiden hätten, so wäre der Zorn ihrer vernachläßigten Götter, die Ursache davon. Daher hatten die Opfer der Heiden den Zweck, die Götter bei Gunst zu erhalten oder ihren Zorn abzuwenden: sie gaben sogar zu Ehren Feste, damit sie ihre Felder und Gärten dafür segnen möchten, oder sie hielten ihnen Supplicationen, um ihre Dankbarkeit für fruchtbare Aerndten an den Tag zu legen. Da nun die Erlangung zeitlicher Güter die Heiden einzig und allein zur Verehrung ihrer Götter anreizte; so war auch Moses genöthigt, denjenigen, welche seine Gesetze halten würden, zeitliche Wohlthaten zu verheißen, diejenigen hingegen, die irgend einen fremden Gott ym Beystand

und

*) 1 Sam. VIII. 11.

ſowol auf die Hebr. ſelbſt als auf heidn. Nat. 181

und Schutz anruffen, mit zeitlichem Verderben zu bedro=
hen: zeitliche Belohnungen und Strafen hatten ſonach
in der Moſaiſchen Oekonomie keinen andern Zweck, als
die Abgötterei zu verhindern. *)

**Wirkungen dieſer Sanctionen, zur Zeit der Regenten
und Könige.**

Die Geſchichte Bileams beweißt, daß die Iſraeli=
ten Friede und Glück zu erwarten hatten, ſo lange ſie
den Geſetzen Gottes gehorchten. Die Midianiter und
Moabiter hatten Bileam gebeten, die Iſraelitten zu
verfluchen; aber er ſchlug es ihnen ab, weil er ein Volk,
welches Gott geſegnet hätte, ohne Erfolg verfluchen wür=
de. Jedoch gab er ihnen ein Mittel an die Hand, durch
welches man den Iſraelitten den göttlichen Segen ent=
ziehen könnte. Er rieth nämlich den Midianitiſchen
Fürſten, einige ſchöne Weiber in das Iſraelittiſche La=
ger zu ſchicken, und dadurch zu verſuchen, ob ſie nicht
von der Verehrung ihres Gottes könnten abwendig ge=
macht werden. Dieſe Liſt half: die Iſraelitten fanden
die fremden Abgötterinnen ſehr reizend, pflegten mit ih=
nen der Liebe, beugten ſich, den Schönen zu gefallen, vor
ihren Göttern, und es fehlte wenig, daß die Midianiter
ſie nicht unterjocht hätten.

Joſua und ſeine Zeitgenoſſen, welche Moſes Wun=
der mit angeſehen hatten, dienten ihrem Gott, ſo lange
ſie lebten; aber die folgende Generation verfiel in Ab=
götterei, und Gott übergab ſie deshalb der Gewalt ihrer
Feinde. Ich könnte hier, um meinen Beweis weiter
auszuführen, nichts weiter thun, als alle die Fälle aus
dem

---

*) Spencer L. I. cap. III.

dem Buche der Richter anführen, welche zu dem von mir Gesagten hinlängliche Belege sind. So oft dieses Volk seinen Gesetzen untreu wurde und wider die Staatsverfassung handelte, so oft zog es sich auch mannigfaltiges Elend, Unterdrückung von seinen Feinden u. d. gl. zu. Hingegen die jedesmalige Rückkehr zu seinem Gottesdienste und seinen Gesetzen, wurde von glücklichern Zeiten begleitet. Die Geschichte der Könige ist in dieser Rücksicht eben so unterrichtend. Da ist lauter Wechsel von Götzendienst und Verehrung des wahren Gottes! Nach dem Ausspruche der Schrift, war endlich der Sittenverfall, der Götzendienst und Aberglaube des Volks Schuld daran, daß es in die Assyrische und Babylonische Gefangenschaft gerieth. Jedoch scheint dieses Exil nicht wenig beigetragen zu haben, daß das Volk der Abgötterei endlich einmal entsagte.

Absicht einiger besondern Gesetze und Gebräuche der Juden.

Ich fahre fort die Absicht verschiedener Mosaischen Gebräuche und Verbote, welche wenig oder gar keine Beziehung auf Religion, Sittlichkeit und Landesregierung zu haben schienen, ins Licht zu setzen. Ein Ungläubiger pflegt diese Dinge gemeiniglich zum Gegenstande seines Spottes zu machen, oder sonst Einwürfe dagegen vorzubringen. Es kommt manchem unbegreiflich vor, wie ein heiliges und ganz vollkommenes Wesen eine solche Menge Gebräuche habe verordnen können, die weder an sich moralisch sind, noch irgend etwas zur Verherrlichung Gottes oder zur Glückseligkeit der Geschöpfe beizutragen scheinen. Wirft man nur einen flüchtigen Blick auf dies alles, insbesondere auf die kirchlichen Verordnungen, so könne man sich freilich dergleichen Zweifel

sowol auf die Hebr. selbst als auf heidn. Nat. 183

Es kann enthalten. Untersucht man aber den Gegenstand und die Absicht der Mosaischen Verordnungen, so zeigt sich bei den meisten Verordnungen, daß sie die Abgötterei erschweren oder verhindern sollten. Keine derselben war auch unnütz; einige halfen sogar die Tugend befördern, und alle bewiesen die Weisheit des Gesetzgebers, der sich bei seinen Verordnungen nach dem Klima des Landes, den Vorurtheilen der Nationen, und andern in Palästina vorwaltenden Umständen zu richten wußte. Es ist freilich schwer alle die Gründe, weshalb er diese oder jene Gebräuche festsetzte, anzugeben; denn manche beziehen sich auf altes Herkommen, welches Moses zu seiner Zeit schon fand, und die wir, weil es uns an Nachrichten; nicht kennen. Sind wir aber gleichwohl im Stande, die Weisheit derjenigen Gesetze zu rechtfertigen, deren Beziehung und Nothwendigkeit in Absicht der Zeit sowohl als der Personen wir einigermaßen einsehen; so würde es sehr voreilig und unbillig seyn, diejenigen als unnütz oder unüberlegt zu verwerfen, deren vollkommene Beziehung uns unbekannt ist. Ich versuche es daher zu zeigen, daß ungeachtet manche Gebräuche der Juden sich leer und unnütz zu seyn scheinen, sie doch sehr nöthig waren, um die Verehrung des einigen Gottes zu erhalten, die Israeliten von der Gemeinschaft mit andern Nationen abzuziehen, folglich sie vor dem Einfluß ihrer abgöttischen Nachbarn zu bewahren. —

Der Rabbi Maimonides sagt, die alten Egyptier hätten ihre Opferthiere mit Honig bestrichen, um so den Göttern und abgeschiedenen Helden desto schmackhafter zu machen. Spencer *) sieht solches für die Ursache

*) Libr. II. cap. IX.

sache an, warum Moses untersagt habe, dem Herrn Honig zu opfern, damit nämlich das Volk nicht glaubte, es wäre Gott etwas angenehm, was auch den Götzen gefiele. Der Gebrauch, ein junges Ziegenböckchen in seiner Muttermilch zu kochen, war in den heidnischen Mysterien üblich; man glaubte die Dämonen fänden Behagen an dieser Kraftbrühe; daher besprengte man auch Bäume, Felder und Obstgärten damit, um desto mehr Seegen davon zu haben. Moses verbot, ein junges Böckchen in der Muttermilch zu kochen, um den genannten Aberglauben zu verhindern, nicht, wie einige Kommentatoren glauben, um das Volk vor Grausamkeit zu bewahren.*) Die heidnischen Priester trugen Kleider von halb Wollen und halb Leinenzeuge. Dadurch wollten sie den Dämonen ihre Dankbarkeit an den Tag legen, daß sie den Flachsbau und die Schaafheerden gesegnet hätten, und sie zur fernern Beschützung derselben bewegen. Der jüdische Gesetzgeber untersagte daher

*) Das Verbot, das Böckchen nicht in seiner Muttermilch zu kochen, d. h. sein Fleisch in Butter zu braten oder zu kochen, hat den Auslegern unglaublich viel zu schaffen gemacht. Die Ursache, welche Ryan verwirft den Israeliten durch ein solches Verbot Mitleiden einzuflößen, mag unstreitig nichts gelten; denn worinn läge denn eigentlich die Grausamkeit, daß man ein junges Thier in demjenigen kocht, was eigentlich seine Nahrung ausmacht? Allein Ryan behauptet alles aus der Spencerischen Hypothese, die Idololatrie zu verhindern. Unmöglich kann sie Alles erschöpfen! Weit natürlicher ist unstreitig die ökonomische Ursache, welche der Ritter Michaelis angiebt, daß Moses um deswillen den Gebrauch der Butter verboten habe, damit sich die Israeliten desto mehr auf den Oelbau legen sollten, wozu sie in Palästina den besten Boden hatten. Der Uibers.

her seiner Nation halb-leinene und halb wollene Zeuge zu tragen, damit es nicht auf den Wahn geriethe, es habe den Dämonen oder dem fruchtbaren Einflusse der Gestirne desfalls etwas zu danken. Daß die Mischung von Wolle und Flachs, Zeichen der Jdololatrie, und so zu reden, Werkzeuge des Aberglaubens waren, kann man daraus sehen, weil die hebräischen Priester und Laien beides im Dienste der Stiftshütte oder des Tempels tragen durften, indem hier keine Versuchung zur Abgötterei war. *)

Bei den Festen der Heiden herrschte eine seltsame Mischung von Freude und Traurigkeit: die Aegyptier z. B. fingen die Feste, welche dem Osiris oder Adonis zu Ehren gehalten wurden, mit sichtbaren Zeichen der Traurigkeit und des Mitleidens an, weil die Venus ihren Liebling an ihm verlohren hätte. Sie beschoren ihre Häupter, ritzten ihren Körper auf, und trugen sein Bildniß in einem feierlichen Aufzuge einher. Solon **) verbot den Athentiensischen Weibern bei dem Begräbniße ihrer

*) Spencer, I. II. cap. XXI. Lewis B. VI. Kap. 23. (Spencer, welchen der Verf. hierin folgt, läßt beinahe keinen andern Grund bei Mosis Gesetzen gelten, als die Verhinderung der Jdololatrie und des heidnischen Aberglaubens. Wir wissen zu wenig, wie die Kleider der Juden beschaffen gewesen sind, ob sie mit Wollenzeuge besetzt werden durften oder nicht, oder ob halbwollenes und halbleinenes Zeug gänzlich verboten war. Vielleicht wollte Moses bloß dadurch Simplicität in der Kleidung einführen. Daß man sie in der Stiftshütte und im Tempel habe tragen dürfen, scheint unerwiesen zu seyn, denn man findet ja in verschiedenen Stellen beim Moses, daß die Amtskleidung des Priesters aus leinenem Zeuge bestand. Der Uibers.

**) Plutarch vit. Solon.

ihrer Freunde sich zu verwunden oder in Wehklagen auszubrechen; die Baalspropheten hingegen schrien laut und ritzten sich mit Messern die Haut auf, daß Blut daraus strömte. *) Moses verbot den Israelitten, sich an ihren Körpern zu verwunden, oder Zeichen auf ihre Leiber zu machen, damit er sie vom heidnischen Aberglauben dadurch zurückhielte. Die alten Hebräer bedienten sich dieser Gebräuche, um ihre Traurigkeit beim Absterben der Ihrigen dadurch an den Tag zu legen; aber ihr Gesetzgeber untersagte sie als Dinge, welche mit der heidnischen Superstition zusammen hingen. Die Alten pflegten bei Leichenbegängnissen ihre Haare abzuscheeren, sich wohl gar Haare und Bart auszuraufen, und den Körper des Verstorbenen damit zu bestreuen, weil sie wähnten, ein solches Opfer sei den abgeschiedenen Geistern angenehm. Um solche abergläubische Gebräuche zu verhindern, gab Moses folgendes Gebot: „Ihr sollt euer Haar am Haupt nicht rund umher abschneiden, noch euren Bart gar abscheeren!" **) — Jedoch wird in dieser Stelle nicht schlechtweg das Haarabschneiden oder Bartscheeren verboten, sondern der dabei übliche Aberglaube, sich den Geistern der Verstorbenen dadurch gefällig zu machen. ***) Selbst die eifrigsten Anhänger des Mosaischen Gesetzes behielten diesen Gebrauch bei! Der Prophet Jeremias ruft seinem Volke zu, das Haar ab-

---

*) 1 Königl. Kap. XVIII. 28.

**) Levit XIX. 17. (Gewisse Arabische Völker verschoren sich einer Gottheit zu Ehren Haare und Bart; deßhalb wollte Moses diese Mode bei seinem Volke nicht leiden. Der Ubers.)

***) Diese Limitation des Gesetzes findet sich beim Mose nicht; daß das Haarabscheeren dennoch geschah, beweiset nur so viel, daß Mos's Gesetz von den Auslegern der folgenden Zeiten verdreht wurde. Der Ubers.

sowol auf die Hebr. selbst als auf heidn. Nat.

zuschneiden, und Ezechiel bedroht es mit einer so allgemeinen Trauer, daß aller Häupter kahl seyn würden.*) Die alten Götzendiener brachten ihren Göttern die ersten Früchte des Feldes dar, und zwar mit Thränen und Wehklagen, und bildeten sich ein, daß die Seelen ihrer abgeschiedenen Freunde sich um die Grabmäler aufhielten, und Speise zu ihrer Nahrung forderten.**) Um diese thörichten Gebräuche zu verhindern, gebot Moses den Israeliten, daß von den Erstlingen der Früchte kein anderer als ein frommer und wohlthätiger Gebrauch gemacht würde. Das Gebot ist in folgenden Worten abgefaßt: „Du sollst sprechen vor dem Herrn deinen Gott: Ich habe dargebracht, das geheiligt ist aus meinem Hause, und habe gegeben den Leviten, den Fremdlingen, den Waisen und den Witwen, nach allem deinem Gebot; ich habe dein Gebot nicht übertreten noch vergessen. Ich habe nichts davon gegessen in meinem Leide, und habe nichts davon gethan in Unreinigkeit. Ich habe nichts davon den Todten gegeben." ***)

Unter den Phöniciern, Babyloniern und andern ältern Nationen war es Sitte, in den Tempeln der Venus und des Priapus Weiber öffentlich auszustellen. Neben diesen Tempeln gab es auch Zelte, wo Personen beiderlei Geschlechts sich zur Ehre dieser Gottheiten Preis gaben; denn sie glaubten, diese Gottheiten hätten ein Wohlgefallen an solchen Scenen, wenn sie vor ihren Bildnissen ausgeführt würden.†) Diese Tempel waren auch mit obscönen Figuren von nackten Jupitern, Gladiatoren und andern Sinnbildern der Stärke und der Ausschweifung geziert. Zu Korinth wurden tausend der Venus vulgivaga geweihete Weibspersonen in einem Tem-

*) Ezech. cap. VII. 18.
**) Spencer, Libr. II. cap. XXIV.
***) Deuteron. XXVI. 13.
†) Strabo Libr. VIII.

Tempel unterhalten, damit die Schiffer, welche in den Hafen einliefen, ihre Lüste befriedigen könnten. *)

Herodotus erzählt, daß jedes Babylonische Weib verbunden wäre, in ihrem Leben sich einmal im Tempel der Venus öffentlich jedem Fremden zu überlassen; und man suche die schönen darunter sehr bald aus dem Tempel zu entfernen, weil die häßlichen oft drei oder vier Jahre lang warten müßten, eh sie aufgefordert würden, dem Gesetze Genüge zu leisten. Eben dieser Geschichtschreiber meldet auch, daß fast alle Nationen, die Aegyptier und Griechen ausgenommen, dergleichen Greuel in ihren Tempeln ausübten, und daß die Aegyptier zuerst Gesetze wider solche Ausschweifungen bei dem Gottesdienst gegeben hätten. Man höre, wie das Mosaische Gesetz dagegen lautet: „Es soll unter den Töchtern Israels keine Hure seyn, noch ein Knabenschänder oder Hurer unter den Söhnen Israels!" — Daß dieses Laster, welches den Göttern zu Ehren öffentlich verübt wurde, von Moses scharf verboten war, sieht man aus einem andern hierher gehörenden Gesetze: „Du sollst deine Tochter nicht öffentlich ausstellen, daß eine Hure aus ihr werde!" Das Gesetz kann man doch wohl von nichts andern auslegen, als von unreinen Handlungen, die den Abgöttern zu Ehren begangen wurden.

Eine

*) Dieses war mehr eine Sache der politischen Vorsicht, als der Religion. Jedermann weiß aus Reisebeschreibungen, wie unbändig die Matrosen in Absicht des Geschlechtstriebes zu seyn pflegen, so bald sie an das Land kommen. Wollten nun die Korinther sicher seyn, daß ihre Weiber und Mädchen den Insulten solcher viehischen Leute nicht ausgesetzt wären, so mußten sie diese Veranstaltung treffen. Noch heut zu Tage giebt es in Seestädten Bordelle, welche die Obrigkeiten, wegen der Brutalität der Matrosen dulden müssen. Der Uibers.

sowol auf die Hebr. selbst, als auf heidn. Nat. 189

Eine obscöne, dem Priapus ähnliche Gottheit, war in Palästina und Phönicien der Baal=Peor, dessen Geweihte ihre Dankbarkeit für eine zahlreiche Nachkommenschaft durch wollüstige Stellungen und unzüchtige Behandlungen der Jungfrauen ausdrückten. *) Phönicische Jungfrauen gaben sich in den Tempeln, in Gegenwart ihrer Idole selbst, Preis, und was sie an Gelde, an Kleidungsstücken, oder andern Dingen auf diese Weise gewannen, brachten sie alles dar, um davon die Tempel in baulichem Wesen zu erhalten, Priester zu ernähren und Opferthiere zu kaufen. **) Moses verbot deshalb ausdrücklich, daß keine Frau ihren Hurenlohn in das Haus des Herrn bringen sollte, weil der Tempel durch jede unreine Sache entheiliget würde, und man auf die Gedanken gerathen könnte, daß Gott dergleichen Gebräuche gefielen, wenn er Hurenlohn, als eine Gabe, an seinen Tempel, annähme. ***)

Die alten Aegyptier verehrten den Anubis unter dem Bilde eines Hundes; und dieses Thier war ihnen als ein Sinnbild des Hundssterns heilig. Dies war vielleicht die Ursache, daß Moses untersagte, den empfangenen Werth für einen Hund, (so wie den Hurenlohn) in den Tempel zu bringen, denn aus einem und demselben Grunde mußte Gott beides ein Greuel seyn. —

Allgemeine Absicht der Mosaischen Gebräuche, Gebote und Verbote.

Eine genaue Uibersicht über das Rituale der Hebräer zeigt uns, daß die vornehmste Absicht dabei keine an=

*) Ioung on Idol. corruptions, Vol. II. ch. 1.
**) Athanasius contra Gentes, Cap. 26. edit. Paris, 1698.
***) Spencer. Libr. II. cap. XXIII.

andere war, als das Volk vor der Abgötterei zu bewahren, die Verehrung des wahren Gottes zu befördern, und die Menschen in theologischen und moralischen Kenntnissen weiter zu bringen. Moses untersagte manche Gebräuche, die den Schwachen irre führen, d. h. ihn entweder zum Götzendienst verleiten oder darin bestärken könnten. Er schafte einige Gewohnheiten ab, die dem Anscheine nach höchst unschuldig waren, z. B. sich das Haupt rund herum bescheeren, Blut zu essen, halb leinene und halb wollene Kleider zu tragen u. d. m. denn sie konnten wenigstens auf eine entfernte Weise das Volk zum Aberglauben oder zur Abgötterey verleiten; und so war es auch mit mehrern unter den Heiden, üblichen Gebräuchen, welche zuvor sind genannt worden, z. B. sich den Körper mit Messern aufritzen, Bilder oder gemachte Steine *) aufzustellen. u. d. m. Es war ganz darauf abgesehen, den Israeliten heidnische Gewohnheiten verhaßt zu machen. Doch muß man auch eingestehen, daß
es

---

*) Der Verfasser drückt sich hier etwas unbestimmt aus. Es könnte hierbei immer noch die Frage aufgeworfen werden: ob Moses überhaupt alle Werke der Bildhauerei und Malerei verboten habe? Aus den Stellen, in welchen hiervon die Rede ist (2 B. Mos. XX, 4. 5. 5 Mos. IV 15 — 18. XXVII. 15.) läßt sich weiter nichts schließen als, daß die Bildnisse, die dem Jehovah zu Ehren errichtet würden, verboten seyn sollten. Das Verbot, fremde Abgötter nicht abzubilden, kommt an andern Stellen vor. In der Stiftshütte so wohl als im Salomonschen Tempel gab es ja Bildhauerarbeit genug! Unter den gemahlten Steinen (3 Mos. XXVI 1.) sind wahrscheinlich Steine zu verstehen, welche mit hieroglyphischen Figuren beschrieben waren. Mit dergleichen Dingen wurde in Aegypten viel Pfaffenbetrug getrieben, so daß der jüdische Gesetzgeber es nöthig fand, sie unter seinem Volke zu verbieten. Der Übers.

sowol auf die Hebr. selbst als auf heidn. Nat.

er sich in unbedeutenden Dingen nach den Vorurtheilen seiner Nation bequemte, damit sie, bewegt durch diese Nachgiebigkeit, jene strengern Gesetze und vernunftmäßigen Lehren nicht verwerfen möchten.

Es streitet an sich gar nicht mit der Heiligkeit Gottes, Gebräuche, die auch bei dem heidnischen Götzendienste üblich wären, zu gestatten, vorausgesetzt, daß sie nicht unsittlich sind; denn wer würde z. B. einem guten Könige es übel auslegen, wenn er Ehrenbezeugungen annähme, die zuvor einem Tyrannen wären erwiesen worden? Auch hat man es in der Folge nicht für verwerflich angesehen, heidnische Tempel in christliche Bethäuser zu verwandeln! Allein, der jüdische Gesetzgeber mußte in dergleichen Dingen die äußerste Vorsicht gebrauchen, um von den Heiden ja nichts zu entlehnen, wobei zu fürchten war, daß es dem Aberglauben oder der Abgötterei Vorschub thun könnte. Aus diesem Wenigen läßt sich der Hauptendzweck bei der Mosaischen Einrichtung schon abnehmen; übrigens hat der gelehrte Spencer sehr Recht, daß wir nicht im Stande sind, die Gründe von allen und jeden Mosaischen Gebräuchen darzulegen, weil wir zu weit von jenen Zeiten entfernt sind, folglich die Nachrichten uns hin und wieder verlassen. *)

Die

*) Und bei dem allem müssen wir, wenn wir unpartelisch seyn wollen, gestehen, daß wir von der Einrichtung dieses Staats, von den Gründen und Beziehungen seiner Gesetze, ungleich mehr wissen, als von irgend einem Volke, aus dem frühen Alterthume. Erscheint uns nun Moses in so vielen Dingen, wenn wir ihn auch nur als einen bloß menschlichen Gesetzgeber betrachten, als ein sehr umfassender Weiser: so ist es wohl billig, unser

Die Mosaischen Einrichtungen und Gebräuche beziehen sich auf ihre Zeiten und Oerter.

Moses richtete seine Verordnungen so ein, wie sie dem Geiste eines ungebildeten Volks, welches in Aegypten unter dem Druck der Sklaverei gelebt hatte, am Verstande noch ein Kind war, und an die abgöttischen Gebräuche jenes Landes sich gewöhnt hatte, angemessen zu seyn schienen. Er mußte sehr deutlich eingesehen haben, daß alle Arbeit vergeblich seyn würde, wenn er ein so kindisches Volk auf eine Weise behandeln wollte, die den geprüften Verstand eines Mannes voraussetzte. Er gebot manches, was an sich selbst keinen Werth zu haben scheint, aber doch dazu dienen sollte, das Volk nach und nach von der Idololatrie zu entwöhnen, und zur Verehrung des einigen Gottes zu führen. Eben so giebt man ja Kindern Jahre lang Lesebücher und Elementarwerke in die Hände, die an sich keinen Werth haben, aber als Vorbereitung zu einstiger Erwartung nützlicher Kenntnisse unumgänglich nothwendig sind.*) Um es außer allen Zweifel zu setzen, daß sich die Mosaischen Einrichtungen am Ende insgesamt auf den mehrmals genannten Zweck bezogen, sen es genug, zu bemerken, daß die Konvertirten, bei welchen nicht zu fürchten war, daß sie

---

Urtheil zu suspendiren, wo wir die Gründe bei seinen Verordnungen nicht einsehen. Es ist daher ärgerlich, wenn Voltaire fast kein einziges vernünftiges Gesetz bei ihm finden will. Der Übers.

*) In wie fern das A. T. ein Elementarunterricht seyn konnte und sollte, darüber lese man Lessing: Erziehung des Menschengeschlechtes. Auch die Hypothesen in diesem Werkchen, die nicht jeder annehmen dürfte, sind wenigstens Hypothesen eines Lessing. Der Übers.

sowol auf die Hebr. selbst als auf Heiden. Mat.

sie wieder zum Heidenthum zurückkehren würden, von der Verbindlichkeit, dem Ceremonialgesetz zu gehorchen, ausgenommen waren. Wo dieses aber zu besorgen stand, mußten sie das ganze Gesetz halten, und waren folglich Proselyten der Gerechtigkeit; da hingegen die so genannten Proselyten des Thores zu nichts verbunden waren, als die sieben Noachitischen Gebote zu halten.

Daß ferner Moses Gesetze für sein Volk und nur für einen gewissen Zeitraum bestehen sollten, sieht man daraus, daß in der Folge die Propheten, nachher Christus und Paulus, welche die göttliche Autorität des Gesetzgebers hinlänglich anerkannten, dennoch solche Urtheile über Neumonden und andere Gebräuche fällten, daß man wohl sieht, sie hielten dies alles für nichts weiter, als für einen Elementarunterricht, dessen ein ganz sinnliches Volk bedurfte. Paulus ist mit den Galatiern sehr unzufrieden, daß sie wieder zu jenen dürftigen Anfangsgründen zurückkehren wollen, *) und unser Heiland sagt, daß in der Liebe zu Gott und zu unsern Nächsten das ganze Gesetz und die Propheten hange." Diese Behauptung Christi kann sich nicht auf alle und jede Theile des Gesetzes beziehen; denn es sind doch gewiß einige Dinge in demselben geboten, die keine directe Beziehung auf Gottes- oder Menschenliebe haben, und allein darzu dienen, unmittelbarer Weise die Idololatrie zu hindern. Moses verordnete einige Ceremonien, die denen, der Heiden ganz entgegen gesetzt waren; bei einigen hingegen bequemte er sich ganz nach den Vorurtheilen des Volks. Da er wohl wußte, daß das gemeine Volk nicht gerne neue Gebräuche aufnimmt, wenn

sie

*) Epist. ad Gal. IV. 10.

sie ihm nicht, so zu reden, in dem alten Gewande darge=
stellt werden; so nahm er einige heidnische Gebräuche,
die dem Volke schon bekannt, und von ihm verehrt wa=
ren, in sein Rituale auf; aber er verbesserte sie sorg=
fältig, und wendete sie zur Beförderung der Verehrung
des einigen Gottes an. Die ersten christlichen Lehrer,
welche den Charakter des Volks kannten, und ersahen,
daß eine gänzliche Reform des Gottesdienstes auf ein=
mal nicht möglich wäre, gingen in ihren Verbesserun=
gen allmälig zu Werke, und behielten vor der Hand
noch einige heidnische und jüdische Gebräuche bei. Auch
die einsichtsvollsten protestantischen Reformatoren hatten
die nämliche Maxime, indem sie, der Schwachheit des
Volks zu schonen, einige so genannte adiaphora aus
der römischen Kirche duldeten. *)

Mosaische Geseze sind denen, der heidnischen Gesez=geber vorzuziehen.

Die Mosaische Einrichtung besteht nicht aus lau=
ter Ceremonien, und Voltaire begeht die offenbarste
Ungerechtigkeit, daß er ihr lauter Albernheit und Bar=
barei vorwirft. Eben so wenig als wir die Geseze des
Christenthums auf die Taufe und das Abendmal wür=
den einschränken dürfen; eben so wenig sind wir auch
davon entfernt, die göttlichen Geseze, die den Juden
gegeben waren, für bloß äußerliche Gebräuche auszuge=
ben. Man irrt sich in einem hohen Grade, wenn man
glaubt, hier machten Opfer, Reinigungen u. s. w. die
Hauptsache aus. Das Mosaische Gesez fordert —
jezt auf die Ceremonien keine Rücksicht genommen —
an einen einigen Gott zu glauben, welcher die ganze

Welt

*) Spencer, Diff. I. cap.

sowis auf die Hebr. selbst als auf heidn. Nat.

Welt erschaffen hat, und dessen Vorsehung alles regiert; ihn zu lieben und zu fürchten; dankbar zu seyn für seine Gütigkeit, eifrig in seinem Lobe, und den Nächsten wie uns selbst zu lieben. Dieses Gesetz verbietet, sich eine Abbildung von Gott zu machen und unterdrückt unreine und sündliche Neigungen.

Ein gelehrter Civilist *) behauptet, daß, wenn die Gesetze aller Nationen, ausgenommen der jüdischen, zusammen genommen würden, so könnten sie doch mit den Gesetzen des alten Roms, in Ansehung der Ehrwürdigkeit, der Billigkeit, und der allgemeinen Anwendbarkeit nicht verglichen werden; und doch wagt es Voltaire, Gesetze, welchen dieser einsichtsvolle Rechtsgelehrte einen so ausgezeichneten Vorzug giebt, als barbarisch und abgeschmackt zu verschreien! Man darf nur eine geringe Vergleichung derselben mit heidnischen Gesetzen anstellen, und der Vorzug wird von manchen Seiten in die Augen fallen. Niemand durfte nach denselben zu einem Feldzuge angeworben werden, außer wenn der Krieg zur Vertheidigung, oder um angethane Beleidigungen zu rächen, geführt wurde: es war verboten in Feindes Land einzufallen, außer wenn er für angethanes Unrecht keine Genugtuung leisten wollte: Fruchtbäume sollten nicht abgehauen werden, und unnöthiger Weise durfte kein Stück Landes wüste bleiben. Wie menschlich war die Einsetzung des Sabbathsjahres, in welchem die Sklaven frei wurden, und des Jubeljahres, in welchem die veräußerten Grundstücke ihren alten Besitzern wieder anheim fielen?

N 2 Ist

*) Sir Thomas Ridley, Part. I. chap. 1. sect. 1.

In Moses Gesetzen*) finden sich einige dringende Ermahnungen, Arme und Fremde, Witwen und Waisen zu unterstützen; was man in den Staatseinrichtungen alter Gesetzgeber vergebens sucht! „die Fremdlinge, heißt es, sollst du nicht schinden noch unterdrücken, denn du bist auch ein Fremdling in Aegypten gewesen. Du sollst keine Witwen und Waisen beleidigen. Wirst du sie beleidigen, so werden sie zu mir schreien, und ich werde ihr Schreien erhören." Ferner heißt es: „Wenn ihr euer Land ärndet, sollt ihr's nicht ganz auf dem Felde einschneiden, auch nicht alles genau auslesen, sondern sollt es dem Armen und dem Fremdlinge lassen." desgleichen: „Wenn deiner Brüder irgend einer arm ist, in irgend einer Stadt in deinem Lande, das der Herr dein Gott dir geben wird, so sollst du dein Herz nicht verhärten, noch deine Hand zuhalten gegen deinen armen Bruder." Desgleichen: „Wenn du deinen Weinberg gelesen hast, so sollst du nicht nachlesen, es soll den Fremdlingen, den Waisen und Witwen seyn, und du sollst gedenken, daß du Knecht in Aegyptenland gewesen bist: darum gebiete ich dir, daß du solches thust."

Blutschänderische Heirathen, die in Aegypten, Persien, Arabien, sogar in Griechenland**) so gewöhnlich

---

*) Exod. XXII. 21. Lev. XIX. 19. Lev. XXIII. 22. Deut. XV. 7. 11. Deut. XXIII. 21. Man sehe auch den Maimonides De iure pauperis et peregrini cap. 1.

**) Einem jeden wird hier sogleich die Stelle im Cornelius Nepos einfallen, wo es im Leben des Cimon (cap. 1.) heißt: habebat in matrimonio sororem germanam suam, nomine Elpinicen; non magis amare, quam more ductus. Nach Solons Gesetzen war es
er

sowol auf die Hebr. selbst als auf heidn. Nat.

lich waren, wurden von Moses, als Dinge, die einer guten Staatsverfassung und dem Glücke der Familie hinderlich sind, verboten. Bei einigen alten Völkern gab es Freistätte, in welche Verbrecher, die den Obrigkeiten entfliehen wollten, ihre Zuflucht nehmen konnten. Moses hatte auch welche errichtet, wo diejenigen, die unvorsichtiger Weise jemand getödtet hatten, so lange Schutz genossen, bis sie von der Obrigkeit frei gesprochen wurden. *) Hieraus sieht man, daß Moses allein für den Unschuldigen gesorgt hatte, die Griechen und Römer hingegen den Verbrecher eben so wie diesen, beschützten. **) In Lacedämon wurden alle Jahre Heloten umgebracht, damit sie sich nicht zu sehr vermehren sollten. Die jüdischen Gesetze hingegen schützten das Leben der Sklaven vor der Grausamkeit ihrer Herrn, und hatten überhaupt den edlen Zweck, der Grausamkeit und Unterdrückung im Staate zuvorzukom-

erlaubt, die Schwester, welche von einem Vater erzeugt war, zu heirathen; aber mit der, von einer Mutter, war es verboten. S. Petilus in Legg. Attic. p. 440. Uiber den politischen Grund dieser Erlaubniß S. des Abt Barthelemi Voyage du jeune Anacharsis To. I. p. 128. ed. Deuxp. Da dergleichen Heirathen äußerst selten waren, und die einzigen in so naher Verwandschaft, so hätte der Verf. die Griechen hier nicht compromittiren sollen. Der Uibers.

*) Dies betraf den Bluträcher oder Goel der Hebräer, worüber der Ritter Michaelis nachzulesen ist, im Mosaischen Rechte 2ten Theils §. 131. S. 401. — 443. Der Uibers.

**) Dies galt freilich von dem aylo, welches Romulus eröfnet hatte, um Unterthanen zu bekommen; nachdem aber Rom ein, auf Gesetze gegründeter Staat geworden war, findet man kein solches Unwesen mehr. Auch war dies in Griechenland, so viel mir bekannt ist, ebenso wenig der Fall. Der Uibers.

kommen. Wenn ein Herr seinem Sklaven ein Au[ge]
oder einen Zahn ausschlug, so muste er ihn frei la[ssen;]
gab er ihm Stockschläge, und der Mensch starb dav[on,]
so wurde der Herr jezuweilen am Leben dafür gestra[ft.]
Hatte ein hebräisches Weib ihr neugebohrnes Kind [ge]
tödtet, oder der Vater es ausgesetzt, so wären sie als Mö[rder]
der behandelt worden; Griechen und Römer hinge[gen]
durften sie, nach Gefallen umbringen, oder aus[setzen.]
Romulus forderte von jedem Unterthan alle männli[chen]
Kinder und die erstgebohrnen weiblichen zu behatte[n,]
die andern hingegen, oder was sonst schwach und unge[–]
staltet war, erlaubte er zu tödten oder auszusetzen. *)
Nach den alten Römischen Gesetzen durften die Väter i[h]
re Kinder dreimal als Sclaven verkaufen, und hatte[n,]
so lange sie lebten, das Recht über Leben und Tod übe[r]
sie. Aristoteles behauptet, daß die Gewalt eines V[a]
ters über seine Kinder so unumschränkt sey, daß er ih[–]
nen in keinem Falle Unrecht thun könne. Die alten
Römischen Gesetze gestatteten einem Ehemann, sich von
seinem Weibe zu scheiden, wenn sie ihm seinen Schlü[s]
sel genommen hatte, oder sie umbringen zu lassen, wenn
er sie im Ehebruch ertappt hatte; und doch hatte das
Weib nicht das nämliche Recht, wenn ihr der Mann untreu
war! **). Diese Gesetze erlaubten den Gläubigern ihre
Schuldner grausam zu behandeln; nur dieses verboten si[e,]
dem Schuldner Ketten anzulegen, die schwerer als funf[–]
zehn Pfund wären; der jüdische Codex hingegen gebot
Menschlichkeit so gar gegen die Thiere. Der Jude durfte

sein

*) Leland's Christian Revelation Part. II. ch. X.

**) Bei den Juden war es fast dasselbe! Nur dann wur[–]
de ein Mann als Ehebrecher behandelt, wenn er ver[–]
heirathet war, und mit einer verheiratheten Person zu
thun hatte. Der Übers.

kein junges Thier vor den Augen seiner Mutter, oder ein verfolgtes Wild, welches in sein Haus sich flüchtete, tödten. *) Lykurgs Einrichtungen waren für einen kriegerischen Staat eingerichtet, und mehr dazu geschickt, den Menschen Kühnheit und Tapferkeit einzuflößen, als Gerechtigkeit und Wohlwollen. Aristoteles **) macht die Bemerkung, daß die Spartanische Republik in Kriegszeiten in Aufnahme gekommen sey, in Friedenszeiten aber wieder abgenommen habe; so wie man es natürlicher Weise, zufolge den Verordnungen jenes Gesetzgebers, erwarten konnte. Der jüdische Gesetzgeber ist, was die Landesvertheilung anlangt, dem Spartanischen vorzuziehen. Diese Vertheilung wurde durch die Religionsgesetze bestätigt. Der Jehovah war der Landesherr, die Israelitten gleichsam dessen Vasallen, die ihre Ländereien von ihm zur Lehne hatten, und die unveräußerlich bei den Familien blieben, so lange sie ihrem Oberherrn gehorchten.

Plato und Aristoteles stifteten keine wirkliche Republiken wie Lykurgus und Solon, sondern schufen sich welche in ihrer Einbildungskraft, und hinterließen sie in Schriften. Indeß sie sichs aber angelegen seyn ließen, ihr Genie in der erdichteten Vollkommenheit einer menschlichen Staatsverfassung zu zeigen; so bewiesen sie unleugbar die Schwäche und Unvollkommenheit von beiden. Plato machte die Verordnung, daß unter den Bürgern seiner Republik die Weiber gemeinschaftlich seyn sollten: alle Männer konnten sonach mit allen Weibern zu schaffen haben: da konnte Blutschande nicht außen bleiben: die Tugend der Keuschheit und Treue, die äl-

*) Deuteron XXIII.
**) Politic. L. II. cap. VII.

terliche, kindliche, und eheliche Zärtlichkeit, fanden nirgends Statt, als in der Vorstellung. Plato wollte, daß die Weiber in der Blüte der Jugend nackend unter Mannspersonen, die ebenfalls unbekleidet waren, tanzen, reiten, ringen und andere Leibesübungen vornehmen sollten. Es war hier wohl umsonst, den Geschlechtern Mäßigung der Begierden einzuschärfen, da die Gesetze gestatteten, daß beide Geschlechter einander nackend sehen durften; dies mußte doch wohl bei den Mannspersonen die Begierden reizen, und bei den Weibern die Schamhaftigkeit unterdrücken, welche zuverläßig die Schutzwehr ihrer Keuschheit ist!*)

Plato gebietet den Weibern, unter gewissen Umständen die Leibesfrucht abzutreiben und die neugebohrnen Kinder auszusetzen. Er billigt unnatürliche und obscöne Liebe: er spricht denjenigen gesetzlich los, der seinen eignen Sklaven getödtet hat; nur derjenige, der den Sklaven eines andern umgebracht, muß eine Geldstrafe erlegen. Tödtet jemand in der Aufwallung des Zorns einen Freigebohrnen, so wird er auf zwei Jahre aus dem Lande verwiesen; ist aber der Todschlag mit Vorbedacht verübt worden, so erwartet den Verbrecher ein dreijähriges Exil.

Aristoteles zeigte, ungeachtet er den Plato und andere Gesetzgeber zu tadeln sich herausnimmt, eben so viel Mangelhaftes in seinen eigenen Gesetzen, durch welche er die Sitten der Menschen und die allgemeine Wohlfarth der Staaten zu verbessern suchte. Hatte jemand mehr Kinder, als er ernähren konnte, so gebot Aristoteles Gesetz dem Weibe, das Kind, womit sie schwanger ging,

*) Hackwell's Apology, B. IV. chap. 2. sect. 3.

sowol auf die Hebr. selbst als auf heidn. Nat.

ging, abzutreiben. *) Uiberhaupt durften Eltern schwache oder ungestaltete Kinder aussetzen. Mußten nicht solche Gesetze den Menschen Grausamkeit einflößen? Menschen, die sich nach einem solchen Gesetze richteten, konnten, wie Lactanz **) bemerkt, unmöglich anderer Leuten Kinder schonen, da sie ihre eigenen aufzuopfern fähig waren!

Aristoteles verbot wollüstige Gemälde aufzustellen, weil die Jugend dadurch leicht könnte verführt werden; jedoch nahm er hiervon die Bilder gewisser Gottheiten aus, bei welchen das Kostum eine gewisse Licenz nothwendig machte. „Wie thöricht, ruft hierbei Lactanz aus, alle andere fehlerhafte Vorstellungen zu entfernen, und wollüstige Gemälde von Göttern zu erlauben, die doch einen viel schädlichern Einfluß haben!" ***)

Gött=

*) Daß Aristoteles dieses nicht so gemeint habe, ist schon im Vorigen gezeigt worden, wo ich den Zusammenhang des Aristotelischen Räsonnements angegeben habe. Der Uibers.
**) Lact. Institut. L. VI. cap. 20.
***) Hätte der Verf. die Stelle, auf welche sich aller Wahrscheinlichkeit nach das Urtheil von Lactanz bezieht, beim Aristoteles selbst gelesen, so würde er sich auch hier gehütet haben, dem Stagiriten einen Vorwurf zu machen. Die Stelle steht Politic. VIII. 5. p. 570. et Pacic. Aristoteles räsonnirt hier bloß in Beziehung auf die Kunst. Er sagt: man dürfe junge Leute die Gemälde von einem gewissen Pauson, welcher sich in der Nachahmung des Häßlichen (nicht des Obscönen) vor andern auszeichnete, nicht sehen lassen, um so viel möglich, ihre Einbildungskraft von allen Bildern des Häßlichen rein zu erhalten. Daß man unter den häßlichen Figuren obscöne verstanden hat, kommt daher, weil man glaubte, es müsse in dieser Stelle statt Pauson Pausa-
nias

Göttliches Ansehen der Mosaischen Schriften.

Wir werden uns über den Vorzug der Mosaischen Gesetze vor denen, aller übrigen heidnischen Philosophen nicht länger wundern, wenn wir bedenken, daß Moses ein Gesandter Gottes war. Folgende Betrachtungen werden uns, in Rücksicht seiner, allen Verdacht des Betruges und der Täuschung benehmen. Unmöglich würde er durch bloß vorgegebene Wunder die Israelitten haben hintergehen, unmöglich würde ein anderer vorgeblicher Prophet nach ihm eine ganze Nation haben betrügen können! Der Gesetzgeber spricht von Wundern, die er öffentlich verrichtet habe, in Gegenwart der Aegyptier so wohl als der Israelitten. Jedermann würde sie verworfen haben, wenn er sie nicht wirklich verrichtet hätte. Wenigstens ist nicht zu erwarten, daß ein ganzes Volk ohne Ausnahme ein Opfer des Betrugs würde geworden seyn. Es läßt sich auch nicht denken, daß die Juden in den folgenden Zeiten dergleichen Wunder sollten erdichtet haben. Denn da es ohnedem immer Leute unter ihnen gab, die von dem göttlichen Ansehen Moses nichts wissen wollten, so würden sie bei jeder fälschlich vorgebrachten Nachricht gesagt haben. „Das sind Wundergeschichten, wovon wir nie etwas gehört

---

nias gelesen werden, von dem es aus dem Plinius bekannt ist, daß er unzüchtige Figuren gemacht hat; allein es ist kein Zweifel, daß der vom Aristoteles angeführte Pauson die richtige Lesart ist, conf. art. paër. cap. 2. S. Lessing im Laokoon S. 11. die Anmerk. (zweite Ausgabe.) Daß das Kostum bei den Göttern beibehalten werden mußte, versteht sich wohl von selbst; denn das Bestreben, Schönheit auszudrücken, durfte nicht so weit gehn, daß ein Künstler einem Silen die Schönheit des Apollo zu geben suchte. Der Ulbers.

hört haben!" Würde dieses rebellische und hartnäckige Volk sich wohl dem Gesetze der Beschneidung und kostspieligen Opfern unterworfen, die ersten Früchte von Aeckern und die Erstlinge der Heerden Gott dargebracht haben, wofern es Moses nicht für göttlich gehalten und Augenzeuge der von ihm vollbrachten Wunder gewesen wäre? Die hebräischen Feste waren bleibende Denkmäler von der Aechtheit jener Wunder. Aus dieser Quelle strömte Weisheit zu den heidnischen Weisen. Die Uibereinstimmung der nachherigen göttlichen Schriftsteller, und die Erfüllung ihrer Prophezeihungen, beweißt die göttliche Autorität der Mosaischen Schriften.

Dieser Gesetzgeber verordnete, daß alle sieben Jahre ein Sabbathsjahr oder ein Jahr der vollkommenen Ruhe seyn sollte; und verhieß dem Volke, daß jedes sechste Jahr so viel an Früchten hervorbringen werde, daß sie auf zwei Jahr davon genug hätten. Ohne ein göttlicher Gesandter zu seyn, hätte er keine solche Verheißung machen können, und der Betrug würde bald vom Volke seyn entdeckt worden! *) —

Diejenigen, welche ihm seine göttliche Autorität absprechen, oder sie wenigstens in Zweifel ziehen, lassen ihm doch die Ehre eines weisen Gesetzgebers; und es läßt sich denken, daß er das Ansehen eines vortreflichen Gesetzbuches sehr würde geschwächt haben, wenn er in demselben Wunderdinge erzählte, von welchen jedermann wußte, daß er sie nie vollführt habe? Moses beschreibt die Fehler eines Abraham, Isaak, Jacob und anderer Helden seiner Geschichte eben so aufrichtig als ihre Tugen-

*) Hierauf baut auch Warburton in seiner göttlichen Sendung Moses sehr viel. Der Übers.

genden; er verschweigt den Haß und das Murren seiner Schwester Mirjam nicht; verschweigt es nicht, daß sein Bruder auf Abgötterei verfiel; ja er verhehlt so gar seine eigenen unvorsichtigen Gedanken nicht, die nur Gott und Er allein wissen konnten. Er war bescheiden, und von jeder Art der Eitelkeit vollkommen frei. Ungeachtet er Armeen kommandirt und Siege davon getragen hatte, so beobachtete er doch, in Rücksicht seiner Tapferkeit und seiner Thaten, nie tiefes Stillschweigen.*)

Er machte das Amt des Hohenpriesters in Aarons Familie erblich, und für seine eigenen Kinder bestimmte er kein Amt oder Ehrenstelle; sie mußten sich begnügen den Levitendienst zu verwalten; indeß er Josua nach sich zum Heerführer erhob, welcher von dem verheißenen Lande Besitz nehmen sollte. **) Einige halten es für unmöglich, solchen einleuchtenden Wundern zu widerstehen, und können deshalb nicht begreifen, wie die Israelitten bei diesen augenscheinlichen Wundern hätten Götzen verehren können. Allein es ist auch nicht zu bezweifeln, daß Wunder allein den Willen eines Menschen nicht bestimmen, und ein gewisser Philosoph gesteht offenherzig, daß er sich Mosen würde widersetzt haben, wenn er auch seine Wunder selbst mit Augen gesehen hätte. „Man mache, sagt er, den Lahmen gehen, den Stummen reden, oder erwecke so gar den Todten zum Leben wieder auf, mich wird dies alles nicht erschüttern!" So mächtig wirkte die vorgefaßte Meinung bei einem Freidenker in Beziehung auf die Wunder!

*) Von Moses Siegen, die er, eine Zeitlang vorher, eh er die Israelitten aus Aegypten führte, als Heerführer der Aegyptier über die Aethiopier davon getragen hat, handelt Josephus Antiqq. L. II. c. 2. Der Übers.
**) Philo. de vita Mosis, et Ioseph. Antiqq. L. II. cap. 5.

sowol auf die Hebr. selbst als auf heidn. Nat.

der! Andere seines Gelichters unterscheiden sich dadurch von ihm, daß sie es für unmöglich halten, der Gewalt der Wunder zu widerstehen. *)

Die zeitlichen Sanctionen beweisen Moses göttliche Sendung.

Wenn wir die jüdische Geschichte nur flüchtig durchlaufen, so finden wir durchgängig, daß dem Gehorsam gegen die Gesetze Belohnungen verheißen, und dem Ungehorsamen Strafen gedroht waren. Dies beweißt die göttliche Sendung Moses und den Einfluß seiner Verheißungen und Drohungen auf das Schicksal des Volkes.

Von allen Verordnungen bezeichnet nichts das göttliche Ansehen des Gesetzgebers so unverkennbar, als die zeitlichen Sanctionen; denn nach dem gewöhnlichen Laufe der Dinge, steht nirgends Tugend und Glück, Laster und Unglück, Verdienst und Belohnung im genauesten Verhältnisse. Daher haben alle andere Gesetzgeber ihre Zuflucht zur Verheißung von Belohnungen und Strafen in jenem Leben nehmen müssen, um Gehorsam gegen ihre Gesetze zu erwecken. Moses allein macht hiervon eine Ausnahme. Er bequemte sich nach der Fassungskraft und den Wünschen seiner Nation: er verhieß zeitliche Belohnungen, wenn sie die Gesetze halten würden, und bedrohte ihren Ungehorsam mit zeitlichen Strafen; und seine Voraussagungen gingen in Erfüllung. Wer anders, als ein Gesandter Gottes, konnte sich dieser Verheißungen und Drohungen zur Erreichung seines Endzwecks bedienen? In dem Vorhergehenden habe ich gezeigt,

daß

---

* Jüdische Briefe, fünfter Brief.

daß heidnische Gesetzgeber den Gehorsam gegen ihre Gesetze nicht belohnen konnten; denn ihre Macht war natürlicher Weise in so weit begränzt, daß sie nur einzelne Individuen ihrer Verbrechen wegen bestrafen konnten; aber über ein ganzes ausartendes oder widerspänstiges Volk waren sie nicht fähig, Strafen zu verhängen; und eben dadurch unterschied sich Moses von allen andern Staatsmännern. Dies beweißt unleugbar, daß sein Auftrag von Gott und seine Weisheit höhern Ursprungs war. *)

Zwar waren den Israeliten zukünftige Belohnungen nicht unbekannt, denn die Geschichte der Patriarchen **) konnte sie lehren, daß deren zu erwarten wären; aber Moses machte bei der Sinnlichkeit des Volks, auf welches das Gegenwärtige ungleich mehr wirken mußte, als das Zukünftige, keinen Gebrauch davon, um Gehorsam gegen seine bürgerlichen Einrichtungen zu erwecken, sondern zeitliche Verheißungen und Drohungen waren nach seinem Plane die zweckmäßigsten.

Die Glaubwürdigkeit der Mosaischen Nachrichten, erwiesen von Bryant.

Ein gelehrter und scharfsinniger Schriftsteller behauptet, daß Janus, Saturn, Orus, Poseidon, Osiris, Prometheus und andere heidnische Götter und Halbgötter nichts anders wären, als verschiedene Namen des Noah, und daß die Fabellehre der Heiden aus keiner andern Quelle als aus der von Mose erzählten Geschicht der Patriarchen geflossen sey. Er zeigt, daß in verschiedenen

---

*) Warburton's divine Legation an verschiedenen Stellen.
**) Stackhouses Body of Divinity, sect. 3.

nen Fabeln nichts anders abgebildet sey, als Noah die Sündfluth und die Arche; und weil so manche heidnische Sagen auf diese wichtige Begebenheit anspielten, so zieht er daraus einen Beweiß für die Wahrheit derselben. Nach der Meinung eben dieses Gelehrten, waren Rhea, Isis, und Antargis Sinnbilder der Arche Noä; denn bei den Festen der Isis und des Osiris, (auch bei andern Religionsfeierlichkeiten) wurde eine Arche oder ein Schiff aufgestellt. Die Taube wurde bei einigen Nationen als ein heiliges Thier verehrt, weil sie die Abnahme des Gewässers angezeigt hatte. Der Rabe hingegen galt überall für einen Vogel schlimmer Vorbedeutung, weil er ihre Hofnung getäuscht hatte. Der Regenbogen, als ein Zeichen des Bundes zwischen Gott und den Menschen, wurde viele Zeitalter hindurch heilig gehalten; und verschiedene alte Schriftsteller, z. B. Homer, Hesiodus, Parmenides und andere gedenken des Regenbogens als eines solchen Bundeszeichens. *) Hesiodus **) spielt hierauf an, und nennt es den großen Eidschwur; er sagt, dies wäre die Iris oder der Regenbogen, an welchen die Gottheit so zu reden appellirte, wenn eine der untern Gottheiten eine Falschheit begangen hätte. Homer ***) vergleicht die Farben in Agamemnons Brustharnisch mit den Farben der Iris, und sagt, der Regenbogen wäre den Menschen zu einem Zeichen am Himmel aufgestellt. Homer spricht an mehrern Stellen fast auf dieselbe Weise von diesem Phänomen.

Aus diesen und ähnlichen Spuren in der alten Mythologie läßt sich schließen, daß die Heiden den

Stoff

---

*) Bryants Mytholog. Vol. II. p. 349. 4to.
**) Theog. v. 780.
***) Iliad. ρψ. XI. 27.

Stoff zu ihren Fabeln und Traditionen von Mosen entlehnten, oder insgesammt aus einer Quelle schöpften, die allen Nationen bekannt war. *)

Der zuvor angeführte Schriftsteller behauptet, daß die durchgängige Aehnlichkeit der heidnischen Fabeln mit den simpeln Nachrichten Moses die Glaubwürdigkeit der letztern bewiesen. Denn wären sie, meint er, ursprünglich falsch, so könnten sie sich unmöglich so allgemein verbreitet haben; ältere Nationen würden sie nicht angenommen, und in besondern Umständen so wunderbar damit übereinstimmen.

Das Judenthum, eine unvollkommene Religion.

Nach dem, was ich bisher über die Mosaische Religionsverfassung gesagt habe, sollte man vielleicht glauben, sie wäre durchaus vollkommen, und schicke sich für alle Menschen. Allein die Vollkommenheit war relativ in so fern nämlich der Endzweck, welchen Moses sich vorgesetzt hatte, gehörig erreicht wurde; und der vornehmste Zweck war, wie wir gesehen haben, die Menschen vom Dienste der Abgötter zu entfernen, und in der Verehrung des einigen wahren Gottes zu erhalten. Die vom Mose verordneten Feste und Gebräuche galten für jene Zeiten und jenes Land. Es war kein Bund zwischen Gott und dem Menschengeschlechte, sondern zwischen

---

*) Diese Meinung scheint ungleich mehr für sich zu haben, als die erstere. Der Verfasser der ältesten Urkunde des Menschengeschlechts hat im ersten Theile mit einem großen Aufwande von Gelehrsamkeit gezeigt, daß die ältesten Völker insgesamt aus einer Quelle geschöpft, und daß sie Moses allein rein erhalten habe. Der Uibers.

sowol auf die Hebr. selbst als auf heidn. Nat.

schen Gott und den Israelitten. Selbst die zehen Gebote waren ausschließungsweise den Juden gegeben, wie die Anrede vor denselben deutlich genug zeigt. „Hört Israel, ich bin der Herr dein Gott, der dich aus Aegypten geführt hat, aus dem Hause der Knechtschaft." Die Belohnungen und Strafen, welche das Mosaische Gesetz aufstellte, waren Glück oder Unglück in dem Lande Kanaan. Dies ging natürlicher Weise das jüdische Volk allein an, und kein anderes in der Welt. Aus diesem Grunde war jene Offenbarung Gottes nicht für den größten Theil des Menschengeschlechts; denn es wäre unmöglich gewesen, daß jene Gesetze allgemein hätten können beobachtet werden. Sie galten für gewisse Zeitperioden und für ein gewisses Land. In dieser Rücksicht waren sie zweckmäßig und vollkommen, in jeder andern mangelhaft. Denn so strenge auch Opfer, Festtage und Reinigungen eingeschärft wurden, so wenig wurde auf Menschenliebe, Reinigkeit des Herzens und überhaupt auf das Wesentliche der Tugend gedrungen. Die Ermunterungen des Mosaischen Gesetzes zur Tugend und die Abschreckungen desselben vom Laster, waren nichts weniger als hinlänglich; es ist auch noch zu bezweifeln, ob Moses wirklich etwas von einem künftigen Leben gedenkt; wenigstens läßt sich dieser Streit nicht mit Gewißheit beilegen. Das Gesetz verheißt keine übernatürliche Hülfe, um die Menschen in den Stand zu setzen, sich gegen die Schwachheiten ihrer Natur zu stärken, und von der Sklaverei der Sinnlichkeit frei zu werden; es verheißt den Uibertretern keine Hofnung der Verzeihung und des Mitleids. Es weißt auch auf keinen Erlöser hin, es wäre denn, daß man Vorbilder im alten Testamente dafür finden wollte. Und was folgt nun wohl aus diesem Allem? Unstreitig dieses,

ses, daß eine so unvollkommene Offenbarung nicht für alle Zeitalter bestehen konnte; denn wäre der erste Bund vollkommen gewesen, so hätte, wie der Apostel sagt, der zweite nicht an seine Stelle treten dürfen.

Jedoch hatte das Judenthum nicht bloß die Absicht, den Aberglauben zu vertilgen, sondern trug auch mit bei, die Annahme der christlichen Religion in der Folge zu erleichtern. Moses und der Propheten Schriften bereiteten die Juden zur Ankunft Christi vor, und machten sie geneigt, ihn als ihren Messias anzunehmen, indem die Prophezeihungen auf ihn alle genau in Erfüllung gingen, *) Moses und die Propheten weisen ausdrücklich auf einen Messias hin, welcher die Menschen von der Sünde und dem Aberglauben befreien sollte, und daher hat man das Gesetz und die Propheten als eine Einleitung in das Christenthum anzusehen. Die Apostel bewiesen in der Folge aus dem alten Testamente, daß Jesus der wahre Messias sey. Paulus bedient sich

in

*) Wer zu viel an einen Nagel hängt, macht daß er sich biegt oder nichts hält. Der Verf. hätte es dabei sollen bewenden lassen, gezeigt zu haben, daß die Mosaische Religion die Abgötterei unterdrücken und die Verehrung des einigen Gottes Jahrtausende hindurch mitten unter der Abgötterei der heidnischen Völker erhalten sollte; da er nun aber fortfährt zu beweisen, daß das Judenthum seine Anhänger zur Anerkennung des Messias geneigter gemacht habe; so hat er wenigstens die Geschichte wider sich. Die Juden waren zwar geneigt genug, einen Messias anzunehmen, aber keinen solchen, der sie eine geistigere Religion lehren wollte. Bei den Heiden fand das Christenthum weit leichter Eingang, weil ihm keine so eingewurzelten Vorurtheile dabei im Wege standen. Dies sind bekannte Dinge. Der Uebers.

sowol auf die Hebr. selbst als auf heidn. Nat.

in seinem Briefe an die Hebräer Jüdischer Gebräuche, um die Lehren des Christenthums zu erläutern und zu bestätigen.

Die Schriften des A. T. haben ihren Nutzen in der Zeitrechnung und Geschichte.

Außer dem großen, mehrmals angegebenen Zweck, den Götzendienst zu verhindern, und das jüdische Volk auf die Lehre des Evangeliums vorzubereiten, sollten die Schriften des A. T. auch dazu dienen, manche Lücken in den Zeitrechnungen der Alten auszufüllen, die Naturforscher vor gewissen Abwegen zu bewahren, und manchen Heiden bessere Vorstellungen von Gott und dessen Eigenschaften gleichsam zuzuführen. Ohne die in den heiligen Büchern aufbewahrten Zeitrechnungen, würde es uns an der gehörigen Zeitbestimmung von Erschaffung der Welt an bis auf Christi Geburt fehlen, und Newton bedient sich derselben in seiner Zeitrechnung, als Supplemente zur Profangeschichte, welche ohne dieselbe in dieser Rücksicht gänzlich mangelhaft seyn würde. Ein gelehrter Heide war der Meinung: wenn Menschen den Anfang der Welt wissen könnten, so müßten sie ihre Zeitrechnung von da anfangen. Varro theilt die Zeit in die ungewisse, die fabelhafte und die historische ein. Die Periode von der Weltschöpfung an bis zur grossen Uiberschwemmung nennt er die ungewisse; die fabelhafte fängt mit der großen Uiberschwemmung an, und reicht bis zur ersten Olympiade; und hier tritt die historische ein und erstreckt sich bis auf seine Zeiten. *) Die Zeitrechnung der Olympiaden fängt ungefähr dreitausend Jahr nach der Schöpfung an. Von dieser Pe-

*) Eusebii Praepar. Evang. L. X. cap. X.

riode haben wir außer dem, was die heiligen Bücher enthalten, keine zuverläßige Nachricht. Ohne diese Quelle des Unterrichts würden wir von der Zeit der Schöpfung an, bis zur Gründung der Persischen Monarchie uns in der größten Ungewißheit befinden; ein Zeitraum von nicht weniger als dreitausend Jahren! —

Herodotus schrieb ungefähr um die Zeit des Xerxes; Thucydides und Xenophon traten lange nach dieser Periode auf. Weiter giebt es hier keinen Schriftsteller, der in Bestimmung der Zeitrechnung zu gebrauchen wäre, außer einigen zweifelhaften Bruchstücken, welche nach der Babylonischen Gefangenschaft sind geschrieben worden. Die Bücher des Chaldäers Berosus, des Aegyptiers Manetho, des Phöniciers Sanchuniathon und des Indiers Megasthenes, sind entweder verloren gegangen oder nachgemacht worden; und gesetzt auch sie wären ächt, so fallen sie doch erst in die Zeit des Ptolemäus Philadelphus.

„Bei den Griechen, sagt Julius Afrikanus, welchen Eusebius *) anführt, giebt es vor den Zeiten der Olympiaden in der Geschichte nichts zuverläßiges; alles was zuvor geschehen, ist verworren und unzusammenhängend." Thucydides **) fängt seine Geschichte mit dem Peloponnesischen Kriege an; denn was zuvor geschehen war, beruhte bloß auf Muthmaßungen; und Plutarch geht nicht weiter, als bis auf den Theseus zurück, weil vor dieser Zeit die historische Wahrheit gänzlich unter Fabeln und Dichtungen verborgen liegt. Die Jahrbücher der Römer vor der Zeit, da die Gallier Rom

---

*) Eusebii Praepar. Evang. L. X. cap. X.
**) De bello Pelopon. L. I.

sowol auf die Hebr. selbst als auf heidn. Nat. 213

Rom in Brand steckten, existirten zu Plutarchs Zeiten nicht mehr. Was endlich die Scythen und andere rohe Völkerschaften betrift, so wissen wir fast gar nichts von ihnen, außer was uns Römische nnd Griechische Schriftsteller melden, welches noch dazu mit Fabeln und Lügen vollgepfropft ist.

Die Mosaische Erzählung kann die Naturforscher vor Irrthümern bewahren.

Der hebräische Gesetzgeber sagt uns, daß Gott die Erde, das Meer, Vögel, Fische und die übrigen Thiere nach dem Bedürfnisse der Menschen erschaffen habe. Hätten die Naturforscher sich an diese Erzählung gehalten, und ihre Talente dazu angewendet, diesen Plan in der Natur durch ihre Nachforschungen bestätigt zu finden, anstatt daß sie eine Welt nach den Eingebungen ihre Phantasie erschufen, so würden sie unstreitig ihre Zeit nützlicher angewendet haben. Wo von der Mosaischen Erzählung ist abgewichen worden, findet man nichts als widersprechende Fabeln von Dichtern, und grundlose Hypothesen von Naturforschern. Aristoteles, Epikur, Gassendi, des Cartes und andere Moralisten schreiben die Entstehung jedes Dinges der Materie und ihrer Bewegung zu, und sehen keine Nothwendigkeit ein, worauf sie die Macht eines verständigen Wesens zur Vollendung des Ganzen zu Hülfe nehmen sollten. *)

Hät-

---

*) Der Verf. wird sich's gefallen lassen, daß man ihm von diesen Materialisten den Aristoteles und des Cartes abzieht. Aristoteles drückt sich freilich hin und wieder etwas dunkel über die Entstehung der Welt aus; aber man darf ihn nicht aus einer Stelle allein beurtheilen. Es giebt andere Stellen in seinen Schriften, wo er über
Gott

Hätten diese Philosophen sich an die Mosaische Erzählung gehalten, sie würden glücklicher in ihren Theorien gewesen seyn, und in der Vollkommenheit der Welt Beweise genug für einem mächtigen weisen und gütigen Gott gefunden haben.

Wer Lust hat mit den Hypothesen und leeren Einfällen der Philosophen über die Entstehung der Welt aus dem Chaos, sich bekannt zu machen, den verweise ich auf das mehrmal von mir angeführte Werk des le Pluche.

Moses nimmt keine Welt an, welche ohne Gott entstanden wäre; keine materiellen Wesen, die sich durch ihre eigene Kraft in geistige umgewandelt hätten; keine Wesen als wirklich existirend, die nie existirt haben,

als

Gott und Vorsehung sich deutlich und bestimmt ausdrückt. Metaph. I. c. 2. §. 4. tadelt er die Weltweisen vor Anaxagoras, weil sie eine blinde Nothwendigkeit in der Materie zur Entstehung der Welt angenommen hätten. Phyne. VII, c. 1 p. 553. ed. Pac. nennt er die Gottheit ein ewiges, selbstständiges Wesen, und nimmt sie zur ersten Ursache der Welt an (το πρωτως αιτιον). Demundo cap. 6. p. §1219. sagt er: „was bei einem Schiffe der Steuermann, in einer Stadt die Gesetze, bei einer Armee der Feldherr ist, das ist in Absicht der Welt die Gottheit." Ich könnte mehrere Stellen dieser Art anführen. Wer den des Cartes unter die Materialisten setzt, muß nie von seinem Systema assistentive etwas gehört haben, noch weniger von dessem Buche: Meditationes de prima philosophia, ubi de Dei existentia et animae immortalitate agitur. Parif. 1641. 4. Der Pater Daniel, der den des Cartes nicht verstehen konnte oder wollte, hat ihm freilich die ungereimtesten Dinge aufgebürdet, in einem wider ihn gerichteten Werke: Voyage du monde de Des Cartes. Paris 1691. II. 4. Der Ulbers.

sowol auf die Hebr. selbst, als auf heidn. Nat.

als z. B. Faunen oder Nymphen. Seine Vorstellung, so majestätisch und viel umfassend sie ist, bleibt immer dabei simpel; die Erfahrung ist ihr nicht zuwider; sie ist den unzusammenhängenden und abgeschmackten Kosmogenien der Heiden ganz unähnlich, *).

Da Newton den Spuren des heiligen Geschichtschreibers nachging, so wird seine Theorie in Absicht der Entstehung der Elemente, der Bewegung und Organisation des Ganzen, immer unerschüttert bleiben; indeß schon so manches System der Phantasie, welches von Weltweisen zusammengesetzt wurde, schon längst in die Vergessenheit hinabgesunken ist.

Die jüdischen Glaubenslehren sind den alten Heiden nicht unbekannt gewesen.

Um zu beweisen, daß die Heiden in Absicht des besseren Theils ihrer Gotteslehre manches von den Juden entlehnen, wird es zuvor nöthig seyn zu zeigen, daß verschiedene heidnische Geschichtschreiber, Weltweise, Gesetzgeber und Dichter Gelegenheit hatten, so wohl mit den

---

*) Ueber Moses Lehre von der Schöpfung ist dasjenige zu empfehlen, was sich im zweiten Theile des zweiten Bandes in des verehrungswürdigen Jerusalems Betrachtungen über die vornehmsten Wahrheiten der Religion. S. 414 — 454. befindet. Ueber die Schöpfung aus Nichts, in philosophischer Rücksicht, kenne ich nichts bessers als des Hrn. Prof. Heydenreichs kleine lateinische Schrift: *Adumbratio quaestionis: num ratio humana sua vi et sponte contingere possit notionem creationis ex nihilo?* vergl. dessen Betrachtungen über die Philosophie der natürlichen Religion. B. 2. S. 151 = 171. Der Uebers.

den Schriften der Juden als mit dieser Nation selbst bekannt zu werden.

Wir haben das Zeugniß des Aristobulus, daß die Bücher Mosis, vor Alexander des Grossen Zeit, in das Griechische sind übersetzt worden. Es läßt sich auch nicht zweifeln, daß Moses und der Propheten Schriften, eh sie noch übersetzt wurden, den Heiden schon bekannt waren. Ptolemäus Philadelphus ließ die Schriften des A. T. auf Anrathen des Demetrius Phalereus, eines Peripatetikers, in die Griechische Sprache übersetzen.

Die Juden waren den Griechen zur Zeit des Xerxes wohl bekannt. Chärilus, ein Geschichtschreiber und Zeitgenosse Herodots versichert, daß sie dem Xerxes wider die Griechen beigestanden hätten. *) Als Ptolemäus Evergetes nach Josephus **) Bericht, Syrien mit Gewalt einnahm, opferte er vor dem Siege nicht den Aegyptischen Gottheiten, sondern ging nach Jerusalem und opferte daselbst dem wahren Gotte nach der Weise der Juden. ***) Eben dieser Schriftsteller thut mit mehrern Gründen dar, daß die Griechen mit den Juden

be-

---

*) Ioseph. contra Ap. L. I. sect. 22.

**) Ibid. L. II. sect. 5.

***) Und bei dem Allem konnte Ptolomeus Evergetes von Dogmen der Juden gerade so viel wissen, als der Mufti oder Talai Lama von Kants Kritik der reinen Vernunft. Es war ein allgemein herrschender Aberglaube bei den alten Völkern, daß wenn sie ein Land einnehmen wollten, sie den Göttern desselben Opfer brachten, damit sie ihnen den Sieg verleihen möchten. Nun stand Palästina in Verbindung mit Syrien: Ptolemäus hatte von der Macht des Gottes der Jüden gehört; er opferte ihm also, damit er sich seine Gunst erwerben und desto leichter siegen möchte. Der Ubers.

sowol auf die Hebr. selbst als auf heidn. Nat. 217

bekannt gewesen sind, und manche von ihren Lehren benutzt haben. *) Agatharchides verlacht die Juden, daß sie jeden Tag in der Woche einen Ruhetag hielten, und weder Ackerbau noch Gewerbe an demselben trieben. Theophilus, Theobolus, Mnaseas, Aristophanes, Euhemerus, Conon und andere Griechische Schriftsteller gedenken wenigstens der Juden, ungeachtet sie ihnen Dinge andichteten, welche keinen Grund hatten, weil sie die heiligen Schriften derselben nicht kannten. **)

Durch den Handel, den die Juden mit den Phöniciern trieben, mußten sie den Griechen ***) bekannt geworden seyn, und ihre mancherlei Gefangenschaften hatten unstreitig ihre Religionslehren unter den heidnischen Völkern ausgebreitet. Unwillig in der Sklaverei auszuhalten, mochten unstreitig manche Gefangene in andere Länder ausgetreten seyn. Selbst das Sonderbare ihrer Gebräuche mußte die Neugier ihrer Oberherren erregt haben, um die Lehrsätze eines Volks zu untersuchen, welches sich, aller Sklaverei ungeachtet, ein Liebling des Himmels zu seyn rühmte.

Die Chaldäer hatten unstreitig, während die Juden im Babylonischen Exil waren, theologische Kenntnisse von den Hebräern empfangen: †) denn der Prophet Daniel, um dieses einzigen zu erwähnen, legte dem Könige seine Träume aus, der König machte ihn, seiner

Weis-

---

*) Contra Apionem L. I. sect. 22.
**) Josephus ibid. sect. 22.
***) Josephus l. h
†) Es fragt sich nur, ob die Juden durch die Chaldäer, oder diese durch die Juden klüger geworden sind. Hierüber zu urtheilen, will ich den Lesern überlassen. Der Uberf.

Weisheit wegen, zum Statthalter der Provinz Baby=
lon, und rufte laut aus: „Euer Gott ist ein Gott
der Götter, ein Beherrscher der Könige; er offenbart
was verborgen ist!" *)

    Schon zu Salomons Zeiten, welcher eine Aegypti=
sche Königstochter heirathete, fand eine gewisse genauere
Verbindung unter den Juden und Aegyptern statt; denn
sie handelten mit einander. Es ist wahrscheinlich, daß
die Aegypter bei einer solchen Verbindung mit den Ju=
den, Kenntniße von ihnen empfingen, wiewohl sie es nie
anerkennen wollten. Die gegenseitige Freundschaft er=
hielt sich auch nicht lange, und man kann annehmen,
daß die Aegyptier, die selbst einen gewissen Schatz von
Kenntnißen besaßen, den Juden, nachdem sie in Streit
mit ihnen gerathen waren, durchaus nichts wollten zu
danken haben.

    Diodor von Sicilien sagt, Orpheus, Museus,
Melampus, Daedalus, Homer, Lykurg, Solon, Py=
thagoras, Thales, Eudoxus, Democritus und mehrere
berühmte Männer hätten Aegypten bereist, um mit den
dasigen Priestern Umgang zu pflegen, und ihre geheime
Weisheit zu erlernen. **) Pythagoras hielt sich zwei und
zwanzig Jahre in diesem Lande auf, und ließ sich sogar
beschneiden, um in den Mysterien eingeweihet zu wer=
den. Er bediente sich auch der sinnbildlichen Sprache,
die unter den Weisen dieses Landes üblich war. Kann
man wohl zweifeln, daß ein Mann, welcher reisete, um
sich zu unterrichten, sich dabei so mancherlei Müh=
seligkeiten und Gefahren unterzog, irgend eine Gelegen=
heit,

*) Danielis cap. II.
**) Steuchus de perenni philosophia L. VII. cap. VIII.

heit, Kenntnisse einzusammeln, sich wird haben entgegen lassen? Die Heiden, welche nach Weisheit begierig waren, hatten wenigstens in Aegypten Gelegenheit dazu, weil dieses Land von den Juden mit einigen Kenntnissen war bereichert worden; und wie sollte es nicht höchst wahrscheinlich seyn, daß sie sich dieser Gelegenheit zu Nutze gemacht hätten? Nicht allein Juden und Christen, sondern auch Heiden; nicht allein Priester und Religionslehrer, sondern auch Laien und Rechtsgelehrte haben behauptet, daß die alten heidnischen Philosophen den Juden ihre erhabensten Vorstellungen von Gott schuldig sind, mit so vieler Hitze auch andere bestreiten, daß sie ihre Kenntnisse von der Natur, entweder dem Nachforschen ihrer eigenen Vernunft, oder den Uiberlieferungen der Patriarchen zu verdanken hätten!

Juden und Heiden erzählen dieselben Thatsachen.

Aegyptische, Phönicische, und Chaldäische Historiker bezeugen einstimmig, daß die ersten Menschen lange gelebt haben, und der scharfsinnige Verfasser der Geschichte der menschlichen Kenntnisse *) beweißt, daß in den Nachrichten des Diodor von Sicilien, des Berosus und Sanchuniathon, Spuren von der Mosaischen Schöpfungsgeschichte zu entdecken sind; wiewohl alle diese Berichte den Mosaischen an Wahrheit und Einfalt weit nachstehen.

Berosus, ein Chaldäer, erzählt, daß die Menschen sich bei einer großen Wasserfluth auf die Spitze eines Armenischen Gebürges geflüchtet hätten, und Abidienus behauptet, daß ein gewisser Sissithrus, in einem Schiffe

*) Winder's History of knowledye.

Schiffe sich nach Armenien gerettet habe; daß ihn die Fluth eingeholt, und er mit derselben sey fortgetrieben worden; daß er zu wiederholtenmalen Vögel ausgesendet, und endlich an dem Schlamme, welchen sie an ihren Füßen zurückgebracht hätten, gemerkt habe, daß der Boden von der Sündfluth wieder frei sey.*)

Moses gedenkt des Babylonischen Thurmbaues und der dabei entstandenen Sprachverwirrung; und die heidnischen Geschichtschreiber erzählen, daß die Giganten den Himmel stürmen wollen, und die Götter von Zorn entflammt, sie vernichtet hätten. **) So groß ist die Aehnlichkeit der Mosaischen Geschichte und der heidnischen Traditionen, daß auch Celsus ***) behauptet, Moses habe das Seinige aus den Homerischen Fabeln geschöpft, ohne zu bedenken, um wie viel älter Moses ist, als der Griechische Dichter.

Diodor, Strabo, Tacitus, Plinius, Solinus gedenken des Feuers, welches Sodom †) verzehrt habe, und Celsus war hierbei der Meinung, daß die, über Sodom und Gomorrha verhängte Strafe aus der Fabel vom Pháthon, wie sie bei den Dichtern zu finden ist, sey entlehnt worden. Lucian gedenkt einer alten Tradition in Hierapolis, von Menschen und Thieren, die in einer Arche wären errettet worden. ††) Melo, ein Schriftsteller, welchen Eusebius anführt, sagt, daß im dritten Menschenalter nach der Uiberschwemmung Abraham wäre gebohren worden. Dieser, fährt er fort, habe

---

*) Eusebii Praeparat. Evangel. L. IX. cap. III.
**) Euseb. Praepar. Evang. IX. III.
***) Origines contra Celsum L. IV.
†) Grotius de veritate religionis Christianae L. I. sect. 16.
††) Grotius l. l.

sowol auf die Hebr. selbst als auf heidn. Mat.

be seinen Sohn Isaak opfern wollen, aber ein Widder, welcher plötzlich dazu gekommen wäre, sey statt dessen auf den Altar gelegt worden. Alexander erzählt die Flucht Jacobs vor den Nachstellungen seines Bruders Esau, und gedenkt dabei, daß Isaak hundert und sieben und dreißig Jahre gelebt habe. Er berührt die Knechtschaft Josephs in Aegypten, seine Auslegung der Pharaonischen Träume, seine Befreiung und nachherige Größe. *)

Wir haben das Zeugniß des Eusebius, daß in den Schriften des Theodotus und Artapanus die Geschichte Josephs und seiner Brüder eben so, als wie beim Moses, sey erzählt worden. Die Uibereinstimmung also, der heidnischen mit der heiligen Geschichte, ist ein Beleg für die Wahrheit der letztern, und beweist, daß Juden und Heiden aus einer und derselben Quelle schöpften, oder daß die Heiden ihre Geschichtserzählungen den Juden zu danken hatten.

Moses und die heidnischen Geschichtschreiber mögen ihre Nachrichten von der Sündfluth, von der Arche, von der Sprachverwirrung, von der Vertilgung Sodoms u. d. m. immerhin aus einer alten Tradition gezogen haben; es bleibt dennoch wahrscheinlich, daß die Heiden ihre Nachrichten von den Patriarchen, entweder durch Bekanntschaft mit den Schriften der Hebräer, oder aus ihrem eigenen Munde empfangen haben.

Plato entlehnte von den Juden.

Plato und andere heidnische Philosophen entlehnten wahrscheinlicher Weise ihre erhabensten und geläuterts

*) Eusebius Praepar. Evang. L. IX. cap. IV.

tertesten Vorstellungen von Gott und dessen Eigenschaften, aus Moses und der Propheten Schriften; und diese Weisen des Alterthums mögen sich unstreitig hierbei des Unterrichts einiger Juden bedient haben, welche sich während des Exils in Aegypten aufhielten. Dieser Philosoph sagt, daß die Menschen, denen sich das ewige und unkörperliche Wesen durch die Schöpfung der Welt offenbart habe, keine Entschuldigung für ihre Irrthümer hätten. Die Worte Moses: „Ich bin, der ich bin" mochten bei dem Plato die Idee von der Ewigkeit und Selbstständigkeit Gottes erweckt haben, so, daß er die Gottheit als ein Wesen darstellte, welches nicht von sich aussagen könne: ich bin gewesen, oder ich werde seyn, sondern: ich bin der ich bin. *) Moses sagt, Gott habe den Menschen nach seinem Bilde geschaffen, und Plato, gleichsam als hätte er diese Stelle gelesen, behauptet, daß der Mensch nur in Absicht seiner geistigen Natur Gott ähnlich werden könne. **) Moses sagt, Sonne Mond und Sterne wären zur Bestimmung der Jahreszeiten geschaffen worden; Plato ist eben dieser Meinung, und bemerkt ferner, daß Gott ursprünglich den Menschen ohne Arbeit ernährt habe, und die ersten Menschen keine Kleider getragen hätten, womit er, wie man sieht, auf den ersten Zustand derselben im Paradiese anspielt. ***) Aus der Mosaischen Erzählung, von der Eva und der Schlange stammt wahrscheinlicher Weise Platos Behauptung, daß die Menschen im Saturnischen Zeitalter nicht bloß mit Menschen, sondern auch mit Thieren gesprochen hätten. Moses beschreibt die Sündfluth und die Tugenden und Laster der ausge-

*) Euseb. Praepar. Evang. L. XI. cap. VI.
**) Euseb. Praep. Evang. XI. VI.
***) ibid. L. XI. cap. XV.

sowol auf die Hebr. selbst als auf heidn. Nat.

zeichnetesten Menschen vor und nach derselben: Plato behält in seinen Schriften, wo er von diesen Begebenheiten spricht, die nämliche Ordnung bei, sagt, daß wenig Menschen bei der allgemeinen Uiberschwemmung wären gerettet worden, und daß diese wenigen sich auf die Gebürge geflüchtet hätten. *)

„Armuth und Reichthum gieb mir nicht" heist es in den Sprüchen Salomons, und Plato schließt beide Extremen, als schädlich für das gemeine Beste, aus seiner Republik aus. **)

Salomon schärft uns in seinen Sprüchwörtern die Vorsichtigkeit ein, niemanden vor seinem Tode glücklich zu preisen, und Plato sagt im siebenten Buche seiner Gesetze, man müsse niemanden erheben, bevor man das Ende seiner Werke sähe. ***)

Mo=

*) ibid. L. XI. cap. X.
**) Als wenn ihn nicht sein bloß gesunder Menschenverstand dieses hätte lehren können! Als wenn es einer Offenbarung zur Entdeckung einer solchen eben nicht tief verborgenen Wahrheit bedürfte! Was könnte man auf diese Art nicht alles für Deductionen machen? Wenn ein Dorfschulze zur Gemeine sagte „nur einer darf befehlen, wenn Ordnung seyn soll" müßte er deshalb den Homer gelesen haben, weil Ulyss darin sagt: εἷς κοίρανος ἔστω u. s. w. Der Uibers.
***) Beiden Sentenzen fehlt, wie sie da stehen, die Wahrheit. Ich will noch hinzusetzen, wie Aristoteles die Sache verstand. Dieser Weltweise behauptet ebenfalls, man dürfe niemanden vor seinem Tode glücklich nennen; und warum? weil der Mensch in diesem Leben nie von allem Uibel frei sey, welcher Zustand erst nach dem Tode eintrete. So erklärt Aristoteles auch das bekannte Urtheil des Solon, der vom Crösus gefragt wurde, ob er ihn nicht für glücklich hielte. (Aristotel. Eth. Nicom. L. I. cap. 11. p. 15. ed. Pac.) Der Uibers.

Moses verbot, daß kein Israelite Sklave eines andern Israeliten seyn sollte; und geschah es, daß jemand z. B. Schulden halber, Leibeigener werden mußte, so erhielt er doch im Sabbathjahre seine Freiheit wieder. Plato gab eine ähnliche Verordnung, und verbot, daß Kinder nicht für die Verbrechen ihrer Eltern büßen sollten. *) Moses gab ein Gesetz, nach welchem derjenige, der ein Thier gestohlen und getödtet hatte, es vierfach wieder erstatten mußte; wurde aber das Thier noch lebendig bei ihm gefunden, so gab er es nur doppelt wieder. Plato verordnete, in allen solchen Fällen einen doppelten Ersatz. **)

Plato theilte die Städte in seiner Republik in zwölf Cantons und das ganze Land in zwölf Theile ein. Die Hauptstadt sollte zehn Meilen von der See entfernt seyn, und keine andere ihr zu nahe liegen, damit diese nicht durch die Sitten ihrer fremden Nachbarn verdorben würden. ***)

Plato sagt, daß Gott alle menschliche Schicksaale regiere, alle Dinge sehe, höre und wisse; der Mensch möchte sich in den Tiefen der Erde verbergen, oder gen Himmel fliehen, er könnte sich dem Auge der Gottheit dennoch nicht entziehen. Dieses Urtheil ist offenbar aus jener erhabenen Stelle des Psalmisten von der Allgegenwart Gottes entlehnt. †) Der Psalmist lehrt, daß Gott unveränderlich und allenthalben derselbe sey: Plato verbannt diejenigen, welche hierüber anders denken,

aus

---

*) Praep. Evang. L. XII. cap. XXIV.
**) Ibid. cap. XXV.
***) Praepar. Evang. L. XII. cap. XXVII.
†) Ibid. cap. XXVIII.

aus seiner Republik. *) Moses sagt, daß die Erde im Anfange ohne Form und Gestalt gewesen sey: Plato macht die formlose Materie zum Urstoff aller Dinge;**) und Ovid sagt ebenfalls, daß Alles eine regellose ungeordnete Masse gewesen sey, bis Gott die einander entgegen wirkenden Elemente gesondert, und jedem die Gränze seiner Wirkungen bestimmt habe. ***)

In einigen besondern Umständen stimmt Plato mit Mosen nicht genau überein, sondern ändert und verbirgt manches, vielleicht um seinen Diebstal zu verbergen; vielleicht irrt er auch zuweilen aus Unkunde der Sprache der heiligen Schrift.

Justin der Märtyrer fragt, woher anders, als aus der heiligen Schrift es Plato habe lernen können, daß Jupiter auf seinem lebendigen Wagen gen Himmel gefahren wäre? Eine Vorstellung, die er wahrscheinlicher Weise aus jenen Worten des Propheten Ezechiels genommen hat. „Da schwungen die Cherubim ihre Flügel, und die Räder gingen neben ihnen, und die Herrlichkeit des Gottes Israel war oben über ihnen; und die Herrlichkeit des Herrn erhub sich aus der Stadt und stellte sich auf den Berg, der gegen Morgen vor der Stadt liegt; und ein Wind hub mich auf, und brachte mich im Gesicht und im Geist Gottes zu Chaldäa zu den Gefangenen, und das Gesicht, so ich gesehen hätte, verschwand vor mir." †)

Daß

---

*) Ibid L. XII. cap. IV.
**) Ibid. cap. VII.
***) Ovid. Metamorph. L. I.
†) Ezech. cap. XI. 21.

Daß Plato Ideen von den Juden entlehnte, er⸗
giebt sich auch aus dem Zeugnisse des Numenius *),
eines Pythagoreers. Dieser sagt, Plato wäre kein an⸗
derer als Moses, nur daß er in Attischer Sprache rede.
Philoponus behauptet ebenfalls von ihm, daß er in
der Darstellung der Weltschöpfung, Mosen nachahme,
aber die Erhabenheit des heiligen Geschichtschreibers
nicht erreiche. **)

Orpheus, Homer, Solon, und andere, entlehnten
einiges von den Juden.

Es läßt sich nicht zweifeln, daß die Griechen man⸗
che Ideen, die sich in ihren Schriften auszeichnen, den
Juden schuldig waren. Orpheus ***) z. B. sagt, Gott
wäre

---

*) Marsilius Ficinus de Religione christ. cap. XXVI.
**) Io. Philoponus, de creatione mundi L. I.
***) Von den unter Orpheus Namen noch übrigen Ge⸗
dichten läßt sich von keinem einzigen beweisen, daß Or⸗
pheus selbst Verfasser davon sey, wohl aber ist der In⸗
halt einiger Hymnen so beschaffen, daß sich Orphische
Lehren, so weit dies heut zu Tage anzugeben möglich
ist, daraus entwickeln lassen. Wir besitzen noch
die Argonautica, die Hymnen, das Büchelchen von
den Eigenschaften der Steine und Fragmente. Scharf⸗
sinnige Gelehrte haben einleuchtend gezeigt, daß Juden
und Christen, Phythagoreer und Neuplatoniker diese
Gedichte verfertiget haben. Daher kommt es auch, daß
sie einander widersprechenden Inhalts sind. So sind
z. B. ein paar Fragmente aus lauter Wendungen und
Ausdrücken der Psalmen Davids zusammen gesetzt. Die⸗
se Fragmente sind wahrscheinlicher Weise aus der Feder
eines Christen oder Alexandrinischen Juden. Man lese
über dies Alles, wenn man sich genauer davon unter⸗
richten will, Brucker Hist. Philol. To. I. p. 373-393.

Noch

wäre ein unsichtbares Wesen, und von niemanden, außer einem Chaldäer, (welcher Abraham seyn soll) gesehen worden. Er äußert Gedanken von Gott, die nicht original seyn können. Der Himmel ist mein Thron und die Erde mein Fußschemmel," dies ist gewiß eine merkwürdige Stelle, und so auch diese: „er mißt das Meer in seiner hohlen Hand;" diese Ideen drückt Orpheus mit veränderten Worten aus: „Gott sitzt im Himmel auf einem goldenen Throne, die Erde ist unter seinen Füßen, und seine Rechte reicht bis an die äußersten Enden des Ocean. So umschrieb er die Worte der heiligen Schrift; und jene Worte mochte er wohl von denjenigen Aegyptiern gehört haben, die sich in Thracien unter der Armee des Schischak befanden. *)

Homers Beschreibung der Gärten des Alcinous ist wahrscheinlich von den Mosaischen des Paradieses entlehnt, und die Fabel von der Ate, welche Jupiter aus dem Himmel verstoßen hatte, bezeichnet den Fall des Lucifer, dessen Jesaias gedenkt. Die Fabel vom Prometheus, welcher Menschen aus Thon bildete, und sie mit dem himmlischen Geiste belebte, ist eine Nachahmung der Mosaischen Schöpfungsgeschichte des Menschen.

P 2 Die

Noch besser ist, was Hr. Tiedemann in Griechenlands ältesten Philosophen S. 64. s 68 hierüber gesagt hat. Hr. Meiners in der Hist. doctrinae de vero deo stützt sich unter andern auch auf die Neuheit der Sprache, welche in diesen Gedichten sehr sichtbar ist. (p. 187—204.) Vorzüglich ist hierüber zu empfehlen, des gelehrten Hrn. Schneiders Dissertation: De dubia Orphicorum carminum auctoritate atque vetustate, worin er ihre Unächtheit scharfsinnig dargethan hat, so viel auch Geßner Aechtes darin zu finden meint. Der Übers.

*) Winder's hist. of. knowledge, Vol. II, chap. VII. sect. 7.

Die gleiche Vertheilung der Ländereien unter den Lacedämoniern, das Verbot, sie nicht zu veräußern, oder das, nicht außer den Familien zu heirathen, waren Mosaische Einrichtungen, welche Lykurg von den Kretensern und Aegyptiern entlehnt hatte, und diese waren sie ursprünglich den Juden schuldig. *) Moses und Solon verbieten beide, einen Räuber am Tage umzubringen, und wenn einem Mädchen die Eltern wegstarben, so war nach Solons Gesetzen der nächste Anverwandte verbunden sie zu heirathen. Diese Verordnung war Nachahmung einer Mosaischen, nach welcher jeder in seinem Stamme heirathen mußte. **)

Bei den Juden mußte ein Weib, die der Untreue gegen ihren Mann verdächtig war, im Tempel oder in der Stiftshütte einen Becher bittern Wassers trinken; war das Weib, und der Buhle, mit dem man sie in Verdacht hatte, des Ehebruchs schuldig, so schwollen sie während dieser Ceremonie auf, ermatteten, bekamen innerliche Fäulniß und starben. ***) Die Heiden ahmten

---

*) Craige de republ. Laced. L. III. tab. 3. inst. 3.
**) Grotius de veritate religionis Christ. II. I. sect. 12.
***) Der Verfasser hat das Gesetz beim Mose, welches Numer. V. v. 11. § 31. nicht recht angesehen. Es ist folgendes: Wenn ein Mann seine Frau im Verdachte der Untreue hatte, so konnte er ihr den Reinigungseid deferiren. Bei diesem Schwure reichte ihr der Priester einen bittern Trank, wobei sie sich selbst anwünschte, daß, wofern sie schuldig wäre, ihr Leib aufschwellen, ihre Hüften schwinden und sie zum fruchtbaren Beischlafe untüchtig werden möchte. War sie unschuldig, so konnte sie das alles mit gutem Gewissen thun. Ihr Buhle war hierin nicht mit begriffen, wie der Verf. sagt. S. Michaelis Mosaisches Recht 5ter Band §. 263. S. 250. ff. zweite Aufl. der Uibers.

sowol auf die Hebr. selbst als auf heidn. Nat.

ten diesen Gebrauch nach, und reichten gravirten Personen einen Becher Wassers und ließen sie dabei den Reinigungseid ablegen. Wären die Personen unschuldig, so glaubten sie, das Wasser würde süß schmecken; schwuren sie hingegen falsch, so erwarteten sie, daß der ganze Leib aufschwellen, Blasen und Geschwüre bekommen würde. *)

Die alten Sachsen und andere rohe Völker ließen Personen, die ein Verbrechen sollten begangen haben, die Feuerprobe oder Wasserprobe ablegen, und hoften, Gott werde den Unschuldigen durch ein Wunder erretten und den Verbrecher bei dieser Probe bestrafen; so wie es bei den Juden geschah. **)

Aus dem bisher von mir Gesagten sieht man, daß die Heiden verschiedene Lehrsätze entweder mündlich von den Juden empfangen oder aus den Schriften derselben gestohlen ***) haben. Wir können aber auch eben so wenig zweifeln, daß sie dergleichen entlehnte Sätze mit eigenen Grillen versetzten, um ihren Diebstal dadurch

*) Seldenus de jure nat. et gentium L. I.
**) Es ist unerweislich, daß die Heiden dergleichen Dinge aus Moses Gesetzen sollten entlehnt haben. Die alten Sachsen und mehrere Nordische Völker, hatten diesen Aberglauben mit der Feuerprobe u. d. gl. von den ältesten Zeiten an gehabt, und wußten zuverläßig nicht, ob ein Moses in der Welt gewesen wäre oder nicht. Moses hat vielleicht den Gebrauch des bittern Wassers bei dem Reinigungseide von einem arabischen Volke entlehnt, und, als ein göttlicher Gesetzgeber, anders modificirt. Der Uibers.
*) Auf so unläugbare Beweise, als sie der Verf. bisher geführt hat, würde der Lord Oberrichter in England zuverläßig keinen Dieb hängen lassen. Der Uibers.

durch zu verbergen. Plato gab zu, daß die Griechen
dasjenige, was sie von den Morgenländern empfangen
hätten, weiter ausbildeten, d. h. sie änderten und verschönerten so lange, bis alle Aehnlichkeit zwischen den Ihrigen und den fremden Ideen gänzlich vertilgt war.

Fortsetzung des Vorigen.

Daß die Griechen ihre Kenntnisse den Hebräern
schuldig gewesen, behaupten eine Menge Geschichtschreiber und Gelehrte. Pythagoras, Plato und andere
Weisen, bereisten fremde Länder, um sich mit den Kenntnissen derselben bekannt zu machen: sie hatten wahrscheinlicher Weise Bekanntschaft mit Juden gemacht und
Meinungen von ihnen angenommen. Josephus behauptet, daß die Griechen von seinem Volke gelernt hätten. *) Hermippus **) meldet, daß Pythagoras ver-
schie-

---

*) Carten Apionem L. I. lect. 22. (Dieser Zeuge in sei-
ner eignen Sache, führt, zu dem was er behauptet,
keinen Beweiß. Der Ubers.)

**) Wenn der Verf. erst den Josephus und nach ihm den
Hermippus anführt, so sollte man glauben, er hätte
hier zwei Zeugen, und beide machen doch nur einen aus.
In der Stelle, welche er aus dem Josephus Carten
Apion I. 22. anführt, beruft sich ja Josephus erst auf
das Zeugniß des Hermippus; und dieser Hermippus
gilt in der Geschichte des Pythagoras für keinen Gewährsmann. Er lebte unter der Regierung des Pto-
lomäus Evergetes ist der erste, der es sich hat in
den Kopf kommen lassen, den Pythagoras zu einem
Schüler der Juden und so gar der Thracier zu machen.
Er ist es allein, der dem Pythagoras grobe Betrügereien und sinnlosen Aberglauben Schuld giebt. Die
Bruchstücke, die von ihm übrig sind, wovon selbst Josephus eins aufbehalten hat, und wovon mehrere beim
Dio-

sowol auf die Hebr. selbst als auf heidn. Nat.

schiedenes von den Juden entlehnt und seiner Philosophie einverleibt habe. Aristobulus, ein Alexandrinischer Jude, sagt vom Pythagoras und Plato dasselbe.*) Numenius, ein Pythagoreer**), beschuldigt den Plato, daß er die Bücher Mosis compilirt, und die würdigsten

> Diogenes von Laerte L. VIII. f. 40. 41. ff. zu finden sind, enthalten die ungereimtesten Fabeln, an die Er unstreitig selbst glaubte. Plinius wenigstens erzählt uns, daß er ein Freund der Magie gewesen sey, und in seinen Schriften davon gehandelt habe. (L. XXX. 1.) Josephus rühmt ihn freilich als einen gewissen Historiker, weil er seinen Mann an ihm fand. Er hatte keck in den Tag hinein behauptet, Pythagoras habe seine Gebräuche von den Juden entlehnt; dafür war Josephus natürlicher Weise erkenntlich, und erhob ihn zum Range eines berühmten Geschichtschreibers. Eine kritische Geschichte der Quellen, aus welchen die Pathogorischen Lehren und Gebräuche zu schöpfen sind, findet sich in Meiners Geschichte der Wissenschaften, Band 1. S. 187. = 304. Der Ubers.

*) Seldenus de jure nat. et gentium juxta disciplinam Hebraeorum L. I. cap. II.

*¹) Dieser Numenius, den man von dem Pyrrhonisten gleiches Namens unterscheiden muß, war ein Neuplatoniker, der zu Anfange des dritten Jahrhunderts lebte, und Pythagorische und Platonische Philosophie mit einander verband. Die von ihm noch übrigen Fragmente stehen beim Eusebius in der Praeparat. Evangel L. IX. 7. 8. und an mehrern Orten desselben Werks. Er scheint, so wie mehrere seiner Glaubensbrüder, in der Neuplatonischen Philosophie, ein etwas verworrner Kopf gewesen zu seyn. Er glaubte, daß die Meinungen und Lehrsätze des Pythagoras, Plato, der Juden, Indier, Phönicier, der Persischen Magier und der Aegyptischen Priester insgesamt mit einander übereinstimmten. Die Wunder Moses und die des Pythagoras und der Aegyptischen Priester stunden ohne Unterschied bei ihm in gleich hohem Werth! Der Ubers.

sten Gedanken von der Gottheit daraus genommen habe. Justin der Märtyrer und Eusebius führen einen alten Orakelspruch an, aus welchem man sieht, daß die wahre Weisheit den Juden und Chaldäern ausschließungsweise zugeschrieben wurde.

> Soli Chaldaei sapientiam sortiti sunt et Hebraei
> Pure colentes deum, regem per se genitum.

Plato erzählt, ein Aegyptischer Priester habe zum Solon gesagt: „o Solon Solon! ihr Griechen seyd noch Kinder; eure Lehren sind noch ganz neu, und tragen keine Spur des Alterthums an sich!" *)

„Wer von den alten Dichtern oder Weltweisen, sagt Tertullian **, hat nicht aus den Schriften der Propheten etwas genommen.' Aus dieser Quelle schöpften sie, um ihren Durst nach Wissenschaft zu stillen. Aber um dabei mit ihrem Talente von Beredsamkeit zu wuchern, oder ihren Scharfsinn zu zeigen, vermischten sie das Entlehnte mit eigenen Zusätzen, so, daß es schwer wird, eins von dem andern zu unterscheiden. Zwei ausgezeichnete Gelehrte Grotius und Selden sind dieser Meinung ganz zugethan. Sie gehörten nicht zum geistlichen Stande, und waren folglich in der Untersuchung theologischer Lehrsätze völlig unparteiisch.

Wir wollen auch einige besondere Sätze der alten Griechischen Philosophen betrachten, und wir werden finden, daß sie ihre theologischen Lehren von den Juden entlehnten. Die Aegyptier erhielten ihre Theologie von den Hebräern; die Griechen waren gewissermassen

*) Iustin. Martyr Cohort. ad Graec. cap. XII.
**) Apologet. cap. XVII.

sowol auf die Hebr. selbst als auf heidn. Nat. 233

Schüler des Orpheus; und dieser hatte das Seinige von den Aegyptiern erlernt. Trismegistus und Orpheus lehrten, daß alle Dinge geschaffen wären; Gott aber sey ein unerschaffenes Wesen, worin sie mit Mosen übereinstimmten. Pythagoras glaubte, Gott sey ein unsichtbares, verständiges, geistiges Wesen, welches mit seiner Kraft alles durchdringe, alles sehe und wisse; er sey das Licht des Himmels, der Urheber aller Tugenden, die Quelle, das Leben und die Bewegung aller Dinge; er sei einig, und habe durch seine Macht Alles zum Daseyn hervorgerufen. Empedocles, Pythagoras Schüler, machte die Einheit zum Schöpfer aller Dinge, worin er sich der Lehre Mosis von der Schöpfung nähert. *) — Thales hielt Gott für das älteste der Dinge, für den Urheber der Welt, für die Seele, welche das Chaos zu einer ordnungsvollen Welt umgestaltet habe, welche ewige Kraft kein Ende nehmen werde. Diese Idee war wahrscheinlicher Weise aus der Mosaischen Urkunde entlehnt. **) Timäus, der

Lo=

---

*) Man kann nicht beweisen, daß Empedocles ein Schüler des Pythagoras gewesen sey; denn er lebte viel zu spät dazu. Er entfernt sich auch in seiner Untersuchung über den Ursprung der Dinge, weit vom Pythagoras. Nach ihm existirten zwei Dinge, die Monas, ein thätiges Princip, und das leidende, in welchem die vier Elemente gleichsam eingehüllt waren. Die Monas durchdrang solches und bildete daraus die Welt. S. Aristotel. Physic. I. c. 1. Metaphys. II. c. 4. Der Uib.

**) Wenn man die apophthegmata des Thales beim Diogenes Laertius ansieht, so sollte man glauben, er wäre ein wahrer Theist gewesen. Da heißt es z. B. „das älteste aller Dinge ist Gott, er ist unerschaffen; das Schönste ist die Welt; sie ist ein Werk Gottes; was ist Gott? das Wesen, welches keinen Anfang und kein Ende

Lokrenser sagt, Gott habe die Welt aus einer formlosen Materie gebildet; vor der Schöpfung wären weder Jahre noch Tage noch Wechsel der Jahreszeiten gewesen. Nachdem Gott aber alles vollendet, so habe er die menschlichen Leiber hervorgebracht, und mit einem Geiste belebt. Hier ist wieder Uibereinstimmung mit der Mosaischen Geschichte! Nach dem Augustinus Steuchus *) trug Plato die Meinungen des Pythagoras, Timäus, Empedocles und Trismegistus in seine Schriften über, und wir finden bei ihm die Meinungen dieser seiner Vorgänger, mit wenig angebrachten Veränderungen. Plato nennt Gott den Architecten der Welt, welcher die formlose Materie in Ordnung gebracht habe; den Vater der Welt; den Gott über Alles; den höchsten Verstand, der alle Dinge ordnet, sie alle durchdringt, und von sich selbst seinen Anfang hat; den Schöpfer des Himmels und der Erden und der Götter, welcher in der intellectuellen Welt eben das ist, was die Sonne in der sichtbaren. Ein Regente, Eine Ursache, Eine Vorsehung! Solche erhabene Vorstellungen machte sich dieser Weltweise von Gott, vermischte sie aber zugleich mit andern, die falsch und der Gottheit durchaus unwürdig sind, woraus sich zuverläßig schließen läßt, daß er die

bes-

Ende hat." Allein diese Sentenzen, die Laerz ohne Kritik aufgenommen hat, sind dem Thebes, man weiß nicht von wem untergeschoben worden. S. Meiners Hist. doctr. de vero deo p. 255. Er glaubte eine Weltseele, die mit der Materie verbunden war, und die Materie zu einer Welt gestaltet habe. Man kann nicht beweisen, daß er dieser Weltseele Verstand und Einsicht beigelegt habe. S. Aristotel. Metaphys. I. 3. Sextus Empiric. Hypotyp. Pyrrh. L. III. s. 30. Der Uibers.

*) De perenni philosophia L. 1. cap. IV.

bessern Vorstellungen nicht durch den Gebrauch seiner Vernunft erlangt, sondern seinen Vorgängern abgestohlen habe.

Es war überhaupt unter den Griechen nichts seltenes, einander ihre Schriften zu kompiliren, und fremde Gedanken für eigene auszugeben. Nicht zu verwundern, daß sie auch aus den Schriften der Hebräer nahmen, was ihnen gut dünkte, und es nachher so einkleideten, daß ihr Diebstal schwer zu entdecken war. Clemens von Alexandrien hat uns gezeigt, wie es die Griechischen Dichter, Weltweisen, Redner, Geschichtschreiber in dieser Rücksicht gemacht haben. Einige derselben entblödeten sich nicht, ganze Werke von andern abzuschreiben und sie für ihre eigenen auszugeben, so gar die im A. T. erzählten Wunder in Fabeln zu verwandeln. Belege hierzu hat Clemens aufbehalten.

Porphyr gedenkt eines Streites zwischen den Caustrius und Maximus im Betreff der Verdienste des Ephorus und Theopompus. Caustrius behauptete, Ephorus habe nichts eigenes geschrieben, sondern alles aus den Schriften des Damaschus, Callisthenes und Anaximenes ausgeschrieben; und Apollonius erwiederte, Theopompus habe eine Rede, Wort vor Wort aus dem Isokrates genommen, so gar gewisse Händel eines beim Isokrates vorkommenden Mannes einem andern zugeschrieben, der nie existirt habe. Nicagoras, welchen Eusebius anführt, versichert, Theopompus habe einen beträchtlichen Theil seiner Geschichte aus dem Xenophon abgeschrieben, und um das Plagium unkenntlich zu machen, es verändert, aber auch verschlimmert. Die Griechischen Koniker und Tragiker entlehnten von einander die Fabeln zu ihren Stücken. Hellanicus schöpfte aus dem Herodotus und

Damascus; Herodotus selbst hat den größten Theil seines zweiten Buches aus dem Hecatäus dem Milesier gestohlen. *) Isokrates und Demosthenes schrieben ganze Stellen Wort vor Wort aus dem Isäus ab. — Antimachus entlehnte aus dem Homer, und Plato aus dem Protagoras dasjenige, was er denjenigen entgegen setzt, welche behaupten, es gebe nicht mehr als ein Wesen. Brucker sagt vom Aristoteles, daß er seine Schule auf der Platonischen gegründet, von ältern Weltweisen aber Lehrsätze genommen habe, um sein Plagiat zu verbergen. Da nun die Griechen unter sich selbst solche gelehrte Diebstäle begingen, so läßt sich wohl nichts anders vermuthen, als daß sie sich auf ihren Reisen noch größere Freiheiten werden genommen und viel von einem Volke entlehnt haben, dessen Schriften ihren Landsleuten ungleich weniger bekannt waren. Ungeachtet es Plato nicht anders machte, so gesteht er doch wenigstens ganz aufrichtig, seine wichtigsten Lehrsätze in Aegypten gelernt zu haben. **)

Untersuchen wir die Theologie der alten Weltweisen etwas genau, so werden uns unglaubliche Irrthümer und Widersprüche in derselben vorkommen; wir werden unter würdigen und erhabenen Vorstellungen von Gott

---

*) Heißt denn das Stehlen, um des Verf. wiederhohlten Ausdruck beizubehalten, wenn ein Historiker einem andern folgt? Und wo soll denn ein Geschichtschreiber, der die Geschichte vergangener Zeitalter erzählen will, die Nachrichten hernehmen als aus einem, der vor ihm geschrieben hat? Es kann ihm doch keine Gottheit die Begebenheiten inspiriren! Der Uibers. —

**) Clem. Alexandr. Strom. L. I. sect. 22. (Dieses möchte man lieber aus einer Stelle des Plato bewiesen sehen. Der Uibers.)

sowol auf die Hebr. selbst als auf heidn. Nat. 237

Gott auch Aeußerungen wahrnehmen, die des höchsten Wesens unwürdig sind.

Pythagoras, der Stifter der Italischen Schule, hielt die Harmonie der Zahlen für das Princip aller Dinge; Thales, der Stifter der Jonischen, nahm das Wasser zum Grundprincip an, und behauptete, die Elemente verwandelten sich, nach ihrer Auflösung in Wasser.

Anaximenes machte die Luft zum Grundprincip aller Dinge, Heraklit das Feuer. Archelaus meinte, die Luft wäre unendlich, und das Dichte und Dünne derselben wären die Grundstoffe des Ganzen. Demokrit und Epikur setzten an dessen Stelle die Atomen. Empedokles hielt die vier Elemente, Feuer, Wasser, Luft und Erde, die einstimmig und gegen einander wirkten, für die Principien aller Dinge. Plato und Aristoteles unterscheiden sich in gewissen Stücken von ihren Vorgängern. Plato hält die Materie und die Ideen für die Principien der Dinge; Aristoteles leugnete dieses in Rücksicht der Ideen. Plato hielt die Seele für unwandelbar und unsterblich; Aristoteles behauptete das Gegentheil. Was die Vorstellungen von der Gottheit anlangt; so widerspricht sich Plato in verschiedenen Stellen seiner Schriften selbst. Hieraus kann man die Folgerung ziehen, daß die bessern Ideen in seinen Schriften nicht sein Eigenthum waren, und daß seine Vernunft durch sein eigenes Forschen jene würdigern Vorstellungen von der Gottheit nicht habe erreichen können.

Plato stiftete die Akademie; aber wenige seiner Schüler blieben seiner Lehre treu; sie änderten daran und verschlimmerten sie. Einige derselben behaupteten,

daß

daß die Sinnen täuschten; *) und die Skeptiker lehrten, daß gar nichts, weder durch die Sinne noch durch die Vernunft, könne begriffen werden. **) Die Platoniker, Epikureer und Stoiker waren in beständigem Streite gegen einander; indeß sich unter den Schriften Mosis und der Propheten die bewundernswürdigste Uibereinstimmung findet. Die Platonisten betrachteten Gott als den Regenten der menschlichen Schicksaale; die Epikurer meinten, er bekümmere sich um die Menschen schlechterdings nicht; die Stoiker wiesen ihm mitten in der Welt seinen Platz an, und stellten ihn als einen Töpfer vor, der die Welt gleichsam wie eine Drehscheibe regiere. Die Platoniker machten ihn dafür zu einen Steuermann, der die Welt wie ein Fahrzeug behandle. —

Ciceros Bücher von der Natur der Götter, sind ein demüthigender Beweis von der Unfähigkeit der menschlichen Vernunft, das Wesen und die Eigenschaften der Gottheit zu entdecken. Dieser Weltweise war in alle Weisheit der Griechen und Römer eingedrungen; er durchsah alle Schwächen der mancherlei Systeme. Aber bei allem seinem Genie und bei seinem reichhaltigen Schatze von Gelehrsamkeit, war er in der Religion dennoch ein Skeptiker. Sein Unvermögen, ein System

des

---

*) Dies hatte Plato selbst gelehrt. Der Uibers.

**) Wenn der Verf. unter den Skeptikern die Akademiker aus der zweiten Akademie versteht (die Anhänger des Arcesilas) so ist sein Urtheil richtig; denn ihr Grundsatz war: *nihil percipi posse*. Cicero Quaest. Acad I. 12 Sext Emp Hyp. Pyrrh. I. c. 33. Was die eigentlichen Pyrrhonisten anlangt, so gaben sie die Möglichkeit des Begreifens wohl zu, bezweifelten aber durchaus, ob es ein Criterium der Wahrheit gäbe. Der Uibers.

des reinen Deismus zu begründen, muß uns von der Nothwendigkeit einer übernatürlichen Offenbarung überzeugen. *) Aus den seltsamen Mischungen also, von Wahrheit und Irrthum, welche man in den Schriften der alten Weltweisen findet, kann man die Folgerung ziehen, daß die Irrthümer ihr Eigenthum waren, das Wahre aber entweder mittelbar oder unmittelbar aus der reinen Quelle der Offenbarung geflossen ist. Hätten sie ihre theologischen Kenntnisse den Nachforschungen ihrer Vernunft zu danken gehabt, sie würden es darin zu eben der Vollkommenheit gebracht haben, welche sie in andern Wissenschaften und in Künsten erreichten; und Männer, welche viele Jahrhunderte nach dem Pythagoras lebten, hätten es in dieser heiligen Wissenschaft ungleich weiter müs-

*) Der Römische Weltweise hatte von seinen frühern Jahren an, eine Vorliebe zur Akademie gehabt, weil er sehr bald einsah, wie nützlich ihm solche in künftigen Zeiten als Redner seyn würde. In seinem Alter, da er fast alle Theile der Philosophie in seiner Sprache bearbeitete, that er meistentheils nichts weiter, als daß er Anhänger von verschiedenen Schulen ihre Sätze gegen einander aufstellen, bestreiten und vertheidigen ließ, ohne selbst eine Rolle dabei mitzuspielen. Das ist ja auch der Fall in den Büchern de natura deorum! Man glaubt insgemein, er spreche darin in der Person des Akademikers Cotta. Aber dem ist nicht so; denn zu Ende des dritten Buchs neigt er sich auf die Seite des Stoikers Balbus. Daß er hierin nicht heuchelte, wie man immer geglaubt hat, beweist der Schluß des zweiten Buchs de Divinatione, wo er mit wahrer Rührung des Herzens den Beweis für das Daseyn eines höchsten Wesens aus der Ordnung der Welt für den seinigen anerkennt. Man überdenke übrigens seine Aeußerungen in den Büchern, von den Gesetzen und von den Pflichten, und man wird ihn für keinen Skeptiker mehr halten. Der Uibers.

müssen gebracht haben als er: wovon uns doch die Geschichte das Gegentheil lehrt. —

Fortsetzung des Vorigen.

Wenn der Vertheidiger der natürlichen Religion bedenken wollte, wie viel die alten Philosophen in Absicht auf ihre Theologie der Offenbarung schuldig waren, so würde er sich der Stärke der menschlichen sich selbst überlassenen Vernunft gar nicht überheben; er würde einsehen, wie dürftig es mit den Untersuchungen eines Plato und anderer Weisen des Alterthums aussähe. Sein Gegner würde ihm darthun, daß jene Philosophen ihre Sätze von solchen überkommen haben, welche die h. Schrift inne hatten, oder daß sie doch wenigstens von Männern waren belehrt worden die mit dem jüdischen Volke umgegangen waren; er würde ihm zeigen, daß die Schriften Mosis, der Propheten und des weisen Salomons, die Quellen sind, aus welchen jene Nebenbäche abgeleitet wurden, und daß bloß ihre Irrthümer auf die Rechnung ihrer sich selbst überlassenen Vernunft kommen dürfen. Hieraus würde er einsehen, wie schwer es sey, durch die bloße Vernunft eine richtige Vorstellung vom Daseyn und den Eigenschaften Gottes zu erlangen. Zwar stimmen die wahren Vorstellungen von den Eigenschaften Gottes vollkommen mit unserer Vernunft überein, und es würde thörigt seyn zu leugnen, daß die Vernunft derselben nicht nachspüren könne; aber unmöglich ist es doch auch zu beweisen, daß die alten Weltweisen, von gar keiner Offenbarung unterstützt, zu dergleichen Ideen sollten gelangt seyn.

Um diesen Satz ferner zu erläutern, kann man den Gegner dieser Behauptung, nur auf die neuern

Sineser verweisen. Sie sind ein erfinderisches und gelehrtes Volk; und doch so unwissend in der Religion! Auch gab es in alten Zeiten berühmte Dichter und Redner, scharfsinnige Erfinder der Vernunftlehre und anderer Wissenschaften, trefliche Astronomen und Mathematiker; und doch waren sie von der wahren Gottesverehrung weiter entfernt, als es der einfältigste und stumpfsinnigste Jude oder Christ seyn konnte!

Um darzuthun, daß die Philosophen des Alterthums, ohne von einer Offenbarung weder mittelbar noch unmittelbar unterstützt zu seyn, auf die wahren Vorstellungen von den Eigenschaften Gottes gekommen sind, würde der Freigeist den Zeitpunkt genau angeben müssen, in welchem eine allgemeine und tiefe Unwissenheit in diesem Allem geherrscht habe; er würde sodann den Zeitpunkt angeben müssen, in welchem die Vernunft sich diese Vorstellungen selbst verschaft habe, und welche Männer die ersten hierin gewesen; er würde beweisen müssen, daß diese Männer schlechterdings keine Gelegenheit gehabt hätten, weder mittelbar noch unmittelbar aus der Schrift etwas zu entlehnen. — Im Gegentheil ist aber unleugbar, daß die Kenntniß der Eigenschaften Gottes und der moralischen Obliegenheiten lange Zeit zuvor in der Welt gewesen ist, eh an eine Vernunftlehre gedacht wurde, und eh die Weisen über diesen Gegenstand mit Gründen a priori und a posteriori unter sich disputirten.

In den Büchern Mosis sind die Eigenschaften Gottes durch Wunder in das Licht gesetzt, ohne den kleinsten Versuch, sie aus der Reihe von Ursachen und Wirkungen in der Welt abzuleiten. Aus diesem Buche stallen

len ältere und neuere Philosophen ihre besten Lehrsätze, und versuchten hinterher, durch abstracte Räsonnements dasjenige zu verstecken, was fremdes Eigenthum war. Der Scharfsinn dieser Männer im Urtheilen und Schließen mag sie unstreitig verleitet haben, sich der Ehre der Entdeckung desjenigen zuzuschreiben, was lange Zeit vor ihnen da gewesen war.

„Wenn die Beweise für das Daseyn eines Gottes, sagt Otume *), klar und deutlich wären, so würde die Vielgötterei nicht allgemein auf der Erde geherrscht haben; wären sie bloß tief verborgen, so würden sie ein Antheil von wenigen geblieben seyn, und der Polytheismus müßte immer die ursprüngliche Religion des Menschengeschlechts gewesen seyn!" Lehrt uns aber nicht die Geschichte, daß die ältesten Völker keine Vielgötter, sondern Verehrer des einigen Gottes waren? Beweißt also nicht selbst der Einwurf des Gegners, den höhern Ursprung der Mosaischen Schriften? Denn, wenn die Vernunft sich zur Erkenntniß eines einigen Gottes emporschwang, so konnte diese Kenntniß nur ein Antheil weniger Menschen gewesen seyn; sie würden nicht unter dem ganzen jüdischen Volke geherrscht haben. Aber es ist ja bekannt, daß die Juden diese Kenntniß besaßen, indeß die heidnischen Weltweisen ganz unwissend waren, und die Nationen immer tiefer in Aberglauben und Abgötterei versanken. Doch ich kehre zur Mosaischen Oekonomie zurück, um noch auf einige Einwürfe, die man dagegen vorgebracht hat, zu antworten.

Ob nach Mosis Gesetzen Menschenopfer erlaubt waren.

Man hat der sonst milden jüdischen Staatsverfassung den Vorwurf gemacht, daß ihr Gesetzgeber nicht al=

---

*) Essay Nat. Hist. of Religion sect. 1.

allein Menschenopfer geduldet, sondern auch sogar anbefohlen habe. Es ist zwar nicht zu leugnen, daß den Göttern der Kananiter jezuweilen Menschenopfer gebracht wurden; aber es ist auch eben so gewiß, daß die Kananiter dieser Greuel wegen sind ausgerottet worden, und daß Moses seiner Nation diese Opfer ausdrücklich untersagte. *) Jener Vorwurf hätte sonach eben so viel Gewicht, als wenn man dem Evangelium es zur Last legen wollte, daß es Hurerei und Ehebruch duldete, weil auch von Christen solche Laster begangen würden. Menschenopfer waren dem Geiste der Mosaischen Gesetzgebung schlechterdings zuwider; was darf Sie also die Schuld tragen, daß manche des ausdrücklichen Verbots ungeachtet, dennoch ihre Hände mit Menschenblute, zur Ehre der Abgötter, befleckten? Hätte Moses welche verordnet, so würde er auch die Personen bezeichnet, welche geopfert werden sollten, und die Fälle angegeben haben, bei welchen es geschehen sollte. Dann würden fromme Könige Menschenopfer dargebracht, und David und Jeremias sich nicht so ernstlich dawider erklärt haben, als wir finden, daß es geschehen ist. **) Moses verbot so gar seinem Volke, die Sitten der Kananiter, in Absicht auf den Gottesdienst, nachzuahmen: „Du sollst nicht also, heißt es, an dem Herrn deinen Gott thun; denn sie haben ihren Göttern gethan alles, was dem Herrn ein Greuel ist, und das er hasset; denn sie haben auch ihre Söhne und Töchter mit Feuer verbrannt." ***)

Um zu beweisen, daß Menschenopfer waren geboten gewesen, hat man sich unter andern auf das Beispiel Jeph-

*) Lev. XX. 2. XXVIII. 21.
**) Psalm. 106. V. 37. Ierem. XIX. 2.
***) Deuteronom. XII. V. 30.

Jephthas berufen. Allein es ist noch unerwiesen, ob Jephtha seine Tochter wirklich geopfert habe; und gesetzt, es wäre geschehen, so findet man nicht, daß sein Verhalten bei rechtschaffenen, nach Moses Gesetzen sich richtenden Israeliten, Beifall gefunden hätte. Man hat sich auch auf Samuels Beispiel berufen, welcher den König Agag in Stücken zerhieb. Dieses ist freilich geschehen; aber man kann eben so wenig sagen, daß Agag sei geopfert worden, als man von einem Rebellen, welcher umgebracht würde, behaupten dürfte, er sey dem Herrn geopfert worden.

War es gesetzmäßig, die Kananiter auszurotten?

Man hat es auch für unvereinbar mit der Gütigkeit Gottes angesehen, den Israeliten die Ausrottung der Kananiter zu gebieten, und ein Land, wozu sie kein Recht hatten, in Besitz zu nehmen. Dieses Ereigniß ist so gar für gefährlich angesehen worden, indem jeder Schwärmer und Betrüger sich hierauf stützen, sich für einen Gesandten des Himmels ausgeben, sich unter dem Pöbel einen Anhang machen, und benachbarte Staaten unterdrücken könnte.

Allein, hat nicht der Regierer der Welt das Recht, Eigenthum unter den Menschen zu vertheilen, wie er will; und da er Herr des Lebens ist, es auch den Menschen wieder zu nehmen, wenn und wo er will? Hatte er nicht das Recht, sich der Israeliten zur Strafe derjenigen zu bedienen, die sich durch ausgezeichnete Laster seiner Wohlthaten unwürdig gemacht hatten? O gewiß! es war nicht ungerecht, durch Hunger, Schwert oder Feuer vom Himmel ein Volk auszurotten, welches sich der Bestialität, der Blutschande und jeder Greuel schuldig

sowol auf die Hebr. selbst als auf heidn. Nat.

dig gemacht hatte, um welcher Laster willen auch Sodom und Gomorrha waren vertilgt worden. Dazu bediente sich Gott der Israeliten eben so als Werkzeuge, als er durch die Natur wirkt, um seine Absichten zu erreichen. Die Israeliten sollten vom Lande Kanaan nicht eher Besitz nehmen, als bis die Einwohner desselben sich derjenigen Verbrechen schuldig gemacht hatten, die von jedem weisen Gesetzgeber mit dem Tode bestraft werden. Moses vertrieb die Kananiter nicht ihrer Abgötterei und überhaupt ihrer Verstandesirrthümer wegen, aus dem verheißenen Lande; sondern ihr hartes Schicksal war Folge solcher Laster, die gewiß allemal die Wohlfarth eines Staates vernichten, wenn sie allgemein herrschend werden. Dergleichen Laster in einem Lande zu dulden, wäre doch wohl aller gesunden Politik zuwider? Und sie ausrotten, heißt doch wohl nicht verfolgen? Die Israeliten gaben keine andern Ansprüche auf das Land Kanaan vor, als die, die göttliche Verheißung; und als sie dasselbe einnahmen, so schrieben sie ihr Glück derselben höhern Macht zu, die sie aus der Aegyptischen Knechtschaft errettet hatte. Gott ist der Vertheiler aller Güter in der Welt, und täglich gehen hierin Veränderungen vor; sie wandern gleichsam von einem Besitzer zum andern. Gab Gott den Israeliten das Land Kanaon, so erhielten sie es durch seinen Willen; eroberten sie es mit den Waffen, so besaßen sie es auf eben die Weise, auf welche andere Nationen ein Land inne haben, welches sie ihren Waffen verdanken. Die Kananiter wurden auch nicht niedergehauen, sondern nur als eine Nation ausgerottet; sie mögen auch wohl in dem Lande geblieben seyn; aber sie waren den Israeliten zinsbar. *)

Die

---

*) Lawmann's Hebrew Government und Orr's Theory of Religion.

Die Drohung, diejenigen zu strafen und aus dem Lande zu vertilgen, welche das Ceremonialgesetz übertreten würden, galt bloß dem jüdischen Volke und nicht den Heiden. Die Israeliten oder Proselyten des Thors, wurden der Abgötterei wegen bestraft; die Heiden hingegen, welche zufälliger Weise unter den Israeliten lebten, fielen in keine Strafe, wenn sie Moses Kirchengesetze übertraten. Man kann auch nicht behaupten, daß Betrüger oder Schwärmer an der Ausrottung der Kananiter einen Vorwand nehmen könnten, um im Namen Gottes einen Haufen Volks zu einem ähnlichen Versuch zu verleiten; denn sie würden natürlicher Weise ihre göttliche Sendung durch eben solche Creditive als Moses, darthun müssen, und da würde denn jeder Versuch, Wunder nachzuahmen, ihre Betrügerei bald bloß stellen. —

Die Erwählung der Israeliten beweißt nicht, daß Gott parteiisch sey.

Gott sieht die Person nicht an; und man kann ihn so wenig einer Parteilichkeit gegen das Israelitische Volk beschuldigen, daß man sich vielmehr wundern möchte, wie er sein auserwähltes Volk so oft den Feinden desselben Preis gegeben, und in so harte Gefangenschaft habe gerathen lassen. Man muß bedenken, daß Gott sich höhere Endzwecke vorgesetzt hätte, als die Glückseligkeit oder das zeitliche Unglück der Israeliten. Sie sollten nichts anders als den großen Endzweck Gottes, die allgemeine Glückseligkeit der Menschen, befördern helfen.

Hätte Gott willkührlich gewisse Grade von Erkenntniß unter den Menschen bewirkt, und im genauesten Verhältnisse zu dieser Erkenntniß Belohnungen vertheilt;
dann

dann konnte man ohne Bedenken behaupten, er habe eine Vorliebe zu den Israeliten gehabt. Aber menschliches Glück und Unglück hängt nicht von der Menge der Erkenntnisse der Menschen ab; und diejenige Erkenntniß, welche das jüdische Volk besaß, war ihm auch nicht ausschließlich zu seinem eigenen Vortheile, sondern zugleich zum Besten der übrigen Nationen, verliehen worden. Es war erwählt worden, damit die Kenntniß des einigen Gottes bei ihm gleichsam als ein Depositum aufbewahrt und auf andere Völker fortgepflanzt würde. Hierbei war nicht weniger auf die übrigen Menschen Rücksicht genommen, als auf die Israeliten selbst. Wir finden auch, daß der schlechte Gebrauch, welchen die Juden von ihrer größern Aufklärung machten, ihnen das Wohlgefallen Gottes entzog, und manches Unglück auf sie brachte, welches sie nicht würden erlitten haben, wenn sie nicht in Absicht jener Wohlthat vor andern Völkern wären ausgezeichnet gewesen. Unwissende Völker gelten in den Augen Gottes eben so viel, als erleuchtete, wofern sie nur dem kleinen Antheil von Erkenntniß, den sie besitzen, sich gemäß verhalten; wem aber viel gegeben worden, von dem wird, der Natur der Sache nach, viel gefordert.

Im folgenden Abschnitte werde ich zeigen, wie wohlthätig für manche Völker, die noch in der Finsterniß leben, das Licht des Evangeliums seyn würde. Aber Gott giebt ja ebenfalls nicht allen Staaten dieselbigen Vortheile des Gewerbes und des Ackerbaues; nicht allein einerlei Klima und Fruchtbarkeit des Bodens; nicht jedem Individuum dieselbe Stärke des Körpers und die nämlichen Vollkommenheiten des Geistes; und dürfte wohl in Rücksicht aller dieser und ähnlicher Dinge sich jemand über den Schöpfer beklagen? Nein, so wenig ein Mensch wider Gott murren dürfte, daß er ihm nicht die Fähigkeiten eines Engels gegeben hat, eben so wenig darf jemand unzufrieden seyn, daß Gott auch verschiedene Grade des Unterrichts und der Aufklärung unter den Menschen hat statt finden lassen. Nur der rechte Gebrauch oder Mißbrauch der jedesmaligen Fähigkeiten und Kräfte kommt auf die Rechnung des Menschen. Das Evangelium lehrt mit deutlichen Worten, daß wir theils hienieden, theils in jener Welt werden belohnt werden, wenn wir redlich mit unserm Pfunde gewuchert haben. Gott ist in alle Ewigkeit ein unparteiischer Richter der Menschen. „Wer ohne Gesetz gesündigt hat, sagt der Apostel, wird ohne Gesetz gestraft werden; wer unter dem Gesetze sündigte, wird nach dem Gesetze seinen Lohn empfangen."

Dritte Abtheilung.

Absicht und Wirkungen der christlichen Religion.

Lehre des Evangeliums, und Beweggründe desselben zur Tugend.

Da ich in den vorhergehenden Abschnitten den Einfluß der natürlichen, heidnischen und jüdischen Religionen, auf die Sittlichkeit der Menschen gezeigt habe; so fahre ich in diesem fort, die Lehren des Evangeliums und die Beweggründe desselben zur Tugend, sowohl in Absicht auf

Absicht und Wirkungen der christlichen Religion. 249

auf einzelne Menschen, als auf ganze Länder und Staatsverfassungen darzustellen. Wir werden über den wohlthätigen Endzweck dieser Religion ein richtiges Urtheil fällen können, wenn wir eine ernsthafte Untersuchung ihrer Lehren anstellen, und uns aus der Geschichte belehren lassen, was die Vernachläßigung ihrer Vorschriften für äußerst nachtheilige Wirkungen bei verschiedenen Nationen des Erdbodens hervorgebracht hat. Ein unparteiischer Überblick über die Geschichte des Christenthums, kann diese Religion von den Beschuldigungen schwachköpfiger und parteiischer Menschen frei sprechen, welche sich nicht entblödeten, dasjenige der Religion zur Last zu legen, was doch allein auf die Rechnung ihrer unwürdigen Bekenner gesezt werden muß; denn daß Christen nur gar zu oft Handlungen ausübten, die dem Geiste ihrer Religion durchaus zuwider sind, und entweder Mangel an Erkenntniß oder Bosheit des Herzens vorauszusezen, daran ist nicht zu zweifeln.

Eine kurze Übersicht der Lehren des Christenthums wird uns seinen Endzweck deutlich anerkennen lassen, nämlich, die Beförderung der allgemeinen und besondern Glückseligkeit unter dem Menschengeschlechte *) Die

---

*) Die Eregese der heiligen Schrift, mithin auch die Bestimmung des Endzwecks ihrer Lehren hat jederzeit unter dem Einfluße derjenigen Philosophie gestanden, welche eben allgemeinen Eingang unter den Menschen gefunden hatte. Da die Neuplatonische Philosophie herrschte, welche bekannter Maßen der Schwärmerei und Intuition sehr günstig war, so glaubten manche Lehrer des Christenthums keinen andern Endzweck im N. T. zu finden, als die Bekenner des Evangeliums von der Welt abzusondern, und den Geist der Selbstkasteiung ihnen einzuflößen. Hieraus entstand nach

und

Die Glückseligkeit einzelner Menschen entspringt aus der thätigen Liebe und Dankbarkeit gegen Gott; aus der Zu=

und nach der Hang zum einsiedlerischen Leben; und der Grund zur finstern Mönchsmoral war hiermit gelegt. Als Augustin ein allgemeines Ansehen in der Kirche erlangt hatte, so nahm die Theologie durch den Einfluß seines Systems eine traurige Gestalt an. Man fand in der Schrift eine Gottheit, welche mehr Furcht als Zutrauen erweckte, ein finsteres partäisches Wesen, welches alle Menschen und Völker, die den Glauben nicht hatten und haben konnten, zum ewigen Elende verdammte, selbst der ungetauften Kinde nicht verschonte. In dem Geiste der Augustischen Philosophie, wenn man sie Ehren halber so nennen will, herrschte, die Sache genau angesehen, nichts anders, als das unabänderliche Fatum der ältesten Zeiten, dem selbst die Gottheit unterworfen war. Wer also elend zu seyn bestimmt war, der war es; die Gottheit selbst konnte die ungetauften Kinder nicht retten! die Unkunde der Sprache und Geschichte hat freilich bekanntermaßen nicht wenig Antheil dabei gehabt, Vorstellungen, die Gott unwürdig sind, aus der Bibel zu schöpfen. Aber man glaube nicht, daß die Wiederherstellung der Wissenschaften, und der Zuwachs besserer Hülfsmittel zur Auslegung der Schrift, uns allein gereinigtere theologische Begriffe mitgetheilt haben. Die gelehrtesten Sprachkenner, Geschichts= und Alterthumsforscher haben jederzeit mehr oder weniger unter dem Geiste der zu ihrer Zeit herrschenden Philosophie gestanden, wenn sie sich selbst auch nicht die genaueste Rechenschaft davon zu geben wußten. Man würde äußerst hartnäckig seyn, wenn man den großen Einfluß, welchen die Leibnizisch=Wolfische Philosophie auf die Auslegung der Schrift und die Bestimmung der Religionslehren gehabt hat, leugnen oder bezweifeln wollte. Nach dieser Philosophie, ist die höchste Eigenschaft in der Gottheit, die Gütigkeit; die Gerechtigkeit ist hier nichts anders, als weise Güte; die Heiligkeit besteht in dem Nicht=

Zufriedenheit mit seiner Vorsehung und Regierung; aus
der Uibung der Gerechtigkeit und Güte gegen andere
Men=

Nichtwollen desjenigen, was die Glückseligkeit in der
Welt vermindert oder zerstört. Der Hauptendzweck
Gottes, in Absicht seiner freien moralischen Geschöpfe,
ist die Glückseligkeit und die Tugend, nichts anders
als Mittel zur Erreichung dieses Endzwecks; sie ist
nicht Endzweck an sich selbst! Diese Vorstellungen sind
auch in der Theologie allgemein herrschend geworden.
Das Christenthum soll die beste Anweisung zur mensch=
lichen Glückseligkeit seyn. Auf den heiligen Lehrstühlen,
auf den Kathedern, beim Unterrichte der Jugend, so
gar in Romanen und Komödien, hat man seit vielen
Jahren nichts anders vernommen, als das Christen=
thum, sey die allerbeste Anweisung zur menschlichen
Glückseligkeit. Man hat die Frage: Warum findet
man nicht mehr Glückseligkeit unter den Menschen?
ohne Anstand so entschieden, daß der Mangel des äch=
ten praktischen Christenthums daran Schuld sey. Fra=
gen wir aber unsere sittliche Vernunft, warum wir Gu=
tes thun müssen, so kann sie hierauf keine andere Ant=
wort geben, als „weil es gut ist!" Wollen wir wis=
sen, was an sich gut sei, und wir fragen die bisher un=
ter uns herrschende Philosophie, so würden wir keine
andere Antwort hierauf erhalten, als gut ist, was nütz=
lich ist, d. h. was die Summe der angenehmen Em=
pfindungen vermehrt. Wenn das ist, so darf der Mensch
das Gute nie um sein selbst willen thun, sondern um
der Folgen willen. Aber welche Erfahrung würde je
so weit reichen, um genau angeben zu können, was in
jedem Falle angenehme oder unangenehme Folgen ha=
ben werde? Selbst der Begriff von Glückseligkeit läßt
sich nie so bestimmen, daß er allgemeine Gültigkeit ha=
ben könnte. Ich will hier den unsterblichen Kant für
mich reden lassen: „Es ist ein Unglück, sagt dieser
Tiefdenker, daß der Begriff der Glückseligkeit ein so uns
bestimmter Begriff ist, daß, ob gleich jeder Mensch zu
dieser zu gelangen wünscht, er doch niemals bestimmt
und

Menschen; aus der Unterwerfung unserer Naturtriebe und Leidenschaften unter die Gesetze Gottes und der Vernunft.

und mit sich selbst einstimmig sagen kann, was er eigentlich wünsche und wolle. Die Ursache davon ist: daß alle Elemente, die zum Begriffe der Glückseligkeit gehören, insgesamt empirisch sind, d h aus der Erfahrung müssen entlehnt werden, daß gleichwohl zur Idee der Glückseligkeit ein absolutes Ganze, ein Maximum des Wohlbefindens; in meinem gegenwärtigen und jedem künftigen Zustande erforderlich ist. Nur ist's unmöglich, daß das einsehendste und zugleich allervermögendste aber doch endliche Wesen sich einen bestimmten Begriff von dem mache, was er hier eigentlich wolle. — Will er Reichthum — wie viel Sorge, Neid und Nachstellung könnte er sich dadurch nicht auf den Hals ziehen! — Will er viel Erkenntniß und Einsicht — vielleicht könnte das nur ein desto schärferes Auge werden, um die Uibel, die sich jetzt für ihn noch verbergen, und doch nicht vermieden werden können, ihm nur desto schrecklicher zu zeigen, oder seinen Begierden, die ihm schon genug zu schaffen machen, noch mehr Bedürfnisse aufzubürden. Will er ein langes Leben — wer steht ihm dafür, daß es nicht ein langes Elend seyn würde? Will er wenigstens Gesundheit — wie oft hat nicht Ungemächlichkeit des Körpers von Ausschweifungen abgehalten, darein unbeschränkte Gesundheit würde haben fallen lassen! u. s. w. Kurz, er ist nicht vermögend, nach irgend einem Grundsatze mit völliger Gewißheit zu bestimmen, was ihn wahrhaft glücklich machen werde, darum, weil hierzu Allwissenheit erforderlich seyn würde." — Metaphysik der Sitten S 46. Ist also Glückseligkeit bloß eine Sache des Gefühls, folglich ein Etwas, welches sich für jedes Individuum anders modifizirt, und welches die Vernunft nie so bestimmen kann, daß der Begriff derselben allgemein geltend würde; so scheint es mit Recht ungewiß, ob die Sittenlehre die beste Anführerin zur Glückseligkeit sey. A priori kann die Vernunft solches nicht aus

nunft. Die Glückseligkeit der menschlichen Geselschaft entspringt aus dem uneigennützigen Eifer für das allgemei-

sagen; denn sie hat, als solche, mit dem Gefühle des Menschen nichts zu thun. A posteriori kann es eben so wenig bestimmt werden; denn wer dieses unternehmen wollte, müßte zuvor alle mögliche und gedenkbare Erfahrungen, der Zeit und dem Raume nach, gemacht haben. Dieses kann doch kein endliches Wesen! Die tägliche Erfahrung würde auch unleugbar darthun müssen; daß der Tugendhafteste ausschließungsweise der Glückseligste sey. Man hat zwar einen Unterschied zwischen glücklich und glückselig erfunden; glücklich denjenigen genannt, der in Ansehung des Reichthums, der Ehre u. s. w. vor andern etwas ansehnliches voraus hat; Glückseligkeit hingegen demjenigen zugeschrieben, welcher das Bewußtseyn, recht gehandelt zu haben, mit innerer Ruhe und Zufriedenheit erfüllt. Es sei! Allein wenn das, was gut ist, erst durch die Folgen bestimmt wird; wenn der größere oder geringere Grad von Moralität einer Handlung erst dadurch einen Werth bekommt oder vielmehr eine Handlung erst dadurch moralisch wird, je nachdem mehr oder weniger angenehme Empfindungen daraus entspringen; was wäre denn die Glückseligkeit des Tugendhaften anders, als das Bewußtseyn nach Glückseligkeit gestrebt zu haben? Ist denn dieses aber mit dem Bewußtseyn, recht gehandelt zu haben, einerlei? Welchen Zwang müßte sich die Vernunft nicht anthun, um dieses zu denken, oder vielmehr: es ist für sie gar nicht gedenkbar. Und was lehrt denn auch hier die Erfahrung? Man behauptet, der Tugendhafte könne nicht unglückselig seyn. Und warum denn nicht? Kann er sich nicht in einem solchen Zustande befinden, in welchem alle Lebensfreuden von ihm geschieden sind? Können ihn nicht z. B. langwierige und schmerzhafte Krankheiten in einen so traurigen Zustand versetzen, daß ihm fast jeder Augenblick seines Daseyns mit unangenehmen Empfindungen martert, so, das ihn nichts von Abgrunde der Verzweiflung zurück hält

meine Wohl, aus getreuer Abwartung des Berufs, in welchem Stande man sich immer befinden mag; in strenger

hätt, als die Hofnung eines bessern Daseyns jenseit des Grabes? Wer kann, wer darf dergleichen Erfahrungen bestreiten? Glückseligkeit dürfte also wohl nicht der höchste Zweck des moralischen Geschöpfes seyn! „Wäre Glückseligkeit der Endzweck, sagt der vorhin angeführte Weltweise — so würde die Natur nicht allein die Wahl der Zwecke, sondern auch der Mittel selbst übernommen, und beids mit weiser Fürsorge lediglich dem Instinkte unterworfen haben. — In der That finden wir auch, daß je mehr eine kultivirte Vernunft sich mit der Absicht, auf den Genuß des Lebens und der Glückseligkeit abgiebt, desto weiter der Mensch von der wahren Zufriedenheit abkomme; woraus bei vielen, und zwar der versuchtesten im Gebrauche derselben, wenn sie nur aufrichtig genug sind, es zu gestehen, ein gewisser Grad von Mysologie d. i. Haß der Vernunft entspringt; weil sie nach dem Ueberschlage alles Vortheils, den sie, ich will nicht sagen, von der Erfindung aller Künste des Luxus, sondern so gar von den Wissenschaften — die ihnen am Ende auch ein Luxus des Verstandes zu seyn schienen — ziehen, dennoch finden, daß sie sich in der That nur mehr Mühseligkeit auf den Hals gezogen, als an Glückseligkeit gewonnen haben, und endlich darüber den gemeinen Schlag der Menschen, welcher der Leitung des bloßen Naturinstinkts näher ist, und der seiner Vernunft nicht viel Einfluß auf sein Thun und Lassen verstattet, eher beneiden als gering schätzen. Und so weit muß man eingestehen, daß das Urtheil derer, die die ruhmredige Hochpreisung der Vortheile, die uns die Vernunft in Ansehung der Glückseligkeit und Zufriedenheit des Lebens verschaffen sollte, sehr mäßigen und so gar unter Null herabsetzen, keinesweges grämisch oder gegen die Güte des Weltregierers undankbar sey; sondern daß diesen Urtheilen ingeheim die Ideen von einer andern und viel würdigern Absicht ihrer Existenz zum Grunde liege, zu welcher —

und

ger Ausübung der Gerechtigkeit, Wahrhaftigkeit, und Menschenliebe in allen unsern Verbindungen mit andern Menschen.

Das

und nicht zur Glückseligkeit — die Vernunft ganz eigentlich bestimmt sey, und welcher darum, als oberster Bedingung, die Privatabsicht des Menschen größtentheils entstehen muß " — Kants Methaphysik der Sitten S. f. ff Ungeachtet nun zwar die Vernunft, als solche, keinen andern höchsten Endzweck unsers Daseyns als die Sittlichkeit ausmitteln kann; so schließt sie doch die Glückseligkeit nicht aus. Diese wird aber jenem höchsten Zwecke subordinirt. Hierüber hat schon der Philosoph Crusius in seiner, Anweisung vernünftig zu leben, treflich geschrieben; mit weit mehr Scharfsinn, Konsequenz und Präcision als diejenigen Endämonisten, welche ihn bei jeder Gelegenheit herabsetzen, und doch in ihrem eigenen Systeme Naturgesetze und moralische dergestalt unter einander verwirren, daß man die Existenz einer Moral bezweifeln möchte. Außer den Kantischen Schriften über diese wichtige Materie, nämlich der Metaphysik der Sitten und der Kritik der praktischen Vernunft, glaube ich insbesondere die kleine Schrift des Herrn Rapp, Ueber die Untauglichkeit des Princips der allgemeinen und eigenen Glückseligkeit zum Grundgesetze der Sittlichkeit. (Jena 1791) und das vortrefliche System der Moral-Philosophie des Herrn Schmid, besonders von S. 71 s. 101. (Jena 1790.) empfehlen zu müssen.

Hier möchte vielleicht jemand sagen: Mag doch immerhin die Vernunft die Sittlichkeit als den höchsten Endzweck unsers Daseyns angeben und ihm die Glückseligkeit nur unterordnen; die Lehre des N. T. kündigt sich wenigstens als nichts anders an, als die beste Anweisung zur Glückseligkeit. Das ist es eben, was, immer einer dem andern nachgesagt und aus den Schriften des N. T. herausexegisirt hat. Die Lehre des Christen-

Das Evangelium schärft diese Pflichten ohne Ausnahme ein; es ermuntert seine Bekenner, sich der Demuth, der Duldsamkeit, der Selbstverleugnung, der Versöhnlichkeit und Wohlthätigkeit zu befleißigen; Tugenden, welche die Leidenschaften unterdrücken, die Grausamkeit verbannen, die Menschen sanft, friedliebend und gefällig gegen einander machen!

Das Christenthum erweitert den Verstand, theilt uns die erhabensten Begriffe von Gott und dessen Eigenschaften mit, und bewahrt uns vor jeder Vorstellung von

stenthums scheint ebenfalls einen höhern Endzweck zu haben, nämlich die Sittlichkeit der Menschen; hiernach gebietet sie uns, unbedingter Weise zu streben, um uns der Glückseligkeit würdig zu machen. Mir scheint der vortrefliche Hr. D. Schmid solches hinlänglich dargethan zu haben, in seinem Werke: Uiber den Geist der Sittenlehre Jesu und seiner Apostel. Daß übrigens die ersten Principien der Sittenlehre, wie sie in den Kantischen Schriften aufgestellt sind, eben so im N. T. sollten zu finden seyn; bezweifle ich. Aber davon bin ich für mein Individuum überzeugt, daß alle moralischen Vorschriften des Christenthums so beschaffen sind, daß sie sich wenigstens von jenen Principien ohne Widerspruch ableiten lassen. Einige beiläufige Aeußerungen über die Glückseligkeit dieses Lebens, z. B. „Die Gottseligkeit ist zu allen Dingen nütze und hat die Verheißung dieses und des zukünftigen Lebens," werden nichts entscheiden können, wenn man den ganzen Geist der Sittenlehre Jesu und seiner Apostel ansieht. Die Beförderung der Moralität liegt als erster und letzter Zweck klar vor Augen, der untergeordnete die Glückseligkeit, wird, wie schon angemerkt worden, nicht ausgeschlossen. Nur mit Hülfe einer gewissen schlauen Exegese wird sie als höchster Endzweck hineingebracht, und die Tugend als das wirksamste Mittel zu demselben aufgestellt. Der Uibers.

von dem höchsten Wesen, die seinen erhabenen Eigenschaften widerspräche.

Die Anzahl der vom Stifter derselben verordneten äußern Gebräuche ist gering; sie sind ohne Mühe zu vollbringen, sind anständig, bedeutungsvoll und erwecklich. Es legt uns keine Pflichten auf, als die es an sich sind; und giebt uns die vortreflichsten Vorschriften zur weisen Führung des Lebens. Bei dem Unterrichte in unsern Pflichten und Obliegenheiten, verheißt es uns auch den Beistand Gottes, um sie redlich zu vollbringen, und stellt uns das vollkommenste Beispiel zur Nachahmung auf.

Das Evangelium lehrt uns, daß zeitliche Leiden den Tugendhaften nicht minder treffen als den Lasterhaften, eine Lehre, welche ausdaurenden Eifer in der Tugend befördert, in so fern sie deutlich auf ein anderes Leben hinweißt. Diese Hofnung tröstet uns in Kümmernissen, hält unsern sinkenden Muth von der Verzweiflung zurück, und macht, daß der redliche Bekenner des Christenthums, sich bei allen Stürmen des Schicksals, die an ihn ankämpfen, dennoch aufrecht zu erhalten weiß.

Das Christenthum stellt alle Menschen als Kinder eines Vaters und Erben eines und derselben Glückseligkeit dar; es hebt allen zufälligen Unterschied unter den Menschen, welchen die bürgerlichen Verhältnisse nothwendig machen, vor Gott auf, und ruft uns laut zu, daß Gott jeden nach seinem innern Werth beurtheile und einst dafür belohnen oder bestrafen werde.

Diese erhabene Tugendlehre zielt darauf ab, den menschlichen Stolz niederzuschlagen, und den Werth der

258 Dritte Abtheilung.

Demuth zu erhöhen. Sie lehrt Fürsten und ihre Räthe ihres Berufs eingedenk, gerecht, bescheiden, gütig und herablassend gegen ihre Unterthanen zu seyn; den Unterthanen hingegen flößt sie Zufriedenheit mit ihrem Zustände, willigen Gehorsam gegen die Gesetze des Landes und Eintracht und Verträglichkeit unter sich selbst ein.

Das Christenthum führt die Richter und Handhaber der Gesetze in einem Lande zur Gerechtigkeit und Unparteilichkeit in ihren Entscheidungen, und die Zeugen zur Gewissenhaftigkeit in ihren Aussagen.

Es fordert von Ehemännern Wohlwollen und Nachgiebigkeit gegen ihre Weiber; den Weibern gebietet es Treue und Ehrfurcht vor ihren Männern; beiden Theilen Treue und gegenseitige Erleichterung der Beschwerden des Lebens. — Die Hausherren sollen gelind und billig gegen ihre Untergebenen seyn; die Dienstboten ehrlich und fleißig in ihrem Dienste. —

Wenn alle diese Vorschriften im Allgemeinen befolgt würden, so würden wir sehen, daß alle Zwietracht von den bürgerlichen Gesellschaften entfernt bliebe, und überhaupt die Wohlfarth der Staaten ungemein zunähme.

Die Absicht des Evangeliums war, die Menschen zu lehren, daß sie die Lasterhaftigkeit ablegen und ihre unsittlichen Begierden beherrschen sollten; mäßig und gerecht in dieser Welt leben; ihren Stolz unterdrücken und ihre Selbstliebe gehörig einzuschränken; ja so gar den Feinden die Pflichten der Gerechtigkeit und Menschenliebe zu erweisen. Aber nicht allein auf äußere Handlungen, sondern vornehmlich auf die Quelle derselben

ben nimmt das Christenthum ganz vorzügliche Rücksicht. Es gebietet in allen Stücken auf das Herz Acht zu haben, und verdammt schon die Begierden eben so sehr als Sünde, als es die Ausbrüche derselben dafür erklärt. Der Christ soll auch denjenigen Lüsten entsagen, die ihm eben so theuer wären als irgend ein Glied seines Leibes.

Noch mehr, um uns Muth einzuflößen, die wahre Besserung des Herzens anzunehmen, und immer mehr Zuneigung zu dem allgütigen Wesen zu bekommen, bietet es uns Verzeihung und eine gänzliche Amnestie der vorigen Sünden an, unter der Bedingung, daß wir umkehren und für die Zukunft unsern Eifer in der Tugend verdoppeln. Diese Versicherung, daß auf Reue und Besserung die vorigen Sünden sollen vergeben werden, giebt uns allein das Evangelium, und keine menschliche Vernunft hätte diesen trostvollen Gedanken, ohne von einer Offenbarung unterstützt zu seyn, erreichen können.

Das Evangelium hat, seiner Natur nach, die Absicht, unser Herz zu erweitern, und uns Wohlthätigkeit, allgemeines Wohlwollen und Vaterlandsliebe einzuflößen. Seine Verheißungen erheben den Menschen über die Ungemächlichkeiten dieser irrdischen Pilgrimschaft, und verwahren ihn gegen den Einfluß derjenigen Dinge, die nur auf eine Zeitlang die Begierden ergötzen können. Ein Mensch, der ganz vom Geiste des Evangeliums belebt ist, wird es aus Pflicht über sich gewinnen können, seinen ganzen Privatvortheil dem allgemeinen Besten aufzuopfern. Der wahre Christ übt jede Pflicht als Mensch und als Staatsbürger, aus Liebe und Ehrfurcht vor dem höchsten Wesen aus, ohne dabei einen zeitlichen Vortheil zu erwarten, oder sich durch die gedroheten bürgerlichen Strafen im mindesten bestimmen zu lassen. Nicht zufrieden, nur gerecht und ehrlich zu seyn, ist er auch dankbar, wohlthätig, mitleidig; Tugenden, die nach keinem Rechte von ihm können gefordert werden! Nicht zufrieden, sich jeder Ungerechtigkeit gegen Andere auf das strengste zu enthalten, vergiebt er auch das ihm angethane Unrecht von Herzen, weil er diese Versöhnlichkeit als die Bedingung anerkennt, unter welcher Gott ihm vergeben wolle.

Lord Kaims's Idee vom allgemeinen Wohlwollen.

Lord Kaims behauptet, daß die geselligen Neigungen der Menschen eingeschränkt wären, und es auch deshalb seyn müßten, damit das Entstehen allzugroßer Reiche, welche der Glückseligkeit der Individuen so nachtheilig wären, dadurch verhindert würde; ein allgemeines Wohlwollen, glaubt er, müsse die Vaterlandsliebe bei den Menschen schwächen weil ihr Wohlwollen sich unter so gar viele Menschen gleichsam vertheilen müßte. Ich werfe aber hierbei die Frage auf: Kann der aufrichtige Wunsch, jedem Menschen auf eine thätige Weise sein Wohlwollen zu bezeigen, wofern wir nur irgend eine Gelegenheit dazu haben, wohl den Eifer für das allgemeine Beste schwächen? Laßt den Wunsch immerhin allgemein seyn; die Wirkungen des Wohlwollens können es ihrer Natur nach, nicht seyn; sie werden sich nur auf denjenigen Zirkel erstrecken können, in welchem wir eigentlich leben und wirken. Laßt uns aber einmal annehmen, daß diese Wirkungen allgemein seyn könnten, hätte irgend ein Staat davon auch nur den mindesten Nachtheil? —

Die Menschen beweisen ihre Liebe zum Vaterlande dadurch, daß sie ihr Leben bei der Vertheidigung desselben

Absicht und Wirkungen der christlichen Religion. 261

ben wagen, den Landesgesetzen willig gehorchen, und ihren Privatvortheil dem allgemeinen Besten des Landes aufopfern. Ein solches Verhalten aber läßt sich unstreitig mehr von wohlwollenden und großmüthigen Herzen, als von denjenigen erwarten, deren Wohlwollen niemand als sich selbst, höchstens ihre Nachbarn, Freunde und Verwandten umfaßt. Lord Kaims gesteht selbst zu, daß die christliche Religion am nutzbarsten in demokratischen Staaten sey; denn in solchen unterdrücke sie die selbstischen Neigungen, erweitere die Theilnehmung an dem Interesse des Andern, schwäche die Uippigkeit, den Geitz und die Ehrsucht; Laster, die der allgemeinen Wohlfarth durchaus nachtheilig sind!

Lord Kaims's Meinung von den übelwollenden Neigungen.

Das Evangelium verbietet uns, bösartigen und feindseligen Begierden nachzuhängen; es fordert, sie als schädlich, für uns so wohl als andere Menschen gänzlich zu unterdrücken. Selbst der Verfasser der Charakteristik, der kein Freund der christlichen Religion war, behauptet, daß einzelne Menschen durch die natürlichen Neigungen der Liebe des Wohlwollens der Theilnehmung an den Schicksalen ihrer Mitmenschen allemal glücklich würden, *) elend hingegen durch die Stärke der selbstischen Neigungen; am elendesten durch Menschenhaß, Bosheit, Neid, Tyrannei, Verrätherei, Unterdrückung, Undankbarkeit. Lord Kaims gesteht auch zu, daß Bosheit, Neid, Rachsucht, Verrätherei, Betrügerei, Geitz und Ehrsucht die bürgerliche Gesellschaft gleichsam vergif-

---

*) Shaftesbury's Inquiry concerning virtue, B. II. part. II. sect. 1.

gifteten, und eine Auflösung aller ihrer Theile drohten.
Dieses gesteht er zwar zu, aber nur um die Leser auf
folgende widersinnige Meinung vorzubereiten: „daß näm=
lich die ungeselligen Neigungen für die bürgerliche Ge=
sellschaft wohlthätig wären, indem sie die erhabensten
Tugenden hervorbrächten." „Wären die ungeselligen
Neigungen entfernt, behauptet er, so würden die Men=
schen zwar gerecht in ihren Handlungen, und in Absicht
ihrer Personen und ihres Eigenthums vor Dieben und
Mördern sicher seyn; man könnte aber auch nicht er=
warten, daß Diebstal, Raub und ähnliche Schandtha=
ten würden können ausgerottet werden, ohne zugleich die
ungeselligen Neigungen auszurotten. Man nehme, sagt
er, diese weg, und alle Antriebe zur Thätigkeit fallen
dahin; aus dem muthvollen Menschen wird ein furcht=
sames und feiges Geschöpf. Lebe dann wohl Helden=
muth, Großmuth und jede erhabene Tugend! Die voll=
kommensten Menschen in Absicht der geselligen Tugen=
den werden den Wilden zur Beute werden, gleich furcht=
samen Schaafen hungrigen Wölfen. Ein einförmiges,
friedliches und sicheres Leben würde bald seinen Reiz
verlieren; das goldene Zeitalter der Dichter würde für
das Menschengeschlecht nachtheiliger seyn, als Pando=
ras Büchse; man würde nach nichts zu streben, nichts
zu vermeiden haben; die menschlichen Gemüther würden
sich sehr bald abspannen und gänzlich erschlaffen. Die
Einwohner der Paraguai und die des heissen Erdgür=
tels, deren Bedürfnisse so leicht zu befriedigen waren,
blieben deshalb auch Kinder am Verstande. Jene wur=
den aus einem öffentlichen Magazine ernährt, hatten
ihre bestimmten Stunden zum Gebete, zum Schlafe und
zur Arbeit, und waren so furchtsam und leidenschaftlos,
daß

---

*) Lord Kaims's Sketch 1. B. 1.

Absicht und Wirkungen der christlichen Religion. 263

daß sie den Spaniern, die ihr Land zerstörten, keinen Widerstand leisteten."

Gewiß eine seltsame Lebensart, um darzuthun, daß die ungeselligen Neigungen dem Menschengeschlechte nützlich sind! Zuverläßig bedachte dieser Schriftsteller nicht, daß andere Nationen, deren Bedürfnisse durch Arbeit und Industrie befriediget werden, sich in keiner solchen Erschlaffung und Indolenz, wie dieses Volk, befinden. Ich meines Theils kann aber auch den Nachtheil nicht einsehen, den die bürgerliche Gesellschaft ausgesetzt seyn würde, wenn die Menschen von den bösartigen Neigungen der Mißgunst, des Geizes, des Betruges u. s. w. völlig frei wären. Liebe, Hofnung, Furcht, Dankbarkeit, die Nothwendigkeit ihre natürlichen Bedürfnisse zu befriedigen, würden sie immer zur Thätigkeit, die mit der Tugend bestehen kann, anspornen. Die christliche Lehre will auch die Neigungen im Menschen nicht ausrotten, sondern ihn nur lehren, sie gehörig zu regieren. Das Christenthum untersagt auch den Menschen die vernünftigen Vergnügungen nicht, sondern nur die, deren Genuß er früher oder später zu bereuen Ursach hat. So wie das beiderseitige Ufer eines Flusses nicht den Lauf, sondern nur das Austreten desselben verhindern soll; eben so will auch das Christenthum, nicht die Aeußerungen der menschlichen Neigungen überhaupt, sondern nur das Vernunft= und Pflichtwidrige derselben, zurückhalten. —

Bolingbroke billigt das System der christlichen Sittenlehre.

Der Märtyrer Pollio giebt uns einen vortreflichen Abriß von der christlichen Sittenlehre, so wie sie unter den ersten Christen war gelehrt und ausgeübt worden. Da er bei dem Proconsul Probus war angeklagt wor=

Dritte Abtheilung.

worden, daß er die Götter aus Holz und Stein, welche von den Heiden angebetet wurden, verlacht hätte, so bekannte er freimüthig, daß er ein Christ sey, und mitten unter den Martern seinem Gott treu bleiben und Jesu Geboten gehorchen würde. Probus fragte ihn hierauf: was dieses für Gebote wären? und Pollio antwortete auf folgende Weise: „Das Christenthum lehrt uns, daß nur ein einiger Gott ist; daß hölzerne und steinerne Bilder keine Götter seyn können; daß wir unsere Fehler bereuen, verbessern und in dem angefangenen Gutem fortfahren sollen. Jungfrauen sollen sich der strengsten Keuschheit befleißigen; Weiber den Männern die eheliche Treue halten, und bei der Liebe zu ihnen keinen andern Zweck haben, als die Erzeugung der Kinder. Die Hausherren sollen über ihre Untergebenen mit Gelindigkeit herrschen; und die Untergebenen ihre Schuldigkeit, mehr aus Liebe, als aus Furcht, vollbringen. Wir sollen Königen und Obrigkeiten gehorchen, wenn ihre Befehle gerecht und löblich sind. Wir sollen Ehrfurcht gegen diejenigen tragen, die uns das Leben gaben, unsere Freunde lieben, unsern Feinden vergeben. Wir sollen Zuneigung gegen unsere Mitbürger, Dienstbeflissenheit gegen Fremde, Barmherzigkeit gegen Arme, Menschlichkeit gegen alle Menschen haben. Wir dürfen niemand beeinträchtigen und sind verbunden, angethanes Unrecht, geduldig zu ertragen. Wir müssen unsere eigenen Güter pflichtmäßig verwalten, und nach fremden darf uns nicht gelüsten. Wir glauben endlich, daß derjenige ewige Belohnung empfangen werde, der in dem Bekenntnisse seines Glaubens treu geblieben ist, und das Aeußerste eurer Gewalt über uns, Martern und Tod, verachtet hat." *).

So

---

*) Broughton's Dictionary, Art. *Christians.*

Absicht und Wirkungen der christlichen Religion. 265

So erhaben ist die Sittenlehre des Evangeliums, daß ihr auch Lord Bolingbroke in verschiedenen Stellen seiner Schriften seine vollkommenste Billigung ertheilt. „Es ist nie eine Religion in der Welt gewesen, sagt dieser Schriftsteller, die, ihrer Natur nach, so geschickt wäre, Friede und Glückseligkeit auf der Erde zu verbreiten, als die christliche" *) „Das System des Christenthums, wenn es von den Evangelisten vorgetragen wird, erfüllt alle Forderungen, die man an natürliche und geoffenbarte Religion thun kann." **) — „Das Evangelium von Christo ist ein zusammenhängender Unterricht, der reinsten Moral, der Gerechtigkeit, Gütigkeit und allgemeinen Menschenliebe." ***) — „Wäre auch das Christenthum eine bloß menschliche Erfindung; so wäre es gewiß die liebenswürdigste und wohlthätigste, womit man je das Menschengeschlecht zu seiner wahren Wohlfarth getäuscht hätte." — Aechtes reines Christenthum ist, Gottes Wort durch Wunder bestätigt, und hat alle die Beweise für sich, die es zufolge der Natur der Sache und der Art und Weise, wie es zuerst vorgetragen wurde, für sich haben konnte." — Dies ist das Bekenntniß von der Vortreflichkeit und Wahrheit der christlichen Religion, aus der Feder eines Schriftstellers, der sich sonst nicht eben als ein Freund der Offenbarung in seinen Werken gezeigt hat. †)

Die

---

*) Analysis of Bolingbroke, sect. 12.
**) Ebendaselbst.
***) Ebendaselbst.
†) Bolingbrokes Einwürfe betreffen nur verschiedene Geschichten des A. T., welche ihm Voltaire treulich nachgebetet hat. Uibrigens theile ich im Betreff seiner Achtung gegen das Christenthum, noch ein paar Stellen aus seinen Werken mit. „Eine Religion, welche
sich

Die Beweggründe des Christenthums zur Tugend sind jeden andern vorzuziehen.

Das Evangelium lehrt uns nicht allein unsere Pflichten, sondern giebt uns auch Beweggründe dazu an die Hand, die vormals weder Juden noch Heiden waren zu Theil geworden. Die Belohnungen, welche es uns

che sich auf das Ansehn einer göttlichen Sendung gründet, und durch Weißagungen und Wunder bestätigt worden, beruft sich auf Begebenheiten; und diese Begebenheiten müssen, so wie alle andere Begebenheiten, die man für wahr hält, bewiesen werden. Sind sie zu beweisen, so wird die Religion ohne alle diese Schlüsse bestehen. Sind sie aber nicht zu beweisen; so muß ihr Ansehn aller tiefsinnigen Schlüsse ungeachtet, fallen.“ S. dessen Briefe über den Gebrauch und das Studium der Geschichte Br. 5. Bolingbroke tadelt zuvor mit Recht diejenigen, welche von Dingen, wobei bloß die Frage ist, ob sie geschehen sind, a priori durch Schlüße beweisen wollen, daß sie hätten geschehen müssen. An einem andern Orte äußerte er folgende Gedanken: „Wir müssen gestehn, wenn eine Offenbarung alle diese Proben glücklich ausgehalten; wenn sie alles Ansehn eines menschlichen Zeugnisses hat; wenn sie in allen ihren Theilen mit sich selbst eins ist, und wenn sie nichts enthält, das einer richtigen Erkenntniß von dem vollkommensten Wesen und von der natürlichen Religion widerspricht; eine solche Offenbarung muß mit der tiefsten Ehrfurcht, einer völligen Unterwerfung und mit ungeheuchelter Dankbarkeit angenommen werden. Alsdenn hat die Vernunft ihre Rolle ausgeübt und überliefert uns den Glauben. Ehe jene Proben unternommen worden, glauben, wenn sie aber angestellt worden und zum Vortheile der Religion ausgefallen sind, zweifeln, ist beides gleich unvernünftig. Bolingbroke's Works Vol. IV, p. 379. Beide angezogene Stellen habe ich aus Hrn. D. Leß Wahrheit der christlichen Religion genommen. S. 169. ff. (fünfte Ausgabe.) Der Ubers.

Absicht und Wirkungen der christlichen Religion. 267

uns nach diesem Leben verheißt, sind unaussprechlich, und seine gedrohten Strafen sind fähig, die Uibertreter der göttlichen Gesetze zu schrecken. „Was die Gewißheit eines künftigen Zustandes der Vergeltung anlangt, sagt Gibbon, *) so hat der Scharfsinn der heidnischen Weltweisen nichts als eine schwache ungewisse Hofnung hervorgebracht; die christliche Offenbarung hingegen hat alle diese Zweifel durch Beweise, woran auch die Angriffe des schlauesten Gegners zu schanden warden, völlig gehoben." Anlangend künftige Strafen, so haben weder Heiden noch Christen eine deutliche Vorstellung davon; die Drohungen derselben sind bloß in Bilder eingekleidet. Die Heiden stellen sie als Martern vor, die von der Hand der Furien im Pyrophlegethon, Styx, und Cocyt erlitten würden; die christliche Lehre redet von einem Wurme der nie stirbt, und einem Feuer welches nie erlischt; Bilder von harten, obgleich unbestimmten, Strafen! Ungeachtet aber dem Sünder so harte und lange Strafen gedroht werden; so bietet die christliche Lehre doch auch demjenigen Verzeihung und endlose Seligkeit an, der mit Aufrichtigkeit des Herzens seine Besserung anfängt, und standhaft dieselbe betreibt. Welch ein mächtiger Antrieb zur redlichen Vollbringung unserer Pflichten!

Das unsittliche Verhalten roher Nationen erhöht den Werth des Christenthums.

Ich kann die Geschichte wilder Nationen nie lesen, ohne sie wegen ihrer Unkunde des Christenthums innig zu bedauren; denn diese Religion ist ganz dazu eingerichtet, auffallenden moralischen Unordnungen Einhalt zu

*) Roman Empire, chap. XV.

zu thun, und den Mängeln politischer Einrichtungen, in einem gewissen Grade, abzuhelfen. Die christliche Lehre würde für manche rohe und barbarische Nationen sehr heilsam seyn, um ihre Sitten zu mildern, und die Mängel guter politischer Einrichtungen zu ersetzen. So haben z. B. die Jesuiten die Einwohner der Paraguai gesitteter, moralisch besser und betriebsamer gemacht, ohne dazu sich anderer Verordnungen zu bedienen, als die Vorschriften der christlichen Religion. Als sich die Jesuiten in diesem Lande niederließen, bekam die Regierung ein theokratisches Ansehen, und die Einwohner des Landes erfüllten ihre Pflichten, durch keine bürgerlichen Strafgesetze angereizt, sondern bloß durch den Einfluß, welchen die Vorstellung zukünftiger Strafen und Belohnungen auf sie haben mußten, in sittliche Thätigkeit versetzt. Ihr Gehorsam war nicht erzwungen, sondern gründete sich auf Religion. *) Die Uibertreter
der=

*) Die heiligen Väter müssen die Religion meisterhaft vorgetragen haben, daß das Volk gar keiner bürgerlichen Gesetze bedurfte, und bloß aus Gründen der Religion seine Pflichten erfüllte! In unsern Ländern, wo ein Ernesti, Jerusalem, Spalding, Töllner, Zollikofer, Leß, u. die übrigen Patres conscripti der protestantischen Kirche die Religion doch auch nicht eben übel vorgetragen haben, ist es nie dahin gekommen, daß das Volk bloß aus Gründen der Religion angetrieben, durch keine ärgerlichen Gesetze, seine Pflichten ausgeübt hätte. Die schöne Theokratie der Jesuiten war ein Meisterstück der schlauesten Pfaffenlist, die unstreitig kein Unparteiischer billigen konnte, dem Pabste aber gar nicht unangenehm seyn mochte, weil diese verehrungswürdigen Apostel das Werk ihres Herrn sehr brav betrieben. Sie mußten sehr bald das Volk des Irrdischen zu entwöhnen; denn es währte nicht lange, so hatten sie Alles, und das Volk nichts. Das Volk mußte
alles

Abſicht und Wirkungen der chriſtlichen Religion.

derſelben bekannten oftmals ihr Vergehen ganz freiwil=
lig, und baten bei der Regierung, ſie zu ſtrafen, damit
nur ihr Gewiſſen beruhigt würde. *) Dies ſind die
Wirkungen des Chriſtenthums, wenn es in den Herzen
ſeiner Bekenner tiefe Wurzel ſchlägt! Ich gebe zu, daß
nicht alle Nationen ſo leicht dürften zu behandeln ſeyn,
als es die Paraguaier waren; aber ich beſtehe auf meiner Meinung, daß die nämlichen religiöſen Grundſätze,
welche ohne Beiſtand menſchlicher Geſetze ſo viel über ih=
re Gemüther vermochten, gewiſſermaßen die Barbarei
der wildeſten Nation zu mildern im Stande ſind. Die
Lehren des Evangeliums müſſen unſtreitig, wofern ſie
ſolchen Gemüthern nur recht eingeſchärft werden, die
Grauſamkeit und Rachſucht, wenn gleich nicht ganz aus=
rotten, doch wenigſtens in einem höhern Grade ver=
mindern.

Fortſetzung des Vorigen

Der ſanfte und zur Verſöhnlichkeit geneigte Geiſt,
welchen das Evangelium einflößt, würde unter wilden
Na=

alles leiſten was ſie wollten, weil die Herren mit Ex-
kommunicationen, und andern Kirchenſtrafen, Drohungen von ewigen Höllenmartern, wobei das Henkerge-
ſchäft der Teufel recht lebhaft geſchildert war, gar nicht
kikerten. Ihre Regierungsform war etwas eigen,
und mußte in gewiſſer Rückſicht Ehrfurcht einflößen.
Ein Prieſter z. B. bekleidete mehrere Aemter, las Meſſe,
verbrannte Ketzer, und kommandirte nach der Meſſe
die Wachtparade. Der Gehorſam der Paraguater, denen das Schickſal ſolche Seelſorger zugeführt hatte,
war unſtreitig der gezwungenſte, den es nur geben konnte, und hatte in dieſer Rückſicht nichts weniger als
moraliſchen Werth. Ich wünſchte, daß der Verf. dieſe
Herren mit Stillſchweigen übergangen hätte. Der Ueb.
*) Reſnal's Settlements, Vol. II. B. IV.

Nationen die trefflichsten Wirkungen hervorbringen, weil sie sonst keine Gesetze haben, denen sie ihre regellosen Triebe unterwerfen müssen. Unter einzelnen Individuen und Stämmen, wo weder bürgerliche Gesetze noch die Lehre des Christenthums herrschen, glüht alles unaufhörlich von Rachsucht; man kennt in der Wiedervergeltung des angethanen Unrechts keine Gränzen. Rachsucht ist die erste Empfindung, welche von den Eingebohrnen America's den Kindern eingeflößt wird; dieses zerstörende Princip äußert sich in allen Handlungen ihres Lebens, so, daß sie selbst an leblosen Dingen, z. B. Holz und Steinen, ihre Wuth auslassen. Diese unaufhörlich glühende Leidenschaft, läßt die Amerikanischen Wilden angethanes Unrecht nie vergessen, sondern der Beleidiger muß, wo möglich, mit dem Leben bezahlen. Ihre Rachsucht kann zwar eine Zeitlang schlummern; aber bei der ersten Veranlassung wird sie desto fürchterlicher wieder erwachen. In civilisirten Staaten, wo zugleich die Religion herrscht, streiten sich die Menschen gemeiniglich um Ehre oder Eigenthumsrechte, und ihre Kriege sind geendigt, so bald diese Zwecke erreicht worden; die Wilden hingegen fechten, um ihre Feinde auszurotten, und nur dann ist ihre Rache gestillt; und um sie ganz zu stillen, verzehren sie ihre Kriegsgefangenen, bedienen sich auch zuweilen besonderer Werkzeuge, um sie zuvor noch zu martern. Einige verbrennen die Gliedmaaßen der Gefangenen mit einem Stück glühenden Eisen; zerschneiden die Körper mit Messern, reißen das Fleisch von den Knochen herunter, ziehen ihnen die Nägel an Händen und Füßen mit der Wurzel aus, drehen und zerreißen ihre Sehnen und Nerven. Da die Menschen unter der Tyrannei dieser Leidenschaft, sagt ein bekannter Geschichtschreiber, grausamer werden, als die Thiere; darf man sich wundern, daß weder Mitleid noch Schonung bei ihnen statt findet?" *) Wäre solchen Menschen das Evangelium gepredigt worden; hätte jemand diesen barbarischen Gemüthern die Pflichten der Menschenliebe eingeschärft; so würde der Geist der Rache nie Grundsatz bei ihnen geworden seyn, und so schaudervolle Wirkungen hervorgebracht haben. —

Die wilden Brasilier in Südamerica verzehrten ihre Gefangenen; **) in Congo verkauften Eltern ihre Kinder, und Ehemänner ihre Weiber für Puppen und Kinderklappern. Die Hottentotten, ungeachtet sie gegen Fremde gastfrei, und liebreich unter sich selbst waren, pflegten doch zuweilen Kinder lebendig zu begraben, oder setzten sie an Oerter aus, wo sie reißenden Thieren zur Beute wurden; und ihre alten kraftlosen Eltern ließen sie in ihren schmutzigen Hütten, ohne irgend einen Trost und Beistand, vom Hunger oder wilden Thieren aufgezehrt werden. ***)

In Neuspanien wurde jeder zwanzigste Tag als heilig gefeiert, und dabei opferte man Menschen; man opferte Kinder, so bald sich die junge Saat auf den Aeckern zeigte; war sie einen Fuß hoch gewachsen, so wurde das nämliche Opfer wiederhohlt; war sie noch um einen Fuß höher geworden, so brachte man auch zum drittenmale dasselbige Opfer.

An

*) Robertsons Entdeckung von Amerika B. 4.
**) Man muß das Verzehren der Kriegsgefangenen nicht zu sehr urgiren. Es kann eine Nation in allem Ubrigen sehr milde und sanft seyn, und doch ihre Gefangenen verzehren! Dies ist selbst bei den gutmüthigen Otahcitern bemerkt worden. Der Uebers.
***) Mod. Univ. Hist, VI, Fol. B. XXI. ch. XI.

Auf der Insel Formosa verhindern die Priesterinnen alle Weiber, vor dem sechs und dreißigsten Jahre Kinder zu gebähren; diesem Gebrauch zufolge, werden öfters Kinder im Mutterleibe getödet. Uiberhaupt hielten diese Inselbewohner den Mord für ein geringes Verbrechen: denn mit ein paar Thierhäuten, oder einem ähnlichen Aequivalente, war die Strafe bei den Anverwandten des Ermordeten hinlänglich erlegt. *)

Robertson erzählt, daß die Einwohner eines großen Theils von Süd=America ihre alten Eltern aus den nämlichen Gründen tödteten, weswegen andere Wilde ihre Kinder umzubringen pflegen, nämlich weil es ihnen schwer fällt, sie zu ernähren. **) Die Karaiben pflegten ihre Kinder zu kastriren, sie nachher zu mästen, und eine gute Mahlzeit davon zu halten; und Garcilasso della Vega erzählt von einem Peruvianischen Volke, daß sie die weiblichen Kriegsgefangenen zu Beischläferinnen genommen, um Kinder mit ihnen zu zeugen, und sie hernachmals zu mästen und zu verzehren. Taugten die Mütter nicht mehr zum Gebähren, so erwartete sie dasselbe Schicksal. ***) Sollte man wohl zweifeln können, ob das Evangelium solche Greuel würde unterdrückt haben, wenn es in jenen Ländern wäre ausgebreitet gewesen?

Ich habe zu beweisen gesucht, daß das Christenthum den Zweck habe, Barbarei und Grausamkeit unter den Menschen zu vertilgen; dies wird noch deutlicher einleuchten, wenn ich darthue, daß das Christenthum

in

---

*) Harris's Collection of Voyages, Vol. II, Append. p. 40.
**) Geschichte von America B. 4.
***) Lock's Essay, B. I, sect. 9, ch. 3.

Absicht und Wirkungen der christlichen Religion. 273

in allen Ländern, wo es bekannt geworden ist, jene genannten und ähnliche schauderhafte Ausartungen der Menschheit verbessert hat. Ich verlange nicht zu behaupten, daß es allenthalben gleich vortrefliche Wirkungen hervorgebracht habe; aber so viel räumt man mir gewiß ein, daß es unglaublich viel Gutes in dieser Rücksicht hervorgebracht hat, und daß hernach ganze Länder sowohl, als einzelne Bewohner derselben, in vielfältiges Elend versunken sind, weil die Gebote des Christenthums so mannigfaltig verletzt wurden.

Fragen wir die Geschichte anderer Nationen, und wir werden finden, daß das Elend, welches sie erlitten, aus keiner andern Quelle entsprang, als aus Handlungen, die dem Buchstaben so wie dem Geiste des Evangeliums widersprachen, nämlich aus Geitz, Unterdrückung, Schwelgerei und glänzenloser Sinnlichkeit. Alle Geschichtbücher werden uns lehren, daß Empörungen und Staatsverwirrungen aus dem Mißbrauche der Gewalt, mit einem Worte, aus der Übertretung der Gesetze des Christenthums entstanden sind. Die Geschichte der Menschheit beweißt ohne allen Zweifel, daß Fürsten, die dem Geiste des Evangeliums und dem Interesse ihrer Unterthanen, zuwider handelten, Verschwörungen ausgesetzt waren, und ihre Königreiche unter den Stürmen der Zwietracht und der Empörungen zu Grunde giengen. Ich werde deshalb die traurigen Wirkungen darstellen, welche die Grausamkeit, der Geitz, und die Tyrannei so mancher unächter Bekenner des Christenthums hervorbrachten, um auf der andern Seite desto unleugbarer darzuthun, wie wohlthätig die gewissenhafte Ausübung der Vorschriften des Christenthums jederzeit für einzelne Menschen und ganze bürgerliche Gesellschaften gewesen ist.

Als die ersten Spanier nach Hispaniola kamen, so wurden sie von den Insulanern beinahe für Götter angesehen; der Donner ihrer Kanonen war ihnen ein Wunder des Himmels, und sie empfingen von ihnen eine Huldigung, die der Anbetung nahe kam. Und doch verübten die Spanier die größten Grausamkeiten gegen dieses gutmüthige Völkchen, so daß es sich genöthigt sah, den fremden Ankömmlingen sich zu widersetzen. Columbus war just hierbei nicht gegenwärtig, und er dachte auch im Ganzen genommen zu menschlich, um sich der Barbarei seiner Gefährten mit schuldig zu machen. Dessen ungeachtet hob er bei seiner Rückkehr nach Spanien einen so schweren Tribut von ihnen, daß sie, um ihre Unterdrücker stutzig zu machen, sich vornahmen, ihre Aecker mit keinem Korne (Mais) wieder zu besäen. Sie flüchteten sich auf unzugangbare Gebürge, wo sie alles Elend des Hungers ausstehen mußten, und unser Geschichtschreiber berichtet,*) daß hier mehr, als der dritte Theil des unglücklichen Volkes, umgekommen sei. Die Spanier betrachteten sie als geborne Sklaven, und belegten sie deshalb mit so schweren Arbeiten, daß viele unter diesen Lasten erlagen, indeß sie selbst mit gewafneter Hand unter ihnen wütheten. Diese Abentheurer betrugen sich in andern Theilen America's nicht menschlicher als auf dieser Insel. Hernando Cortes tödtete in Mexico den König Guatimozim, verbrannte in einer einzigen Provinz sechzig Stadthalter (Caziquen) und vierhundert Edle des Landes.**) — Als Franz Pizarro nach Peru kam, forderte sein Beichtvater, Valverde den Incas auf, daß er die christliche Religion annehmen und die Oberherrschaft des Pabstes und des

---

*) Robertsons angef. Werk, Buch 2.
**) Im angef. Werke, Buch 5.

des Königs von Kastilien anerkennen sollte. Der Inca, der noch keine Gründe vernommen hatte, warum er seiner vaterländischen Religion entsagen müßte, warf das Brevier, welches ihm Valverde darreichte, mit Verachtung auf die Erde. „Zum Waffen,' schrie der wüthende Mönch! ein Beichtvater, wie er sich zum blutgierigen Pigarro vortreflich schickte! „zum Waffen; das Wort Gottes ist gelästert worden; rächt den Frevel!" Diese Worte waren das Signal zum Morden. Pigarro grif die Peruaner an, bemächtigte sich ihres Monarchen, tödtete eine Menge Edle, welche ihren Herrn zu retten suchten. *) Durch den Geiz und die Grausamkeit der Spanier fielen in verschiedenen Theilen Amerika's eine Menge Menschen, als schuldlose Schlachtopfer; vielen wurden Arbeiten und Lasten auferlegt, unter welchen sie erlagen; viele rafte der Hunger hinweg; und nicht wenige starben auf den forcirten Märschen, auf welchen sie zu Lastthieren gebraucht wurden, um den Spaniern die Bagage und Lebensmittel nachzuschleppen. In einigen Gegenden wurden die Einwohner gezwungen, ihre Thäler und fruchtbaren Plänen zu verlassen, und in Bergen einzuschlagen, wo Goldmienen verborgen zu seyn schienen. Die Vertauschung eines fruchtbaren Bodens mit einem dürren, der ungesunde Aufenthalt in Bergwerken, und die verschlossene Aussicht, jemals von diesem Elende wieder frei zu werden; alles dieses trug bei, die Gegenden von ihren alten Bewohnern zu entvölkern. **) Die Kolonisten, welche sich in diesen Ländern niederließen, haben die nachtheiligen Folgen ihres unchristlichen Verhaltens mehr als zu sehr empfunden, indem sie genöthigt waren, alle Jahre mit vielen Kosten

---

*) Robertson im angef. Werke, Buch 6.
**) Robertson im angef. Werke, Buch 8.

Negersklaven aus Afrika einzuführen, um ihre Bergwerke im Stande zu erhalten, und die Plantagen anzubauen." *) Da die Menschen gewöhnlicher Weise geneigt sind, die Religion ihrer Unterdrücker zu hassen; so waren auch die Indier weit davon entfernt, die Religion ihrer Unterdrücker anzunehmen. Acosta, welcher funfzehn Jahre das Bekehrungswerk in Peru getrieben hat, gesteht sehr freimüthig, daß das unmoralische Verhalten der sogenannten Christen, sein Werk am meisten erschwert habe. **) Resnal mißt alle gedachte Ausschweifungen dem Geize bei; denn wo die Eroberer, sagt er, keine Bergwerke vermuthet hätten, wären sie auch nicht so grausam gewesen. Der Spanische Hof gab zwar, menschenfreundliche Gesetze zum Schutze der Indianer, aber darin war er zu tadeln, daß er die Gefängnisse im Lande eröfnete, und Verbrecher in die neue Welt sandte, um die dasigen Kolonien zu bevölkern. Welche Beispiele von Gerechtigkeit, Mäßigung und Enthaltsamkeit wurden den Eingebornen durch solches Gesindel aufgestellt?

Uible Folgen der Verlezung der christlichen Moral in beiden Indien.

Ein gelehrter und menschenfreundlicher Prälat ***) sagt, daß sich ungefähr vierhundert tausend Menschen in den Brittischen Kolonien Westindiens in der tiefsten Unwissenheit befinden. Ungeachtet die Plantagenbesitzer versuchten, die evangelische Lehre auf diesen Inseln auszubreiten, so wurde jener Endzweck dennoch nicht erreicht, weil man die Sklaven allzugrausam behandelte,

und

---

*) Resnel's Settlements Val. II. B. III.
**) De procuranda Indorum Salute, L. II. cap. XVIII.
***) Po. teus, Serm. XVII.

und sich um ihre Geistesbildung völlig unbekümmert ließ. Da sie sich in einer so tiefen Geisteserniedrigung befanden, so waren sie auch ganz unmoralisch, und übten weder Treue, noch Wahrheit, noch Ehrlichkeit aus; die Noth erforderte, sie mit Peitschen zu züchtigen, damit sie sich nicht wider das Leben ihrer Aufseher zusammen rotteten. Viele Englische Schriftsteller haben behauptet, daß man aus diesen Leuten ehrliche und treue Arbeiter machen könne, wenn man ihnen nur einen mäßigen Antheil von Freiheit würde zukommen lassen, statt daß sie in ihrem gegenwärtigen armseligen Zustande lasterhaft und verrätherisch wären.

Die Portugiesen haben von jeher ihre Amerikanischen Unterthanen mit Menschlichkeit behandelt, selbst den Einwohnern Brasiliens die bürgerliche Freiheit gestattet; ein ähnliches Beispiel, welches andere Nationen hätten nachahmen sollen! *)

Die Franzosen und Spanier behandelten ihre Negersklaven ebenfalls gelinde, unterrichteten sie in der christlichen Religion und gaben besondere Gesetze zu ihrem Schutze. Daher kommt es auch, daß die Neger in den Französischen und Spanischen Kolonien bescheidener, ehrlicher und fleißiger sind, als die, in den Englischen, welche alle mögliche Härte fühlen, und durch das Evangelium nicht gebessert sind. Die Sklaven im Englischen Westindien hassen ihre stolzen Herren, die ihnen nie einen freundlichen Blick gönnen, nie sich herablassen mit ihnen zu sprechen; da hingegen die Franzosen, ihres herablassenden und sanftern Betragens wegen, von den Sklaven geliebt werden. **)

Die

*) Renal. Vol. II. B. V.
**) Im Vergleich mit den Engländern verdienen die Franzosen in diesem Stücke noch Achtung; aber Schriftstel-

Die Wirkungen der Irreligion und der Unmenschlichkeit waren dort ehedem so groß, daß, als der Admiral Drake auf St. Domingo landete, um sich daselbst niederzulassen, die Einwohner den verzweifelten Entschluß faßten, mit ihren Weibern keinen Umgang mehr zu pflegen, weil sie voraus sahen, daß ihre Kinder geborne Sklaven seyn würden. Die Grausamkeit der Europäer auf den Karaibischen Inseln hat es dahin gebracht, daß es dem Lande an eingebohrnen Einwohnern fehlt, und daß jetzt die Plantagenbesitzer genöthigt sind, in Guinea an der Sklavenküste Negern aufzukaufen, und sie nach Amerika auf ihre Besitzungen zu führen. Die Trennung dieser Elenden von ihren Verwandten und ihrem Vaterlande flößt ihnen Indolenz und Muthloßigkeit ein; und die Härte, mit welcher sie auf den Plantagen behandelt werden, zerstört ihre Gesundheit und kürzt ihr Leben. Die harte Arbeit, die man den weiblichen Negersklaven auferlegt, verursacht unzeitige Geburten, oder bringt sie dahin, daß sie theils aus Mitleid, theils aus Rachsucht gegen ihre Tyrannen, ihre Kinder selbst aufopfern, damit sie sie vor der Grausamkeit ihrer künftigen Unterdrücker bewahren mögen.*)

Die Englischen Tobackspflanzer haben je zuweilen für ihre Grausamkeit büßen müssen, indem Rebellion und Mord unter den Sklaven ausgebrochen ist. Die Negern in Jamaica tödteten, durch die Härte ihrer Herren zur Verzweiflung getrieben, zuweilen ihre Tyrannen, zündeten die Gebäude auf den Pflanzungen an,

ler ihrer eigenen Nation erzählen doch Verfahrungsarten mancher Plantagebesitzer, wobei jedem die Haut schaudern muß, der sie liest. Der Übers.

*) Refnal, Vol. III. B. V.

Abſicht und Wirkungen der chriſtlichen Religion. 279

an, flüchteten ſich auf unzugangbare Gebürge, und nah=
men ſich nicht ſelten ſelbſt das Leben. *)

Als Englands Feinde im Amerikaniſchen Kriege auf
St. Kitt landeten, ſo wollten die Neger auf dieſer In=
ſel ſich ihnen nicht widerſetzen: da ſie hingegen bei ei=
ner menſchlichen Behandlung die Pflanzungen fleißig
würden bearbeitet, ihren Herren nicht durch Meuterei
und Rebellion Noth verurſacht, auch ihnen wider die
Feinde gern beigeſtanden haben. Man ſieht hieraus,
daß es eben ſo ſehr das Intereſſe als die Pflicht der
Menſchen erfordert, Sanftmuth und Mäßigung gegen
die Unterthanen zu beobachten, und wie ſehr es die
Plantageninhaber ſich ſollten angelegen ſeyn laſſen, ih=
re Sklaven ſo menſchlich, als nur immer möglich, zu
behandeln. Hätten dieſe Menſchen die Regeln ihres Ver=
fahrens aus der Sittenlehre des Chriſtenthums gezogen,
es würden ſich Hände genug gefunden haben, die ihren
Boden bearbeitet. Aber ihr Verhalten war unchriſt=
lich; ſie vertilgten die alten Einwohner des Landes, und
beraubten ſowohl ſich ſelbſt, als ihr Vaterland, der
Früchte ihrer Arbeit.

Als die Engliſchen Miſſionarien die alten Einwoh=
ner der Brittiſchen Kolonieh bekehren, ſie im Evangelio
unterrichten, folglich ihnen die Glückſeligkeit darſtellen
wollten, welche ihnen das Chriſtenthum verhieße; ſo
machten dieſe Unglücklichen die natürliche Bemerkung:
ſie könnten ſich unmöglich vorſtellen, daß die Engländer
ihnen einen Platz im Himmel gönnen wollten, da ſie ſie
auch des kleinſten Antheils von Friede und Glück auf
dieſer Erde beraubten. **)

In

*) Reſnal, Val. III. B. V.
**) Uiberdies mögen auch die Engliſchen Miſſionaire eine
ganz

In Ostindien hat die Erpressung und die Raubsucht die Englische Regierung den friedliebenden Gentoos verhaßt gemacht, die Indischen Stämme dagegen bewaffnet; und verursacht, daß sie dem christlichen Namen immer abgeneigter wurden. Im Jahr 1783 wurde es im Unterhause von denjenigen, welche Hrn. Fore's Bill unterstützten, durchaus gebilligt, daß die Indier von den Dienern der Kompagnie grausam behandelt, ausgeplündert und gemordet wurden. Im Oberhause hingegen behaupteten verschiedene Parlementsglieder, daß man der Raubsucht und den Ausschweifungen, die der Brittischen Nation sowohl als der Menschheit Schande machten, Einhalt thun müsse. Es ist zu beklagen, daß das sonst so weise Englische Parlement es sich bisher noch nicht hat angelegen seyn lassen, die Menschenrechte jener so gedrückten, so unglücklichen Geschöpfe in Schutz zu nehmen, die von Leuten gemißhandelt werden, die weder Religion noch Tugend haben. Resnal versichert, daß diese Leute ihre Stellen kaufen, um sich so sehr als möglich dabei zu bereichern; und da sie sie nur auf einige Jahre besitzen, so unterdrückt die Begierde, sich schnell zu bereichern, in ihnen jeden moralischen Grundsatz.*) Die Aufführung solcher Plünde-

---

ganz vortrefliche Methode anwenden, die Heiden für das Christenthum empfänglich zu machen! Es sind meistentheils Leute, die in ihrem Vaterlande zu keiner menschlichen Verrichtung zu gebrauchen sind. Man hat zwar nicht nöthig, den Werth aller andern Missionaire eben hoch anzusetzen; bei den Englischen aber am allerwenigsten. Daß ich diese würdigen Männer nicht verkleinere, davon kann man sich aus dem dritten Theile des Wendebornschen Werks über England sattsam überzeugen. Der Ubers.

*) Ein paar Beispiele solcher Barbarey sind, die beiden

Absicht und Wirkungen der christlichen Religion. 281

derer ist Beweises genug von den üblen Folgen des
Mangels an Religion; sie beweist die Nothwendigkeit
göttlicher und menschlicher Gesetze, um Grausamkeit und
Geiz im Zaume zu halten. Doch muß ich auch hierbei
noch die Anmerkung machen, daß dergleichen Menschen
dem Geiste der Brittischen Konstitution zuwider handeln,
und daß man ihr es nicht zur Last legen darf, wenn von
Britten Dinge verübt werden, die dem Vaterlande keine
Ehre machen. —

Ich könnte, wenn ich weitläuftig seyn wollte, eine
Ubersicht über verschiedene andere Europäische Länder
anstellen, und es würde sich zeigen, was die Vernachläs-
sigung der Vorschriften der christlichen Religion und die
Unkenntniß der Lehren derselben, die unter einer so zahl-
reichen Menschenklasse z. B. unter den Leibeigenen in
Polen und Rußland herrscht, für nachtheilige Wirkungen in Absicht der Moralität und der Glückseligkeit
hervorbringen. Doch dies will ich übergehen, und fortfahren die Wirkungen desjenigen Heidenthums zu zeigen, welches noch heut zu Tage in verschiedenen Ländern herrschend ist.

Die Wirkungen des neuern Heidenthums beweisen die
vortrefliche Absicht des Evangeliums.

Wenn das Christenthum unter manchen rohen
Völkerschaften eingeführt wäre, so würde auch ihre bürgerliche Verfassung sich in einem ungleich bessern Zustande befinden, als in welchem sie jetzt ist. Denn man
kann im Allgemeinen die Behauptung sicher aufstellen,
daß die bürgerlichen Verfassungen, in denjenigen Ländern,

aufeinander folgenden Gouvernöre in Indien, Clive
und Hastings, welche jedem Leser bekannt sind. Der Ub.

dern, welche das Licht der christlichen Religion noch nicht aufgehellt hat, ungleich mangelhafter, ungerechter und grausamer sind, als da, wo das Christenthum herrscht. Man darf nur einen flüchtigen Blick auf die jetzigen heidnischen Länder werfen, und man wird finden, daß meine Behauptung gegründet ist. Es giebt noch jetzt Scenen der Unsittlichkeit und Grausamkeit in heidnischen Ländern, welche wir nicht glauben würden, wenn sie nicht das Zeugniß so mancher Wahrheitliebender Geschichtschreiber bestätigte.

Die Bagotaner brachten ihren Göttern Menschenopfer dar, *) und die Einwohner auf Biafra beteten den Teufel an, und opferten ihm zu Ehren Kinder.**) Die Madagaskaner, welche sich mit der Sterndeuterei abgaben, unterschieden unter glücklichen und unglücklichen Tagen: Kinder, die an unglücklichen Tagen auf die Welt kamen, wurden umgebracht. ***) In Cambodu gaben die Einwohner ihre Weiber und Töchter, zu Ehren ihrer Gottheiten den Umarmungen jedes Menschen Preis, der seine Begierden mit ihnen befriedigen wollte. †)

Die Giagas hielten, von ihren Priestern unterrichtet, ihre Götter für äußerst blutdürstige Wesen; und trafen ihr Land allgemeine Plagen, so schrieben sie solche den, von ihnen vernachläßigten, Gottheiten zu, und opferten, ihren Zorn zu versöhnen, ganze Hekatomben von Thieren. Das Brausen der Winde und das Gehenl wilder Thiere schrieben sie dem Blutdurste der Götter

---

*) Robertsons Geschichte von Amerika, Buch IV.
**) Mod. Univ. Hist. Vol. VI. B XXI. ch. XIV.
***) Resnal's Settl. Vol. I. B. III.
†) Great. Historical Dictionary. Art. *Tartars*.

Absicht und Wirkungen der christlichen Religion. 283

ter zu, und erwürgten ihre Mitmenschen auf eine jammervolle Weise, um das Unglück, von welchem sie bedroht zu seyn glaubten, von sich abzuwenden. Alle übrige Handlungen dieses Volks waren grausam, wie es sich von einer Nation, die so tief in Abgötterei und Aberglauben versunken war, erwarten ließ. Ihren Religionslehren zufolge, opferten ihre Zauberer erwachsene Menschen und Kinder, und erzogen Leute zu den Waffen, welche Gefangene machen sollten, damit ihre Nation nicht unterginge. Sie nährten sich vom Fleische der Gefangenen; ja, sie verzehrten, wenn es an Nahrungsmitteln fehlte, ihre eigenen Kinder. Fast jeden Tag wurden junge Leute für die Tafeln der Vornehmen geschlachtet. Eine gefühllose Königin gab einmal in diesem Lande das Gesetz: daß die Eltern ihre Kinder lebendig in einem Mörser stoßen, ihre Körper mit Salbe bestreichen, und ihr darbringen sollten. Ungeachtet dieses Volk eine tiefe Verehrung für das Andenken verstorbener Freunde hatte, so nahm es sich doch eines Kranken schlechterdings nicht an, sondern ließ ihn, ohne mitleidige Hülfe, sein Leben dahin hauchen. *) Dies sind Folgen der falschen Begriffe von der Gottheit und des Mangels derjenigen Menschenliebe, welche das Evangelium einflößt. O gewiß das Christenthum würde nothwendiger Weise solchen Uebeln abhelfen, und die wesentlichen Mängel jener bürgerlichen Verfassungen in einem ungemeinem Grade ersetzen! —

Das Evangelium vertilgt die unrichtigen Vorstellungen von dem Zustande des Menschen in jenem Leben.

Die Heiden machten sich so fabelhafte Vorstellungen von dem zukünftigen Leben, welche zum Selbstmorde

*) Mod. Univ. Hist. Vol. VI.; fol. B. XXI. ch. XIV.

de verleiteten und andere Handlungen hervorbrachten, die so wohl für einzelne Menschen, als die ganze menschliche Gesellschaft höchst schädlich waren. Unter andern herrschte der Aberglaube allgemein, daß die Verstorbenen in jenem Leben mancherlei Bedürfnisse hätten, *)

auf

*) Daß sich fast alle alte Völker, wenn sie auch noch so roh waren, einen Zustand der Seele nach dem Tode dachten, dazu mag erstlich der allgemeine Wunsch nach Unsterblichkeit, der allen Herzen eingeprägt ist, beigetragen haben, und noch immerfort bei allen rohen Menschen wirken; die Feuerländer und einige andere wilde Stämme an den Küsten der Südsee ausgenommen. Hierzu kommen ferner die nächtlichen Träume der Menschen. Die Verstorbenen erscheinen dem Schlafenden im Traume, und handelten, wie sie vormals bei ihren Lebzeiten gehandelt hatten. Der Mensch konnte sich dieses nicht erklären; es entstand daher bei ihm die Idee von einer Fortdauer nach dem Tode. Daß die gröbern Theile des Körpers untergingen und untergehen mußten, konnten sie nicht bezweifeln, denn sie sahen es mit Augen. Ihre Phantasie bedurfte aber ein Bild, unter welchem sie sich die abgeschiedenen Menschen vorstellen könnte. Sie sonderten also eine feine luftartige Gestalt ab, welcher sie das Daseyn nach dem Absterben gaben. Dies sind die εἴδωλα, die umbrae, welche in der Unterwelt lebten. Fertigkeit, Neigungen, Characters ꝛc. welche die Menschen zuvor hatten, behielten die abgeschiedenen Seelen bei. Denn da Ulyß beim Homer in die Unterwelt kommt, so haben alle die Helden, die vor Troja geblieben waren, noch denselben Character. Ajax z. B. hat seinen Trotz auch hier nicht abgelegt. Daß die Seelen ohne Nahrung fortleben könnten, vermochten solche Kinder der Natur sich nicht vorzustellen; sie trinken wenigstens Blut. Alle diese ganz kurz berührten Vorstellungen können keinem Leser des Homers fremd seyn. Nicht allein die ältesten Griechen, sondern alle ungebildete Völker, haben über den Zustand nach diesem Le-

Absicht und Wirkungen der christlichen Religion.

auf deren Abstellung man in diesem Leben bedacht seyn müsse. Wenn daher ein König oder vornehmer Mann in Guinea starb, so begruben seine Unterthanen für ihn Wein und Lebensmittel; auch seine Weiber und Sklaven wurden geschlachtet, um ihn in die andere Welt zu begleiten. Außerdem brachte einer einen Sklaven, ein anderer sein Weib, ein dritter seinen Sohn, oder seine Tochter, ein vierter wieder etwas anders dar. Alles wurde getödtet, und die blutenden Leichname zusammen begraben, damit der abgeschiedene König Leute zu seiner Bedienung haben möchte.

Zu Casta ließen sich die Weiber selbst mit ihren Männern begraben, und in andern Gegenden bestiegen sie freiwillig den Scheiterhaufen, um auch ihren Männern nach dem Tode treu zu bleiben! *)

In

Leben nicht anders gedacht. Jedes Volk hat sich auch einen glücklichen Zustand in jener Welt nach seinen mehr oder weniger verfeinerten Begriffen von Glückseligkeit abgebildet. Die Griechen, ein Volk von feiner Sinnlichkeit, hatten ein ganz leidliches Elysium. In dem Walhalla der alten Deutschen ging es schon etwas soldatenmäßiger zu; sie übten sich immer noch in den Waffen, — weshalb auch dem Verstorbenen Pferde und Waffen mitgegeben wurden und tranken Bier in ungemessener Quantität. Die Asiatischen Tartarn erwarten in jenem Leben den herrlichsten Brandtewein! Die Otaheiter, hoffen die beste Brodfrucht nach dem Tode zu verzehren! Der Uibers.

*) Dies fordert von den Weibern in Indien die Religion des Brama; doch steht es den Weibern frei Indessen ist das point d'honneur so groß unter ihnen, daß sie oft weder Jugend noch Reichthum noch Schönheit an das Leben fesselt, sondern daß sie muthig den Scheiterhaufen besteigen. Der Uibers.

286 Dritte Abtheilung.

In Neuspanien wurden die Verwalter und Domestiken eines vornehmen Mannes mit ihm begraben, und zwei hundert wurden geschlachtet, damit sie den abgeschiedenen Prinzen in jener Welt bedienen sollten.

Die funfzig Weiber des Königs von Java erstachen sich fünf Tage nach dem Tode ihres Mannes freiwillig, um ihre Liebe gegen ihn dadurch an den Tag zu legen; und als zu Anfange des achtzehnten Jahrhunderts ein Prinz zu Maraba starb, so stürzten sich seine sieben und vierzig Weiber auf den Scheiterhaufen, auf welchen man seinen Körper verbrannte, und wurden mit ihm ein Raub der Flammen.

Selbst die Brahmanen, oder Weisen der Indier, forderten von den Weibern, sich mit den Körpern ihrer verstorbenen Ehegatten zu verbrennen. *) —

In einigen Provinzen von Südamerica wurde ein verstorbener Cazique oder Gouverneur mit gewissen Weibern, Lieblingen und Sklaven begraben, welche sie in jener Welt bedienen und sein Vergnügen befördern sollten. Hiervon giebt Robertson Beispiele.

Die Japaneser beteten ein Bild an, welches drei Gesichter hatte, und die Sonne, den Mond und die aus den Elementen zusammengesetzte Welt vorstellte. Sie glaubten auch, es gäbe verschiedene Paradiese, und in jedes derselben führe jeder Gott seine Verehrer ein. Diese Einbildung verleitete verschiedene Japaneser zum Selbstmorde, denn manche schnitten sich die Kehle ab, manche stürzten sich in einen tiefen Abgrund. Hierbei
stan=

---

*) Hornbeck de Conversione Indorum, L. I. cap. V. p. 32.

standen sich die Priester nicht übel, weil sie für die Mühe, diesen Menschen den Zugang ins Paradies zu eröfnen, belohnt wurden.

Aus diesen und ähnlichen Beispielen kann man leicht urtheilen, daß, wenn die Heiden, bei welchen solche Greuel vorgingen, in Absicht auf ein künftiges Leben aus dem Evangelio wären unterrichtet gewesen, die schrecklichen Folgen ihres Aberglaubens würden außen geblieben seyn.

Fortsetzung des Vorigen.

Die Banianen haben ein Götzenbild, Quiay-Paragray genannt, welches in einem feierlichen Aufzuge auf einer Art von Triumphwagen einhergeführt wird, welchen neunzig Priester, in gelbes seiden Zeug gekleidet, begleiten. Einige Religiosen werfen sich davor auf die Erde nieder, und lassen die Räder dieses Fuhrwerks über sich weggehen; andere drängen sich unter die spitzigen Eisenpflöcke, welche an diesem Wagen mit Absicht befestiget sind; denn sie sehen es als eine Glückseligkeit an, sich, diesem Gotte zu Ehren, verwunden, oder ihre gesunden Gliedmaaßen verstümmeln zu lassen. *)

Die Ostindischen Braminen haben ein Götzenbild, Ganga-Gramma genannt, dem zu Ehren Pagoden errichtet sind, und Feste gefeiert werden. Zu gewissen Jahrszeiten wird dieser Götze auf einem Wagen daher gefahren, und einige Devoten lassen sich dabei freiwillig peitschen: andere stehen Martern dabei aus, welche schauderhaft zu erzählen sind. Man zwängt z. B. ein paar Ha-

---

*) Broughton. Art. *Quiay-Paragray*.

Haken in ihren Hintern ein, und hebt sie daran in die Höhe; und, ungeachtet dieser heftigen Schmerzen, treiben sie doch dabei noch allerhand Possen. Andere lassen sich Bindfäden durch ihr Fleisch zu Ehren des Ganga ziehen; und noch andere sind so voll heiligen Eifers, daß sie sich vor dem Wagen des Götzenbildes niederwerfen, um überfahren zu werden. *) Die Fakirs, oder Indischen Mönche, üben die äußerste Härte gegen sich selbst aus. Manche geloben an, ihr ganzes Leben auf einem Flecke zu stehen, und halten auch dieses Gelübde. Um es zu können, befestigen sie ein Seil über ihrem Kopfe, woran sie sich halten. Auch giebt es Frömmlinge, die ihren Körper mit Messerstichen verletzen, um ihre Leidenschaften zu bezwingen und die Wollust zu besiegen. **) Diese Leute gleichen den christlichen Mönchen, welche nicht einsehen wollen, daß sie auf der Welt sind, um die geselligen Pflichten auszuüben, und das Beste der menschlichen Gesellschaft zu befördern, nicht um ihre Lebenstage in Müßiggang und Selbstpeinigung zuzubringen, und von den thätigen Händen ihrer Mitmenschen sich ernähren zu lassen.

Nach der Lehre des Christenthums ist der Mensch schlechterdings nicht zur unthätigen Tugend bestimmt; er hat keine Ansprüche auf Belohnungen jener Welt zu machen, wenn er nicht Christi Beispiel nachahmt, welcher weit um sich her Gutes verbreitete, und ausdrücklich zu seiner Nachfolge aufforderte.

Die Malabaren glaubten, Gott habe die Regierung der Welt dem Salem übergeben, um der Mühe

---

*) Broughton, Art. *Ganga-Gramma.*
**) Broughton, Art. *Fakir's.*

Abſicht und Wirkungen der chriſtlichen Religion. 289

los zu werden, welche ihm ſolche verurſachte. Sie hatten auch ein Bildniß vom Teufel, welches ſie anbeteten; und im jedem zwölften Jahre feierte man ihm ein Jubelfeſt. Bei dieſer Feierlichkeit ſchnitt ſich erſtlich der König Naſe, Ohren und Lippen ab; und wenn dieſe ſcheusliche Operation geendigt war, beſchloß er die Scene damit, daß er ſich dem Teufel zu Ehren die Kehle abſchnitt.

In den zwei großen Städten Bisnagar und Narſinga verehrte man ebenfalls ein bösartiges Idol, deſſen Götzendienſt von dem Golde, Silber und Edelſteinen, die man ſeinem Tempel darbrachte, unterhalten wurde. Dieſen Götzen führte man alle Jahre in einer Prozeſſion einher. Da gabs Pilgrimme und Religioſen, welche ſich unter den Wägen deſſelben wollten rädern laſſen: einige erſtachen ſich: andere ritzten, dem Gotte zu Ehren, ihren Körper auf, und die Weiber gaben ſich öffentlich jederman Preis, bloß um Geld für den Tempel ihres Gottes zu verdienen.

In Panama hatte man einen Abgott, Namens Dabaiba, welchem Sklaven geopfert wurden; und die Einwohner einer andern Gegend bei Panama verehrten einen Kriegsgott, Namens Chiappen. Eh ein Feldzug unternommen wurde, opferten die Geweihten dieſes Gottes Sklaven und Gefangene, und beſtrichen ſeinen Leib mit dem Blute dieſer Unglücklichen. *)

Die Einwohner von Tibet beteten einen Jüngling an, genannt der Große Lama, welcher aß und trank, und mit übereinandergeſchlagenen Beinen in ſeinem

Tem-

*) Broughton's Hiſtorical Dictionary of all religion's, Appendix, Art. *Chiappen*.

Tempel saß, ohne ein Wort zu sprechen. Der große
Lama ernennt den König zu seinem ersten Diener, nennt
außer ihm noch verschiedene andere, und Untergeordnete Lamas, zur Verwaltung des Königreichs; denn es
ist unter seiner Würde, sich selbst um etwas anders zu
bekümmern. Die Regierung soll eine Art von Theokratie vorstellen; und alle Befehle des Königs werden dem
Lama zugeschrieben, welcher ohne Zweifel nichts anders,
als ein Werkzeug in seiner Hand ist. Der Lama wird
als ein Kind einem Bauer abgekauft, und als eine Privatperson in den Pflichten seines künftigen Standes unterrichtet. Wird er alt, und kann seiner Stelle nicht
recht mehr vorstehen, so wird er hingerichtet, und ein
anderer, der sich besser dazu schickt, kommt an seine
Stelle. Die Tartarn erweisen ihm eine so tiefe Verehrung, daß sie etwas von seinen Exkrementen unter ihre Heilmittel mischen; und die Großen des Reichs legen so gar etwas von seinem gedörrten Unrathe in eine
Kapsel, und hängen sichs, als ein Präservativ wider Unglücksfälle, an den Hals.

 Die Mexikaner hatten ein Götzenbild, Quizalcoult *) genannt, welches von allen denen verehrt wurde, die sich mit dem Handel abgaben; ihm zu Ehren
gab man eine Scene der Grausamkeit, die einige Aehnlichkeit mit der zu Tibet hatte. Vierzig Tage vor diesem Feste kauften die Handelsleute einen schönen Sklaven, welcher während dieser Zeit die Gottheit vorstellte,
und gezwungen war, sich fröhlich zu stellen, zu singen
und zu jauchzen, indeß ihm die Religiosen dienten.
Wenn die vierzig Tage der Anbetung, und der Fröhlichkeit vorüber waren; so wurde er geopfert, sein

               Herz

---

*) Brougthon, Art. *Quizalcoult*.

Absicht und Wirkungen der christlichen Religion. 291

Herz erstlich dem Monde dargebracht und nachher dem Abgott zu Füßen gelegt. Eben dieses Götzenbild wurde zu Cholula auf eine veränderte Weise verehrt. Die Diener desselben glaubten ihm zu gefallen, wenn sie fasteten, und Blut aus ihren Zungen und Ohren herauszögen. Ehe man in Krieg zog, opferte man ihm fünf Knaben und fünf Mädchen. Dies waren die Wirkungen der Nichtkenntniß des Evangeliums, und desjenigen Geistes, welchen es einflößt! —

Die vornehmsten Götter, die in Nordamerika vor der Einführung des Christenthums, verehrt wurden, waren die Sonne und der Mond, welchen die Einwohner unter Gesang, Tanz, Heulen und Aufritzen ihrer Leiber Feste feierten. Indeß unterschieden sich doch die verschiedenen Stämme, in Absicht ihres Gottesdienstes. Die Canadier beteten den Teufel an; die Virginier und Floridaner neben dem Teufel, eine Menge anderer Götzen. Zuweilen opferten sie ihm Kinder; und wenn sie glaubten, daß er über Durst klage, so mußte deshalb Menschenblut fließen.

Die Einwohner Neuspaniens beteten die Sonne und andere Abgötter an, brachten ihnen Menschenherzen zum Opfer, und ersäuften Knaben und Mädchen in einem See, damit sie mit ihrem Abgotte in Gesellschaft kommen möchten. *) Alle diese blutigen Auftritte waren vorüber, so bald diese Völker in dem Christenthum unterrichtet wurden.

Die Südamerikaner verehrten im Allgemeinen die Sonne, den Mond und andere Götzen; auch den Teufel

T 2

---

*) Unstreitig sollten sie dadurch in die Gesellschaft der Sonne kommen, weil die Sonne sich im Wasser abbildete. — Der Ubers.

fel *) unter verschiedenerlei Gestalten. An einigen galt es für ein Zeichen der Frömmigkeit, wenn jemand seine Töchter den Priestern überließ, damit sie ihnen die Jungfrauschaft benehmen sollten.

Die Mexicaner stellten ihre Gottheiten in den Tempeln unter Bildern von Schlangen, Tigern und andern muthigen und zerstörenden Thieren auf, welche natürlicher Weise die Seele mit schreckhaften und blutgierigen Gedanken erfüllen mußten. Sie benetzten ihre Altäre mit Menschenblut; opferten in den Tempeln alle Kriegsgefangene, und wendeten noch mancherlei andere Mittel an, um die Rache ihrer erzürnten Gottheiten zu versöhnen. Was dergleichen Scenen für Einfluß auf die Gemüther des Volks haben mußten, ist leicht einzusehen. Sie führten beständig Kriege, waren gegen jede sanfte Empfindung abgehärtet, und hingen ihrem Aberglauben auch dann noch an, als sie in Absicht der Landesregierung, der Künste und Geistesbildung vor andern Americanischen

Völ-

---

*) An einem Teufel, mit allen den Attributen, die ihm das theologische System beylegt, ist hier nicht zu denken, sondern überhaupt an ein übelwollendes und die Glückseligkeit der Menschen störendes Wesen. Alle rohe Völker sind mehr oder weniger den Manichäern ähnlich gewesen. Denn Manes dachte sich unter seinem bösen Princip nicht eine böse Gottheit neben der guten; sondern nur ein bößartiges Wesen, welches das Uebel hervorbrachte. Der Ariman der Perser, der Typhne der Aegyptier, alles kommt im Grunde auf eins hinaus. Der Unterschied zwischen rohen Völkern und den Persischen Magiern, den Aegyptischen Priestern, Gnostikern, Manichäern u. s. w. ist hierin dieser: daß diese mit Gründen die Existenz eines bößartigen Wesens beweisen wollten; jene es aber um deswillen nur glaubten, weil sie nicht begreifen konnten, woher das Uibel seyn möchte. Der Uibers.

Völkerschaften einen merklichen Vorsprung hatten. Jeder Kaiser mußte, so bald er in Mexiko zur Regierung gekommen war, einen Krieg führen, um Gefangene zu machen, die man den Göttern opfern könnte. Einen Theil der Opfer verzehrten die Priester, und den andern sandte man dem Kaiser und den Edlen, und klagte, daß die Götter würden vor Hunger sterben müssen, wenn es lange Zeit Friede bliebe. *) Im allgemeinen schmaußte das Volk von dem Fleische der Gefangenen mit ausgelassener Freude, und gab nicht zu, daß ein einziger verschont oder frei gelassen wurde. — Wenn der Kaiser, oder ein Vornehmer im Lande starb, so tödtete man eine gewisse Anzahl von seinen Bedienten und begrub sie mit ihm, damit sie ihn in jener Welt zu Diensten seyn sollten. **) Unselige Früchte der falschen Religion und des Aberglaubens! Zwar muß man gestehen, daß rohe Völker von manchen Lastern, die unter Christen nur allzuausgebreitet herrschen, frei sind. Diese Art von Unschuld entsteht aus ihrem Naturzustande; ihre Laster hingegen entspringen aus der Unkenntniß der wahren Religion und aus dem Mangel an wohleingerichteter Landesregierung. Christen können keine Laster begehen, ohne sich selbst eingestehen zu müssen, daß sie die Grundsätze ihrer Religion in der That verleugnen; die Heiden aber können sich der gröbsten Verbrechen schuldig machen, ohne Gewissensbisse darüber zu fühlen; öfters verführt sie sogar der Wahn, ihren Gottheiten einen Dienst damit zu erweisen!

*) Robertsons Gesch. von Amerika, Buch VIII. Refnal's Settl. Val. II. B. II.

**) Robertson, Buch VII.

Einiger Aberglaube brachte bei den Indiern und Peruanern eine gewisse Sanftheit der Sitten hervor.

So wie die Mexikaner durch ihren Aberglauben rachsüchtig und grausam geworden waren, so hatten die Religionslehren der Indier und Peruaner auf ihre Bekenner das Gegentheil gewirkt. Die Lehre von der Seelenwanderung, an welche die Indier glaubten, hatte ihnen eine solche Zärtlichkeit eingeflößt, daß sie weder das Blut eines Menschen noch eines Thiers vergießen wollten, aus Furcht, sie möchten sich etwa an der Seele eines verstorbenen Freundes, die jetzt diesen Körper belebte, versündigen. *) Die Einwohner von Cambaja, welche eben dieser Lehre anhingen, scheuten sich, eine Mücke oder einen Wurm zu tödten, ranzionirten die zum Tode verdammten Missethäter und verkauften sich nachher als Sklaven; ja, einige kauften so gar Vögel und andere Thiere, welche umgebracht werden sollten, los, und schaften sie, wenn sie krank oder beschädigt waren, in eine Art von Hospitäler

Die Peruaner beteten die Sonne, als die Quelle so vieler Segnungen und das vollkommenste Bild der göttlichen Wohlthätigkeit an. Gütigkeit war der Gegenstand ihres Gottesdienstes, und in dieser Rücksicht war der Geist ihres Aberglaubens wohlthätig. Ihre Religionsgrundsätze erlaubten keine andere als liebenswürdige und menschliche Gebräuche. Sie opferten der Sonne Früchte, welche ihre Wärme zur Reife gebracht, und Thiere, denen dieselbe wohlthätige Wärme ihr Wachsthum verliehen hatte. Menschenopfer waren schlechterdings bei ihnen verwerflich; denn sie gläubten,

---

*) Reinal's Settl. Val. II. B. I.

ten, daß das wohlthätigste Wesen an solchen Gaben keinen Gefallen habe.

Als Manco Capac und sein Weib die Ehrfurcht bemerkten, welche die Peruaner für die Sonne hatten, so gaben sie sich selbst für Kinder derselben aus, und ertheilten in ihrem Namen den Peruanern Gesetze. Diesem Vorgeben zufolge war der Inca, oder Peruanische Monarch, nicht allein ein Gesetzgeber sondern auch ein Gesandter des Himmels; seine Söhne wurden als Kinder des Lichts verehrt, und seine Vorschriften als Befehle der Gottheit aufgenommen. Daß man sich aber unbedingter Weise seinem Ansehn unterwarf, war nothwendige Folge des Glaubens an seine Gottheit. Sich seinen Befehlen zu widersetzen, wurde für Gottlosigkeit und für ein Staatsverbrechen angesehen. Die Unterthanen gehorchten mit Eifer einem Wesen, von dem man glaubte, es sey mit göttlicher Gewalt bekleidet; und die Souveraine unterhielten die Meinung von ihrem himmlischen Ursprunge dadurch, daß sie das gütige Wesen nachahmten, für dessen Stellvertreter sie angesehen wurden. Man hat auch kein einziges Beispiel von einem Tyrannen oder Rebellen während der Regierung von zwölf Monarchen hintereinander in Peru gehabt.

Die Peruaner fochten, nicht um zu zerstören oder blutdürstigen Gottheiten mit dem Blute der Gefangenen zu opfern; sondern, um Überwundene wieder frei zu machen und ihnen ihre Künste und moralischen Grundsätze mitzutheilen. Sie marterten keine Gefangenen, spotteten nie seines Elends, sondern unterrichteten ihn in ihren Religionslehren, damit er die Anzahl der Sonnenanbeter vermehren möchte. *)

Bei

*) Robertson im angef. Werke, Buch VII.

Bei aller der menschlichen und sanftmüthigen Aufführung der Peruaner fand sich dennoch ein Gebrauch unter ihnen, den sie mit den rohesten Stämmen America's gemein hatten. Sie opferten nämlich Menschen, insbesondere Kinder, für die Wohlfarth des Monarchen, oder für einen glücklichen Ausgang des Kriegs. Auch den Geistern verstorbener Freunde wurden Menschen geopfert; und wenn ein Vater krank war, tödtete man einen seiner Söhne und bat den Tod, daß er ein Kind statt des Vaters annehmen möchte. Wenn der Inca oder sonst ein Mann von ausgezeichnetem Range starb, so wurden viele seiner Diener umgebracht und mit dem Monarchen in einem und demselben Grabe beerdigt, damit er in jener Welt durch ein so ansehnliches Gefolge Ehre und Würde haben möchte. Bei dem Tode des Huano Capac, eines Peruanischen Monarchen, wurden tausend von seinen Dienern getödtet, und in einem Grabe mit ihm beerdigt.

Betrügereien, die in verschiedenen heidnischen Ländern, unter dem Namen der Religion, sind ausgeübt worden.

Die Geschichte aller heidnischen Nationen lehrt, daß ihre Religionen nicht allein zu Schandthaten und Grausamkeiten verleiteten, sondern daß auch insbesondere die Habsucht und Herrschbegierde der Priester und so mancher Schwärmer ihre Rechnung dabei fanden. Die Beispiele, welche uns desfalls die Geschichte liefert, sind unzählich, und es muß bei einem Menschenfreunde wahres Mitleid erwecken, zu sehen, wie Millionen seiner Brüder von Pfaffen, Schwärmern und Betrügern hintergangen wurden. *)

Die

*) Die Geschichte der christlichen Religion, insbesondere
in

Die Heiden in Ostindien haben ein Götzenbild, Namens Quenavady *), welches hinter einem Vorhange auf einem Throne sitzt; diesen Vorhang zieht es zurück, wenn seine Anbeter sich vor ihm niederwerfen. Die Indischen Pfaffen stellen diesen Götzen als unersättlich vor, und sagen, daß er alles, was ihm vorgesetzt würde, gierig aufzehre. Sie versichern, er wohne in einem Meere von Zucker. Um diesen Götzen gebührend zu verehren, müssen ihn ununterbrochen ein paar Weiber bedienen, welche nichts weiter zu thun haben, als ihm unaufhörlich mit großen Löffeln Zucker in die Kehle einzuschieben. Handwerker jeder Art flehen ihn um seinen Beistand an; einige bringen ihn die ersten Producte ihrer Arbeit, und alle seine Verehrer glauben, sie müßten ihrem Gotte erst sechs und dreißig Jahre gehörig dienen, eh sie die Erfüllung ihrer Wünsche von ihm erwarten könnten.

Im Königreiche Arrakan sind die Einwohner so abergläubisch, daß sie ihre Abgötter, deren es in den Tempeln eine große Menge giebt, von Tage zu Tage mit Speise, und im Winter mit Kleidungsstücken versorgen.

In den Königreichen Cochin-China und Tonquin halten sich der König, die Vornehmsten im Lande, die Mandarinen und Gelehrten an die Sätze des Confucius; das gemeine Volk hingegen weiht sich der erniedrigenden Verehrung des Fo, und läßt sich von den Bonzen, die von der Dummheit und Leichtgläubigkeit

des

in den mittlern Zeitaltern, eröfnet uns kein angenehmeres Schauspiel! Der Übers.

*) Broughton, Art. Quenavady.

des Pöbels, ein bequemes Leben führen, auf alle Art betrügen. *) Diese unehrwürdigen Priester haben recht darauf ausgelernt, Mitleid zu erwecken, und dadurch von ihren Mitbürgern Geld zu schneiden; und wenn ihre gewöhnlichen Kunststücke nichts helfen, so stellen sie öffentliche Bußübungen an, um zu ihrem Zwecke zu gelangen. Manche setzen sich an die Landstraßen, und stossen sich mit den Köpfen an Kieselsteine; andere zünden brennbare Materien auf ihren Köpfen an; und der Pater de Campte erzählt, daß einmal ein büßender Bonze **) in einem Stuhle, der ringsum mit Nägelspitzen besetzt war, aufrecht gestanden habe, so, daß er sich auf keiner Seite, ohne sein Fleisch zu durchstechen, anlehnen konnte. Als dieser Bonze von zwei Männern von Haus zu Haus geführt wurde, so bat er das Volk, Mitleid mit seinem elenden Zustande zu haben. Er versicherte, daß er auf diesem Stuhle stünde, um das Heil menschlicher Seelen durch diese Büßung zu befördern; er setzte hinzu, daß er ihn nicht eher verlassen würde, als bis er alle die Nägel, welche in demselben eingeschlagen wären, verkauft hätte. — Dieser waren zweitausend! — Jeder derselben, sagte er, wäre ihm um sechs gute Groschen feil ***), hätte aber die immerwährende Kraft, daß er sich in so viel Geld verwandelte, als er schwer wäre.

Das Chinesische Reich ist voll von Tempeln, Mönchsklöstern und Götzenbildern; und die Bonzen speisen diese Götter mit dem Rauche von Speisen, die sie

aus

---

*) Mod. Univ. Hist. Vol. III. Fol. cap. XV. und XVI.

**) Broughton, Art. Bonzas.

***) Ich weiß nicht, ob ich die Englische Münze ten-pence richtig genug übersetzt habe; es wird aber auch hier nicht darauf ankommen. —Der Uibers.

Abſicht und Wirkungen der chriſtlichen Religion. 299

aus redlicher Vorſicht für ſich behalten. Dieſe Pfaffen
ſind allein an der überhäuften Menge von Tempeln und
Klöſtern Schuld, weil ſie nicht nachlaſſen, jeden, der
nur etwas weniges im Vermögen hat, zu beſtürmen, et=
was zur Erbauung eines Kloſters oder eines Tempels
für den Jo beizutragen. Erreichen ſie ihren Zweck nicht,
ſo drohen ſie, die Seelen ſolcher Religionsverächter
nach dem Tode in Ratten, Mauleſel und ähnliche Thie=
re wandern zu laſſen. ―

Im Königreiche Whidah überreden die trugvollen
Pfaffen dem Volke, daß von der Zeit der Außſaat des
Korns an, bis es aufgegangen ſei, die Schlange*), einer
ihrer Fétichen oder Untergottheiten!. die ſich an die
Jungfrauen ſetzte, und ſie wahnſinnig machte. Um die=
ſem Uibel zuvorzukommen, vertrauten die Eltern ihre
Töchter während dieſer Zeit der Aufſicht der Prieſter
an, und bezahlen dafür anſehnliche Gebühren. In die=
ſes Geld theilen ſich der König und die Prieſter; der
Kö=

*) Dieſes iſt die ſogenannte Fetisſchlange der Neger.
Hiervon ſagt ein neuerer ſorgfältiger Reiſebeſchreiber fol=
gendes: „Die Fetisſchlange iſt hier die erſte Gottheit,
und wird über alles hochgehalten. Es würde einem
Europäer ſchlecht ergehen, wenn er ſich an einer ſolchen
vergreifen und ſie tödten wollte. Ich habe deren ver=
ſchiedene geſehen; es iſt in der That ein herrliches Thier
für das Auge! Sie iſt von der Länge und Dicke eines
menſchlichen Arms. Der Grund ihrer Farbe iſt grau, ſie
iſt aber überall mit gelben und braunen Flecken über=
ſtreut. Sie ſcheint es zu wiſſen, daß ihr niemand et=
was zu Leide thun darf, deshalb ſie dreiſt in alle Häu=
ſer geht. Sie iſt ein wirklich unſchädliches Thier, das
niemals jemand etwas zu Leide thut." S. Iserts
Reiſe nach Guinea und den Caraibiſchen Inſeln.
S. 172. (Kopenhagen 1788.) Der Uiberſ.

König sendet sogar seine eigenen Töchter in das große Mädchenhospital, (welches unter priesterlicher Aufsicht steht) damit diese Betrügerei desto besser bestehen möge. *)

Wenn in Guinea die Arzenei einem Kranken nicht helfen will, so nehmen die Neger ihre Zuflucht zum Aberglauben; und der Medicus, welcher ein Priester ist, spricht dem Kranken alle Hofnung der Genesung ab, wofern den Fetichen seinetwegen keine Geschenke würden gebracht werden. Überhaupt nehmen die Neger keine Sache von Wichtigkeit vor, ohne zuvor die Götter um Rath zu fragen; und die Priester, welche die, den Göttern dargebrachte Geschenke, in Empfang nehmen, geben meistentheils eine Antwort, wie sie glauben, daß sie dem Rathfragenden gefallen könne, und wie man sie nach Maasgabe ihrer Leichtgläubigkeit geben müsse. Treffen die Orakelsprüche ein, so wird die Gottheit mit Lobeserhebungen und reichen Geschenken überhäuft. Treffen sie nicht ein, so sind die ehrlichen Laien gutherzig genug, selbst eine Vertheidigung ihrer Götter auszusinnen, und den Priestern fehlt es, versteht sich, dabei nie an Exceptionen und Entschuldigungen.

In Guinea stehen die Bäume in besonderer Verehrung; man befragt sie als Orakel, und täglich werden die Gipfel der Berge mit Speise und Trank besetzt. Die Neger sehen gewisse Bäume für Schutzgötter an, versammlen sich an Festtagen um sie, bringen unten am Stamme derselben ein Opfer, und tanzen den übrigen Theil des Tages um sie herum. Der Priester verwaltet bei einer Art von Altar das Opfer für die Fetiche, taugt einen Strohbüschel in eine besondere Art Liquor und besprengt mit diesem Weihwedel das Volk **)

Die

---

*) Mod. Univ. Hist. Val. VI. B. XXI. ch. 1.
**) Broughton, Art. *Fetiches*.

Die Japanischen Priester schärfen es dem Volke oft und nachdrücklich ein, daß zukünftige Belohnungen oder Strafen ihrer wartet. Die Strafen schildern sie insbesondere sehr schrecklich; denn sowohl in, als außer den Tempeln, stellen sie eine Menge gemahlter Teufel, von den schrecklichsten Gestalten auf, welche die Seelen lasterhafter Menschen martern. Die Priester machen dem Volke glaubend, daß Amidas und Xaca ihre Verehrer von jenen Martern befreiten. Diese Betrüger halten auch Gebete, peinigen sich selbst, und vollbringen andere verdienstvolle Werke — opera super erogationis — geben einen besondern Umgang mit den Göttern vor, und lassen sich die Laien ihre Bemühungen um einen guten Preis bezahlen. — Jemma — nach der Japanesischen Theologie der Höllenrichter — sieht durch ein Fernglaß die geheimsten Handlungen der Menschen und ist unerbittlich; und doch glaubt man, daß wenn die Priester bei dem Gotte Amidas intercedirten, und die Verwandten des Verstorbenen ansehnliche Geschenke zu seinem Tempel brächten, der Jemma von seiner Strenge nachlasse, und die Strafe mildere. Man kann leicht einsehen, daß die Priester hiervon kein geringes Einkommen haben; denn wer nur einige Liebe zu seinen verstorbenen Anverwandten trägt, schafft, so viel er nur aufzubringen vermag, herbei, um die Seele desselben aus den Martern der Hölle loszukaufen. *)

Die Japanesischen Bettelmönche üben folgenden Gebrauch für die Reinigung der Seelen aus: Sie schreiben die Namen derjenigen Personen, welche sie reinigen wollen, auf Holzspäne, reiben sie mit einem Aestchen von einem gewissen Baume, und sprechen dabei zu wieder-

*) Broughton, Art. *Iemma*.

derholten Malen eine gewisse Gebetsformel aus. Es versteht sich von selbst, daß sie dafür gehörig bezahlt werden. — Die Japanesischen Priester treiben auch obscöne Betrügereien. Sie haben einen Abgott, aus Erz gegossen, Namens Dabis, welcher inwendig hohl ist. Zu diesem führen sie alle Jahre eine unberührte Jungfrau, welche an den Gott einige besondere Fragen thun muß. In dem Bauche des Gottes steckt ein Priester, welcher ihr auf diese Fragen, im Namen der Gottheit Antworten ertheilt, insgemein aber nachher das Mädchen debauchirt. *)

Die Aegyptischen Priester führten ehedem eine ähnliche Betrügerei aus. Wenn Männer in den Tempel kamen, um ihre Andacht zu verrichten, so sagten sie ihnen, daß die Gottheit mit ihren Weibern besondere Dinge zu sprechen habe; die Männer ließen sie daher sogleich in den Tempel gehen, und der Priester las sich die artigste, zur Befriedigung seines Bedürfnisses aus.

In Japan giebt es auch einen Orden von Bettelnonnen, welche Bikunis heissen, und meistentheils schön sind. Sie durchziehen das Land, und laden die Vorübergehenden entweder mit ausdrücklichen Worten, oder durch unzüchtige Gebehrden, zu ihren Umarmungen ein. — So auffallend sind die Laster, die eine Folge der Unkenntniß des Evangeliums sind! Doch ich will die Beispiele von Pfaffenbetruge, die man bei allen heidnischen Völkern antrift, nicht weiter häuffen. Ich komme meinem Zwecke näher, um zu zeigen, wie das Christenthum diese und ähnliche Greuel theils vermindert, theils aufhebt.

*) Broughton, Art. *Dabis*

Es ist schwer, die wahren Wirkungen des Evangeliums genau zu bestimmen.

Da ich mehrmals behauptet habe, daß die von mir erwähnten Laster unter den Heiden neuerer Zeiten nicht würden geherrscht haben, wofern das Christenthum sie erleuchtet hätte, so laßt uns nun sehen, was die Lehren und Beweggründe des Evangeliums zur Tugend eigentlich gewirkt haben; ob wirklich die Früchte der Art sind, wie man sie vernünftiger Weise erwarten sollte. Zu dem Ende müssen die Wirkungen des Christenthums in seinem allerersten Zustande, eh es noch mit menschlichen Erfindungen belästigt war, so genau als möglich bestimmt werden. Wir müssen auf unserer Huth seyn, daß wir dasjenige, was Folge der Verfälschung des Christenthums war und ist, nicht ihm selbst zur Last legen, und wahre und Namenchristen mit einander verwechseln. Ich gestehe, es ist schwer, wenn gleich nicht unmöglich, dieses genau zu bestimmen; denn die ächten Früchte des Geistes unserer Religion sind Sanftmuth, Wohlwollen, Gerechtigkeit, Mäßigung der natürlichen Triebe und Begierden, mit einem Worte, Reinheit des Herzens und des Lebens; Tugenden, die kein Geräusch verursachen, es, ihrer Natur nach, auch nicht zulassen. Der Mann aus Roß, dem Pope ein Denkmal gesetzt hat, war ein Privatmann, dessen Leben der spätesten Nachwelt bekannt zu werden verdient. Und doch würde der Name dieses Mannes, in dessen Herzen sich so viele Tugenden vereiniget hatten, längst in die Vergessenheit versunken seyn, wofern ihm nicht die glänzende Feder eines unserer besten Dichter ein Denkmal errichtet hätte. Nachdem Pope alle seine Tugengenden besungen *) so schließt er: „Und wie? Kein Denkmal, keine Inschrift, kein Stein deckt sein Grab? Sein Geschlecht, seine Gestalt, sein Name soll unbekannt bleiben? **)

Pri-

---

*) Popes Epist. III.

**) Der Mann aus Roß, einem kleinen Flecken in der Grafschaft Hereford, hieß mit seinem wahren Namen Johann Kyrle, und starb im neunzigsten Jahre seines Alters, von jedem, der ihn kannte, seiner thätigen Menschenliebe wegen, verehrt und geliebt. Vielleicht ist es einem und dem andern Leser nicht unangenehm, wenn ich ein Stück aus Popens Briefe, dessen der Verf. gedenkt, hierbei übersetze. „Erhebe, o Muse! deine Töne — sagt Pope — und besinge den Mann aus Roß. Die Wye trägt mit Wohlgefallen den Wiederhall seiner Tugenden durch ihre gekrümmten Gänge, und die Saverne läßt sie laut ertönen. Wer hat den Gipfel dieser Berge mit dichten Lauben bedeckt? Wer die Quellen von diesem dürren Felsen herab geleitet? Sie steigen nicht gen Himmel in unnützen Wassersäulen; zerstieben nicht mit Geräusch in prächtigen Cascaden; nein, kunstlos strömt der Kristall ihrer Gewässer durch die Plänen; es entquillt ihnen Gesundheit für die Kranken und labende Kühlung für die Hirten. — Wer hat die Straße bereiten lassen, die durch das Thal führt; wer die Reihen Bäume gepflanzt, welche sie beschatten? Wer diese Sitze erbaut, zur Ruhe für den Wanderer? Wer diesen Kirchthurm aufgeführt, dessen Spitze die Wolken umfließen? Alle, bis auf das stammelnde Kind, antworten: das that der Mann aus Roß! — Richtet eure Augen auf den Marktplatz, der mit Armen bedeckt ist: Er theilt ihnen ihr wöchentliches Brod aus: Er ist es, der ein Armenhaus unterhält! Da entdeckt man nichts von Prunk: die Einfalt und Reinigkeit sind dessen ganze Zierde. Seht an der Thüre den armen Greis — Heiterkeit ruht auf seinem Antlitz und predigt die Zufriedenheit seiner Seele.

Die

Privatpersonen erwecken in dem stillen Laufe ihres Lebens nicht die Aufmerksamkeit des Geschichtschreibers. Sein Gegenstand sind Handlungen von Fürsten und Staatsleuten, Thaten von Kriegshelden, welche unmittelbaren Einfluß auf die Schicksale der Länder haben. Wären in den ersten Zeiten der christlichen Kirche keine Anklagen wider die Christen, keine Verfolgungen derselben gewesen, so würden uns die Namen, sowohl als die Tugenden der Märtyrer unbekannt seyn; wir würden von der Gelehrsamkeit und den Talenten ihrer Vertheidiger wenig oder nichts wissen. *) Es wird also

nothi

"Die Mädchen, welche er ausgestattet, die Waisen, die er zu Handwerkern hat ausdingen lassen, der junge Bursche, der das Feld pflügt, und der Alte, der der Ruhe pflegt — alle überschütten ihn mit Seegen! — Ist jemand krank; der Mann aus Roß eilt, ihm zu helfen; er verordnet die Abwartung, und bereitet ihm selbst die Heilmittel. — Giebt es einen Streit; man darf nur über seine Schwelle schreiten, so bleibt den Gerichtshöfen nichts zu entscheiden übrig; der Streit hat ein Ende; die Advokaten eilen voll Verzweiflung davon, denn raubsüchtige Sachwalter sind hier zu nichts nutze. — Wer sollte diejenigen nicht für dreimal glücklich preisen, welchen ihre guten Eigenschaften erlauben, dasjenige zu thun, was jeder gern thun möchte, es aber nicht im Stande ist? — Uiber welche Geldsummen verfügten diese freigebigen Hände? Welcher Fond unterhielt diese seltene Wohlthätigkeit? — Der Mann hatte zwar keine Schulden, kein Weib und keine Kinder, aber er nahm doch nicht mehr als jährlich fünfhundert Guineen ein! — Erröthet ihr Großen der Erde; ihr stolzen Höfe, laßt euren Glanz verschwinden; verberge, ihr kleinen Gestirne, vor diesem Lichte eure bleichen Stralen!" Der Uibers.

*) Dieser Verlust würde größtentheils zu verschmerzen seyn denn

nothwendig seyn, in dem noch übrigen Theile dieses Abschnittes die Wirkungen des christlichen Systems, auf

die

denn es sind, wenige gute abgerechnet, solche Sachwalter des Christenthums, welche sich die Religion eigentlich verbitten muß, weil sie ihr, bei allem gutem Willen, mehr schaden als nutzen. Was die Märtyrer anlangt, so sind vieler ihre Namen nicht werth, daß sie auf die Nachwelt gekommen sind. Die Christen hätten es öfters sehr gut haben können; aber ihre Aufführung machte es zuweilen nothwendig, daß die Heiden ein wachsames Auge auf sie hätten. Man lese, was Semler im ersten Bande seiner Ielectorum capitum Hist. Eccles. vom Zustande der christlichen Kirche und dem Gehalte ihrer Tugenden sagt, (welches er mit hinlänglichen Beweisen belegt), und die hohen Begriffe von der Tugend der ersten Christen werden sich merklich herabstimmen. Meistentheils wurden die Christen verfolgt, weil sie den Gesetzen zuwider handelten, nicht, weil sie eine andere Religion hatten, als die Heiden. Nächtliche Zusammenkünfte z. B. waren verboten, und ein solches Verbot war zur Erhaltung der Ordnung im Reiche nothwendig. Da nun die Christen so oft dawider handelten; wer kann sie bedauren, daß man sie responsabel dafür machte? Denn die christliche Religion erfordert keine conventicula! So war es in mehrern Dingen. Die Anzahl der Märtyrer ist auch nie so groß gewesen, als sie von vielen ist angegeben worden, weil auch diejenigen mit zu den Märtyrern fälschlicher Weise gerechnet wurden, die sich der eigentlichen Verfolgten in ihren Drangsalen annahmen. „Das Feld der Kirchengeschichte — sagt Leßing — in welches die Verfolgungen einschlagen, ist noch sehr wild und morastig. Der einzige Dodwell fing mit Hülfe der Chronologie, in der er so stark war, um den Boden von dem allzuvielen Blute zu trocknen, einmal an, Gräben zu ziehn. Aber bald waren diese Gräben wieder zugeworfen, und es ist nun gerade, als ob nichts geschehen wäre. Der Ungereimtheiten, der Widersprüche, der offenbar-

sten

die Sitten der Menschen in civilisirten Staaten darzustellen, und zu beweisen, wie sie die Barbarei in unkultivirten Ländern unterdrückt habe.

Die christliche Lehre hat einen sehr merklichen Einfluß auf die häußliche Glückseligkeit in vielen Ländern gehabt, wo ihre Vorschriften angenommen wurden. Das Evangelium vertilgte die Polygamie, die dem Endzwecke der Natur so sehr zuwider ist. Denn der Schöpfer hatte anfangs einen Mann und ein Weib geschaffen, um sich einander die Lasten des Lebens zu erleichtern, die Freuden desselben zu erhöhen und ihr Geschlecht fortzupflanzen. Ein gewisser Gelehrter *) behauptet, daß die Polygamie, wenn sie eine Zeitlang ausgeübt worden, die Bevölkerung eher ver-indern als vermehren müsse; und nach genauer Berechnung findet sichs, daß wenn ein Mann mehrere Weiber hat, manche gar keine Frau haben können, weil die Anzahl der Gebornen beiderlei Geschlechts sich doch immer gleich bleibt. **). Bei der Po-

sten Verdrehungen, der handgreiflichen Erdichtungen ist in diesem Kapitel wenigstens noch eben so viel, als in dem Kapitel von den Ketzern, in welchem Arnolds Fleiß vielleicht nur darum weniger anschlug, weil er alle zusehr aufräumen wollte. Wie ein zweiter Rhetonus, dessen sonderbare Ketzerei darin bestund, daß er alle und jede Ketzerei für rechtgläubig erklärte, hub er beinah den ganzen Begriff von Ketzerei auf; so wie Dodwell den ganzen Begriff der Verfolgung, wenn er zu verstehen geben wollte, daß man die Bestrafung der Christen, aus bürgerlichen Ursachen keine Verfolgung nennen müsse." Leßings Theologischer Nachlaß. S. 95. 96. Der Uib.
*) Doddrige's Lectures, Part. III. prop. 59.
**) Derhamm's physica-theology, B. IV. cap. X. (Viele sind der Meinung, daß in Ländern, wo die Vielweiberei herrscht, die Anzahl der Mädchen größer sey, als die der

Polygamie müssen unter den mehrern Weibern und Kindern eines einzigen Mannes Eifersucht und unaufhörliche Feindschaften herrschen: der Mann muß oft der Parteilichkeit nachgeben, woraus schädliche Folgen entstehen. Aus diesen und vielleicht aus noch wichtigern Gründen, verbietet das Christenthum die Polygamie; und die ersten Christen, welche in den Geist ihrer Religion besser eingedrungen waren, als der Verfasser des Tesliph-

der Knaben. In den Beiträgen zur Völker = und Länderkunde von Forster und Sprengel, findet sich im ersten Theile ein Aufsatz, in welchem diese Meinung mit dem Grunde unterstützt wird, daß der Mann, der mehrere Frauen habe, gewissermaßen geschwächt werde, um viel Knaben zu erzeugen. Hierüber kann ich nichts entscheiden. Montesquieu sagt, die Statthaftigkeit oder Unstatthaftigkeit der Polygamie sey ein rythmetisches Problem. Würden mehr Mädchen als Knaben geboren, wie in Asia und Afrika, so müsse sie zugelassen werden, sie sey rechtmäßig. In Europa hingegen, wo die Zahl der Knaben und Mädchen, sich, im ganzen genommen, gleich bliebe; sey sie unzulässig. Es mag immerhin wider diesen Grund nichts einzuwenden seyn; es ist nur die Frage, ob es mit der größern Anzahl Mädchen in den warmen Ländern seine Richtigkeit hat. Die Reisebeschreiber haben sich vielleicht dadurch irre führen lassen, daß sie in großen Persischen und Türkischen Städten — wo die Vornehmen und Reichen sich zahlreiche Harems halten — mehr Weiber als Männer gesehen haben. Die Untersuchung hätte auf dem Lande sehr genau müssen vorgenommen werden. Eben so könnte z. B. ein Reisender, der in Preußischen Garnison Städten viele Tausende von Soldaten beisammen sähe, vermuthen, die Zahl der Männer wäre, den Geburtslisten nach, größer als die, der Weiber. Man lese hierüber des Ritter Michaelis paralipomena contru polygamiam im zweiten Theile seines Syntagma Commentationum S. 124. ff. und dessen Mosaisches Recht 2ter Band §. 96. S. 185. ff. Der Uibers.)

liphthora, verwarfen diese so tief eingewurzelte Sitte des Morgenlandes, als etwas äußerst Nachtheiliges für das Glück beider Geschlechter. Montesquieu *) behauptet, daß das Klima in einigen Asiatischen Ländern die Vielweiberei begünstige; und doch sieht er diese Sitte als eine Verleitung zu unnatürlichen Verbrechen unter Eltern und Kindern, und überhaupt unter dem Menschengeschlechte an. Moses erlaubte die Ehescheidung in gewissen Fällen, um der Herzenshärtigkeit seines Volks willen; und die Juden suchten, in der Folge um Kleinigkeit willen darum an, und erhielten sie auch. **) Dieser Mißbrauch war zu Christi Zeiten zu so einem so hohen Grade gestiegen, daß er ihn durchaus, außer beim Ehebruche, verbot.

Die heidnischen Gesetzgeber erlaubten ebenfalls die Ehescheidung um nichts bedeutender Ursachen willen. Die Folgen davon waren so nachtheilig eben nicht, weil sonst in ihren Republiken strenge auf die Sitten gehalten wurde. Aber da sie vom Luxus und dessen schädlichen Gefolge erst verderbt waren, so zeigte sich auch der grosse Nachtheil der allgemein gestatteten Ehescheidungen sehr bald in seiner ganzen Stärke. Wo die Ehescheidungen keine Schwierigkeiten machten, da waren auch Männer und Weiber nicht darauf bedacht, einander zu gefallen; auch war es nicht möglich, daß Eltern, die so geschwind getrennt werden konnten, ihren Eifer zur Erziehung der Kinder gehörig vereinigten. Nach diesem Systeme, welches zu der Zeit, da das Christenthum ausgebreitet wurde, allgemein herrschte, waren die Männer, statt Freunde und Beschützer ihrer Weiber zu seyn, die Ty=

rann=

---

*) Esprit des loix, L. XVI. ch. II. et 4.
**) Broughton, Art. *Divorce.*

rannen derselben; und das Weib gehorchte, natürlicher Weise, mehr aus Furcht vor ihren Oberherrn, als aus Liebe, Dankbarkeit und Pflicht.*)

Das Christenthum hat die Härte der Sklaverei gemildert.

Eh' das Evangelium in der Welt verkündigt wurde, waren die Gesetze und die Verfahrungsart der Römer gegen die Sklaven strenge und grausam. Die Herren pflegten ihre alten oder kranken Sklaven auf eine, an der Tiber gemachte Insel, auszusetzen, und sie da ohne menschliche Hülfe umkommen zu lassen.**) Als Jesus auf die Erde kam, seufzte der größte Theil Unterthanen in den freien Republiken unter der Last der Unterdrückung; unter harten und übermäßigen Arbeiten vollendeten sie ihr elendes Daseyn, und mußten sich, wie Thiere, aus einer Hand in die andere verkaufen lassen

---

*) Robertson's Sermon on the propagation of the gospel.

**) Ist es aber auch wahr, daß das Christenthum die die Härte des Sklavendienstes so sehr gemildert hat? In Polen, Rußland, Liefland, Estland u. s. w. ist doch ebenfalls das Christenthum ausgebreitet; und werden die Leibeigenen daselbst etwa besser als die Thiere behandelt? Wer kann denn einen Herrn belangen, wenn er einem Leibeigenen auf einer Schütte Stroh dergestalt die Knute geben läßt, daß er davon stirbt? Pflegen nicht Polnische Starosten, Russische Knesen, Leibeigene nach Belieben aufhängen zu lassen? Und alle Römer waren eben so sehr Barbaren, als ich es von allen Polnischen Edelleuten behaupten möchte. Diejenigen Sklaven, welche sich durch gute Sitten auszeichneten, wurden vorgezogen, sie erhielten ihre Freiheit, und die Herren gingen auf einen freundschaftlichen Fuß mit ihnen um, wie z. B. Cicero mit dem Tiro. So macht man's in Polen und Rußland nicht! Der Üb.

sen. *) Als der Despotismus im Römischen Reiche sein
Haupt erhoben hatte, wurden die Sklaven auf das
strengste behandelt. Zuvor gab es wenigstens einige
Mittel, welche im Allgemeinen angewendet wurden,
um die Härte der Knechtschaft zu mildern, und diesen
Unglücklichen ihre Lasten zu erleichtern. Es gab damals noch in der Römischen Republik einige vortrefliche
Einrichtungen gegen die willkührliche Unterdrückung;
und sie wurden in Ehren gehalten. Aber, als Parteien
im Reiche entstanden, und die Freiheit von Tyrannen
vernichtet wurde, dann herrschte auch lauter Willkühr
in Unterdrückung der Sklaven. Um diese Zeit wurde
das Christenthum in der Welt bekannt gemacht, und die
Härte des Sklavenstandes, nicht sowohl durch ein be-
sonderes Gebot, als überhaupt durch den Geist der
Menschlichkeit und Sanftmuth, welchen das Evangelium einflößt, erleichtert.

Ich muß zwar zugeben, daß der Sklavenhandel
auch unter Christen getrieben wird, und daß Abentheurer und Plantagenbesitzer in Ost- und Westindien ihre
Sklaven mit aller ersinnlichen Härte behandeln. Allein ein
solches Verhalten ist ja auch dem Christenthume zuwider!
Und hat man nicht seit einiger Zeit so manche Versuche gemacht, diesen, die Menschheit entehrenden Handel, abzuschaffen? Der Geist des Christenthums verdammt
allen Despotismus, alle Arten der Unterdrückung; und
wahre Christen werden sich deren nie schuldig machen.
Ein Schriftsteller, welcher die Geschichte aller Nationen sehr gut kennt, meint, daß eine gemäßigte Regierung mit dem Evangelio, eine despotische hingegen mit
dem Koran übereinstimme. Zur Rechtfertigung dieser

---

*) Heut zu Tage werden sie verschenkt. Der Übers.

Behauptung beruft er sich auf die Erfahrung, welche beweise, daß mit der Einführung der christlichen Religion in die heidnischen Länder, auch der Geist der Menschlichkeit allgemeiner geworden sey. „Der Geist der Gelindigkeit, sagt Montesquieu, welchen die Lehre des Christenthums durchaus einzuflößen sucht, verträgt sich nicht mit der uneingeschränkten Obergewalt, nach welcher ein Fürst seine Unterthanen willkührlich straft, und Tyrannei gegen sie ausübt. Das Christenthum hat, des ausgebreiteten Reichs und des Einflusses des Himmelsstrichs ungeachtet, dennoch die despotische Gewalt, welche in Aethiopien herrschte, gedämpft, und Europäische Sitten in Afrika eingeführt. Der Erbe des Aethiopischen Reichs genießt seiner Vorzüge, und giebt andern Unterthanen ein Beispiel der Liebe und des Gehorsams. Nicht weit davon werden wir finden, daß der Mahometaner auf Verordnung des Staatsraths hingeht, und die Kinder des Königs von Sennar, zu Gunsten des Prinzen, welcher den Thron besteigt, umbringt." — Laßt uns, fährt derselbe Schriftsteller fort, auf der einen Seite die immerwährenden Ermordungen der Könige und Feldherrn bei den Griechen und Römern betrachten; auf der andern die Zerstörung der Städte und das Blutvergießen, welches die berüchtigten Eroberer Timur-Bey und Jenghis-Khan in Asien errichteten, und wir werden begreifen, was wir dem Christenthum schuldig sind, in Beziehung auf die Civilverwaltung sowohl, als auf den Krieg. Denn es ist doch ein, unter allen christlichen Nationen angenommenes Gesetz, daß der Uiberwundene, Freiheit, Gesetze, Eigenthum und Religionsausübung behält, und das um so mehr, je besser der Eroberer seinen eigenen Vortheil kennt."

Fort

Absicht und Wirkungen der christlichen Religion. 313

Fortsetzung.

Als die Unwissenheit und Barbarei in Europa herrschten, insbesondere vom fünften bis zum eilften Jahrhunderte, und die Gothen und Vandalen weit umher alles unterjochten; so that das Christenthum, so sehr es auch dazumal von den Lehrern desselben verfälscht war, seine ersprießlichen Dienste. Während dieses unruhvollen Zeitraums war die Regierung aller Europäischen Staaten in unumschränkten Despotismus ausgeartet. Die Unterthanen waren Sklaven der Aristokratischen Gewalt: unter dem Adel erhuben sich unaufhörliche Befehdungen: alles ahmte die wilden Eroberer nach! Um das Feuer des kriegerischen Geistes einiger Maßen zu dämpfen, bedienten sich die Geistlichen ihres Ansehns und nahmen die Aussprüche der Religion dabei zu Hülfe. Die Befehdungen wurden auf Concilien bei Strafe der Exkommunication verboten.*). Die Drohungen und Ermahnungen der Religionslehrer blieben nicht ohne allen guten Erfolg; denn die Grausamkeit im Kriege wurde gedämpft, und die erwähnten Feindseligkeiten mußten an Tagen und Jahreszeiten, die zur Religionsfeier eingesetzt waren, schlechterdings unterbleiben. **)

Mosheim ***) versichert, daß sich die christlichen Regenten im zehnten Jahrhunderte alle Mühe gegeben hätten, nicht christliche Völker, deren Wildheit sie aus

Er=

---

*) Man weiß, daß diese Vorkehrungen nicht halfen; denn die Befehdungen hörten erst bei Errichtung des Reichskammergerichts unter Maximilian I, in Deutschland, völlig auf.   Der Übers.
**) Robertson's View of the state of Europe, sect. I.
***) Hist. Ecclesiast. Cent. X.

Erfahrung hätten kennen lernen, zu bekehren, damit sie ihnen den Geist der Sanftmuth durch das Evangelium einflößen möchten. Bei den Dänen z. B. die zuvor bei der Verehrung ihres Woban eine blutdürstige Nation waren, hatte dieses seine heilsamen Folgen. Und überhaupt mögen wir in der Völkergeschichte der mittlern Zeiten hinblicken, wohin wir wollen, so finden wir, daß die von Krieg und Mordsucht entflammten Barbaren, den Lehren des Christenthums einiges Gehör gaben, und zu menschlichern Gefühlen erweicht wurden. Welche schreckliche Uibel, welche grausame Behandlung wartete nicht damals der Uiberwundenen! Aber in christlichen Staaten hat man diese Folgen des Kriegs nicht zu fürchten; denn da ist Sklaverei etwas unbekanntes. Auch lehrt die Erfahrung, daß die Kriege in christlichen Ländern weit menschlicher geführt werden, als unter allen heidnischen Völkern; eine Folge derjenigen Gesinnungen, welche das Christenthum einflößt!*) Im Jahr 1783. erließ das Englische Parlement eine einmüthige Dankaddresse an einen ihrer Generalen, welcher mit so vieler Menschlichkeit das Leben feindlicher Officiere und gemeiner Soldaten bei Gibraltar gerettet hatte. **) Eh' das Christenthum bei den

---

*) Man muß gestehen, daß z. B. im dreißigjährigen Kriege das Christenthum den Soldaten eines Tilly und Wallenstein die äußerste Menschlichkeit eingeflößt hatte! Unstreitig hat die Erfindung des Schießpulvers und des Feuergewehres und die zum rechten Gebrauche desselben kultivirte Taktik, mehr Antheil daran, daß es in unsern Tagen keine solche Hauptmassacren giebt, als ehedem, da der Degen in der Faust das meiste thun mußte. Der Uibers.

**) Die meisten Leser erinnern sich unstreitig, daß der brave Gouverneur Elliot die schwimmenden Franzosen,

Absicht und Wirkungen der christlichen Religion. 315

rohen Nationen eingeführt wurde, erlaubte man vor den Gerichten die Zweikämpfe, *) um die Wahrheit zu entdecken, und der Richter brauchte dabei nichts weiter, als die üblichen Duellgebräuche zu wissen; weiter hatte er zur Verwaltung seines Amtes keine Kenntnisse nöthig! Dawider machte der Klerus mancherlei Vorstellungen, und zeigte, daß solche Zweikämpfe den Grundsätzen des Christenthums durchaus zuwider wären; und in ihren Gerichtshöfen wurden die Sachen rechtlich untersucht, Zeugen abgehört und in benöthigten Fällen die Sache von einem Gerichtshofe vor eine höhere Instanz **) gebracht. In bürgerlichen Gerichten waren die Urtheile, so irrig und abgeschmackt sie seyn mochten, schlechterdings unwiderruflich. Ein gelehrter Geschichtschreiber macht die Bemerkung, daß die Billigkeit und Gerechtigkeit, nach welcher man in geistlichen Gerichten verfahren, eine Reform in den martialischen bürgerlichen Gerichten hervorgebracht habe, und daß manche trefliche Veranstaltungen im Bürgerlichen, von den geistlichen Tribunalen wären entlehnt worden. ***)

Fragen wir die Völkergeschichte; so wird uns kein Zweifel übrig bleiben, daß diejenigen Menschen, welche das Christenthum annahmen, manche Laster ablegten, die unter den Heiden im Schwange gingen. Der bekannte Sy=

---

welche auf den neuerfundenen Batterien des Herrn d'Arcon unter den Auspicien des Grafen v. Artois Gibraltar hatten einnehmen wollen, nach dieser verunglückten Expedition auf Kähnen retten ließ. Der Uib.

*) Diese Gottesurtheile gab es eben sowohl unter den Christen in den mittlern Zeiten. Der Übers.
**) Das heiße: die Sache gelangte an den heiligen Vater, dessen Weisheit, versteht sich, nie irren konnte. d. Uib.
***) Robertson's View of the state of Europe, sect. 1.

Syrische Ketzer Bardesanes bemerkte, daß die Lehre des Christenthums sowohl in politischer als moralischer Rücksicht, ungemein wohlthätig gewesen sey. Im Pontus, wo die Polygamie herrschte, wurde sie durch das Christenthum verdrängt. In Persien heiratheten die Väter nicht mehr ihre eigenen Töchter. Nach den Gesetzen des Zoroasters wurde in Persien Blutschande getrieben, bis das Evangelium diesen Greueln Einhalt that. Dann befleißigte man sich der Keuschheit, der Enthaltsamkeit und aller übrigen Tugenden, welche uns Jesu Lehre gebietet. Beim Eusebius findet man ein langes Register von Lastern, deren Ausrottung dem Christenthum verdankt wurde. Er gedenkt, daß die christlichen Proselyten in Persien nicht mehr ihre eigenen Mütter heiratheten; daß man bei den Scythen keine Kinder mehr opfere und Menschenfleisch esse; daß die alten Massageten ihre alten Verwandten nicht mehr opferten, und das Fleisch derselben verzehrten; daß die Hyrkanier nicht mehr ihre Verstorbenen wegsetzten, um sie den Vögeln und wilden Thieren zur Beute zu geben. Eusebius gedenkt noch weit mehr Grausamkeiten und abergläubischer Gebräuche, welche mit der Einführung des Christenthums ihre Endschaft erreicht hätten. *)

Wer kennt nicht die Römer als ein verfeinertes Volk; und wie blutdürstig waren sie dessen ungeachtet nicht, eh' das Christenthum in dem Reiche ausgebreitet wurde? — Das Zerbrechen eines gläsernen Gefäßes, oder sonst eine kleine Beleidigung war beim Vidius Pollio hinreichend, seinen Sklaven in einen Fischhälter zu werfen, damit er von den Lampreten gefressen würde. Und gewiß, die Unempfindlichkeit und die

Gleich=

---

*) Euseb. Praepar. Evangel. L. IV. cap. VII.

Gleichgültigkeit gegen Menschenleben mußte bei einem Volke sehr groß seyn, welches an den Gladiatorengefechten ein so ausnehmendes Vergnügen fand, mit Wohlgefallen zusehen konnte, wie seine Mitgeschöpfe von Thieren zerrissen wurden, oder wie sie sich einander selbst den Tod gaben! Lipsius behauptet, daß die Kriege kaum so viel Blut gekostet hätten, als diese grausamen Schauspiele der Römer, wo je zuweilen zwanzigtausend Menschen in einem Monate aufgeopfert wurden. Von den verabscheuungswerthen Gebrauche bei Leichenbegängnissen großer Männer, Menschen zu tödten, entstand bei den Römern die Sitte, daß Gladiatoren bei denselben fechten mußten. Es schien als wenn sich die Römer der Menschenopfer, die z. B. bei den Karthaginensern gewöhnlich waren, schämten, und sie hielten sich deshalb Menschen, welche an den Gräbern der Verstorbenen fochten und einander niederstachen. Dies war denn auch der Ursprung der Fechterspiele auf dem Amphitheater, zu welchen das Volk mit so brennender Begierde herbei strömte! Dies waren die Schauspiele, welche die obern Magistratspersonen, und in der Folge die Kaiser so häufig gaben, um dadurch dem Volke ihre Popularität an den Tag zu legen. Julius Cäsar ließ dreihundert und zwanzig Paar Fechter auftreten; selbst der menschenfreundliche Titus gab ein solches Schauspiel, *) und der sonst nichts weniger als grausame Trajan ließ, um das Volk zu unterhalten, tausend Paar Fechter auftreten! Diese Gladiatoren waren fähig, einander mit kaltem Blute zu ermorden, und mit äußerster Gleichgültigkeit und gänzlicher Abhärtung gegen den Schmerz die tödtliche Wunde zu empfangen, und mit einem gewissen Anstande den Geist

auf=

---

*) Und dieses muß nach dem, was Sueton (v. Titi Vesp. cap. 7.) davon sagt, sehr prächtig gewesen seyn. Der Ni=

aufzugeben Wie viel mußten nicht solche blutige Vergnügungen zur Unempfindlichkeit des Römischen Volkes wirken! Als das Christenthum anfing im Römischen Reiche ausgebreitet zu werden, so lehrten und schrieben einige christliche Lehrer dawider; Constantin der Große, schränkte sie durch Edikte ein, und der Kaiser Honorius schafte sie gänzlich ab. *)

Wenn ich weitläuftig seyn wollte, so könnte ich ein langes Register von Grausamkeiten, und verabscheuungswürdigen Aberglauben bei den Britanniern, Schottländern, Galliern, Sinesern, Japanern, Germaniern, Virginiern, Mexikanern, u. a. m. beibringen, und zeigen, wie durch die Bekanntwerdung des Christenthums in diesen Ländern diese Greuel sind ausgerottet worden; aber ich eile zu andern Gegenständen, um den Vorzug der christlichen Religion ferner einleuchtend zu machen.

Das Christenthum verbreitete nützliche Kenntnisse.

Außer dem wichtigen Vortheile, daß das Christenthum in so vielen Ländern so viel Grausamkeiten vertilgt, und eine reinere Moral im Umlauf gebracht hat, muß man ihm auch dieses zugestehen, daß es zur Ausbreitung nützlicher Kenntnisse ungemein viel beigetragen hat.

Die Apostel hatten den Auftrag, allen Völkern das Evangelium zu verkündigen. Der Apostel Paulus war insbesondere für den Unterricht der Heiden ausersehn, er erwählte den Titus und Timotheus zu Lehrern derselben, und gab ihnen die Vollmacht, wie die Gemeinden zunehmen würden, untergeordnete Lehrer anzunehmen. Wenn diese Art und Weise, die Religionslehren auszubreiten, mit dem geringen Erfolge verglichen wird, mit welchem heidnische Philosophen ihre Sittenlehre all-

gemein

---

*) Hackwell's Apology, B. IV. chap. II. Sect. 5.

gemein zu machen suchten, oder wie wenig die jüdischen Propheten auf auswärtige Nationen wirkten; so müssen wir dem Christenthume in der Ausbreitung einer reinen und allgemein verständlichen Moral volle Gerechtigkeit wiederfahren laßen. Eben so trug es auch mehr, als alle andere menschliche Einrichtungen, zur Verbreitung guter Kenntniße bei.

Sobald die christliche Religion in der Welt bekannt wurde, fanden sich eine Menge Apologeten derselben, deren Werke einen Schatz von allerhand Gelehrsamkeit enthielten. Hierdurch kam Aufklärung unter die Heiden; denn sie überkamen aus diesen Schriften richtige Vorstellungen von Gott und reinere moralische Grundsätze, als sie zuvor gehabt hatten. Selbst die Philosophen, die das Christenthum nicht annahmen, lernten aus diesen gelehrten Werken, und nahmen unvermerkt etwas vom Geiste des Evangeliums an, ob sie gleich die Apologeten in keiner andern Absicht lesen, als um, entweder ihre Neugier zu stillen, oder um sie zu widerlegen. Daher kommt es vielleicht, daß die Werke des Seneca, Epictet, Arrian, Antonin, Plutarch, Hierokles, Simplicius, Plotius, u. a. welche in dem frühesten Zeitalter des Christenthums schrieben, eine bessere Moral enthalten, als die Werke älterer Weltweisen. *)

In

*) Die hier vom Verf. angeführten Philosophen sind, wie jeder weiß, meistens Stoiker, und um bestimmt sich auszudrücken, hätte der Verf. schreiben müssen, daß die Werke dieser Männer eine reinere Moral enthielten als die, der frühern Stoiker. Dies scheint aber nur so. Es ist nicht an dem, daß z. B. in den Schriften des Seneca, Arrian, oder Antonin, eine andere Moral enthalten sey, als wie sie schon Zeno gelehrt hatte, denn diese gründen alles, was sie lehren, auf Zenos Grundsä-
ze

Indem die christliche Religion den Verstand aufklärte, so vertilgte sie, natürlicher Weise, dadurch vielen heidnischen Aberglauben. Daher kam es auch, daß um diese Zeit viele heidnische Orakel verstummten, welche in nichts anders bestanden, als in Betrügereien, wobei die Priester ein ansehnliches Einkommen hatten. Diese Orakel waren so zahlreich in der Welt, daß Hermippus mit Beschreibung derselben fünf Bücher angefüllt hat. Van Dale giebt uns davon ein Register, welches beinahe dreihundert enthält, und er behauptet, daß sie sich nahe an tausend belaufen hätten. *) Dieser Gelehrte leugnet, daß die Orakel sogleich mit der Ankunft Christi in die Welt verstummt wären, wie Eusebius und andere christliche Schriftsteller sich einzubilden geneigt sind. **) Er schreibt die Abnahme und das gänzliche Aufhören derselben keiner andern Ursache zu, als weil die Menschen durch die Ausbreitung des Christenthums zu aufgeklärt geworden wären, als daß sie diesen Pfaffenbetrug nicht hätten einsehen sollen. ***)

Die

ze — welches jedoch beim Seneca hin und wieder Ausnahme leidet — Daß sie manchen Satz weiter ausgeführt und in ein helleres Licht gesetzt haben, kann ihnen als keine Erweiterung der Stoischen Moral angerechnet werden. Brucker ließ sich hierin ebenfalls täuschen, und glaubte bei den spätern Stoikern etwas weit besseres zu finden, als bei den frühern. Die Ursache hiervon wußte es sich nicht zu erklären, und der sonst eben nicht parteiische Mann schrieb eine besondere Dissertation: De Stoicis, subdolis Christianorum imitatoribus. Brucker ist zur Rechtfertigung dieser Behauptung nichts weiter schuldig geblieben als — den Beweis. Der Übers.
**) Differt. de Oraculis Ethnic. II. cap. VII.
**) Differt de Oraculis Ethnic. I. cap. XV
***) Ehedem glaubten manche Theologen, daß bei den heidnischen Orakeln der Teufel sein Wesen getrieben habe:

nach

Die christlichen Lehrer beförderten die Gelehrsamkeit.

Als einmal die Köpfe durch das Christenthum aufgehellt wurden, und durch die Schriften der Apologeten manche nützliche Kenntnisse in Umlauf gekommen waren; so trugen die Arbeiten christlicher Lehrer ferner dazu bei, daß die vormalige Finsterniß nicht wieder eintrat. Es ist bekannt, daß in den mittlern Zeiten die Liebe zu den Waffen den Eifer für Wissenschaften und Künste weit überwog; und daß sich weder Vornehme noch Geringe mit Erlernung derselben beschäftigten. Man kann daher für gewiß annehmen, daß keine Gelehrsamkeit bis auf unsere Zeiten sich würde fortgepflanzt haben, wenn ihrer nicht der Klerus zur Kenntniß der Theologie und zur Lecture der Kirchenväter bedurft hätte. *) Die Geschichte lehrt uns, daß die Geistlichen in jenen Zeiten ganz allein die

---

nachdem aber Christus, als der Uiberwinder desselben, in die Welt gekommen, so sey er auf einmal verstummt. Dieser Instanz bedienten sie sich auch, als eines Beweises für die Wahrheit des Christenthums. Der Uib.

*) Die ganze Gelehrsamkeit, welche von den Klerus des mittlern Zeitalters zu uns gelangt ist, dürfte sich am Ende so ziemlich auf Lesen und Schreiben reduciren lassen. Den Griechen, die bei der Zerstörung des Orientalischen Kaiserthums, sich nach Italien flüchteten, haben wir eigentlich die Wiederauflebung der Wissenschaften und aller der Kenntnisse zu verdanken, welche die Aufklärung in unsern Ländern nach und nach bewirkt haben. Indeß würde es unbillig seyn, wenn man den Depositalren der Gelehrsamkeit im mittlern Zeitalter alles Verdienst absprechen wollte. Es war z. B. schon etwas Dankens werthes, daß unter Karl dem Großen, der Fränkische Klerus den Sächsischen lesen lehrte. Der Uibers.

die Gelehrten waren, ihre Kenntnisse fortpflanzten, und Bücher von dem Untergange retteten, welche bei der Unwissenheit und der ausschließenden Liebe zu den Waffen, von welcher der Adel entflammt war, zuverläßig würden verloren gegangen seyn. Aber so wurden doch Manche zum christlichen Stande erzogen, und mußten mithin verschiedenes lernen, welches sie theils ihrem künftigen Stande, theils in der politischen Welt brauchten. In den folgenden Zeiten vermehrten sich die gelehrten Kenntnisse bei dem geistlichen Stande immer mehr; mancher Zweig der Litteratur wurde von ihm gepflegt; auch sind manche Entdeckungen in den Wissenschaften von ihm gemacht worden. Es giebt in diesem Stande so viele, die sich durch Schriften ausgezeichnet haben, daß allein die Namen derselben eine ansehnliche Liste füllen würden. Dies sind zwar keine nothwendigen Wirkungen des Christenthums, aber es ist doch die gelegentliche Ursache davon. Die Geistlichkeit hat wenigstens die Pflicht auf sich, das Christenthum in seiner Reinheit zu erhalten, die Gegner desselben zu widerlegen, und den Nachtheil zu verhindern, welchen Unwissenheit und Verachtung der heiligen Urkunden nach sich zieht. Daß hierzu keine oberflächliche Gelehrsamkeit erfordert werde, wird wohl jeder, der sich nur ein wenig hierauf versteht, zugeben. Man muß deshalb auch von dem geistlichen Stande einen gewissen Fond von Gelehrsamkeit verlangen; *) denn wenn niemand diese Forderung thäte,

---

*) Dies könnten sich diejenigen unserer Zeiten bestens empfohlen seyn lassen, welche so aufgeklärt und dabei so unwissend sind, daß sie im Betreff historischer, antiquarischer und exegetischer Kenntnisse, nicht viel mehr als ein Handwerksmann wissen. Es ist freilich ein königlicher Weg, ein paar Bücher von guten Theologen durch-
zu-

te, so würde die Unwissenheit bald allgemein einreißen. Wenn die Lehrer der Jugend anfangen, unwissend zu werden, so läßt sich leicht absehen, was dieses für nachtheilige Folgen nach sich ziehen dürfte. Wenn eine zu große Unwissenheit unter den Laien einer Nation in Religionssachen einreißt, und die Lehrer, uneingedenk ihres Berufs, diesem Uibel nicht zu steuern suchen; so wird die Nation bald Schwärmer oder Aufrührer in ihrem Schooße haben. Muß sich die Nation Lehrern anvertrauen, welchen die, zu seinem Stande erforderlichen Kenntnisse mangeln, so begiebt sie sich vielleicht in die Sklaverei des Betrugs oder der Gewissenstyrannei.

Die Menschenliebe der ersten Christen lehrte die Heiden Mitleid gegen Unglückliche.

Juvenal, Sallust, Tacitus und andere Römische Schriftsteller stellen uns ein abschreckendes Gemälde von der Sittenverderbniß in und außerhalb Rom auf, als das Christenthum anfing in der Welt bekannt zu werden; und man kann ihm, nach dem, was hier das Christenthum wirkte, seinen wohlthätigen Einfluß auf die Herzen seiner ersten Anhänger nicht absprechen. Die brüderliche Liebe der Christen gegeneinander war so gar zu einem Sprüchworte geworden, so, daß die Heiden zu sagen pflegten, „wie lieben sich doch die Christen unter-

zulesen, welche das Resultat ihrer Untersuchungen mitgetheilt haben, sich dieses Resultat ins Gedächtniß einzuprägen, und solches für das Seinige auszugeben. Man kann aber nie zu einem gewissen Eigenthum in der Theologie gelangen, wenn man sich scheut, zugleich den längern Weg zu gehen, auf welchem durch mancherlei gelehrte Kenntnisse jene Resultate nur Schritt vor Schritt begründet werden. Der Uiber-

tereinander!„ Epiphanius, der Bischoff zu Salamis, verwendete sein ganzes Vermögen auf die Unterstützung der Nothleidenden besonders derjenigen, die an der Seeküste Schiffbruch erlitten hatten. *) Cyprian **) machte von seinem Vermögen einen eben so wohlthätigen Gebrauch; und beklagt er sich gleich inniglich über die Ausartung der Christen seiner Zeit; so giebt er ihnen doch das Lob, daß sie die Heiden an wahrer Menschenliebe überträfen.

In Alexandria waren so viele Personen zur Verpflegung der Kranken angestellt, daß sich Theodosius genöthigt fand, ihre Zahl auf sechshundert einzuschränken. Dies kann man aus einem dahin einschlagenden Gesetze im Theodosianischen Gesetzbuche sehen. Die Beispiele von Menschenliebe unter den ersten Christen, wie sie z. B. Gefangene loskauften, Hospitäler für Arme errichteten u. d. m. sind zu zahlreich, als daß ich ihrer namentlich gedenken könnte; und es ist nicht zu leugnen, daß man dem Geiste des Evangeliums wohlthätige Veranstaltungen, wovon man in der heidnischen Welt zuvor wenig wußte, ganz allein zu verdanken hatte.

In Vorfällen, wo Zärtlichkeit und Mitleid sich äußern mußten, schränkten die Christen ihre Menschenliebe nicht allein auf die Bekenner ihrer Religion ein, sondern sie erwiesen solche jederman, auch ihren Feinden. „Alle Menschen, sagt Tertullian, lieben ihre Freunde, aber den Christen ist es eigen, ihre Feinde zu lieben, Sanftmuth ihren Verfolgern entgegen zu setzen und Gott um Barmherzigkeit für sie anzuflehen." Lucian,

---

*) Cave, on primitive Christianity, part. III. ch. 2.
**) Cyprian de Lapsis.

cian ist Zeuge von der Sanftmuth der Christen gegen den
Peregrinus, *) einen heidnischen Philosophen, und
macht, indem er über die Christen spotten will, eine Lobrede
auf sie. „Ihr Gesetzgeber, sagt dieser Humorist, hat
sie glaubend gemacht, daß sie alle Brüder seyn; sie verehren
einen gekreuzigten Betrüger, leben nach seinen
Verordnungen und haben alles untereinander gemein!"

Ein anderer Feind der christlichen Religion gesteht
doch so viel ein, daß ihre Anhänger tugendhafter waren
als die Heiden, und daß manche, welche diese Religion
nicht bekennten, doch durch das gute Beispiel der
Christen, moralisch bessere Menschen geworden wären.
Der Kaiser Julian schreibt in einem Briefe an einen
heidnischen Oberpriester, er sollte nur genau die Mittel
erwegen, durch welche die Christen ihren Aberglauben
so allgemein verbreitet hätten, und er würde finden, daß
es keine andern wären als: sanftes Betragen gegen
Fremde, Rechtschaffenheit in ihrem Lebenswandel, und
Andacht bei dem Begräbnisse der Todten. Dieser Kaiser
empfiehlt Nachahmung der christlichen Tugenden,
und ermuntert den Oberpriester, den Priestern in Galatia
einzuschärfen, daß sie auf die Verehrung ihrer Götter
sorgsam Acht haben möchten, damit sie ohne Anstoß
verwaltet würde. Er fordert auch von ihm, daß er die
Priester so lange von ihrem Amte suspendiren sollte, bis
sie

*) Lucian de morte Peregrini, Paris ed. 1615. p. 996 b)
(Peregrinus, ein Cyniker und Schwärmer, hieß auch
mit einem andern Namen Proteus. Den Peregrinus
Proteus des Hrn. Hofrath Wielands diese unerreichbare
Darstellung der Geschichte der mannigfaltigen
Schwärmereien dieses Mannes, so wie sie sich vielleicht
haben ereignen können — wer kennt die nicht?
Der Ueber.)

sie ihre Weiber, Kinder und Sklaven zur gebührlichen
Verehrung der Götter würden angehalten haben. End⸗
lich gebietet er diesen Oberpriester, wohlthätig zu seyn,
sich der Leidenden anzunehmen, Häuser zur Verpflegung
der Fremden, von was für einer Religion sie seyn möch⸗
ten, zu erbauen. Es ist, sagt er, eine Schande für die
Heiden, sich Menschen von ihrer eigenen Religion nicht
anzunehmen, da hingegen die Christen Fremden und so
gar Feinden, alle Arten von Menschenliebe erzeugen. *)

Aus diesem Allem ergiebt sich, daß die ersten Chri⸗
sten nicht allein selbst moralisch bessere Menschen durch
die Lehre des Evangeliums geworden waren, sondern
daß auch der Geist dieser Religion Nachahmung der
christlichen Tugenden selbst unter den Heiden erweckte.

**Das Christenthum erzeugte bei seinen ersten Bekennern
Treue, Ehrlichkeit, Geduld, Keuschheit u. s. w.**

Die ersten Christen waren ehrlich in ihren Verbin⸗
dungen untereinander, hielten Eid und Zusage unver⸗
brüchlich, und beobachteten die Vorschrift ihres Lehrers,
sich so gegeneinander zu verhalten, wie man wünscht,
daß sie sich in ähnlichen Fällen gegen uns betragen möch⸗
ten. Der Kaiser Alexander Severus fand diese Regel
so vortrefflich, daß er befahl, man solle sie durch einen
Ausrufer öffentlich kund machen, und die Ueberschrift
an alle öffentliche Gebäude setzen. **) „Wir leugnen
kein anvertrautes Gut ab, sagt Tertullian; wir beflek⸗
ken kein fremdes Ehebette; wir erziehen redlich verlas⸗
sene Waisen; wir unterstützen den Dürftigen, und ver⸗
gel⸗

---

*) Iuliani Imperatoris Epistola 49. ad *Arsaciam* Pontifi-
cem Galatiae.
**) Script. Hist. Augustae p. 131. ed. Paris 1620.

gelten niemanden Böses mit Bösem." *) Die Christen
erlaubten keinen Betrug und Unehrlichkeit, noch weniger
machten sie sich deren selbst schuldig; und traf es, daß
jemand von ihren Glaubensgenossen solcher Laster, bezüchtiget wurde, so bezeugte eine ganze Gemeinde den
größten Abscheu gegen ein so unwürdiges Mitglied ihrer
Kirche. Weder Gefahren noch Drohungen, noch Marter konnten die ersten Christen bewegen, ihrer Religion
abtrünnig zu werden; ja sie duldeten sogar die ihnen angethanen Martern, ohne deßhalb zu murren; oder ihre
Feinde zu schelten. Ist es nicht eine seltsame Thorheit,
sagt der Heide beim Minucius Felix, und eine beispiellose Tollkühnheit, gegenwärtige Martern zu verachten,
und doch die zukünftigen, welche ungewiß sind, zu fürchten? So abentheuerlich schmeicheln sich die Christen
selbst, und wiegen die Furcht vor gegenwärtigen Uibeln
durch die täuschende Hoffnung von Tröstungen ein, wovon sie keinen Begriff haben, und die ihrer nach diesem
Leben erwarten sollen! Tertullian schreibt die Ausbreitung des christlichen Glaubens eines Theils der Standhaftigkeit der ersten Christen bei ihren Verfolgungen zu.
Jedermann, sagt er zum Scapula, der solche Geduld
und Ausdauer bei den Christen mit ansah, konnte nicht
umhin nach der Ursache derselben zu forschen, und wann
er dann davon unterrichtet wurde, so bewegte ihn solche, das Christenthum selbst anzunehmen.

Collier erzählt uns ein merkwürdiges Beispiel von
der Standhaftigkeit einiger Christen, unter der Regierung

*) Dies heißt am Ende weiter nichts, als: unsere Religion gebietet, daß wir dieses thun sollen. Daß es unter den Christen damaliger Zeiten nicht besser zuging als
bei uns; daß es sehr tugendhafte und auch sehr lasterhafte Menschen unter ihnen gab, dazu kann man selbst
beim Tertullian die Zeugnisse finden. Der Übers.

zung des Kaisers Constantius. Dieser wollte einmal die Grundsätze seiner Hofleute prüfen, um zu sehen, ob sie vielleicht nur dem Namen nach Christen wären. Er forderte deshalb, sie sollten dem Christenthume entsagen, und bei Strafe ihrer Entlassung den heidnischen Göttern opfern. Diejenigen, welche es rechtschaffen mit ihrer Religion meinten, erklärten, daß sie lieber ihre Aemter niederlegen und das Mißfallen des Kaisers als der Gottheit sich zuziehen wollten. Andere hingegen bedachten sich nicht lange und opferten den heidnischen Göttern. Der Kaiser, nachdem er diese erwünschte Entdeckung gemacht hatte, gab den Erstern ihrer Standhaftigkeit und Redlichkeit halber, seinen Beifall, und ließ sie an der Staatsverwaltung ihren Antheil nehmen, den Letztern hingegen warf er ihre Untreue vor, und entfernte sie ohne Anstand von seinem Hofe, weil, wie er sagte, Leute, die es mit ihrem Gotte nicht redlich meinten, auch keine treuen Diener des Fürsten seyn könnten.

Arnobius **) versichert im Betreff der Standhaftigkeit der ersten Christen, daß die Sklaven lieber die härtesten Martern von ihren Herren erleiden, Weiber weit leichter sich von ihren Männern trennen, Kinder sich viel lieber enterben lassen würden, eh' sie der christlichen Religion entsagten. Man findet, daß Heiden, welche zuvor ausgezeichnete Verbrecher waren, nach Empfang der Taufe sich völlig umänderten und vorzügliche Heilige wurden, deren Fehler oder Irrthümer selbst nichts anders als überspannte Tugend waren. (an excess of virtue) Sie konnten auch weder durch Drohungen noch Versprechungen dahin gebracht werden, ihre Keuschheit zu verletzen. Cave wenigstens hat uns
viel

*) Collier. Hist. Eccles. §.
**) Adversus gentes. L. I.

viel Beispiele von Personen beiderlei Geschlechts angeführt, welche lieber Gefahren und Todesstrafen erduldeten, als sich des Verbrechens irgend einer Unkeuschheit schuldig machten. „Und wenn ihr, sagt Tertullian zu den Heiden, unsere Weiber, die sich euren Lüsten nicht ergeben wollen, zur härtesten Todesstrafe verdammtet; wann ihr sie gleich ersäufet oder den wilden Thieren vorwerft; ihr würdet dennoch gewahr werden, daß wir die Verletzung der Keuschheit für ein härteres Übel ansehen, als ihr uns anzuthun fähig seyd. *) Einige Chri=

---

*) Auch wer gar keine Kenntniß vom Zustande der ersten christlichen Kirche, in moralischer Rücksicht, hätte, könnte doch leicht, wenn er dieses Allegat aus dem Tertullian liese, auf den Argwohn gerathen, ob dies nicht eine Windbeutelei von ihm seyn könne. Die Menschen, könnte er denken, sind von jeher sinnlich gewesen und werden es im Allgemeinen auch bleiben. Eingestanden, daß in den ersten Jahrhunderten die Tugend der Christen ausnehmend groß gewesen; eingestanden, daß insbesondere die Keuschheit ihrer Weiber, die der unsrigen weit übertroffen habe; so müste es doch auf alle Fälle auch Ausnahmen unter ihnen gegeben haben. Die gab es dann auch wirklich; und es ist nicht andem, daß die Moralität der Christen in den ersten Jahrhunderte, so auszeichnend gewesen sey. Ich berufe mich hier auf einen Mann, wider dessen historische Genauigkeit und Unparteilichkeit wohl niemand etwas einwenden wird. Semler giebt in seinen selectis capitibus historiae Eccl. den Christen jener Jahrhunderte nicht immer das beste Lob, und beweißt es, was er ihnen zur Last legt. So erzählt er unter andern, daß schon zu Ende des zweiten Jahrhunderts der Sittenverfall unter manchen Christengemeinden auffallend gewesen sey, indem man sogar zu Hochzeitmalen mulieres publicas mitgenommen habe. Hic mihi aliquis est, setzt er hinzu, et ostendat veram virtutem Christianam! Auch die

Age-

Christen dachten freilich in dieser Rücksicht etwas überspannt, indem sie aus Mißverstand der christlichen Lehren ein Gelübde ewiger Keuschheit thaten, und sich freiwillig zum ehelosen Leben verdammten.

Das Christenthum unterdrückte Hoffarth und Eitelkeit.

Die Heiden waren eitel, anmaßend und mit der christlichen Bescheidenheit und Demuth gar nicht vertraut. Sie thaten mit ihren guten Eigenschaften groß, schmeichelten ihren Kaisern auf eine plumpe Weise, und diese nahmen mit Wohlgefallen Ehrentitel an, welche oft gotteslästerlich waren.

Ovid

Agapetae mochten mit unter etwas mehr geleistet haben, als die christliche Liebe von ihnen forderte. Hieronymus wenigstens ist sehr übel von ihnen erbaut. Unde in ecclesias, sagt er, *Agapetarum* pestis invasit? unde sine nuptiis aliud nomen uxorum? imo unde novum concubinarum genus? Hieron Epist. 22. ad Eustach. c. 5. Trat eine Verfolgungsperiode ein, und die Christen fingen an, strenger in ihren Sitten zu werden; ist dies zu verwundern? Jede gedrückte Gemeinde wird durch den Druck vorsichtig. Und aus der Standhaftigkeit der Christen bei den Verfolgungen läßt sich sehr unsicher ein Beweis für ihre Tugend herleiten. Denn erstlich, bedarf sehr vieles, was von den berühmten Märtyrern erzählt wird, einer genauern Untersuchung. Zweitens, darf nur eine Gemeinde ihres Glaubensbekenntnisses wegen verfolgt werden, so wird ihr alsdann dasjenige äußerst wichtig, was sie zuvor vielleicht nicht sehr achtete. Der Mensch läßt sich eher alles entreißen, als das Eigenthum seiner Gedanken. Dafür opfert er alles auf; die Standhaftigkeit des Einen befeuert den Andern. Es wird ein allgemeiner Enthusiasmus, der um so heftiger wirkt, je mehr schon Märtyrerblut geflossen ist. Der Uberf.

Abſicht und Wirkungen der chriſtlichen Religion.

Ovid ſagt am Schluſſe ſeiner Metamorphoſen, daß er ein unvergängliches Werk geſchrieben habe. Horaz rühmt, er habe ſich ein Denkmal errichtet, das länger dauern würde, als Erz. Cicero verſichert ganz unbefangen, es wäre ein Glück für Rom geweſen, daß es ihn zum Konſul gehabt habe, und die Selbſtzufriedenheit der Stoiker und anderer Sekten iſt zu groß, und es giebt deren ſo viel Beiſpiele, als daß ich ſie alle anführen könnte. *) Die heidniſchen Schriftſteller hingegen
was

---

*) Der Verf. will beweiſen, die Helden wären mit der Beſcheidenheit und Demuth, welche das Chriſtenthum einflößt, unbekannt geweſen. Dieſe beſteht doch in nichts anders, als daß ſich der Menſch ſeiner Moralität nicht überhebt, indem er beſtändig noch einen groſſen Abſtand zwiſchen dem höchſten Sittengeſetze und dem Grade von moraliſcher Vollkommenheit, welchen Er erreicht hat, gewahr wird. Wer ſeinem Verſtande das Sittengeſetz in aller ſeiner Reinheit vorhält, und überdenkt, was er unbedingter Weiſe ſeyn ſollte, iſt allemal demüthig. Sonach gehören die Beiſpiele, die der Verf. von Ovid, Horaz und Cicero anführt, gar nicht hierher; denn ein anderes iſt, ſeinen dichteriſchen, ein anderes ſeinen politiſchen, ein anderes ſeinen moraliſchen Werth würdigen. Nur ein paar Worte über die drei angeführten Männer — Was den Ovid anlangt — dem man übrigens ſeine poetiſche Eitelkeit nicht abſprechen kann — ſo hatte er beim Epilog' ſeiner Metamorphoſen nicht ſowohl die Abſicht, ſich eine ſo herzhafte Lobrede zu halten, als er wirklich gethan hat; ſondern Horazens bekannte Ode: Exegi monumentum aere perennius hatte ihm ſehr gefallen, und er ahmte ſie nach ſeiner Manier nach, d. h. er trug die Farben auf eine unnatürliche Weiſe ſtark auf, ſo wie es poetiſche plagiarii zu machen pflegen, und wie Er es oft mit Stellen aus dem Tibull gemacht hat. Von den beſcheidenen Charakter des Horaz aus ſeinen Werken
hat

waren bescheiden, verschwiegen weder ihre eigenen Fehler noch die ihrer Glaubensbrüder; und die christlichen Schriftsteller sprechen allemal von sich selbst mit Demuth, die heidnischen hingegen sind anmaßend und rühmen sich selbst auf eine schaamlose Weise. *)   So wirksam war
                                                                                                                             das

hat kennen gelernt, wird sich an seinem Exegi monumentum aere perennius — non omnis moriar; gewiß nicht ärgern. Sagt er doch an einem andern Orte sehr naiv, daß die Krämer in Rom bei guter Zeit Pfeffer in seine Gedichte wickeln würden. Aus mancher demuthsvoller Vorrede, oder Dedication, welche diese oder jene Postille vor sich herträgt, leuchtet, wenn man sie genau ansieht, mehr Einbildung und Stolz hervor, als aus Horazens sämmtlichen Werken. Und endlich der alte Consular — schätzte freilich Verdienste wo er sie fand, konnte also auch die seinigen nicht unbemerkt lassen   Dies ist etwas bekanntes. Indeß war es doch die lautere Wahrheit, daß er Rom vom Untergange errettet hatte. Der Ueber.

*) Und welche waren denn so unverschämt? — Die Rede ist hier von philosophischen und moralischen Schriftstellern! — Die stolze Demuth unserer Zeiten, die sich sein Verdienst beilegt, aller Ansprüche, Lob und Ehre sich entäußert, und wenn man sie bei dem Worte hält, oder ihr nicht Weihrauch genug streut, sogleich eine scharfe Klaue zeigt, die sie ihrer Meinung nach nur in subsidium juris einstweilen versteckt hatte, war bei den Alten ein unbekanntes Phänomen. Man glaubte sich seines Werthes, in was es sey, bewußt seyn zu dürfen: dußerte solches auch bei gewissen Gelegenheiten, ohne sich den Vorwurf der Prahlerei oder der Unbescheidenheit dadurch zuzuziehen. Der Apostel Paulus, der größte und edelste Charakter unter den ersten Lehrern des Christenthums, glaubte, bei aller der ungeschminkten Bescheidenheit, die sich durchaus an ihm zeigt, sich doch auch seiner vorzüglichen Verdienste bewußt seyn zu dürfen.
                                                                                                                                                                    Er

Absicht und Wirkungen der christlichen Religion. 333

das Christenthum in Unterdrückung der Eitelkeit und in Demüthigung seiner Bekenner, daß verschiedene von ihnen die Krone des Märtyrerthums verwarfen, und nicht zugeben wollten, daß sich ihre Glaubensbrüder den Namen Märtyrer beilegen ließen. Die größte Herablassung, welche Diocletian gegen jemanden bewies, war, daß er ihm erlaubte, seinen Fuß zu küssen. *) Wenn Domitian ein Edikt gab, so fing es sich mit den Worten an: „Unser Herr und Gott gebietet dieses," und er befahl, daß seine Unterthanen in Reden und Schriften ihm diesen Ehrentitel beilegen sollten. Caligula erbaute sich selbst einen Tempel, richtete eine goldene Statue darin auf, und setzte Priester ein, die Ihm opfern sollten. Auch andere Kaiser forderten und erhielten göttliche Ehrenbezeigung. Virgil theilt das Reich zwischen Jupiter und Augustus; und Lucian sagt, alle die schrecklichen Auftritte in den bürgerlichen Kriegen wären nützlich gewesen, indem sie die Thronbesteigung Nero's schon lange zuvor vorbereitet hätten. Die Kaiser entblödeten sich in ihren Verordnungen nicht, sich göttliche Attribute beizulegen. Augustus wurde in den Provinzen als eine Gottheit verehrt, und zu Seiner Ehre hatte man Tempel errichtet**):

Wenn

Er hielt es für unedel, sich unter gewisse Lehrer herabzusetzen, die weniger Einsichten und weniger Verdienst als er hatten. Die Beweise von dem, was ich hier von Paulo gesagt habe, finden sich im 10ten und 11ten Kapitel des 2ten Briefs an die Korinther. Der Übers.

*) Als wenn nicht noch heut zu Tage hin und wieder eine alte Landadliche die Gnade hätte, einen Roturier den Zipfel ihrer Adrienne küssen zu lassen! Oder als wenn nicht selbst der demüthige Stadthalter Christi diese Huldigung auf seinem Pantoffel annähme! Der Übers.

**) Die Begriffe der Heiden, insbesondere der Römer und Griechen, von der Vergötterung, waren von denen, die

Wenn wir das Verhalten solcher Heiden mit dem einiger Christen vergleichen, so ist der Unterschied auffallend! Das

wir gewöhnlicher Weise davon haben, etwas verschieden. Die meisten ihrer Gottheiten waren nichts anders als Schutzgeister, vergötterte Menschen, die sich durch Verdienste ausgezeichnet hatten, und, wie man glaubte, sich nach abgelegtem Körper, noch um die Schicksale der Menschen bekümmerten. Dies waren die Lares, die *penares*, die *daemonia*, die *numina*, etc. Hic est vetustissimum referendi bene merentibus gratiam mos ut tales *numinibus* adscribuntur. Plin. Hist. Nat. L. II. 7. Daher stammten so viele Königsfamilien unter den Alten von den Göttern ab, welches auf eine ganz natürliche Weise zu verstehen ist. Die Stadt Rom war längst von den Griechen vergöttert worden, nämlich aus Dankbarkeit, da sie durch die Römer ihre Freiheit wieder erhalten hatten. Dem Flaminius wurde dieselbe Ehre erwiesen. Die Vergötterung Augusts galt nicht sowohl seiner Person, als der Majestät des Römischen Volkes, deren Repräsentant er war. Er selbst erlaubte auch nicht, daß ihm in den Provinzen ein Tempel anders als in Verbindung mit der Göttin Rom gewidmet wurde. Templa — in nulla provincia nisi communi, suo *Romaeque* nomine recepit: nam in urbe quidem, pertinacissime abstinuit hoc honore. Sueton. v. Octavian. c. 52. Freilich konnte er nicht verhindern, wollte es auch nicht, daß ihm in Rom eine Menge Altäre errichtet wurden. Aber auf diesen Altären sollte nur für seine Wohlfarth geopfert werden. Diese Ehrenbezeugung war allerdings auszeichnend, ungewöhnlich; aber den plumpen Begriff, daß die Römer mit ihm bei lebendigem Leibe Abgötterei getrieben hätten, muß man nicht damit verbinden. Uiber die Deification der Römer, lese man Hrn. Wielands Anmerk. im zweiten Bande der Horazischen Episteln. S. 73. ff. Der Uibers.

Absicht und Wirkungen der christlichen Religion. 335

Das Christenthum hatte auch einen Einfluß auf die Verbesserung der alten Römischen Gesetze.

Wer mit den Römischen Gesetzen vor und nach der Gründung des Christenthums im Römischen Reiche bekannt ist, wird ohne Zweifel eingestehen, daß das Christenthum keinen geringen Einfluß auf die Verbesserung derselben hatte; denn das Christenthum besserte die Herzen ihrer Bekenner; es lehrte sie Billigkeit und Sanftmuth; und dieser Geist zeigt sich denn auch in den Verordnungen christlicher Kaiser. Ein gelehrter Civilist *) sagt uns, daß, nachdem der Kaiser Justinian die Pandecten mangelhaft gefunden, er dessen Mangel durch das erste Buch seines Codex, welches die Religion betrift, ersetzt habe. Außer der großen Sorgfalt, die dieser Kaiser in allen seinen bürgerlichen Anordnungen bewies, bevollmächtigte er auch Bischöfe, sich ihres Ansehns zu bedienen, wenn bürgerliche Obrigkeiten abwesend waren oder willkührlich das Urtheil aufschoben. Sonach wurden sie bei ihrem Aufseheramte über ihre Gemeinden auch Theilnehmer an der Verwaltung bürgerlicher Gerichtshöfe. Dadurch wurden die christlichen Tribunale gegründet, welche nachher so nützlich gewesen sind. **) Man kann hieraus abnehmen, daß das Christenthum heilsame Wirkungen in Ansehung des Justiz-

we-

*) Sir Th. Ridleys View of Civil and Eccl. Law, part. I. ch. sect. 2.
**) Die Kleinigkeiten abgerechnet, daß die Herren unumschränkt herrschen wollten, und es wirklich thaten, einen Staat im Staate bildeten, wer sich ihnen widersetzte, zur Ehre Gottes verfolgten, Inquisitionstribunale errichteten, und Leute, die ihnen zu klug waren, verbrannten, oder ihnen wenigstens das Zeitliche nahmen, damit der Geist desto eher selig werden möchte. Der Uibers.

wesens hervorbrachte; daß es den Hang zur Grausamkeit, der sich unter den Heiden fand, zurücke hielt, und überhaupt die Herzen zum Mitleid und zur Billigkeit erweckte.

Die Christen sind unrechtmäßiger Weise verleumdet worden.

Nichts kann für den guten moralischen Charakter der ersten Christen besser sprechen, als die Apologien, deren viele gegen die fälschlichen Ankläger ihrer Feinde sind herausgegeben worden. Wären das Christenthum und dessen Bekenner nicht zu einer Zeit angegriffen worden, wo es nöthig wäre seine Evidenz und das Verhalten der Christen genau zu untersuchen; so könnten wir immer noch einen Verdacht hegen, daß diese Religion durch Betrug und List möchte seyn begründet worden; und viele Tugenden der ersten Christen würden vielleicht bei der Nachwelt gänzlich unbekannt geblieben seyn.

Die Feinde des Christenthums suchten die Ausbreitung desselben anfangs durch offenbare feindselige Angriffe zu verhindern. Da sie aber einsehen lernten, daß diese Art Vorkehrungen nicht den erwünschten Erfolg hatte; so bedienten sie sich Schmähungen und Verläumdungen, um die Christen auf alle Weise mit Unehre zu brandmarken. Daher nehmen auch die ersten Bekenner dieser Religion niemanden in ihre Gemeinde auf, von welchem sie nicht voraussahen, daß er sich derselben würdig verhalten werde; und sie fordert von den Proselyten so zu reden alle mögliche Sicherheit, daß sie ihren Vorschriften treu bleiben wollten. Diese Vorsicht zweckte darauf ab, alle unwürdige Mitglieder von der Kirche auszuschließen. Dies ist auch, wie uns Mosheim ber-

Absicht und Wirkungen der christlichen Religion. 337

versichert, der Ursprung der Taufzeugen. Diese sollten nämlich wider die Abgefallenen zeugen, welche leugneten, daß sie sich zum Bekenntnisse des Christenthums verpflichtet hätten. *)

Unter die Verläumdungen, welche die Christen zu erdulden hatten, gehört unter andern auch diese: daß sie für Atheisten ausgeschrieen wurden **), weil sie nicht an die Volksgötter der Heiden glaubten. Manche deklamirten gegen sie, als gegen Zauberer und Charletane, wenn ihnen die Wunder Christi oder seiner Apostel erzählt wurden. Man gab ihnen Schuld, daß sie die Sonne und den Kopf eines Esels anbeteten; daß sie die Römische Regierung zu untergraben suchten; daß sie bei der Feier ihrer Mysterien ihre eigenen Kinder schlachteten und verzehrten, und bei den Liebesmälern Hurerei und Ehebruch begingen. ***) Diese und ähnliche Be-

---

*) Hist. Ecclesiast.

**) Dies erwiederten die Christen, zumal ihre Apologeten, reichlich. So wird z. B. Anaxagoras, der erste reine Theist unter den Griechen! vom Irenäus *atheus* und *irreligiosus* titulirt. Adv. Haereses L. II. cap. 19. p. 156. ed. Basil. g. Der Übers.

***) Ich weiß nicht, ob die Christen je sind beschuldigt worden, daß sie den Kopf eines Esels anbeteten. Den Anschuldigungen der Heiden lag wenigstens immer ein Mißverstand zum Grunde, und welcher hätte es hier seyn können? Den Juden ist dieser Vorwurf gemacht worden! Denn als Antiochus Epiphanes in ihren Tempel drang, so mochte er unstreitig die Sphinxgestalten der Cherubim nicht recht angesehen haben, und nicht wissen, was er daraus machen sollte. Daher mußten die Juden lange Zeit die Schande auf sich haften lassen:

Beschuldigungen wurden von ihren Feinden, insbesondere von den Juden, fortgepflanzt; die Heiden glaubten ihnen, und verdammten die Christen unverhört, weshalb sie auch in den ersten drei Jahrhunderten so heftig verfolgt wurden, wiewohl man auch zugestehen muß, daß noch andere Ursachen von Seiten der Heiden mitwirkten.*) Aber das Leben der Christen war die beste Widerlegung solcher grundlosen Anschuldigungen. Dabei erlangten auch ihre Vertheidiger Gelegenheit, ihre Gelehrsamkeit zu zeigen, und die Unschuld und den tugendhaften Charakter ihrer Glaubensbrüder in ein helles Licht zu setzen. Ohne die Verfolgungen würde uns wenig davon bekannt geworden seyn. —

Die Christen wurden fälschlich beschuldigt, daß sie Blutschande begingen, Kinder umbrächten und verzehrten.

Es giebt eine allgemein bekanntgewordene Sage, schreibt ein Athieniensischer Philosoph und Proselyt des Christenthums **), daß Wir die Mahlzeit des Thyest nachahmten, unsere eigenen Kinder tödteten, und verzehr-

---

sen: sie hätten im Allerheiligsten das Bild eines Esels. — Daß es aber bei den Liebesmälern der ersten Christen nicht immer erbaulich zugegangen sey — daran läßt sich nicht zweifeln. Paulus sagt es ja, 1 Cor. 11. deutlich genug, daß sie ihre *agapas* in Trinkgelage verwandelt hätten. Präsidirte Bacchus dabei; so läßt sich auch der Natur der Sache nach, nicht zweifeln, daß die niedrigen sinnlichen Begierden auch noch zu andern Auftritten, die dem Christenthum keine Ehre machten, veranlaßten. Der Uibers.

*) Bekanntermaßen suchten ungerechte Römische Stadthalter in den Proinzen von den Christen Geld zu schneiden. Der Uibers.

**) Athenagoras, Legat. pro Christianis.

zehrten, blutschänderische Verbindungen eingingen und ruchlos gegen die Götter uns bezeigten." Um sich ge= gegen solche Anklagen zu vertheidigen, beruften sich die Christen auf ihre Handlungen, und wollten sich's gefal= len lassen, jede Strafe zu leiden, wenn man ihnen eine einzige dieser Anschuldigungen beweisen könnte. „Ist jemand im Stande, sagt der angeführte Apologet, uns ein größeres oder kleineres Verbrechen dieser Art zu be= weisen, so wollen wir der Strafe nicht zu entgehen su= chen; ja, wir sind entschlossen, die grausamsten Mar= tern zu erdulden, die ihr uns anthun könnt." — „Sind, fährt er fort, eure Anklagen wahr, so schont weder des Alters noch des Geschlechts; straft uns mit Weibern und Kindern; vertilgt uns von der Erde! Sind aber dies alles nur Verleumdungen böser Herzen; so bezeich= net sie öffentlich als solche! Untersucht unsern Lebens= wandel, unsere Meinungen, unsern Gehorsam gegen die Obrigkeit, unsere Theilnehmung an dem Glücke eurer Person und Regierung; erweißt uns dabei nur die all= gemeine Gerechtigkeit, die ihr auch Feinden schuldig seyd; wir fordern nichts weiter, weil wir deßfalls des Sieges gewiß sind." Er fährt folgendermaßen in sei= ner Vertheidigung fort. „Wie können wir in den Ver= dacht der Unkeuschheit fallen, da wir glauben, daß schon die Begierden, womit des Andern Weib angese= hen wird, eine Verletzung des Gesetzes ist, und daß Gott auch von unsern geheimsten Gedanken Rechenschaft fordern wird? Wie können wir, da wir es für heilige Pflicht ansehen, jede unreine Begierde da in uns zu un= terdrücken, unkeuscher Handlungen bezüchtigt werden? Wir heirathen aus keiner andern Absicht, als um Kin= der zu zeugen, und dies geschieht von uns nur einmal; manche von uns bleiben zeitlebens im ledigen Stande; einige haben den Begriff von Keuschheit so gar bis zu dem Grade ausgedehnt, daß sie sich selbst entmannten. Können diejenigen, die sich der Sodomiterei und ähnlichen Lastern schuldig machen, uns wohl derselben anklagen, da sie vielmehr ihre Götter deshalb anklagen sollten? Ehebrecher und Sodomiten nehmen uns in Anspruch, die wir doch nur ein einzigesmal heirathen, oder uns gar entmannen, um das Himmelreich zu erlangen, damit wir, frei von fleischlichen Lüsten, in genauerer Verbindung mit Gott stehen mögen! Keiner unserer Dienstboten, vor welchen alle unsere Handlungen zu verbergen unmöglich seyn würde, hat uns je Menschenfleisch essen gesehen, oder uns auch nur fälschlicher Weise eines so unnatürlichen Verbrechens beschuldigt. Kann man uns, nur mit dem geringsten Scheine von Wahrheit, Schuld geben, daß wir neugeborne Kinder tödteten, da wir selbst unter uns diejenigen Weiber als Todschlägerinnen behandeln, welche die Leibesfrucht abtreiben? Wir sollten Kinder zu tödten fähig seyn, da wir es für ein Kapitalverbrechen ansehen, sie nur auszusetzen? Wir wären fähig unsere Hände mit Menschenblut zu beflecken, da wir nicht einmal Fechterspiele, sogar nicht einmal Thiergefechte, mit ansehen, weil sie unser Menschengefühl empören!" *) Der gelehrte Watson hält es für wahrscheinlich, daß die Feier des heiligen Abendmals, welches die Christen, aus Furcht vor den Juden und Heiden im Verborgenen hielten, und die in demselben vorkommenden Worte: „eßt meinen Leib und trinkt mein Blut," desgleichen der Gebrauch, einander mit einem brüderlichen Kusse zu empfangen und Brüder und Schwestern sich zu nennen, Gelegenheit zu dem boshaften Gerüchte gegeben haben, als wenn die Christen bei ihren Festen Kinder tödteten und lichtscheue Handlungen zur Befriedigung ihrer Begierden verübten.

Man

---

*) Athenagoras, Legat. pro Christian's.

Man hielt die Christen für Atheisten und Urheber allgemeiner Landplagen.

Dion Cassius erzählt, daß der Kaiser Domitian eine Menge Christen habe hinrichten und ihre Güter einziehen lassen, weil sie Atheisten wären, denn sie bekennten sich, hieß es, zur jüdischen Religion, welche öfters mit dem Christenthum verwechselt wurde, indem Jesus und dessen Apostel gebohrne Jüden waren. Man muß eingestehen, daß nach den Begriffen der Heiden, die Christen Atheisten waren; denn sie verehrten einen einigen Gott, und neben ihm keinen einzigen von den dreißigtausend Göttern, die die Heiden verehrten, wie ein Apologet des Christenthums bemerkt hat. Man hielt die Christen so gar für Urheber öffentlichen Unglücks. Dieser Beschuldigung hat man eine gelehrte Abhandlung zu verdanken, in welcher ein Kirchenvater seine Glaubensgenossen dagegen in Schutz nimmt. „Wenn die Stadt belagert wird, sagt Tertullian *), oder wenn sich sonst ein öffentliches Unglück ereignet, sogleich hieß es bei euch: daran sind die Christen Schuld! Unsere Feinde verschwören sich zum Untergange rechtschaffener Menschen, und geben den Christen Schuld, daß sie alles öffentliche Unglück veranlaßten. Wenn die Tyber austritt; wenn der Nil nicht zu rechter Zeit die Felder wässert; wenn Erdbeben, Hunger oder Seuchen das Land heimsuchen, gleich erhebt sich unter euch ein Geschrei: fort mit den Christen auf das Amphitheater unter die Löwen!" Andere Beschuldigungen, womit man die Christen zu brandmarken suchte, waren eben so grundlos. Augustinus schrieb seine bekannte Civitatem dei, um die Christen gegen dergleichen Anklagen zu vertheidigen. Arnobius **) giebt genaue

---

*) Apologet. cap. XI.
**) Adv. gentes L. I. p 5. seqq. ed. Paris.

naue Nachricht von den allgemeinen Landplagen, welche die Menschen vor Christi Zeiten erduldet hätten; und Orosius schrieb seine Geschichte, um zu beweisen, daß in jedem Jahrhunderte vor Christi Geburt, die Menschen eben dasjenige Unglück, dem Wesentlichen nach, erlitten hätten, was die Heiden der Einführung des Christenthums beimaßen. Cyprian *) behauptet, daß die Grausamkeit, womit die Heiden die Christen behandelten, ihnen solche schwere Strafen von Gott zugezogen hätten. Bedürfte die Sache mehrerer Beweise; ich könnte eine Menge Stellen aus Kirchenvätern anführen, nach welchen gar kein Zweifel übrig bleibt, daß die Heiden den Christen auf die schamloseste Weise Dinge zur Last legten, die auch nicht einmal einen Scheingrund für sich hatten.

Fortsetzung.

Der Beschuldigungen der Heiden gegen die Christen sind eine zu große Anzahl, als daß ich von jeder insbesondere sprechen möchte; einige muß ich aber noch anführen. Man warf ihnen vor, daß sie schlechte Unterthanen wären, die sich nicht nach den Landesgesetzen richten wollten. Und wie konnte man ihnen dieses vorwerfen? — Als man selbst Jesu, die den Juden auferlegte Kopfsteuer abforderte; so weigerte er sich im geringsten nicht, sie zu entrichten. Als er vor Pilatus Richterstuhl erscheinen mußte, so stand er ohne Widerrede vor, erkannte dessen richterliches Ansehn, und unterwarf sich seinem Urtheile. Die Apostel und alle die, welche ihr Verhalten nachahmten, bewiesen denselben Gehorsam gegen die Gesetze und Landesordnungen.

Frei-

*) Adv. Demetrium p. 219. ed. Paris.

Absicht und Wirkungen der christlichen Religion. 343

Freilich wenn ein Landesgesetz mit den Vorschriften ihrer Religion im Widerspruche stand, so erlaubten sie sich nie, aus Menschenfurcht, der Wahrheit oder Tugend untreu zu werden. Die Römer z. B. pflegten bei dem Genius der Kaiser zu schwören, wozu sich die Christen nicht verstanden. Tertullian sagt in einem etwas starken Ausdrucke, „dies heißt dem Teufel göttliche Ehre erweisen!" Auch erschienen die Christen nicht bei den heidnischen Volksfesten, wobei Hurerei, Ehebruch und andere Laster ohne Scheu begangen wurden; deshalb trafen sie die schrecklichsten Verfolgungen, die ohne Schauder kaum zu erzählen sind. —

Die Griechen und Römer hatten Gesetze wider die heimlichen Zusammenkünfte (conventicula), und diese suchten sie gegen die Christen geltend zu machen, weil sie auch ihnen gesetzwidrige Zusammenkünfte, die der Ruhe des Staates nachtheilig seyn könnten, vorwarfen. Aber ihre Vertheidigungen beweisen ihre Unschuld. *) Sie forderten, daß man zwischen ihren und gesetzwidrigen Zusammenkünften einen Unterschied machen sollte, und beweisen, daß ihnen nach den Gesetzen nicht das geringste zur Last gelegt werden könnte.

Ich kann bei dieser Gelegenheit nicht umhin, der Meinung des Cardinal Bellarmin zu gedenken. Dieser hielt es für gesetzmäßig, einen ketzerischen Fürsten umzubringen oder ihn vom Throne zu stürzen. Er meint, es hätte den Christen nur an Mitteln gefehlt, um an Nero, Diocletian, Julian und andern Verfolgern den

Ver-

*) Waren die Christen gleich unschuldig, so waren doch auch die Heiden nicht zu verdammen, daß sie, in so unruhvollen Zeiten gar keine Zusammenkünfte dulden wollten. Der Übers.

Versuch zu machen. Der Cardinal überlegt aber nicht, daß so entschlossene Leute, als die Christen waren, die ihr Leben dem Bekenntnisse ihrer Religion so muthig aufopferten, einen Nero oder ähnliche Kaiser hinzurichten gar wohl würden Mittel gefunden haben, wenn ein solcher Jesuitengrundsatz mit ihrem Gewissen hätte bestehen können. Paulus, dessen Sittenlehre nichts davon weiß, daß man einen ketzerischen Fürsten umbringen dürfe, gebietet sogar den Christen, dem Nero und andern Obrigkeiten den schuldigen Gehorsam zu leisten. Welche Gefahr würde nicht dem Staate drohen, wenn es erlaubt wäre, sich an ketzerischer Obrigkeit zu vergreifen; denn jeder Schwärmer, der eines andern Glaubens wäre, als der Landesherr, dürfte es für Recht halten, ihm das Leben zu nehmen. Nie machten sich die Christen, so grausame Verfolgungen sie auch erdulden mußten, eines solchen Verbrechens schuldig!

Armuth und Unwissenheit hat man den Christen ebenfalls vorgeworfen. Die Christen, hieß es, wären vor den Augen des Publikums stumm, weil sie sich nicht auszudrücken wüßten; hingegen in ihren Häusern, wo sie mit Weibern und Kindern allein zu thun hätten, wären sie sehr geschwätzige Geschöpfe. Freilich predigten sie ihre Lehren nicht öffentlich, weil sie augenblickliche Verfolgungen befürchteten. Origenes *) sagt daher, daß die Christen nicht jeden ohne Unterschied in ihre Gemeinde aufnähmen, sondern zuvor seinen guten Willen prüften, ob er auch den Gesetzen des Christenthums sich gemäß verhalten würde. "Es ist falsch, sagt er, daß wir unsere Religionsgespräche nur an Weiber und Kinder richteten, und das in Winkeln. Oeffentlich verheißen

---

*) Origen. contra Celsum, L. III.

sen wir denjenigen ewige Glückseligkeit, welche Christi Gesetz halten. Oeffentlich erklären wir die erhabensten Lehren unserer Religion den Weisen und Gelehrten, daß wir uns aber im Unterrichte der Unwissenden zu den Fähigkeiten derselben herablassen, und ihnen, nach der Regel des Apostels, Milch und keine starke Speise zur Nahrung geben, verdient dies einen Vorwurf?"

Arnobius *) versichert, daß unter den Christen seiner Zeit sich eine Menge Menschen von vornehmer Geburt, hohen Ehrenstellen und Gelehrsamkeit befunden hätten. Und kann es denn der Religion etwas von ihrem Werthe benehmen, daß sie bei Menschen von niedern Herkommen mehr Eingang fand, als bei Vornehmen und Reichen, die nicht immer Entschlossenheit genug haben, der Wahrheit wegen, alles andere fahren zu lassen? Zu Domitians Zeiten war der Neffe des Kaisers, Flavius Clemens, und der Consulare, Acilius Glabrio, Christen. Unter Commodus Regierung fanden sich die vornehmsten und begütertesten Menschen unter den Christen.

Auf den Vorwurf, welcher den Christen gemacht wurde, daß sie unthätige und unnütze Mitglieder der bürgerlichen Gesellschaft wären, antwortet Tertullian mit seiner gewöhnlichen nachdrucksvollen Beredsamkeit: "Wie kann man uns für unnütze Sonderlinge ansehen, da wir uns weder in der Kleidung noch in der Lebensart von andern Menschen unterscheiden? Wir sind weder Brachmanen noch Indische Gymnosophisten, welche, abgesondert vom menschlichen Umgange, in Wäldern und Wüsten ein einsames Leben führen. Wir sind unseren Pflich-

---

*) Adv. gentes, L. I.

Pflichten gegen den Schöpfer eingedenk, und verachten die Güter dieser Welt nicht; aber wir befleißigen uns im Genusse derselben, der äußersten Mäßigkeit. Wir treiben Handel, Gewerbe und jede erlaubte Beschäftigung. Wir gehen zu Schiffe, bauen das Feld, verarbeiten die Landesproducte, treiben Handel damit, haben Manufakturen so gut wie die Heiden. Wie können wir also Sonderlinge oder unnütze Menschen für den Staat seyn? Freilich unnütze oder sündliche Beschäftigungen, Stehlen, Rauben, Betrügen, Giftmischen, magische Künste treiben, aus den Sternen weißagen — solcher und ähnlicher Dinge enthalten wir uns, denn sie sind an und vor sich sündlich und der Wohlfarth des Landes nachtheilig." Origenes führt auf eben diese Weise die Vertheidigung der Christen. *)

Man wird ferner sehr parteiisch seyn, wenn man leugnen wollte, daß durch das Christenthum, selbst Heiden in Absicht der Sittlichkeit gebessert wurden. Wenn sich gleich viele nicht öffentlich, aus Furcht vor den Verfolgungen, zu dieser Religion bekannten, so wirkten doch die Grundsätze des Evangeliums Gutes bei ihnen; und überhaupt hatte auch das vortrefliche Beispiel so mancher Christen gar keinen geringen Einfluß auf die Sittlichkeit in so manchen heidnischen Städten und Ländern. Und bei denjenigen, welche das Heidenthum verließen und das Christenthum annahmen, zeigte sich sogleich eine auffallende Veränderung der Sitten. Justin der Märtyrer **) spricht von dieser glücklichen Veränderung in folgenden Worten: „Wir, die wir vormals Ehebruch begingen, beweisen jetzt die strengste Keuschheit: wir trieben

*) Contra Celsum L. I.
**) Iustin. Martyr. Apol. II.

den ehedem magische Künste, jetzt sind wir ganz dem
wahren Gotte geweihet: zuvor liebten wir das Geld
und suchten allenthalben einen Gewinst zu machen,
jetzt besitzen wir alles gemeinschaftlich, und reichen uns
untereinander, was zur Erhaltung des Lebens nöthig
ist: zuvor haßten wir uns untereinander, und keiner
wollte mit einem aus einem andern Stamme in Verbin=
dung treten, seitdem aber Christus gekommen ist, und
demjenigen, der seinen Mitmenschen haßt, das Urtheil
gesprochen hat, gehen wir alle auf das freundschaftlich=
ste mit einander um."

Die Juden waren außerordentlich anmaßend und
nationalstolz; sie verachteten die Heiden als Geschöpfe
eines niedern Ranges und belegten sie mit entehrenden
Schimpfwörtern und Spottnamen, welches, natürlicher
Weise, die Heiden bei jeder vorkommenden Gelegen=
heit im reichen Maaße erwiederten. Das Christen=
thum aber zerstört diese Vorurtheile, und brachte Ein=
tracht und Verträglichkeit unter Menschen von verschie=
denen Religionen und aus verschiedenen Ländern.

Alle übrige Apologeten des Christenthums bekräf=
tigen einstimmig alles dasjenige, was ich zuvor von dem
ehrbaren Lebenswandel der Christen und überhaupt von
ihrem gemeinnützigen Leben gesagt habe. Nur eine ein=
zige Stelle aus dem Lactanz will ich noch anziehen.
Dieser Schriftsteller behauptet kühn *), daß die Christen
von jedem verabscheuungswürdigen Laster, welches un=
ter den Heiden herrschte, völlig frei wären **) „Das
sind

---

*) Institute L. V. cap. IX.
**) Wer kann so etwas glauben? das Evangelium that
in jenen Zeiten, in Absicht der Beförderung der Sitt=
lichkeit, so wenig Wunder, als heut zu Tage. Der Uib.

sind keine Christen, ruft er aus, sondern Heiden, welche zu Wasser und zu Lande rauben, Gift mischen, die Weiber von sich lassen und ihr Heirathsgut an sich bringen, oder wo Weiber den Männern entlaufen und ihre Ehebrecher heirathen. Das sind Heiden und keine Christen, welche ihre neugebornen Kinder erdrosseln oder aussetzen, Blutschande treiben mit ihren Töchtern oder Schwestern, Müttern oder geweihten Vestalen, die ihren eignen Leib unnatürlichen Lüsten dahin geben, durch Zauberei den Himmel suchen und anderer Verbrechen sich schuldig machen, die ohne den tiefsten Unwillen nicht zu nennen sind."

Julianus und Plinius gestehen den Christen Tugenden zu.

Auch unparteiische Heiden ließen dem Christenthum in Absicht ihrer Tugend und Unschuld volle Gerechtigkeit wiederfahren. Julian schreibt an den Oberpriester Arsacius und schärft ihm ein, daß er Nachahmung der christlichen Tugenden befördern solle. Dieses Briefs habe ich schon im Vorhergehenden gedacht.

Der jüngere Plinius, der unter Trajans Regierung Proconsul in Bithynien war, schreibt *) an den Kaiser folgendes: „Ich pflege über jede Sache, wobei mir eine Bedenklichkeit aufstößt, dein Urtheil einzuholen; denn wer könnte meine Bedenklichkeiten geschwinder heben, oder mich besser in jeder Sache unterrichten, als Du! Ich habe den Verhören über die Christen niemals beigewohnt, weiß also nicht was von ihren Beschuldigungen eigentlich zu halten ist, oder in wie fern sie strafällig seyn dürften. — Bei denjenigen, die unter den Na-

*) Libr. X. Epist. 97. ad Trajan.

Absicht und Wirkungen der christlichen Religion.

Namen der Christen vor mich sind gebracht worden, habe ich folgenden Weg der rechtlichen Untersuchung eingeschlagen. Ich fragte sie, „ob sie Christen wären?" und wenn diese Frage mit Ja beantwortet wurde, so legte ich ihnen solche zum zweiten und drittenmale vor, und wenn sie so fort bei der nämlichen Antwort beharrten, so drohte ich ihnen mit Lebensstrafe, und wenn sie dennoch ihr Bekenntniß nicht zurücknahmen, so ließ ich die Strafe an ihnen vollziehen. Denn ich hielt dafür, daß wenigstens ihre Hartnäckigkeit, was auch sonst ihr Verbrechen seyn möchte, eine solche Ahndung verdiente. Andere von gleicher Sinnlosigkeit, ließ ich, weil sie Römische Bürger waren, frei, um sie nach Rom zurück zu senden." Er schreibt unter andern auch folgende merkwürdige Worte: „Das Verbrechen der Christen bestände im Allgemeinen darin, daß sie an bestimmten Tagen früh vor Sonnen-Aufgang sich versammleten, und ihrem Christus gleichsam als einem Gotte ein Loblied darbrächten, und eine feierliche Handlung begingen, durch welche sie sich untereinander verbindlich machten, kein Laster auszuüben, nicht zu stehlen, zu rauben, die Ehe nicht zu brechen, nicht wortbrüchig zu werden, anvertrautes Gut nicht abzuleugnen u. s. w. Ist diese Handlung vorbei, so gehen sie wieder in ihre Häuser." *)

Ter=

---

*) Uiber diesen ganzen merkwürdigen Brief hat Semler vortrefliche Anmerkungen gemacht, in den Select. Capp. Hist. Eccl. To. I. cap. I. In vielen Fällen war die so gepriesene Standhaftigkeit der Christen mehr Trotz als wahre Tugend. Der sonst billige Antonin wirft ihnen in seinen Betrachtungen an sich selbst, Eigensinn und Unvernunft vor, weil sie sich mit einer Art von Pralerei dem Tode entgegen drängten. (L. XI. §. 3.) Arrian ist derselben Meinungen Epictet. II. 9. u. IV. 7.

350   Dritte Abtheilung.

     Tertullian,*) beklagt sich, daß der bloße Name Christ schon ein Verbrechen sey, und daß man ihnen nicht einmal diejenigen Rechtswohlthaten wiederfahren lasse, die keinem Verbrecher versagt würden. „Man spricht uns, sagt er, das Urtheil, ohne uns zu verhören: ist man ein Christ, so glauben die Feinde auch Beweises genug für sich zu haben, um uns als Mörder, Tempelräuber, Aufrührer, Blutschänder u. d. gl. zu behandeln."

     Serennius Gracchus, der Proconsul von Asien, stellt dem Kaiser Adrian die Ungerechtigkeit vor, Christen zum Tode zu verurtheilen, eh' man sie der, ihnen Schuld gegebenen, Verbrechen überwiesen hätte. **) Antonin der Fromme, Adrians Nachfolger, ist selbst unwillig darüber, daß man die Christen verleumde, und ihnen Verbrechen zur Last lege, die nicht zu beweisen wären. ***) Dieser einsichtsvolle und billig denkende heidnische Kaiser verwarf auch sogleich die Anschuldigungen, daß die Christen an allgemeinen Landplagen
                                                             Schuld

---

Beide Philosophen waren ihrer Denkungsart nach, weit davon entfernt, jemanden vorsetzlicher Weise zu verleumden. Casaubonus, ein eben so unparteiischer als gelehrter Kenner der Kirchengeschichte, macht bei dem zu vor genannten Briefe des Plinius die Anmerkung; daß der schwärmerische Enthusiasmus, mit welchem so viele Christen zur Folter geeilt wären, dergleichen Urtheile nothwendiger Weise hätten veranlassen müssen. Clemens von Alexandrien (Strom. L. IV.) urtheilt hierüber ohne Anstand; daß solche Christen nicht als Märtyrer, sondern als Selbstmörder stürben. ($\text{\textgreek{οὗτοι}}$ $\text{\textgreek{ἐξάγουσι}}$ $\text{\textgreek{σφᾶς ἰδιδόξως κενῷ}}$.) Der Übers.

*) Tertullian. Apolog. cap I.
**) Euseb. Hist. Eccl. L. IV. cap. IX.
***) Iustin. Mart. Apol. II. et Euseb. Hist. Eccl. L. IV. cap. XIII.

Schuld wären. Die Heiden, sagte er, könnten Erdbeben und ähnliches Unglück vielmehr ihrer eigenen Ruchlosigkeit als der, der Christen zuschreiben.

Hätten die Feinde der christlichen Religion, die Laster, welche sie den Christen beilegten, beweisen können; sie würden zuverläßig keinen Anstand genommen haben, es zu thun; sie würden sie nicht ungehört verdammt, nicht Verleumdungen und Lügen ausgesonnen haben, um Obrigkeiten und Volk wider sie aufzubringen. Hätte man ihnen unter Nero's Regierung solche Verbrechen, die man ihnen bloß andichtete, beweisen können; gewiß! dieser Tyrann würde Rom nicht angezündet haben, um diese That nachher den Christen Schuld zu geben, und sie deshalb verfolgen zu können.*) Alle diese Beschuldigungen, welche den Christen so viel Unheil zugezogen haben, hörten mit der Zeit auf; denn ihr Lebenswandel war unstreitig die beste Widerlegung. Eusebius versichert**), daß die strenge Tugend der Christen nach und nach so gar jeden Spott, der sich zuvor über diese Religion ergossen, habe verstummen gemacht.

Er

---

*) Nero hatte diese Absicht nicht. Die Sache ist nach dem unparteiischen Sueton diese: Nero pflegte viel zu bauen, und nun gab es in Rom alte Gebäude in engen Gäßchen. Diese ließ er anstecken; aber das Feuer grif weiter um sich und brannte sieben Tage lang. Die Zerstörung war natürlicher Weise groß, und da man Leute von der kaiserlichen Leibgarde selbst hatte anzünden gesehen, so war der Haß des Volks deshalb so groß, daß sich der Kaiser davor fürchtete. Er bürdete daher dieses Bubenstück den Christen auf, welche ehedem in Rom für eine gefährliche Menschenklasse gehalten wurden, und die große Verfolgung fing an. Der Üb.

**) Hist. Eccl. L. IV.

Dritte Abtheilung.

Etwas über eine Behauptung des Herrn Gibbon.

Noch will ich beim Schlusse dieses Abschnitts einer grundlosen Behauptung des Herrn Gibbon gedenken. Dieser Schriftsteller legt das Mönchswesen und alle die nachtheiligen Wirkungen desselben, der christlichen Religion zur Last. Allein das ehelose und einsiedlerische Leben war mehr eine Folge der überspannten Tugend der ersten Christen, als des christlichen Systems.*) Es wäre eben so abgeschmackt, die christliche Lehre deshalb in Anspruch zu nehmen, als wenn man die Prologismen manches Philosophen der menschlichen Denkkraft oder der Vernunft überhaupt zur Last legen wollte. Hätte Herr Gibbon bedacht, daß das Evangelium die Absicht hatte, die übeln Wirkungen des Heidenthums zu unterdrücken, und daß es seine wohlthätige Kraft allenthalben äußerte, wo es ausgebreitet wurde; er würde nicht so voreilig gewesen seyn, die gelegentlichen Mißbräuche, woran die Religion an sich völlig unschuldig war, ihr als nothwendige Folgen beizulegen, und die wesentlichen, in ihr selbst gegründeten, Vortheile zu verkennen. —

Zu-

---

*) Viele, die zum Christenthume kamen, brachten alle Disposition zum einsiedlerischen Leben mit. Denn z. B. die Essener hatten schon vor Ausbreitung des Christenthums, etwas Kapucinermäßiges an sich. Auch der Mischmasch von Pythagorisch-Platonisch-orientalischer Philosophie veranlaßte mehr zum kontemplativen Leben, als das Christenthum, wohl zu merken, in der Reinigkeit, wie es Jesus und die Apostel gelehrt hatten. Der Uls,

Zusatz des Uibersetzers
zum
dritten Abschnitte.

Ich will hier nicht unbemerkt lassen, daß es vielleicht eine der schwersten Aufgaben ist, zu bestimmen, was das Christenthum eigentlich zur Sittlichkeit und Glückseligkeit unter den Menschen beigetragen habe, und noch jetzt beitrage; denn wer ist im Stande bei Handlungen, welche in ihren Folgen gut sind, und die auch um deswillen allgemein geachtet werden, die innern Beweggründe zu demselben gehörig abzusondern. Es bleibt uns, was auch Ryan gethan hat, fast nichts anders übrig, als eine Vergleichung der Sittlichkeit in christlichen Ländern, mit der in heidnischen anzustellen. Der Verfasser hat Barbarei, Grausamkeit, Pfaffenbetrug u. d. gl. welche in heidnischen Ländern geherrscht haben und noch herrschen, in Menge aufgestellt. Wie nun, wenn ihm jemand ein ähnliches Gemälde von Intoleranz, Inquisitionen, Verfolgungen, Unterdrückungen, in den vorigen Jahrhunderten unter den Christen entgegensetzte, das kommt daher, würde er sagen — welche Antwort er auch verschiedenemal in dem dritten Abschnitte gegeben hat — weil die Menschen dem Christenthum nicht gemäß handelten, und dies rührte zum Theil daher, weil die Religion verfälscht war. Wer mit dieser Antwort zufrieden seyn will, sey es! Aber, wenn auch die katholische Kirche das Christenthum noch so sehr mit Satzungen überladen hatte, so ist doch zu zweifeln, ob dadurch eine so große Vernunftverfinsterung eintreten konnte, daß die Menschen die gröbsten Schandthaten für vernunftmäßig, für recht halten könnten. Doch ich will alles einräumen; ich will annehmen, daß die Menschen in den eisernen Zeiten des Pabstthums, (z. B. vor der Reformation) aller Laster fähig waren, weil sie ihre Vernunft unter den Glauben an die Aussprüche des Pabstes und der Priester gänzlich gefangen nehmen mußten. Woher kam es aber, daß die Päbste, Bischöffe und die ganze höhere und niedere Geistlichkeit durch ihre Lehren und Beispiele alten Lastern, um mich dieses Ausdrucks zu bedienen, Thore und Thüre öfneten? Und auch hierauf, keine andere Antwort, als „weil sie sich nicht nach den Vorschriften des Christenthums verhielten!„ Woher kam aber dieses?

Wir leben doch jetzt in aufgeklärten Zeiten, und mit Dankbarkeit muß man die Verdienste so vieler protestantischen Theologen anerkennen, welche mit Scharfsinn und Gelehrsamkeit den Geist der wahren Christusreligion von willkührlichen Zusätzen gereinigt, und durch eine lichtvolle Schreibart zu jedermanns Kenntniß gebracht haben. Aber immer bleibt die Frage: warum herrschen dennoch unter uns so viele Laster, welche von tugendhaften Heiden verabscheut wurden? Woher so manche Unterdrückungen? so manche Greuel der bestochenen, parteiischen, zögernden Gerechtigkeit? so, daß man immer noch mit Salomo sagen darf, „ich sahe an Gerichtsstätte, da war ein gottlos Wesen!„ Woher in vielen volkreichen Städten die zahllosen Auftritte der unnatürlichsten Wollüste, welche über die schaamlosesten Epigrammen eines Martial Licht verbreiten könnten? Laster, welche das Glück der Familien untergraben, und die Quelle des Lebens und der Generation dergestalt vergiften, daß vielleicht noch der späte Enkel sich selbst zurufen muß: delicta majorum immeritus lues! Man ist

ist geneigt, in Absicht der Sittlichkeit unserm Zeitalter von den vorigen Jahrhunderten keinen geringen Vorzug einzuräumen. An Kultur haben wir augenscheinlich gewonnen; ob aber auch eben so viel an Sittlichkeit? Die Laster haben nur eine andere Gestalt, eine mildere Außenseite angenommen, und wirken vielleicht eben darum desto mehr Uibel, zumal in den kultivirten Ständen. Woher dieses? Ich habe in einer Menge Schriften folgende Ursachen davon angeführt gelesen: a) Unwissenheit in der Religion, b) Unrichtige Vorstellungen von dem politischen Theile des Christenthums, c) Lüste und Begierden. Die letzte Ursache, welche nichts erklärt, will eigentlich weiter nichts sagen, als: die Menschen handeln böse, weil sie böse sind. Immer bleibt dabei die Frage in ihrem ganzen Umfange zu beantworten: Warum ist die christliche Sittenlehre kein stärkeres Gegengewicht, wider die menschlichen Lüste und Begierden? Der verehrungswürdige Herr Doktor Döderlein hat schon vor mehrern Jahren diese Frage aufgeworfen. Ich weiß nicht, wer sie befriedigend beantwortet hat. Ohne aber die Elemente der Moralphilosophie bis auf ihre kleinsten Bestandtheile zergliedert; ohne den Geist der Sittenlehre Jesu ganz durchdrungen; ohne Jahrelang Menschen aufs schärfste beobachtet und sich dadurch einen reichhaltigen Schatz von psychologischen Bemerkungen eingesammlet; ohne den innern Inhalt und die Methode der gegenwärtigen Pädagogik auf dem Lande und in Städten gehörig gewürdigt; ohne den Geist unserer bürgerlichen Gesetze, die alten Herkommen und Justizverfassungen genau, und mit dem Geiste eines Montesquieu, erwogen; ohne endlich die verschiedenen Verhältnisse der verschiedenen Stände untereinander und das so mannichfaltig einander einschränkende und gegen einander ankämpfende Interesse sorgsam übersehen zu haben;

ben; wird, meiner geringen Einsicht nach, jene wichtige Frage nicht gründlich, mithin befriedigend, zu beantworten seyn.

Ich breche hier ab, um meine Gedanken über einen besondern Punkt vorzutragen, welcher oft Gegenstand des Streites gewesen ist, es auch künftig noch seyn wird. Eine Menge wohldenkender Männer haben ohne Anstand in ihren Schriften behauptet: das Christenthum allein gebiete die Feindesliebe; die Philosophie wisse davon nichts, habe auch nie etwas davon gewußt. Wer einmal von dieser Meinung eingenommen ist, dem wird in unsern Tagen ein Philosoph umsonst beweisen, daß die Vernunft ebenfalls (den Begriff Feind und Feindesliebe richtig verstanden) diese schwere Pflicht gebiete; denn der Gegner wird sagen können, daß der Philosoph in unsern Zeiten von Jugend auf die christliche Sittenlehre gelernt, und daß sich folglich die Grundsätze der Religion so mit seinem ganzen Denk- und Empfindungssystem verwebt haben, daß er nichts genau unterscheiden könne, was ein Produkt seines eigenen Nachdenkens sey. Er würde einwenden, daß der Philosoph zu dem simplen Gebote des Christenthums nur die Prämissen in der Vernunft gefunden habe. Dies wäre denn so übel nicht geurtheilt. Man muß also zur Geschichte seine Zuflucht nehmen, und die Sache bloß als ein Factum ansehen. Die Frage ist also: haben die ältern heidnischen Weltweisen die Verbindlichkeit, Feinde zu lieben, anerkannt? Viele leugnen dieses. Ryan stützt sich dabei auf den Ausspruch Tertullians, welcher dieses Gebot für ein alleiniges Gesetz des Christenthums hält. Allein, wenn die Frage ist, was die alten Philosophen für eine Moral gelehrt haben, so muß man ihre Schriften selbst zu Rathe ziehen.

Der

Der Hr. D. Leß ist ebenfalls dieser Meinung. „Jene ächte Liebe gegen die Feinde, sagt dieser Gelehrte *), diese für die Welt und für jeden, der sie ausübt, unaussprechlich wohlthätige Tugend, ist nur ein Eigenthum der christlichen Moral. Die Sittenlehre der bloßen Vernunft hält den Haß des Feindes und die Rachbegierde für erlaubt und recht: nicht allein, um dadurch den Feind von fernern Beschuldigungen abzuschrecken, sondern auch, um sich dadurch zu rächen." Daß die Vernunft, als solche, Feindeshaß und Rachbegierde für erlaubt und rechtmäßig zu erklären — so zu urtheilen, heißt Vernunft und sinnliche Triebe mit einander verwechseln. Nicht die Vernunft, sondern die Triebe des Menschen haben das unter allen rohen Völkern herrschende jus talionis erzeugt. Dieser Verwechselung der Triebe mit der Vernunft hat sich der Hr. D. Leß in der angeführten Stelle schuldig gemacht. Freilich wenn man den nämlichen Ausdruck: liebet eure Feinde u. s. w. wie er im Evangelio vorkommt, aus den Schriften der alten Weltweisen verlangt, so dürfte keine Feindesliebe bei ihnen zu finden seyn. Allein die Worte sind ja nicht der Begriff.

Die ältern Philosophen von Sokrates an, setzten zwei Hauptgattungen von Pflichten fest, die Mäßigung ($\sigma\omega\varphi\varrho\varepsilon\sigma\upsilon\nu\eta\nu$) und die Gerechtigkeit ($\delta\iota\varkappa\alpha\iota\sigma\sigma\upsilon\nu\eta\nu$). Unter dieser begriffen sie alle Socialpflichten, die der Mensch als ein vernünftiges Wesen dem andern zu leisten schuldig ist. Unter jener die Pflichten, die er sich selbst zu erweisen hat. Dahin gehört Erkenntniß des Wahren und Guten, und Unterwerfung der Begierden unter die Vernunft, so, daß auch der Mensch Herr über diejenigen-

---

*) Wahrheit der christlichen Religion, S. 615. 5te Ausgabe

gen Leidenschaften zu werden sucht, welche ihm das Leben verbittern können, als z. B. übertriebene Hofnung, Furcht u. s. w. *) Auch die Uiberwindung der Weichlichkeit gehörte nicht zu jener σωφροσυνη. Unter der Gerechtigkeit wurde nicht bloß die Neigung und Fertigkeit begriffen, den bürgerlichen Gesetzen Genüge zu leisten, sondern alle Pflichten ohne Ausnahme, die der Mensch seinem Mitmenschen zu leisten hat. **) Vaterlandsliebe, Neigung das Beste der menschlichen Gesellschaft zu befördern, dies alles gehörte zu dieser Tugend. Sie ist mit einem Worte die allgemeine Menschenliebe. Wenn sie das nicht wäre; so würde sie nicht die Königinn der Tugenden seyn genennt worden. Hieraus schon sollte man schließen, daß ein Weltweiser, der diese Tugend lehrte, und durch sein Beispiel empfahl, auch die Feindesliebe nicht werde ausgeschlossen haben. So ist es auch wirklich. Sokrates hielt Unrecht zu thun für ein größeres Uibel, als alle Leiden und Schmerzen, die unsern Körper foltern könnten. Er sagt daher ausdrücklich, daß man sich auch gegen Beleidiger, die uns mit Vorsatz und bösen Willen gekränkt hätten, edel verhalten und nicht gleiches mit gleichem vergelten solle. Ja man solle ihnen vielmehr Gutes thun! Diesen Grundsatz führt Sokrates in seiner Unterredung mit dem Kriton weitläuftiger aus. „Wenn Plato sagt — behauptet Hr. D. Leß am angeführtem Orte — „man solle nicht Böses mit Bösem vergelten" so giebt er dieses nur als eine Regel der Handlungen im bürgerlichen Leben an, und untersagt dadurch nichts weiter, als daß man sich nicht selbst Recht verschaffen solle." Dies heißt, mit Erlaubniß

*) Xenoph. Memorr. Socr. IV, 4.
**) Xenoph. Memorr. Socr. IV. 4. και μην περι ανθρωπους τα προσηκοντα πραττων δικαια αν πραττοι. Plat. Gorg.

zum dritten Abschnitte.

niß des Hrn. D. Leß gesagt, den allgemeinen Satz des Sokrates auf eine Weise limitiren, wie der alte Weltweise es würde verboten haben. Es ist nicht andem, daß er hier eine bloße Regel der bürgerlichen Klugheit habe aufstellen wollen; nein, er bringt den Kriton in seiner Unterredung dahin, daß er den Satz uneingeschränkt zugestehen muß: „es ist unrecht Böses mit Bösem, Beleidigungen mit Beleidigungen zu erwiedern."*) Und wenn er dies auch nicht schon so deutlich gelehrt hätte, so würde es aus dem Satze, der öfters in den Schriften des Plato vorkommt, „daß der Mensch nach der Aehnlichkeit mit der Gottheit streben müsse," unwidersprechlich folgen, daß Sokrates die Feindesliebe für Pflicht hielt. Überhaupt ist nicht zu leugnen, daß, eh noch ein Sokrates lebte, der diese Selbstüberwindung lehrte, es edle Männer genug im Alterthume gegeben hat, welche diese Pflicht ausübten. Freilich das Wort lieben, hat, so viel mir bekannt ist, weder Sokrates noch ein anderer Weltweise in der Bedeutung gebraucht, wie es im Evangelio vorkommt. Allein, ist man nicht genöthigt, den Worten „liebet eure Feinde" einen solchen Sinn unterzulegen, daß man in dem Gebote eine allgemeine Verbindlichkeit für den freien Willen des Menschen finden kann? Man nehme das Wort Liebe hier im pathologischen Sinne, und verstehe darunter eine

---

*) Wenn Sokrates den Satz so ausdrückt: ουτε αρα ανταδικειν δει, ουτε κακως ποιειν ἐδενα ανθρωπων, ἐδ' αν ἐτιαν πασχη ὑπ' αυτων, so ist es wohl ein allgemeiner Satz, der in jedem Falle gilt, und nicht das, wofür ihn Hr. D. Leß ausgiebt. Man lese das 9te, 10te und 11te Kapitel im Kriton im Zusammenhange (p. 191. - 198. ed Fischer,) und Plat. de rep. I. p. 29. so wird man eingestehen müssen, daß Sokrates Feindesliebe gelehrt habe.

Gefühlsneigung, so hätte das Gebot schlechterdings keinen Sinn. Liebe und Haß, pathologisch betrachtet, lassen sich weder gebieten, noch verbieten. Was bleibt also übrig? so viel; daß man unter Feindesliebe nichts weiter verstehen kann, als, die Achtung, die man dem Feinde, das heißt dem vorsätzlichem Beleidiger, als vernünftigem Geschöpf schuldig ist, beizubehalten, ihm das angethane Unrecht nicht zu erwiedern, und ihn von den Pflichten der allgemeinen Menschenliebe nicht auszuschließen. Mehr haben die aufgeklärtesten Theologen hierin nicht gefunden. Und in diesem Sinne haben die alten Weisen allerdings Feindesliebe gelehrt.

Die Stoiker lehrten durchgängig, von Juno an, bis auf Arrian und Antonin, daß der Weise ein Bürger der ganzen Welt sey; daß das ganze Menschengeschlecht eine einzige Familie ausmache; daß man jedem die uneingeschränkteste Gerechtigkeit *) erweisen müsse. Ich will aus dem Antonin — ich könnte auch den Arrian und mehrere Stoiker hinzufügen — diejenigen Stellen mittheilen, welche Feindesliebe enthalten. „Der Weise (d. h. der Tugendhafte) sagt dieser Philosoph, bedenkt, daß alle vernünftige Wesen mit einander verwandt sind, und daß es der Natur des Menschen gemäß ist, allen Menschen wohl zu thun." **) An einem andern Orte heißt es: „ein vernünftiges Wesen wird um des andern Willen geboren, und das Erdulden ist ein Theil der Gerechtigkeit." ***) Zürnest du wohl
auf

---

*) Auch diese Philosophen verstanden, so wie die Sokratiker, unter der Gerechtigkeit alle Socialpflichten.

**) ὅτι συγγενες παν το λογικον· καὶ ὅτι κηδεσθαι παντων ἀνθρωπων, κατα την τε ἀνθρωπε φυσιν ἐστιν. Antonin. L. III. §. 4. p. 30. 31. ed Mori.

***) L. IV. §. 3. p. 40. το ἀνεχεσθαι μερος της δικαιοσυνης.

auf einen Menschen, der einen übelriechenden Athem hat? denn was kann er dafür, sprichst du? Aber der Mensch, wendest du ein, hat Vernunft und kann seine Fehler einsehen. Richtig! Du also, hast auch Verstand. Bringe den andern durch ein vernünftiges Betragen dahin, daß er sich auch vernünftig betrage, belehre, erinnere ihn. Giebt er Gehör, so wirst du ihn heilen, und du hast nicht nöthig, auf ihn zu zürnen. Sey gegen den Fehlenden weder stolz noch kriechend schmeichelhaft, wenn du ihn bessern willst. *) Sey immer, ruft er sich selbst zu, ein wahrer Schüler Antonins. **) Ahme ihn nach in der Standhaftigkeit, womit er gute Entwürfe durchsetzte, in der Einförmigkeit seines Lebens, in der Heiterkeit in seinem Betragen, in der Frömmigkeit, in der Leutseligkeit, in der Entfernung vom Stolze, in seiner Vorsicht, die Dinge genau anzusehen, — wie er die Menschen ertrug, die ihm unverdiente Vorwürfe machten, wie er nichts mit Ungestüm durchsetzte; wie er Verleumdern sein Ohr verschloß; wie er scharfsinnig Handlungen und Gesinnungen der Menschen prüfte; wie er niemanden beschimpfte; nie argwöhnisch, nie sophistisch war; wie er mit wenigem zufrieden lebte, wie er arbeitsam, mäßig, geduldig war; wie er seinen Freunden so treu blieb; wie gut er es aufnahm, wenn man seiner Meinung freimüthig widersprach, und ihn eines bessern belehrte! ***) „Die Menschen sind für einander geschaffen. Belehre entweder deinen Mitmenschen, oder ertrage ihn." †) Was sagt man zu folgender Stelle: „Ist dies möglich, so
leh-

*) L. V. §. 28. p. 76.
**) Des *Antoninus pius*, von dem er adoptirt war.
***) L. VI. §. 30. p. 91. et 92.
†) L. VIII. §. 59. p. 143.

lehre die Bösen sich zu bessern; (μεταδιδασκε) vermagst du es nicht, so bedenke, daß du Geduld mit ihnen haben mußt. Auch die Götter *) haben Geduld mit ihnen. Sie geben ihnen sogar Gesundheit, Reichthum und Ehre. (Im N. T. heißt es: Gott läßt regnen über Gerechte und Ungerechte.) Dies ist auch Dir möglich; denn sage, was hindert dich daran?" **)

Auch andere Stoiker drücken sich auf eben diese Weise aus. Der Hr. D. Leß sagt zwar am angeführten Orte, daß die Weltweisen in dieser Periode ihre bessern Ideen von den Christen entlehnt hätten, namentlich auch Antonin. Ich leugne hier aber abermals, was ich in diesen Bemerkungen zu diesem Werke schon mehrmals geleugnet habe, daß die spätern Stoiker, namentlich Epictet, Antonin u. a. m. eine andere Moral vorgetragen haben, als die frühern, Zuno, Cleanth, Chrysipp u. a. Man kann sich unter andern schon aus dem Laerz davon überzeugen. Das Zeugniß dieses Compilators gilt zwar an und vor sich nichts; aber wenn er seine Gewährsmänner nennt, und Stellen aus den Schriften derjenigen Weltweisen anführt, deren Lehrsätze er aufstellt, so ist er immer eine schätzungswerthe Quelle. Dies ist der Fall in Ansehung der ältern Stoiker, welches ich hier nicht ausführen will, weil es nicht zur Sache gehört ***). Ich könnte diesen Zusatz zum dritten

---

*) Man stoße sich nicht an dem Plural Götter. Götter sind bey den Stoikern nichts anders, als die ewige unveränderliche Gottheit, in so fern sie ihre Attribute auf verschiedene Weise äußerte. Dies ist etwas Bekanntes.
**) L. IX. §. 11./p. 151.
***) Man sehe den Diogenes Laertius L. VII. f. 110. ff. wo von allen den Begierden die Rede ist, die der Tugendhafte überwinden soll.

ten Abschnitte des Ryanschen Werkes hiermit schließen, wenn ich nicht noch ein paar Worte über den Cicero zu sagen hätte. „Cicero, schreibt der Hr. D. Leß*), findet in dem Hasse der Feinde nichts Böses. (Virum bonum esse, sagt er, qui pro sit quibus possit, noceat nemini, nisi iniuria lacessitus.") Er findet aber auch nichts Edles, nichts Lobenswerthes darin. Non audiendi sunt, sagt er **), qui graviter irascendum inimicis putant, idque magnamini et fortis viri esse censebunt. Nihil enim laudabilius, nihil magno et praeclaro viro dignius placabilitate atque clementia. Hiermit wäre, dünkt mich, die Ehre des alten Consularen gegen den Hrn. D. Leß schon gerettet. Daß er hier gar nicht eigentlich als Moralist, sondern als Staatsmann in einer freien Republik spricht, weiß jeder, der die Bücher von den Pflichten mit Aufmerksamkeit auf den ganzen Geist derselben gelesen hat; und dann erscheint das *inimicis non graviter irascendum* in einem ganz andern Lichte. ***) Ciceros ganzes Räsonnement kommt darauf hinaus, daß der rechtschaffene Staatsmann dem Vortheile der Republik alle Privatrücksichten aufopfern müsse. Nun gabs in diesem merkwürdigen Staate mehrere Parteien, und wer die Partei der Besten in Schutz nahm, war der beste Patriot. Hier traf es, daß oft Freunde und Verwandte es mit ganz entgegen gesetzten Parteien hielten,

und

---

*) Wahrheit der christl. Religion, S. 615.
**) Officior. L. I. cap. 25.
***) In Garvens Abhandlungen über den Cicero von den Pflichten befindet sich im ersten Theile der Anmerkungen eine sehr schöne Abhandlung über die Liebe der Feinde, in welcher der deutsche Philosoph zeigt, daß man auch bei den Alten die Feindesliebe, in so fern sie in Erwessung der Menschenpflichten besteht, gelehrt findet. S. 234. — 278.

und da galt öffentlich nicht die geringste gegenseitige Schonung. Sie waren Feinde, in so fern sie Häupter oder Anhänger entgegen gesetzter Parteien waren! Als Menschen konnten sie deshalb immer Freunde seyn; als Staatsbürger waren sie erklärte Widersacher. So hat man ja auch Beispiele, daß in England Männer, die vertraute Freunde in Ihrem Privatleben sind, so bald sie in das Haus der Gemeinen kamen, den schneidendsten Ton gegen einander annahmen, und sich im geringsten nicht schonen. Dies geschahe in dem alten Rom weit öfterer, der wäre aber wohl in jeder Rücksicht ein sehr schlechter Staatsmann gewesen, der bei Vertretung einer Partei, vorausgesetzt, daß er den Vortheil des Staats, nicht den Seinigen zum Zweck hatte, die Angriffe des Gegners gelassen erduldet, und durch die sanften Aeußerungen der brüderlichen Schonung seine Partei verloren gemacht hätte? Dies wäre Versündigung am Vaterlande gewesen! Dessen ohngeachtet gesteht Cicero, müsse man sich in solchen Fällen nicht zur Leidenschaft hinreissen lassen. Obiurgationes, sagt er,*) etiam nonnunquam incidunt necessariae, in quibus utendum est fortasse et vocis contentione maiore et verborum gravitate acriore. **) id agendum etiam, ut ne ea facere videamur irati: sed, ut ad urendum et secandum. sic et ad hoc genus castigandi, raro invitique veniemus, nec unquam, nisi necessario, si nulla alia reperietur medicina.

Uibrigens findet man in den Schriften des Cicero sowohl als anderer Römischer Schriftsteller, daß sich
Staats=

---

*) Officior. L. I. cap. 38.
**) Daß dies nur auf den Staatsredner in Republiken, nicht auf jedermann anzuwenden war, liegt wohl am Tage; denn sonst würde Cicero eine Lebensweisheit für die Fischweiber in Rom geschrieben haben.

Staatsleute verschiedener Parteien so gar ausdrücklich Feindschaft ankündigten, und öffentlich vor dem Volke erklärten, daß sie einander bei jeder Gelegenheit als Feinde behandeln wollten. Ich will über diesen Gebrauch das Urtheil eines bewährten Theologen, der zugleich in der Lectüre der Alten grau geworden war, hersetzen. Is mos sapienter institutus a Romanis, sagt Ernesti, *) ut, qu a d rum est, et inhumanum hoc facere, illa ipsa re absterrerentur homines ab exercendis inimicitiis: secundo, ut hoc melius sibi cavere alter ab altero posset, cum sciret, cum sibi inimicum certum esse. Quare *nihil vident, qui hunc morem reprehendunt*. Melius sane est, e christianae religionis praeceptis, omnino nullas cum quoquam inimicitias exercere: sed quia id inter homines, ut nunc sunt, non est sperandum, probanda utique sunt instituta, quae libidinem inimicitiarum clanculum exercendarum cohibent.

Nur noch ein paar Worte, über jene Stelle Cicero's, an welcher der Hr. D. Less einen so starken Anstoß nimmt: vir bonus prodest quibus potest, nemini nocet nisi *iniuria lacessitus*. Untersagt wohl die Moral schlechterdings für jede angethane Beleidigung, sie habe Namen wie sie wolle, Genugthuung zu fordern? Unstreitig nicht! denn es giebt Fälle, wo auch der billigste, großmüthigste Mann, bei angethanen Beleidigungen gezwungen wird, seine Sache vor die Obrigkeit zu bringen. Wenn nun der Beleidiger entweder am Körper oder an Gelde gestraft wird; heißt es da nicht: vir bonus *nocet iniuria lacessitus*? —

Bei diesem ganzen Zusatze zum dritten Abschnitte habe ich weiter keine Interesse, als das *suum cuique*; denn

---

*) Ernesti ad Suetonii Caligulam cap. 3.

denn Hr. D. Leß und viele andere, sonst achtungswerthe Männer, haben den alten Philosophen nur allzuoft Unrecht gethan. —

Vierte Abtheilung.
Ursprung, Fortgang und Wirkungen der Mahomedanischen Religion.

Durch den Mahomedanismus verstehe ich dasjenige System von Lehren und Gebräuchen, welche in dem Koran enthalten, und folglich von denen, der jüdischen und christlichen Offenbarungen, verschieden sind.

Mahomed kannte die Lehren des alten und neuen Testamentes, und schöpfte sehr vieles aus diesen Quellen; dabei aber nahm er manche andere Dinge auf, die sehr von jenen geoffenbarten Lehren verschieden sind, aber keinen geringen Einfluß auf den Zustand der bürgerlichen Gesellschaft hatten. Man kann daher, ohne ihm Unrecht zu thun, annehmen, daß das Nützliche und Achtungswerthe in seiner Einrichtung, den jüdischen und christlichen Lehren, das Nachtheilige hingegen und Verwerfliche den Abweichungen vom Evangelio zuzuschreiben, ist.

Der Prophet Arabiens war dem Judenthume und Christenthume seine besten Lehrsätze schuldig; und was die Abgeschmacktheiten, die im Koran mit enthalten sind, anlangt, so sieht man daraus, wie die sich selbst überlassene Vernunft sehr leicht auf Abwege geräth.

Uibrigens richtete er sich auch zu sehr nach den vorgefaßten Meinungen und Lieblingsneigungen seiner in Unwissenheit lebenden Landsleute.

Es würde nicht schwer fallen, die Quellen genau zu entdecken, aus welchen er das Seinige schöpfte, und die Urkunden anzugeben, woraus er die meisten seiner Lehren und Gebräuche abgeschrieben hat. Diese Untersuchung würde das unleugbare Resultat begründen, daß der Koran auch nicht die geringsten Ansprüche auf die Würde einer Offenbarung machen dürfte, sondern daß er ein Gemisch von Judenthum, Heidenthum und Christenthum sey, wozu der angebliche Prophet seine eigenen unbedeutenden, oft einander widersprechenden Sätze, hinzugefügt hat. *)

Um so viel Proselyten, als möglich, zu bekommen, machte Mahomed die Lehre von Daseyn eines einigen Gottes zur Hauptlehre seiner Religion; denn hieran glaubten alle auch noch so sehr von einander verschiedene Sekten; ferner, setzte er Glaubenslehren fest, in Ansehung welcher sie sich alle leicht vereinigen ließen, und hauptsächlich that er ihren sinnlichen Begierden ungemein viel Vorschub.

Um über die Wirkungen des Mahomedism gehörig zu urtheilen, wird es nöthig seyn, die Entstehung und Ausbreitung derselben zu betrachten, die Lehren, welche dieser Prophet vortrug, und die Pflichten, die er ein-

---

*) Eines und des andern Lesers wegen merke ich an, daß nicht Mahomed, sondern sein Schwiegervater Abubekr den Koran d. h. die Sammlung der Mahomedanischen Lehrsätze, welche auf einzelne Palmblätter geschrieben waren, abgefaßt hat. Der Übers.

einschärfte, unparteiisch zu würdigen; denn ich darf erwarten, daß einige meiner Leser die Schritte bemerken wollen, durch welche ein ehedem so verachtetes Volk, eine so furchtbare Höhe der Gewalt erstieg, und durch welche Mittel ein simpler Privatmann sich in den Stand setzte, zum Fürsten und Oberpriester jenes Volks sich zu erheben, und endlich, was für mitwirkende Umstände sein kühnes Unternehmen begünstigten. Außerdem, daß diese Untersuchung die Wißbegierde mancher Leser zu befriedigen wird im Stande seyn, dürfte sie, hoffe ich, auch den Nutzen haben, daß die Vortreflichkeit der christlichen Religion vor jeder andern desto einleuchtender wird. Selbst zur Beförderung der unabläßigen Pflicht, Irrthümer und Meinungen der Menschen zu dulden, werden dergleichen Geschichtserörterungen nicht ganz unwirksam seyn. In dem Verfolge dieser Untersuchung werden wir sehen, daß die Mahomedanische Religion, um mich Ockleys *) Ausdruck zu bedienen, ein Werkzeug war, um ganze Nationen zu unterjochen, alte Regierungsverfassungen umzustürzen, und den Welthändeln eine neue Gestalt zu geben.

Der Religionszustand in Arabien begünstigte Mahomeds Absichten.

Es trafen eine Menge Umstände in Arabien zusammen, wodurch es Mahomeden leicht wurde, ein Reformator seiner Landesleute und ein Weltbeherrscher zu werden. Der Religionszustand war damals so schlecht beschaffen, daß ein wohldenkender Mann wohl wünschen durfte, es möchte ein Verbesserer desselben auftreten. Ein kluger Mann konnte auch Muth fassen, dies schwere

---

*) Geschichte der Saracenen, Vorrede.

re Werk zu unternehmen, weil er hoffen durfte, seine
Fähigkeiten und Talente hier nicht umsonst aufzuopfern.

Die Araber glaubten um diese Zeit an ein höchstes
Wesen, Schöpfer und Beherrscher der Welt; dabei ver‑
ehrten sie aber auch Untergottheiten und Götzenbilder, als
Mittelspersonen zwischen ihnen und der Gottheit*). Sie
hatten eine Menge solcher Idole. Mahomed hob den Gö‑
tzendienst unter seinen Landsleuten gänzlich auf, war aber
so nachgebend, um verschiedene abergläubische Gebräu‑
che beizubehalten.

Einige Stämme hatten die Religion der Magier;
andere die jüdische und christliche. Einige leugneten die
Auferstehung der Todten, andere glaubten daran, in‑
deß es wieder andere gab, die den Lehren von der See‑
lenwanderung anhingen. Zum Beweise der Unwis‑
senheit und des Aberglaubens, in welchen einige Stäm‑
me versunken waren, sey es genug zu bemerken, daß sie
Kamele an den Gräbern der Verstorbenen umkommen
ließen, damit ihre Freunde einst am Tage der Auferste‑
hung nicht zu Fuße gehen dürften; denn Fußgänger
werden von ihnen verachtet! In Arabien befanden sich
eine Menge Secten, und das war vielleicht eine Folge
der Freiheit und Unabhängigkeit der verschiedenen Stäm‑
me von einander. Einige beteten die Jungfrau Maria als
Gott an; und zur Zeit der Nicenischen Kirchenversamm‑
lung, glaubten einige an die Gottheit der Maria, und

sag‑

*) Völker, die nicht weit in der Cultur ihres Verstandes
gekommen sind, und bei welchen das Moralgesetz noch
unentwickelt ist, bedürfen insgemein Mittelspersonen
zwischen ihnen und der Gottheit, an welche sie auch zu‑
nächst ihre Gebete richten. Der Ubers.

sagten, es gäbe außer dem Vater noch zwei Götter, nämlich, Christus und die Jungfrau Maria. Andere hielten dafür, die Maria habe die Menschheit abgelegt, und zur Vollendung der Trinität die Gottheit angenommen, weil es ohne die Maria keine Dreifaltigkeit geben könne. Diese seltsame Vorstellung veranlaßte den Propheten, eine Untersuchung über die Lehre von der Trinität anzustellen. *)

Der

---

*) Sale's Preliminary discourse, sect. I. (Dieser Preliminary Discourse von Sale, welchen der Verf. oft in diesem Abschnitte angeführt hat, ist eine Einleitung in dessen Uibersetzung des Koran, und enthält eine vollständige Nachricht vom Zustande Arabiens vor Mahomed, desgleichen von dessen Leben und Religionsverfassung. Die Uibersetzung des Koran, welche nach dem Urtheile eines Kenners in diesen Dingen, des Ritters Michaelis wohl gerathen, ist 1734. 4. zu London herausgekommen. Ein Italiäner Ludwig Maracci, welcher zu Rom die Orientalische Litteratur lehrte, edirte den Koran arabisch mit einer lateinischen Uibersetzung. Patav. 1698. II. fol. nebst einem Prodromo ad refutationem Alcorani. Siehe hiervon Pfaffii Introduct. in Hist. Theol. litter P. II. p. 31. Eine andere lateinische Uibersetzung des Koran, unmittelbar aus dem Arabischen, ist die von Christian Reineccius unter dem Titel: Muhammedis fides Islamica, sive Alcoranus. Lips. 1721. 8. Der französische Uibers. Mr. Du Ryer, welcher Sale's Anmerkungen zugleich mit ins Französische übersetzt hat, hat nach dem Urtheile der Sachverständigen ein elendes Machwerk geliefert. Amstel. 1775. II. 12. Eine deutsche Uibersetzung von Megerlin unter dem Titel: Türkische Bibel, ist herausgekommen, Frankf. 772. 8. Eine neuere ist von Fr. Eberhardt Boysen unter dem Titel: der Koran oder das Gesetz für die Moslemen durch Muhammed, mit Anmerkungen. Halle 1773 und 1775. 8. Der Uibers.).

Der Zustand der morgen- und abendländischen Kirche begünstigte Mahomeds Entwürfe.

Es ist nicht zu zweifeln, daß der Zustand der morgenländischen und abendländischen Kirchen vieles beitrug, Mahomeds Absichten zu befördern, mithin seine Reformation zu Stande zu bringen. Die abendländische Kirche war in Sekten getheilt, die sich einander haßten und verfolgten; die morgenländische war auf verschiedene andere Weise in Verfall gerathen; die Reinigkeit der Lehre sowohl als die Sitten ihrer Glieder, waren verderbt, so, daß es zwischen ihnen und den ersten Christen, in Absicht der praktischen Tugend, ein himmelweiter Unterschied war. Der Klerus war damals ehrgeizig und streitsüchtig, und durch ihn war die Eintracht und brüderliche Liebe, welche das Evangelium lehrt, vernichtet worden. Nach der Nicenischen Kirchenversammlung waren durch die Streitigkeiten der Arianer, Nestorianer, Eutychianer u. a. die Kirchen getrennt worden. In der abendländischen Kirche trieben zwei Candidaten des Bischöflichen Stuhls in Rom ihre Streitigkeiten so weit, daß verschiedene Menschen bei dieser Gelegenheit ermordet wurden. Diese Spaltungen wurden noch dazu von den Kaisern, besonders von Constantius, unterhalten. Statt daß er die streitigen Partcien hätte sollen zur Einigkeit zu führen suchen, überhäufte er das reine Christenthum des Evangeliums mit spitzfindigen Schulfragen und niederm Aberglauben. Da nun Fürsten und Geistliche die Religion und das thätige Christenthum in einem so hohem Grade verderbt hätten, und selbst verderbt waren, so läßt sich, der Natur der Sache nach, wohl nichts anders erwarten, als daß auch eine allgemeine Verderbniß unter dem Volke eingerissen war.

In dieser Periode trat Mahomed auf, gleichsam als eine Geißel zur Züchtigung der morgenländischen Kirchen, welche unaufhörliche Religionsstreitigkeiten unter sich führten, statt daß sie, nach der Anweisung des Evangeliums, in brüderlicher Eintracht mit einander leben sollten. Menschen also, die so sehr zu Streitigkeiten geneigt, und dem Frieden, welcher ihre Religion befördern sollte, so abgeneigt waren, nahmen sehr gern ein System an, welches zum Kriege anfeuert. Hingegen Mahomeds Anhänger durften schlechterdings über nichts untereinander disputiren, sondern mußten die auffallendesten Ungereimtheiten so zu reden verschlucken, ohne den geringsten Unwillen deshalb laut werden zu lassen.

Die Ohnmacht der benachbarten Nationen, und der politische Zustand Arabiens, beförderten Mahomeds Unternehmen.

Nicht allein der armselige Religionszustand war Mahomeds Unternehmen beförderlich, sondern auch die Ohnmacht der Römer und Perser, welche seinem Plane gar bald würden ein Ende gemacht haben, wenn sie sich noch in ihrem ehemaligen blühenden Zustande befunden hätten.*) Sein Fortgang der Waffen, wider die Mächte, die vormals so furchtbar waren, verschafte ihm eine Menge Consorten, und das gemeine Volk bildete sich ein, daß dieser ausgezeichnete Mann vom Himmel selbst unterstützt werde. Da er nun mit seinen Proselyten die im Kriege gemachte Beute theilte; da er einen besondern Umgang mit dem Engel Gabriel vorgab, und sich noch anderer übernatürlichen Hülfe rühmte, so wuchs auch mit seinen Eroberungen sein Ruf als Prophet. Der

---

*) Sales preliminary discourse, sect. L.

Koran, dies muß man eingestehen, enthielt manche sehr
erhabene Stellen, und diese wirkten auf Mahomeds un=
unterrichtete Landsleute so stark, daß sie den Koran für
eine Eingebung Gottes hielten.

Nach Constantin dem Großen neigte sich das
Römische Reich mit aller Macht zum Untergange, und
seine Nachfolger im Kaiserthume waren meistentheils
feige, grausam, überhaupt unwürdige Regenten. Als
Mahomed im sechsten Jahrhunderte auftrat, war der
westliche Theil des Reichs in der Gewalt der Ostgothen,
und den östlichen hatten auf der einen Seite die Hunnen,
auf der andern die Perser dergestalt geschmälert, daß es
unmöglich war, sich dem feindlichen Angriffe eines küh=
nen Eroberers mit Nachdruck zu widersetzen. Der Kai=
ser Heraclius war zwar ein muthvoller Fürst, der auch
die Perser aus seinen Gränzen verjagte; aber sein Reich
war schon bis auf das Herz verwundet, als auch Ma=
homed erschien, und seine Stärke als ein Held daran
versuchte. Uiberhaupt waren die Griechen um diese
Zeit äußerst ausgeartet, und die innerlichen Unruhen,
welche in Persien herrschten, machten, daß sich auch
dieses Reich zu seinem Verfall neigte. Als nun eben
diese Reiche sich in dem elendesten Zustande befanden,
fing, während Mahomed sein Reformationswerk betrieb,
Arabien an, an Stärke zuzunehmen. Viele nahmen zu
Mahomed, gleichsam als zu einer Freistatt, ihre Zu=
flucht, weil die Verfolgungen im Griechischen Kaiserthu=
me hart waren. Die Araber selbst waren gegen die Ge=
walt abgehärtet, führten ein frugales Leben, und wa=
ren mit der, unter Griechen und Römern herrschen=
den Uippigkeit völlig unbekannt. Die Stämme selbst
waren getrennt und unabhängig von einander, sowohl in
Ansehung der Religion als der Regierungsform; ein

wich=

wichtiger, ja so gar durchaus nothwendiger Umstand, wenn Mahomeds Religion sich ausbreiten sollte! Wären alle Stämme durch das Band einer gemeinschaftlichen Regierung verbunden gewesen, gewiß! er würde bald vor dem Tribunale der höchsten Gewalt haben erscheinen müssen, und man würde ihn als einen Störer der öffentlichen Ruhe bestraft haben. Hätten alle Stämme Arabiens eine gemeinschaftliche Religion unter sich gehabt, so würde er sich nicht haben einfallen lassen, sie zu stürzen.

Als nach der Zerstörung Jerusalems das Schicksal auch Juden nach Arabien zerstreuete, so nahmen einige Stämme mit ihren Fürsten die jüdische Religion an. Mahomed behielt einige Lehrsätze und Gebräuche von ihnen bei, um durch diese Nachgiebigkeit die Menschen seiner Partei desto geneigter zu machen, und die Zahl seiner Anhänger zu vermehren. Da er aber fand, daß sie zu unbiegsam waren, um sich sogleich in seine Verordnungen zu fügen, so zog er im Koran gegen sie als seine geschworensten Feinde zu wiederholten malen zu Felde, und wandte verschiedene Mittel an, um mit ihnen zu seinem Zwecke zu gelangen.

Von den Mitteln, durch welche er seine Religion fortpflanzte.

Eine Menge Umstände mußten sich vereinigen, um den Plan dieses **Betrügers** *) zu befördern. Als Jüngling

---

*) Das Prädikat Betrüger empfängt Mahomed von diesem Schriftsteller mehreremale, so wie er es fast in jeder Kirchengeschichte davon getragen hat. Kann man ihn mit gutem Gewissen einen Betrüger nennen? oder was

ling stand er in den Diensten eines reichen Kaufmanns, und machte für ihn Geschäfte in Syrien, Aegypten und Pa-

war er vielleicht selbst ein Betrogener, in so fern man jeden Schwärmer, der sich unter der Herrschaft seiner zu lebhaften Einbildungskraft nur leidend verhält, einen Betrogenen nennen kann? Allem Ansehen nach hatte er die Absicht, die natürliche Religion unter den Menschen einzuführen. Allein, da Sie entweder bei ihm selbst nicht geläutert genug war, oder weil er zugleich einsah, daß das Volk auch Gebräuche haben müsse, so behielt er Manches aus dem Juden= Christen= selbst aus dem Heidenthume bei. Indeß da er sah, daß er seinen Endzweck dennoch nicht erreichen würde, so gab er Offenbarungen von dem Engel Gabriel vor, so wie z. B. Numa einen Umgang mit der Nymphe Egeria. Gesetzt nun, seine Absichten waren gut, daß er nämlich den mancherlei einander durchkreutzenden Religionsirrungen ein Ende machen wollte; ist er dann ein Betrüger? Einige Kirchenväter, namentlich Hieronymus, nahmen ja die *pias fraudes* in Schutz! Ich möchte aber die *pias fraudes* nie vertheidigen; denn ein an sich unmoralisches Mittel hört, welche Absicht man auch dadurch zu erreichen hoft, nie auf, unmoralisch zu seyn. Wird in der Moral der Grundsatz vertheidigt oder auch nur zugelassen, daß man, um etwas Gutes in der Welt zu stiften, sich unmoralischer Mittel bedienen dürfe; so haben die Jesuiten mit ihren Grundsätzen gewonnenes Spiel! dann können sie mit der aqua Toffana, wen sie wollen, aus der Welt expediren lassen; ihre gute Absicht wird das Mittel allemal rechtfertigen! Doch wieder zum Mahomed; im Fall er, bei nüchternem Verstande, was sehr wahrscheinlich ist, seine höhern Offenbarungen erdichtete, so bleibt er ein Betrüger. Daß er ein Betrogener gewesen sey, der es sich nur eingebildet habe, der Engel Gabriel stehe im Bunde mit ihm, ist nicht wahrscheinlich. Denn alles, was er ausgeführt hat, zeigt von so viel kalter Ueberlegung, als daß er ein Visionair hätte seyn sollen. Der Uibers.

Paläſtina, wobei er Gelegenheit hatte, mit den Religionen und Sitten verſchiedener Länder bekannt zu werden. *) Nach dem Tode ſeines Herrn führte er die Handlung unter der Firma der Witwe deſſelben fort, und dieſe war ſo wohl mit ihm zufrieden, daß ſie ihm ihre Hand und ihr Vermögen antrug. Dieſe Partie war ihm nicht zuwider. Darauf faßte er den Entſchluß, ſich zum Reformator aufzuwerfen und die Religion von den Verderbniſſen, die ſie unter den Juden und Heiden erlitten hätte, zu reinigen. Zu dem Ende ging er, um nachzudenken, in ein unterirrdiſches Gewölbe, nach dem Beiſpiel des Perſiſchen Reformators; **) nahm in ſeinem ganzen Benehmen eine gewiſſe Gravität an; war eifrig in ſeinen Andachtsübungen, und übte viel Werke der Wohlthätigkeit aus, um ſich dadurch den Namen eines frommen und tugendhaften Mannes zu erwerben.

Um die Gemüther des Volks auf ſeine vorhabende Religionsverbeſſerung vorzubereiten, bewegte er einen berühmten Aſtrologen, den Leuten anzudeuten, daß ein mächtiger Prophet auftreten, eine neue Religion ſtiften, und die wichtigſten Veränderungen in der Welt hervorbringen werde. Die erſten Bekehrten machte Mahomed in ſeiner eigenen Familie, und dann ſetzte er dieſe Verſuche auch bei andern Menſchen fort. Da ihm ſolche nicht mißlangen, ſo entſchloß er ſich alle Ueberredung aufzubieten, um ſeinem Plane zuerſt Fortgang unter Leuten von ſeiner Bekanntſchaft zu verſchaffen, und eh' drei Jahre verfloſſen waren, hatte er durch ſeine Gewandheit die vornehmſten Perſonen zu Mekka in ſein Intereſſe gezogen. Guter Fortgang in den Unternehmungen befeuert natürlicher

---

*) Guthrie's Geography, Art. *Arabia*.
**) Brucker de Philoſoph. Perſ. L. II. cap. III. ſect. 2.

cher Weise den Muth zur Vollendung; denn nun wollte er seine Mission nicht länger mehr im Geheimen betreiben, sondern kündigte es laut und öffentlich an, daß er von Gott den Auftrag habe, seine nahen Verwandten zu bekehren. *) Hierzu beraumte er einen gewissen Tag an, und viele, welche eingeladen von ihm, bei diesem Unterrichte Zuhörer waren, erboten sich selbst zu Proselyten seiner Lehren. **)

Seine Gespräche wußte er so wohl nach den schon vorhandenen Meinungen seiner Zuhörer einzurichten. Den Arianern eröfnete er, daß, da die Versuche anderer Propheten bisher fruchtlos gewesen wären, so habe Gott Ihn gesandt, und sein Auftrag umfasse ungleich mehr, als Moses und Christus ihre; Ihm sey es aufgetragen worden, ein weltliches Königreich zu stiften, und alle diejenigen von der Erde zu vertilgen, die Seine Religion nicht annehmen würden. ***)

Er leugnete zwar nicht, daß Moses und Christus Propheten gewesen wären; allein, da die Mosaischen und Christlichen Offenbarungen unter den Händen der Juden und Christen so viele Verfälschungen erlitten hätten; so sey Er nun gesandt worden, um sie von diesen Irrthümern zu reinigen. Er brachte keine Einwürfe wider die Wahrheit oder den höhern Ursprung der jüdischen und christlichen Offenbarungen vor; aber er behauptete, sie wären mangelhaft, und die Seinige sollte allen vorhergegangenen Offenbarungen gleichsam die Krone aufsetzen, so, daß das Menschengeschlecht nie wieder eine neue Offenbarung hoffen dürfte.

Sei=

*) Koran, cap. (furs) XXIV.
**) Guthrie am angef. Orte.
***) Guthrie am angef. Orte.

Seine Gegner forderten zwar, daß er, nach dem Beispiele Moses und Christus, den von Gott an ihn ergangenen Auftrag mit Wundern beweisen sollte; aber er lehnte diese Aufforderung von sich ab, und sagte, es wäre sehr nachsichtsvoll von ihm gehandelt, daß er keine Wunder thäte; denn der Engel Gabriel habe ihm offenbart, daß, wenn Er Wunder thäte, und die Menschen würden nicht glauben, so müßten sie ohne Schonung vertilgt werden. *)

Jezuweilen sagte er, daß Er als ein Prophet deshalb wäre gesandt worden, damit er die Belohnungen im Paradiese und die Strafen in der Hölle verkündigen sollte; daß die Menschen ehedem den Wundern der Propheten nicht geglaubt hätten, und deshalb wolle Er keine thun. Ein andermal sagte er wieder, daß diejenigen, welche nach der Vorherbestimmung einmal glauben sollten, solches ohne Wunder thun würden. **)

Um die Zahl seiner Anhänger zu vermehren, kündigte er jedermann Freiheit an; und Sklaven und Flüchtlinge strömten zu seiner Fahne herbei! Zuweilen schärfte er, um die Christen nicht zu beleidigen, Verzeihung angethaner Beleidigungen ein; aber er lehrte auch weit öfter die Rachsucht, und beförderte sie durch sein eigenes Beispiel, so, daß die Wiedervergeltung eine besondere Lehre des Korans wurde. — Er verhieß den Anhängern seiner Lehre die Seligkeit und ein Paradies voll sinnlicher Freuden, sie mochten so liederlich und so lasterhaft leben, als sie immer wollten; die Ungläubigen hingegen bedrohete er, ohne Rücksicht auf ih-

---

*) Braughton, Art. *Aiat*.
**) Koran, cap. XVII.

ihre Handlungen, mit der Verdammniß. Zufolge der
Lehre dieses Propheten, werden die Ungläubigen allein
ewig verdammt seyn, die Moslemim hingegen, sie mö=
gen in diesem Leben verbrochen haben, was sie nur
wollen, werden einst, wenn ihre Sünden abgebüßt sind,
von aller Strafe völlig frei werden. Kein Ungläubiger
oder Götzendiener wird je aus den Qualen der Hölle er=
löst werden, und kein Gläubiger wird sie ewig zu erdul=
den haben. Die Moslemim sollen in der Hölle, nach
Beschaffenheit ihrer Verbrechen, bestraft werden; aber
wenn sie dafür genug gebüßt haben, so wird sie Abra=
ham oder ein anderer Prophet wieder erlösen. *)

Fortsetzung.

Da er durchaus keine Wunder thun wollte, so fin=
gen viele seiner Anhänger an, ihr Mißfallen gegen ihn
an den Tag zu legen, und in Mekka erhob sich eine
mächtige Partei wider ihn. Die Magistratspersonen
selbst erklärten sich als seine Feinde, weil sie Unruhen
befürchteten, die durch diese neue Religion unter dem
Volke ausbrechen möchten. Er lehrte öffentlich, und
man hörte ihn mit Geduld, sogar mit Vergnügen zu,
bis er seinen Mitbürgern und ihren Vätern Abgötterei
und Sittenverderbnis vorwarf; dann drangen die Ko=
reschiten in den Magistrat, daß er diesen Propheten aus
der Stadt verbannen sollte. Darauf flüchtete er sich,
begleitet von wenigen Freunden, nach Medina. Es
währte aber nicht lange, so zog ihm eine Menge seiner
Anhänger nach; und nun legte er ihnen den Plan vor,
daß er, mit den Waffen in der Hand, seine Religion
ausbreiten wolle. Die erste Expedition ging eben nicht
glücklich von statten; aber in der zweiten machte er eine

Ka=

*) Koran cap. II.

Karavane von tausend Koreschiten mit hundert und neunzehn Mann nieder. Er selbst verlor dabei nicht mehr als vierzehn Mann, deren Namen er in die Liste der Martyrer eintrug und machte dabei für sich und seine Mannschaft eine ansehnliche Beute. Man sieht hieraus, daß seine Verfolgung vielmehr zur Ausbreitung als zur Unterdrückung dieser Religion beitrug. Wäre er nicht genöthiget gewesen, zur Selbstvertheidigung die Waffen zu ergreiffen, so dürfte er sich vielleicht haben gefallen lassen, zeitlebens eine Privatperson zu bleiben, und seine Mitbürger zu unterrichten. Da er sich aber einmal an die Spitze einer kleinen Armee gestellt hatte, so mochte wohl nunmehr sein Ehrgeitz Plane entwerfen, an welche er zuvor nie gedacht hätte. Eh' er nach Medina floh, breitete er seine Religion allein durch Uiberredung aus, und bediente sich schlechterdings dazu keines andern Mittels. Anfangs erklärte er sich bloß für einen von Gott gesandten Propheten, welcher die Menschen unterrichten sollte; weiter gab er sich kein Ansehen, um die Menschen zur Annehmung seiner Religion zu bewegen, ja, er bekannte sogar, daß er Beleidigungen, die er erfahren würde, mit Geduld ertragen wolle, weil er zu schwach sey, sich ihnen zu widersetzen. *) Nachdem er aber die Anzahl seiner Anhänger merklich vermehrt hatte, so sagte er ihnen, Gott erlaube es, daß sie sich gegen ihre Feinde vertheidigten; und da er seine Mannschaft zusammen zog, so berufte er sich sogar auf eine göttliche Erlaubniß, nicht, sich zu vertheidigen, sondern selbst anzugreifen, weil Er dazu bestimmt sey, die Abgotterei zu stürzen, und die Sittenverderbniß zu verbessern. Als er mit einer Armee nach Medina kam, so sagte er denjenigen, welche durchaus Wunder sehen wollten:

*) Sale, 1 sect. 2.

ten: Gott habe Moses und Christus gesandt, um durch
Wunder und Uiberredung die Menschen zu bekehren;
da aber diese Methode fruchtlos geblieben wäre, so ha=
be Gott Ihn den Auftrag gegeben, die Menschen durch
das Schwerdt zu seinem Willen zu nöthigen. *) An=
fangs that er nichts weiter, als daß er die Leute er=
mahnte, seine Lehren anzunehmen; aber so bald er fand,
daß sein Anhang zunahm, so verwandelte sich dieser fried=
liebende Prediger in einen feindseligen Krieger, der den
Uiberwundenen entweder Tod oder Bekehrung anbot.

Er sagte seinen Schülern, daß der Koran ein Aus=
zug aus dem großen Buche sey, in welches die göttlichen
Rathschlüsse niedergeschrieben wären.

**Der Koran sollte Mohomed aus einigen Schwierig=
keiten helfen, auch seinen Leidenschaften Vor=
schub thun.**

Der Koran war größtentheils gelegentlich erfun=
den worden, indem sich Mahomed aus gewissen
Schwierigkeiten dadurch herauswinden, oder seine
Leidenschaften z. B. seinen Ehrgeiz befriedigen wollte.
Als er bei Ohud eine Niederlage erlitten hatte, wurde
er beschämt, und sagte, daß Gott diesen Vorfall zuge=
lassen habe, damit, weil einige seiner Anhänger Fehler
begangen hätten, die ächten Gläubigen von den unäch=
ten sollten unterschieden werden. Um das Klaggeschrei
derjenigen zu stillen, welche ihre Freunde und Verwand=
ten bei dergleichen Auftritten einbüßten, erfand er die
Lehre vom Fatum *), und behauptete, daß alle Bege=
ben=

---

*) Koran cap. II. III. IV.
*) Mahomed hat sie nicht erfunden, denn sie ist bekannt
vor mehr viel älter; allein er hatte sie nicht in dem Zu=
sam=

benheiten in der Welt von Ewigkeit unwiderruflich festgesetzt wären; daß Gott das Glück oder Unglück jedes Menschen bestimmt habe, desgleichen seine Treue oder Untreue, seinen Gehorsam oder Ungehorsam; daß das Leben des Menschen durch keine Mittel über das einmal festgesetzte Ziel, auch nur um einen Augenblick, könne verlängert werden; daß der Mensch jedesmal in der zu seinem Ende bestimmte Minute sterben müsse; und daß es allemal wünschenswerther sey, als Martyrer für die Sache Gottes auf dem Schlachtfelde zu sterben, als zu Hause auf dem Krankenbette. Nach diesem Grundsatz läßt sich begreifen, wie die Mahomedaner mit aller Tollkühnheit sich in die Gefahren des Todes zu stürzen fähig sind, und wie sie ihre Körper für Koth und Schutt ansehen, um die feindlichen Laufgräben damit zu füllen, um ihren Cameraden einen Uibergang darüber zu verschaffen, wie Paul Ricaut*) sich etwas stark darüber ausdrückt. Niemanden wird es sonach befremden, daß die Lehre vom Fatum dergleichen Wirkungen hervorbrachte; denn nichts kann dem Menschen eine so tiefe Verachtung des Lebens einflößen, und sie mit solcher Wuth auf dem Schlachtfelde entflammen, als die Uiberzeugung, daß keine Vorsicht irgend eine Gefahr abwenden, oder irgend ein Mittel das Leben um einen Augenblick fristen könne, wenn einmal die Stunde des Todes da sey.**)

Was

sammenhange gefaßt, wie z. B. die Stoiker; denn bei diesem ist die Vorherbestimmung bedingt, mit Beziehung auf die freien Handlungen der Menschen, was man aus dem vortreflichen Fragment de fato beim Cicero sehen kann; das Mahomedanische *fatum* ist die *ignava ratio qua omnis in vita tollitur actio*, wie der Stoiker beim Cicero sagt. Der Uibers.

*) Grundsätze der Türkischen Regierung, Buch 2. Kap. 1.
**) Koran, Kap. III.

der Mahomedanischen Religion.

Mahomed brachte den Zaid dahin, daß er sein Weib verstieß. Diese heirathete Er, und behauptete, der Himmel selbst hätte in diesem Falle dispensirt. Er machte das drei und dreißigste Kapitel des Korans zu seiner eigenen Rechtfertigung bekannt, und sagte darin ausdrücklich, daß Gott diese seine Heirath billige; Gott habe es ihm so gar selbst verwiesen, daß er sich ihrer so lange enthalten, da er doch seine Erlaubniß dazu gehabt habe. Hier erscheint der Prophet als Ehebrecher und Gotteslästerer zugleich, indem er Gott zum Urheber seines Verbrechens macht! Um zwei von seinen eifersüchtigen Eheweibern zu beruhigen, welche ihn in flagranti mit einer Sklavin ertappt hatten, legte er einen Eid ab, daß er sich nie wieder ein solches Verbrechen wolle zu Schulden kommen lassen. Aber er wurde sehr bald meineidig, und gab deshalb die sechs und sechzigste Sura des Korans heraus, welche dem Propheten die Erlaubniß giebt, sich jedes Sklavenmädchens nach Willkühr zu bedienen; auch dem Moslemim gestattete er, ihren Eid zu brechen. Dieser Prophet schränkte für die Araber die Zahl der Weiber und Beischläferinnen für jeden Mann auf viere ein, sich selbst aber behielt er vor, so viele zu heirathen, als ihm beliebte. *) Seinen Anhängern machte ers zur Pflicht, wenn sie zwei drei oder vier Weiber hätten, eine wie die andere zu behandeln; sich selbst aber gestattete er, mit den Seinigen nach Gutdünken zu verfahren. **) Seine Anhänger durften ihre

---

*) Koran, Kap. 11. und XXXIII.
**) Mahomed hat nach einigen Schriftstellern eilf Weiber, nach andern siebzehen gehabt, ohne seine Concubinen mitgerechnet. Diese große Anzahl Weiber hatte er nicht zum Staate, wie das bei so manchem Sultan oder Bassa der Fall ist, sondern er gehörte unter diejen-

re nahen Anverwandten nicht heirathen; allein im drei und dreißigsten Kapitel des Koran, sagt er, daß Ihn Gott selbst von diesem Gesetze frei gesprochen habe, so daß Er seine nächste Blutsverwandtin ehelichen dürfe. Als Mahomed Mekka belagerte, die Belagerung aber wieder aufheben mußte, so machte er mit den Einwohnern ein Friedensbündniß; das folgende Jahr brach er den Vertrag, und überfiel unvermuthet die Stadt. Um nun seine Untreue zu rechtfertigen, erlaubte er seinen Anhängern weder Versprechungen noch Bündnisse zu halten, wenn sie mit Ungläubigen wären eingegangen worden. *) Dieser Lehre und dem gegebenen Beispiele des Propheten zu folge, machten sich nachher die Türken kein Bedenken, Untreue zu begehen; sie hielten den Ungläubigen nicht Wort, wenn sie hoffen durften, daß solches etwas zur Ausbreitung ihrer Religion beitragen werde. **) Außerdem finden wir, daß Mahomed seine Gebote und Verbote, die im Koran enthalten sind, bei gewissen Gelegenheiten gegeben hat. Er verbot den Wein und andere berauschende Getränke, weil einige seiner vornehmsten Officiere sich darin übernommen, sich dem Gelächter der gemeinen Soldaten Preis gegeben, und Unordnung bei dem Feldzuge verursacht hatten.

Die-

nigen Menschen, bei denen man nicht weiß, ob man sie mehr verachten oder bedauren soll; er war, man erlaube mir diesen Ausdruck, der alles sagt, ein vollendeter taureau-banal. Wer die Sache im Detail wissen will, findet sie beim *Bayle*, Diction. Art. *Mahomet*, Not. S. und T. Uebrigens war er ein Tyrann seiner Frauen. Der Uebers.

*) Ricauts Grundsätze der Türkischen Regierung B. I. Kap. 32.

**) Es würde, glaube ich, schwer werden, den Türken diese Beschuldigung mit Thatsachen aus der Geschichte zu beweisen. Der Uebers.

Dieses Verbot war in dem Klima, in welchem Mahomed lebte, schlechterdings nothwendig, weil dort die Trunkenheit weit fürchterlichere Wirkungen hervorbringt, als in unsern kältern Himmelsstrichen. *) Auch verbot der Prophet Würfel und andere Gewinnspiele, weil sie zu Zank und Schlägereien veranlassen könnten. Das Evangelium untersagt den mäßigen Gebrauch des Weins nicht, verbietet aber den Mißbrauch. Da er ferner für unrecht erklärt, sich nach des Nächsten Eigenthum gelüsten zu lassen, so versteht sich von selbst, daß die gewinnsüchtigen Spiele, die in der bürgerlichen Gesellschaft so viel Schaden anrichten, dem Geiste desselben zuwider sind.

Mahomeds Charakter.

Die Geschichtschreiber sind, was Mahomeds Charakter und seine Beweggründe, sich zum Religionsverbesserer aufzuwerfen, anlangt, nicht mit einander einig. Einige erklären ihn für einen Schwärmer, andere für einen Ehrgeizigen; einige stellen ihn als ein Ungeheuer auf,

*) Daß Mahomed aus angeführten Gründen den Wein verboten habe; ist zwar andem; aber er verbot hiermit etwas, wovor die meisten Araber ohnedem schon einen gewißen Scheu hatten. Die Völkergeschichte lehrt, daß die alten Aegyptier, Perser, Araber und mehrere orientalische Völker sich des Weins enthielten. Zu untersuchen, was für Aberglaube dabei mag zum Grunde gelegen haben, ist hier der Ort nicht. Dafür pressen die Mahomedaner — bei welchen übrigens Wein genug gegen das Verbot des Propheten getrunken wird — die frischen Trauben aus, seigen den Saft durch Leinwand und trinken ihn unter dem Namen Scherbeth. Der Uibers.

auf, welches auch nicht einen Zug von Moralität an sich gehabt habe; andere halten ihn für einen vollendeten Tugendhaften.*) Allein die meisten Schriftsteller haben hin und wieder den Charakter dieses Mannes und die Beweggründe, welche ihn zu seinem ganzen Unternehmen antrieben, nicht richtig genug gefaßt. Der lobenswürdige Ehrgeiz, die Religion in ihrer ursprünglichen Reinigkeit wieder herzustellen, den Aberglauben zu vertilgen, und den Götzendienst, der in manchen Gegenden Arabiens herrschte, zu stürzen, mag wahrscheinlicher Weise der erste Beweggrund zu seinem Reformationswerke gewesen seyn. Die weitläuftigen Folgen seines Versuchs konnte er im Anfange nicht vorhergesehen haben; er konnte den Gipfel der Macht, welchen er nachher erreichte, nicht erwartet haben; er konnte mithin anfangs von keinem andern Ehrgeize erfüllt seyn, als von dem, seine vaterländische Religion zu verbessern, und die Unwissenheit und den Aberglauben zu unterdrücken, oder gänzlich auszurotten.

Die heidnischen Araber waren vor seiner Zeit in einem bedaurenswerthen Zustande, und Mahomed mochte es unstreitig für ein verdienstvolles Unternehmen angesehen haben, sie zur Erkenntniß des einigen Gottes zu

---

*) Die meisten Geschichtschreiber erklären ihn für einen Schwärmer; der Graf Boulainvilliers hingegen, der ein Leben von Mahomed geschrieben hat, welches sehr sehr seicht ist, (Vie de Mahomed, Amstel. 1731.) ist der größte Lobredner seiner Tugend. Als sein Landsmann Gagniers der ebenfalls Mahomeds Leben beschrieben hat, ersucht wurde, das Werk des Grafen fortzusetzen, so fällte er dieses Urtheil; *La meilleure maniere de la mettre en lumiere est de la jetter au feu.* Der Ueberſ.

zu führen. War er sich gleich mancher Laster bewußt, so mochte er sie doch haben verbergen, und im Aeußerlichen das erforderliche Anständige beobachten können. Denn waren seine Laster, als z. B. Ehebruch, Meineid u. d. m dem Publikum bekannt, so mußte natürlicher Weise sein Ruf als Prophet sehr viel dabei verlieren. Diese Laster also mußte er wenigstens so lange zu verbergen gewußt haben, bis er sich vor die Spitze einer Armee stellte, und durch seine Thaten den Ruf der Großmuth, der Wohlthätigkeit, der Tapferkeit und anderer achtungswerthen Tugenden erwarb. Der arabische Prophet besaß ohne Zweifel manche herrliche Eigenschaften, welche mit Neigungen zu den auffallendsten Lastern vermischt waren, unter diesen zeichneten sich Wollust und Ehrgeiz vorzüglich aus; sie waren die Quellen, aus welchen Alles, was man an diesem merkwürdigen Manne findet, herzuleiten ist. Der Ehrgeiz spornte ihn anfangs an, als ein Reformator aufzutreten, und seine Landesleute natürliche Religion und Moral zu lehren; aber eben diese Leidenschaft war es auch, die ihn nachher den Geist der Zerstörung und Eroberung einflößte, um über besiegte Völker zu herrschen.

Er empfahl Tugenden, die er selbst nicht ausübte, und beging Laster, vor welchen er angelegentlich warnte. Alle seine Handlungen bewiesen, daß es ihm um Ruhm, nicht um die Sache der Religion und Tugend zu thun war. Dieser Betrüger entlehnte die Ideen von Fasten, Almosengeben und ähnlichen Vorschriften aus der Bibel; aber nur ganz unmerklich ahmte er diese großen Vorbilder nach. Er gründete diese genannten und ähnliche Pflichten auf ein sehr unzulängliches Princip, und schränkte die Erweisung derselben nur auf Menschen von seiner Religion ein, worin er, wie man sieht, sich von dem Geiste des Evangeliums weit entfernte.

Er schafte einige grausame und abergläubische Gebräuche unter den Arabern ab.

Der Verfasser des Koran war, seiner Laster ungeachtet, für jenes Land doch gewissermaßen ein nützlicher Mann, indem er die Verehrung des einigen Gottes wieder herstellte, den Götzendienst stürzte, und seinen Landsleuten verbot, zu stehlen, zu huren *), zu verleumden, oder Kinder umzubringen; welche Laster damals unter den heidnischen Arabern sehr im Schwange gingen. **) Seine Kenntniß vom Evangelio wußte er hierbei zu benutzen. Das Mahomedanische System enthielt verschiedene Sätze aus der christlichen Lehre, und in so fern stiftete es immer manchen Nutzen, denn es war dem, in Arabien herrschenden, Heidenthume unendlich weit vorzuziehen. Er untersagte den Gebrauch der drei Pfeile, womit Wahrsagerei getrieben wurde, und die in den Tempel zu Mekka niedergelegt waren. Auf zweien standen die Inschriften: „der Herr hat es geboten; der Herr hat es verboten." Auf dem dritten befand sich ein leerer Zettel. Wenn die Araber sich verheirathen wollten, eine Reise oder sonst ein Geschäft von Wichtigkeit vorhatten, so fragten sie insgemein diese Pfeile um Rath. Wurde der erste gezogen, so war es ein Zeichen, daß das Vorhaben Gottes Wille sey; zog einer den zweiten, so bedeutete es, Gott mißbillige die Sache; wurde der

---

*) Dieses Wort wird hier in seiner eigentlichen Bedeutung genommen, daß es so viel heißt, als das lateinische *fornicari*; denn Kebsweiber zu haben, verbot Mahomed nicht. Der Ulbers.

**) Koran, Cap. VI.

der dritte gezogen, so mischte man die Pfeile wieder so lange untereinander, bis man einen von den erstern zog, mithin eine bestimmte Antwort erhielt. Auch andern Aberglauben, in Rücksicht der Kameele, Schaafe und anderer Thiere, welche die Araber zu Ehre ihrer Götter von der Arbeit frei machten,*) schafte er vorzüglich ab.

Dieses Volk versagte den Witwen und Waisen allen Antheil an dem Nachlaß ihrer Männer oder Väter, in der Meinung, daß nur diejenigen ein Recht zur Erbschaft hätten, welche im Stande wären, zu fechten.**) Sie betrachteten die Geburt einer Tochter, als ein Mißgeschick, und den Tod einer Tochter, als eine Art von Segen; ja nicht selten begruben sie die Töchter lebendig, und bisweilen traf dieses Schicksal auch einen Knaben, um ein Gelübde zu erfüllen, welches darin bestand, daß sie einen von ihren Knaben opfern wollten, wenn sie die Zahl von so oder so viel Söhnen voll hätten.***) Diese und mehrere barbarische Gebräuche, welche vor Mahomeds Zeiten in Arabien geherrscht hatten, wurden von Ihm abgeschaft.

Verschiedene Lehren Mahomeds sind entlehnt; erreichen aber die Originale nicht, von welchen sie sind copirt worden.

Laßt uns nun einen Blick auf den Koran werfen, um zu sehen, woher so manche seiner Lehren genommen sind, und welchen Einfluß sie auf das Wohl der bürgerlichen Gesellschaft haben. Mahomed richtete sich in seiner Religionsverbesserung, wie die meisten Reformatoren,

---

*) Koran, Cap V. und VI.
**) Koran, Cap. VI.
***) Sale, Prelim. discourse sect. 5.

ren, gewissermaßen nach den Vorurtheilen seiner Zeitgenossen, und suchte ihre verschiedenen Meinungen so gut als möglich in Einem Systeme zu vereinigen. Mit dem Alten und Neuen Testamente war er, wie schon angemerkt worden, nicht unbekannt; hieraus entlehnte er verschiedene Sätze, und vermischte sie mit den vorgefundenen Meinungen seiner Landsleute. Der Koran ist sonach ein seltsames Gemisch von verschiedenartigen Meinungen; er enthält die vortreflichsten moralischen Vorschriften und erhabene Vorstellungen von Gott; aber es sind auch Widersprüche, Blasphemien, und handgreifliche Albernheiten darin.

Nach dem Glauben der Mahomedaner, ist Ein Gott, und Mahomet ist sein Prophet: die Handlungen der Menschen werden alle aufgezeichnet; und bei der Auferstehung der Todten, werden alle Menschen vorgefordert werden, um Rechenschaft davon abzulegen, je nachdem sie gelebt haben, werden sie belohnt oder bestraft werden. Alle rechtschaffene Muselmänner werden zu Ehren gelangen; und keines andern Menschen Entschuldigung wird statt finden. Die Handlungen der Menschen werden in eine Waagschaale gelegt werden, und diejenigen, deren gute Thaten einst wichtiger sind, als die bösen, gehen in das Paradies ein; geben die bösen den Ausschlag, so werden sie zur Hölle verstoßen; bleiben sich die Schaalen einander gleich, so erwartet ihrer ein Mittelzustand, in welchem sie von der Glückseligkeit des Rechtschaffenen ausgeschlossen sind. Hat jemand seinen Nächsten verleumdet, so wird eine gute Handlung aus der Wagschaale des Verleumders genommen, und in die, des Verleumdeten gelegt; hat aber der Verleumder gar nichts gutes gethan, so wird Gott die Strafe des Verleumdeten vermindern, und die

des

des Verleumders erhöhen. Bringt also jemand seinen Nächsten um sein Vermögen oder seinen guten Namen, so wird dieses von seinen sonstigen guten Thaten abgezogen, oder, im Fall keine gute Thaten von ihm vorhanden sind, wird er seiner bösen Thaten wegen desto härter bestraft werden, damit der Gerechtigkeit Gottes ein Genüge geschehe.

Diese Lehre war nützlich, aber sie ist nicht in dem Kopfe des Propheten entstanden, sondern lange vor ihm schon unter den alten Persern herrschend gewesen. *) — Der Koran untersagte Ehebruch, falsches Zeugniß, Geitz, Wucher, Unterdrückung, Lügen, Spiel, das Essen vom Schweinefleisch, das Weintrinken, das Essen vom Blute, von Thieren die von selbst gestorben sind, die von Menschen tod geschlagen oder von Raubthieren sind zerrissen worden. Alle diese Verbote sind im Alten Testamente enthalten, und zum Theil von den Christen beobachtet worden.

Der Koran gestattet die Vielweiberei und die Ehescheidung, schärft zu wiederholtenmalen die Pilgrimschaften nach Mekka ein, und verheißt denjenigen, welche diese Pflicht erfüllen, Vergebung der Sünden und die Freuden des Paradieses. **) Von einem Meineidigen fordert er, daß er zehen Arme von der Mahomedanischen Religion speisen und kleiden, oder einen Mahomedanischen Sklaven frei machen solle, damit durch diese wohlthätigen Werke das Verbrechen wieder gut gemacht werde. Der Koran gebietet Werke der Menschenliebe; aber man ist sie nur seinen Glaubensgenossen schuldig; das

Evan-

---

*) Hyde de religione vett Persarum, cap. XIX. u. XXXIII.
**) Koran, cap. II. III. XXII.

Evangelium hingegen schließt niemanden, von welcher Religion er sey, davon aus. Der Mahomedanische Coder bedroht den vorsetzlichen Mörder mit harter Strafe in jener Welt; in diesem Leben kann er aber mit einer Geldbuße oder Ranzionirung eines Muselmanns aus der Gefangenschaft davon kommen. *) Moses Gesetz

*) Mahomed erscheint hier gar nicht als ein einsichtsvoller Gesetzgeber. Vor seiner Zeit existirte in Arabien die Blutrache, welche darin bestand, daß der nächste Anverwandte des Ermordeten die Mörder aufsuchen und tödten mußte. Die Bluträcher verfuhren dabei oft sehr schrecklich, denn man setzte eine gewisse Ehre darein, den Mörder unter gehäuften Qualen verbluten zu lassen. Das Schlimmste dabei war dieses, daß ein homicidium qualificatum dolosum, ein homicidium simplex (wo beide Theile zuvor in Streit begriffen waren) desgleichen ein homicidium fortuitum von dem Bluträcher selten unterschieden wurden, mithin die Blutrache für die Unschuld äußerst gefährlich war. Mahomed suchte also dieses alte Herkommen, welches er seiner Nation nicht entreißen konnte, wenigstens zu mildern. Er gestattet zwar das Recht der Wiedervergeltung, stellt es aber als eine Gott wohlgefällige Handlung dar, wenn eine billige Geldbuße angenommen werde. Dabei beging er den Fehler, daß er nicht bestimmte, was Mord sey, folglich der vorsätzliche, der unvorsichtige, der gelegentliche, und der in der Gegenwehr, beim Angriff des Andern, verwechselt werden konnten. Bei dem Herkommen der Wiedervergeltung, welches er nicht abzuschaffen vermochte, schärft er dieses ein, daß der Bluträcher (Taïr) keine grausame Todesart wählen solle. Was mochte nun wohl Mahomeds Empfehlung, für das Blut des ermordeten Anverwandten ein Lösegeld zu nehmen, unter der Versicherung, daß diese Sanftmuth Gott äußerst angenehm sey, geholfen haben? Wenig oder nichts, wie auch diejenigen versichern, welche Arabien bereißt haben; und das kam daher, weil schon vor

setz hingegen gestattet bei dem qualificirten Morde schlechterdings kein Lösegeld, und nimmt dadurch weit mehr Rücksicht auf die Sicherheit der bürgerlichen Gesellschaft.

Ich habe hiermit einige Gebräuche, Gebote und Verbote des Korans gedacht, um zu zeigen, daß Mahomed Manches aus den Schriften Moses und aus dem Evangelio entlehnte, und daß diejenigen, in welchen er von jenen Quellen abgeht, weder so gerecht noch so gemeinnützig sind, als die jüdischen und christlichen Vorschriften. Diese Bemerkung ist, dünkt mich, nicht unwichtig; denn sie beweißt, daß der Mahomedanische Coder nicht original ist, und daß jener Betrüger nicht eben klug handelte, göttliche Offenbarungen vorzugeben. Hr. Gibbon hätte auch seine grundlose Bemerkung zurückbehalten können, daß sich das Ansehn und die Weisheit Adams, Noahs, Moses, Christus und Mahomeds in gehöriger Stuffenfolge über einander erhebe. *)

Die eigenthümlichen Lehrsätze Mahomeds sind irrig, einander widersprechend und mitunter abgeschmackt.

Diejenigen Stücke des Koran, in welcher sich der Prophet seiner eigenen Einbildungskraft überläßt, und nach welcher er allein seine höhere Eingebung darthun muß,

---

vorher die Nation denjenigen als den niederträchtigsten Menschen ansah, der für das vergossene Blut des Anverwandten ein Lösegeld nahm. Dieses point d'honneur konnte er durch seine Vorkehrungen nicht ausrotten. Uiber den Bluträcher der Orientaler lese man Michaelis vortrefliche Abhandlung im Mosaischen Rechte, Band 2. S. 401 — 447. aus welchem ich die hier mitgetheilten Gedanken genommen habe. Der Uis.
*) The history of the Roman Empire, ch. 1. p. 205. 4to.

muß, sind Bruchstücke von Fabeln, Widersprüche und Lügen, womit sich nur unwissende Araber konnten täuschen lassen. Er redet z. B. von den Büchern Abrahams, obgleich keine existiren; er sagt, Christus habe in seiner Wiege schon wie ein Mann von fünf und vierzig Jahren gesprochen, *) und Pharao's Weib habe ihn gebeten: „Herr! baue mir ein Haus im Paradiese." **) Er behauptet, Ismael wäre ein Prophet gewesen, und Zacharias Johannes Vater, wäre auf drei Tage verstummt, da er doch auf neun Monate stumm ward. Die Jungfrau Maria macht er zu Moses Schwester, nennt die Apostel seine eigenen Schüler, die doch sechshundert Jahre vor ihm gelebt hatten, und versichert, daß Noah, Isaak und Jacob an den Koran geglaubt hätten. Er führt an, daß Salomo eine Armee gehabt habe, welche aus Menschen, Teufeln und Vögeln bestanden, und eine Ameise ausgerufen habe „Ihr Ameisen, ihr Ameisen, eilt in eure Zellen, damit Salomons Armee euch nicht mit Füßen zertrete." ***) Er sagt ferner, daß die Königin aus Saba den Wiedehopf als Gesandten zum Salomo habe abgehen lassen, daß Salomo aber diesen Vogel der Königin wieder zurückgesendet habe, um zu wissen, ob sie ihn auch wieder schicken werde. Er erzählt, daß sich ein Gebürge aus der Erde erhoben habe, um die Israeliten zu überschatten; †) daß Salomo habe den Winden gebieten können; daß einige Teufel ihm Paläste erbaut, andere sich in das Meer getaucht hätten, um für ihn Perlen zu fischen; andere wären

---

*) Koran, cap. IV.
**) Koran, cap. XVI.
***) Koran, cap. XVII.
†) Koran, cap. II.

ren beständig seines Winks gewärtig gewesen, um seine
Befehle zu vollstrecken. *)

An einem Orte sagt er, die Teufel werden alle-
samt selig werden; und an einem andern Orte widerspricht er sich, und sagt, nur diejenigen, welche seinen
Vorschriften gehorchten, würden die Seligkeit erlangen. **) Er versichert, als ein vortreflicher Astronom!
daß Salomo einmal den Mond in zwei Stücke getheilt
habe, wovon die eine Hälfte ihn in den Schoos, die
andere auf die Erde gefallen sey, nachher habe er ihn
wieder zusammen gelötet. ***) In der Arche Noah,
sagt er, wäre das Schwein aus dem Unrathe des Ele-
phanten erzeugt worden; und die Ratte aus dem Unrathe des Schweins, nachdem aber die Ratte ein Loch in
die Arche genagt habe, so wäre sie von der Katze, die
aus den Klauen des Löwen entsprungen wäre, verjagt
worden. Er versichert, daß er der Erste sey, der je
das Paradies gesehen habe; und an einem andern Orte
hat er diese Lüge vergessen, und erzählt, da er in das
Paradies gekommen, so habe er es von Männern und
Weibern bewohnt gefunden. Unter die Eigenschaften
Gottes zählt er die Rache; und an einem andern Orte
spricht er wieder: „Gott allein pergiebt die Sünden." †)
Einmal spricht er, alle diejenigen, welche ein rechtschaf-
fenes Leben geführt hätten, es möchten Juden oder Christen seyn, könnten selig werden, und ein andermal werden alle diejenigen von der Seligkeit ausgeschlossen, welche nicht an Ihn glauben. ††) Er gebietet seinen An-
hän-

*) Koren, cap. XXXVIII.
**) Koran, cap. XII.
***) Koran, cap. XXXVIII.
†) Koran, cap. III.
††) Koran, cap. XII.

hängern zu glauben, daß, wenn ein Mensch begraben würde, zwei Engel ein Verhör anstellten, ob er an die Einheit Gottes und die göttliche Sendung Mahomeds geglaubt habe. Fällt die Antwort gehörig aus, so kann der Leib in Frieden ruhen, und der Abgeschiedene gelangt in das Paradies; wo nicht, so werde der Körper mit eisernen Kolben zerschlagen, und von neun und neunzig siebenköpfigen Drachen zernagt. *) Er war auf eine übertriebene Weise stolz, denn er gab vor, mehr als Menschen und Engel zu wissen; er machte Gott zum Urheber aller seiner Ruchlosigkeiten und Betrügereien; sagte, daß der heilige Geist ihm seine Lehren eingebe, und daß Christus durch den Geruch einer Rose von der Jungfrau Maria wäre empfangen worden.

Aus diesen bisher angeführten Sätzen, welche der Koran enthält, kann man auf den Werth der ganzen Sammlung einen Schluß machen, und man muß sich wundern, wie Mahomed den Leuten überreden konnte, daß Gott ihm dergleichen Dinge offenbart habe. Indeß, wo der Koran mit dem Evangelio übereinkommt, hat er seinen Nutzen, und ist geschickt die allgemeine und besondere Wohlfarth der Menschen zu befördern. Wo er hingegen sich von den evangelischen Lehren entfernt, da ist er voll Widersprüche, Irrthümer und Albernheiten, und der menschlichen Glückseligkeit nachtheilig. — Ich habe schon eingestanden, daß dieser Betrüger manche abscheuliche Gewohnheiten, die er unter den heidnischen Arabern fand, abschaffte, und in so fern war er ein Wohlthäter seines Vaterlandes. Eben so wenig darf aber auch geleugnet werden, daß seine Religion in vielen Ländern, wohin sie eingeführt wurde, Untheil ge-

---

*) Broughton Art. *Mahomedan*.

genug anrichtete. Seinen Eroberungen war er meistentheils seinen Lehren von der Rache, von der unbedingten Vorherbestimmung und seiner Verheissung eines von Wollüsten erfüllten Paradieses schuldig. Dies waren die Werkzeuge, womit sowohl Er selbst, als seine Nachfolger ihr Bekehrungsgeschäft vollführten, und die Gränzen ihrer Herrschaft auf eine fast unglaubliche Weise erweiterten.

Mahomeds Paradies und Hölle.

Einige haben geglaubt, daß Mahomed die Vorstellung von seinem Paradiese von den Juden entlehnt habe; *) es ist aber wahrscheinlicher, daß er diese Idee von den Persern annahm, welche an ein irrdisches Paradies glaubten, wo es schöne Mädchen und anmuthige Gärten gebe, die mit sanftrieselnden Bächen durchschnitten wären, und in welches niemand eher gelangte, als bis seine Thaten wären gewogen worden. Hätten bei dieser Abwägung die bösen Handlungen das Ubergewicht, so würden die Menschen in die Hölle hinabgestürzt; gäben aber die guten den Ausschlag, so eröfne man ihnen das Paradies. **) Der arabische Lügenprophet richtete seine Verheißungen von einem Paradiese nach den Wünschen der Menschen ein, welche in einem hitzigen Klima lebten, und das andere Geschlecht, rieselnde Bäche, schattigte Lauben, und labende Baumfrüchte sehr liebten. ***) Da jenes Klima außerordentlich

---

*) Sale's prelim discourse sect. 4.
**) Hyde's *Sadder*.
***) Man glaubt insgemein, Mahomed habe durch die Verheißung eines ganz sinnlichen Paradieses sehr viel auf die Gemüther der Araber gewirkt, weil dieses Volk
die=

lich heiß und trocken ist, und die damaligen Einwohner
des Landes sinnlich und ausschweifend waren, so verhies
er

diejenigen sinnlichen Ergötzlichkeiten, welche Mahomed
verhies, außerordentlich liebte. Bayle (Art. *Mahomed*
No. M) hat sehr viel dawider einzuwenden; er will die
Meinung nicht gelten lassen, daß Mahomeds Verheis
sung eines irrdischen Paradieses zur Annahme seiner
Religion viel beigetragen habe. Die Vorstellung vom
Paradiese, welche das Evangelium giebt, behauptet er,
müsse ungleich mehr wirken, weil sie der Einbildungs
kraft keine Gränzen setze, sondern ihr durchaus freies
Spiel lasse. Paulus sage: „es hat es kein Auge gese
hen, kein Ohr gehört, und ist in keines Menschen Herz
kommen, was Gott bereitet hat denen, die ihn lieben."
Der allersinnlichste Mensch sey mit einer Verheißung
bestimmter Vergnügungen und Ergötzlichkeiten nicht zus
frieden; seine Einbildungskraft fordere mehr. Das
Paradies des Evangeliums müsse also, seiner Natur
nach, selbst rohe Menschen mehr reitzen, als das Pa
radies Mahomeds. „Wenn z. B. Hauptleute, sagt
Bayle, gemeine Kerls zu Soldaten werben wollten,
und der eine böte eine zwar große aber bestimmte
Summe Handgeldes, der andere hingegen eine große
aber unbestimmte; so würde der letztere mehr Re
cruten bekommen." Es sey, wiewohl es hier immer
auf eine Probe ankommen würde. Ich will bei dem
Beispiele von den Recruten anfangen. Wenn beide
Capitaine ein gut Handgeld bieten, und zwar der eine
eine bestimmte, der andere eine unbestimmte Summe,
so entbieten sie beide etwas, was der zu enrolirende
Mensch längst aus der Erfahrung kennt, nämlich
Geld; und nun wäre es wohl möglich, daß die unbe
stimmte Summe, die die Einbildungskraft nach Gefal
len vergrößern konnte, mehr wirkte als die bestimm
te. Die Anwendung hiervon auf das christliche und
mahomedanische Paradies ist ganz verschieden. Der
Apostel Paulus jene Stelle mag einstweilen vom
ewigen Leben handeln, ungeachtet sie nach richtiger

Exe=

er, daß das Paradies Gärten haben sollte, welche mit Bächen durchschnitten wären; wo sie unter den Schatten grünender Bäume ruhen; wo sie sich in weiche Seide kleiden, und mit goldenen Armbändern und köstlichen Edelsteinen zieren könnten. „Ihr werdet, sagt dieser Sensualist, in Gärten eingehen, wo ihr auf weichen Polstern, mit carmesinrothem Sammet überzogen, ruhen sollt. Da erwarten euch die Umarmungen von Mädchen, die keinem andern, als euch, einen Blick gönnen werden, und zuvor weder von Menschen noch Engeln sind berührt worden. So schwarze Augen, und so weiße mit Roth vermischte Leiber, haben auch die schönsten Weiber auf dieser Erde nicht." *) Das Paradies überschüttet seine Bewohner mit so unendlich viel Lust und Wonne, daß sie vor Entzücken vergehen müßten, wenn nicht Gott den Menschen hundertfältige Kräfte zum Genuß gäbe. Da werden sie die edelsten Weine trinken dürfen, und nicht davon berauscht werden; jeder

Exegese von etwas ganz andern zu verstehen ist,) verheiße etwas: „daß kein Auge gesehen, kein Ohr gehört hat u. s. w." folglich eine Glückseligkeit, wovon auch niemand die geringste Erfahrung gemacht hat; und hier tritt der wahre Erfahrungssatz ein: *ignoti nulla cupido!* Mahomed hingegen verhies ein Paradies voll schöner Weiber, und ganz ungeheure Kräfte und Fähigkeiten zu dieser Art sinnlichem Genuß u. s. w. Dies waren Dinge, die die sinnlichen Menschen aus der Erfahrung kannten, und die ihnen hier im überschwenglichen Maße verheißen wurden. Dies mußte auf ihre Einbildungskraft wirken. Es ist meines Erachtens ein Vorzug der christlichen Lehre, daß sie, im Betreff der Glückseligkeit jenes Lebens, der menschlichen Einbildungskraft keine Nahrung giebt, damit unsere Tugend desto uneigennütziger werde. Der Übers.

*) Koran, cap. IV. XXVI. XXXVI. XXXVII.

der wird sich einer ewigen Jugend erfreuen, wenn er auch hienieden als ein abgelebter Greiß das Leben verlassen hat; die reitzendsten Symphonien der Tonkunst, wie sie nie ein Sterblicher hienieden vernommen hat, werden das Ohr der Seligen ergötzen. Zwei und siebenzig Houris, oder schwarzäugigte Mädchen von blendender Schönheit, blühender Jugend, unberührten Reitzen, und lebhafter Empfindsamkeit, werden zum Genuße auch des geringsten Gläubigen erschaffen werden. Der Augenblick des höchsten Genußes wird sich in ein Jahrtausend verwandeln, und die Kräfte eines Gläubigen werden hundertfältig erhöht werden, um solcher Seligkeit ganz würdig zu seyn!

Der arabische Betrüger, sagen einige, verstand dies alles nicht im eigentlichen Sinne; allein alle orthodoxe Mahomedaner halten sich an die Buchstaben seiner Verheißungen. Freilich giebt es auch Leute unter ihnen, deren Vorstellungen etwas verfeinert sind, und die dieses sinnliche Paradies auf eine allegorische Weise verstehen. Das Neue Testament enthält keine solchen Vorstellungen, welche den bloß sinnlichen Menschen reitzen; sie können nur von dem Verstande begriffen werden.

So wie die Verheißungen Mahomeds allein auf die Sinnlichkeit Eindruck machen, eben so ist es auch mit den Drohungen der Strafen in jenem Leben. Die Verworfenen sollen siedendes stinkendes Wasser trinken, heiße Winde einathmen, und in unaufhörlichem Feuer und Rauchdampfe wohnen, nichts essen als Brombeersträuche und Dornen und die Frucht von einem Baume, der aus dem Boden der Hölle in die Höhe schießt, dessen Zweige den Köpfen der Teufel ähnlich sind, und dessen Früchte in ihren Leibern brennen werden, wie heißes Pech*).

*) Koran, cap. VII. XXXVII. XLIII.

Mahomed ermunterte seine Anhänger unaufhörlich, daß sie in den Kriegen wider die Unglaubigen alles wagen sollten; daß es ein verdienstliches Werk sey, in solchen Kriegen zu rauben, zu morden und die Unglaubigen von der Erde zu vertilgen. Wenn sie hier tapfer und standhaft seyn würden, so erwarteten ihrer, als Märtyrer der Wahrheit, die Freuden des Paradieses. Nur sollten sie auch, dies war sein ernstliches Verbot, über den Koran nicht disputiren, sondern allein dafür fechten. *) . Wenn ihr auf Unglaubige treft, so haut ihnen die Köpfe ab, tödet sie auf andere Weise, macht sie zu Gefangenen, hört nicht auf sie zu verfolgen, bis sie die Waffen niederlegen und sich eurer Gewalt unterwerfen." **) „O ihr rechtschaffenen Glaubigen! ruft er ihnen zu, seyd bey Widerwärtigkeiten standhaft, fechtet für euren Glauben, fürchtet Gott, und ihr sollt selig werden!" ***) „O ihr, die ihr an den einigen Gott glaubt, heißt es an einem andern Orte, glaubt nicht, daß Gott irgend einen Menschen erwählt habe, der nicht von unserer Religion ist!" „Ich will, sagt er ferner, alle Sünden derjenigen zudecken, welche für den Glauben streiten; ich will ihnen die Thore des Paradieses eröfnen, damit sie den Lohn ihrer guten Werke empfangen." †)

Dieser Lehren zufolge, nach welcher sich auch Mahomed und die ersten Chaliphen selbst richteten, nennen die Mahomedanischen Gottesgelehrten das Schwerdt

*) Koran, cap. II. IV.
**) Koran, cap. II.
*** Koran. cap. III.
†) Koran, cap. III.

Schwerdt den Schlüssel zum Himmelreiche, und versichern, daß jeder Tropfen Blutes, der in der Sache Gottes und der Religion vergossen werde, Gott angenehm sey, da er hingegen die Treulosen und Feigen in der Vertheidigung des Glaubens, oder die, welche sonst zur Führung des Krieges nicht alles mögliche beitrügen, hart bestrafen werde. Die Folgen dieser Lehren zeigten sich unverkennbar in vielen merkwürdigen Schlachten; denn der Ehrgeitz, für die Sache Gottes und des Propheten alles zu wagen, und die Hofnung in das schöne Paradies zu gelangen, begeisterte die Krieger mit Löwenmuth und machte sie unüberwindlich.

Die Saracenen begruben diejenigen, welche für die Religion gefochten hatten, bedeckt mit allem ihrem Blute; denn sie waren überzeugt, daß alle diese Märtyrer am Tage der Auferstehung mit Blutflecken an ihren Kehlen erscheinen, und ohne erst Rechenschaft von ihren Handlungen abzulegen, geraden Wegs in das Paradies eingehen würden. Diese und andere Erwartungen härteten die Saracenen gegen alles Ungemach des Kriegs und des Schicksals ab, daß sie sich nicht allein ohne Murren, sondern so gar mit Freude, dem gewissen Tode für ihre Religion entgegen stürzten.

In der Kindheit des Mahomedismus wurden die Kriegsgefangenen, die sich dem Koran widersetzten, oß* Schonung niedergehauen. Nachdem aber diese Religion so weit begründet war, daß man ihren Umsturz nicht mehr befürchten durfte, so legten die Sieger den Überwundenen dreierlei Bedingungen vor; entweder, den Koran anzunehmen, und in diesem Falle erhielten sie alle Rechte und Freiheiten der Muselmänner; oder, einen gewissen Tribut zu bezahlen, und unter dieser Bedingung

gung stand es ihnen frei, ihre Religion ferner auszuüben, nur durfte sie nichts Abgöttisches oder Unsittliches enthalten oder, sie mußten sichs, wenn sie keins von beiden wählen wollten, gefallen lassen, die Sache durch das Schwerdt zu entscheiden. Behielten hierin die Muselmänner die Oberhand, so machten sie die Weiber und Kinder der Gefangenen zu Sklaven; die Männer aber brachten sie um, oder überließen es dem Fürsten, was er mit ihnen anfangen wollte. *) Es würde zu lange währen, wenn ich aller der Treffen gedenken, die unter Mahomeds Fahne gewonnen wurden, und aller der Mittel erwähnen wollte, durch welche es ihm gelang, seine Religion so weit umher auszubreiten, und seine Landsleute dem Gehorsam gegen seine Aussprüche zu unterwerfen. Ich habe die Lehren namhaft gemacht, durch welche er die Koreschiten, den mächtigsten Stamm Arabiens, unter seine Bothmäßigkeit brachte. Dies einzige will ich noch hinzusetzen, daß es ihm, nachdem er diesen Stamm einmal überwunden hatte, leicht wurde, die übrigen zu überwältigen und in bürgerlichen so wohl als kirchlichen Dingen seiner Gewalt zu unterwerfen. Nun vereinigten alle diese verschiedenen Völkerschaften Arabiens, die zwar von einander getrennt waren, auf einmal alle ihre Kräfte, und Mahomeds Eroberungen erhielten den schnellsten Fortgang.

Mahomeds Tod und Errichtung des Chaliphats.

Als sich Mahomed die oberpriesterliche und königliche Gewalt in Arabien verschaft und sich darin befestiget hatte, sandte er Abgeordnete an die benachbarten Fürsten, um sie zur Annehmung seiner Religion einzuladen.

*) Sale's prelim. discourse, sect. 6.

den. Waren sie dazu nicht geneigt, so fand er bald einen Vorwand, Feindseligkeiten gegen sie anzufangen. Dies war der erste Schritt, sein Reich aufferhalb Arabien auszubreiten, und die Eroberungen vorzubereiten, welche nach ihm, von den Chaliphen, gemacht wurden. Er starb, schwanger mit Entwürfen von Eroberungen, und hinterließ seinen Nachfolgern so wohl seine Lehren als sein Beispiel als ein Vermächtniß, welches sie seiner würdig anwenden sollten. Er starb als Fürst und Oberpriester, als der Regent der politischen und geistlichen Geschäfte, und führte den Titel Chaliph, welchen auch seine Nachfolger, die dreihundert Jahre lang die Mahomedaner mit königlicher und oberpriesterlicher Gewalt beherrschten, von ihm geerbt haben — Als die Tartarn dieses Reich umstürzten, so verloren die Chaliphen Namen und Gewalt; in bürgerlichen Dingen mußten sie ihrer vorigen Würde gänzlich entsagen und sich bloß auf die Geschäfte ihres Priesterstandes einschränken. *) In der Türkei, in Persien und in dem Reiche des Mogul werden diese Diener der Religion von den Fürsten in ihren Aemtern, als Ausleger der Gesetze angestellt, und nach Belieben wieder abgesetzt. **) In dem Ottomannischen Reiche ist der Mufti nichts weiter, als ein Werkzeug in den Händen der Kaiser, deren sämtliche Befehle er genehmigen und bestätigen muß. ***) Der Sultan trägt übrigens alles Mögliche zur Verehrung des Mufti bei, erweißt ihm selbst im Aeußerlichen sehr viel Hochachtung, und gebietet, daß man sich in allen bedenklichen Fällen seines Rathes bedienen solle. †)

Will

*) Prideaur Leben Mahomeds.
**) Prideaur Leben Mahomeds.
***) Smyth's Sitten der Türken.
†) Ricauts Grundsätze der Türkischen Regierung B. 2. Kap. 4.

der Mahomedanischen Religion. 403

Will der Kaiser Krieg führen oder Frieden schließen, einen Bassa oder Vezier hinrichten lassen, oder sonst etwas Wichtiges unternehmen, so fragt er den Oberpriester um seine Meinung. Wagt es dieser, sich auch den ungerechtesten Befehlen seines Herrn zu widersetzen, so wird er abgesetzt oder wohl gar erdrosselt, und ein anderer, der sich besser nach den Launen seines Herrn zu bequemen weiß, kommt an seine Stelle. Die Konkurrenz des Mufti rechtfertigt das jedesmalige Verhalten des Großherrn, und bringt den murrenden Pöbel zum Schweigen; denn was dieser billigt, ist ihm so gut, als wenn es Gott selbst genehmigt hätte. So ist jetzt dieses Priesterthum beschaffen, welches Mahomed errichtet hatte, und worin ihm die Chaliphen nachgefolgt waren. Anfangs war es mit unumschränkter Gewalt verbunden; da es aber in der Folge herabgesetzt wurde, so wendet es jetzt seine eingeschränkte Gewalt dazu an, den Despotismus des Oberherrn zu unterstützen.

Unternehmungen der Chaliphen.

Nach Mahomeds Tode rebellirten die unruhigen Araber, die ohnedem in ihrer Religion noch nicht genug befestigt waren, wider den Abubekr; denn sie weigerten sich, ihm die auferlegten Abgaben an Zehentem und Geschenken zu entrichten, und gewisse vom Propheten verordnete Gebräuche zu beobachten. Der neue Regent sandte deshalb einen erfahrnen General Namens Kaleb wider die Rebellen, und seinem Muthe und geschicktem Commando hatte er es größtentheils zu verdanken, daß Syrien erobert und die Mahomedanische Religion in diesem Lande begründet wurde. Er schlug die Rebellen in einem förmlichen Treffen, machte ansehnliche Beute, und führte sie in die Sklaverei. Dieser Feldherr hatte einen

un-

unverſöhnlichen Haß gegen die Feinde ſeiner Religion, oder die, welche von ihr abgefallen waren, und ließ ſich nicht bewegen, derer zu ſchonen, welche auf die lebhafteſte Weiſe ihre Bereitwilligkeit an den Tag legten, ihren Irrthümern zu entſagen. Der Griechiſche Kaiſer und andere Fürſtn, die die Saracenen, während ihrer innern Streitigkeiten, wenig geachtet hatten, empfanden nun die Stärke ihrer Waffen.

Als Abubekr die Rebellen und Abgefallenen wieder zum Gehorſam gebracht hatte; ſo faßte er den Entſchluß, ſeine Nachbarn entweder zur Annehmung der Mahomedaniſchen Religion oder zur Entrichtung eines Tributs zu zwingen, eingedenk der Verordnung des Propheten, nicht eher die Waffen niederzulegen, als bis alle Menſchen bekehrt wären. *) Der Chaliphe bevollmächtigte deshalb den Kaled zur Ausführung ſeines Plans, und dieſer eifrige Muſelmann nöthigte die Perſer ſich der Herrſchaft der Saracenen zu unterwerfen. Einsmal hatte Abubekr einige Freunde bei ſich: dieſe gaben ihm den Rath, einen Einfall in Syrien zu thun: er ſollte nur ſeine Abſicht den Anhängern der Mahomedaniſchen Religion in den verſchiedenen Provinzen Arabiens bekannt machen, und anſagen laſſen, daß er treue Gläubige wider die Ungläubigen ſenden wolle, um ihnen ihr Land zu entreißen. — Diejenigen, welche ſeine Abſichten vernahmen, brannten ſogleich vor Begierde ſie ſo ſchnell als möglich mit auszuführen, und es zog ſich ſonach eine zahlreiche Armee in den verſchiedenen Diſtrikten Arabiens zuſammen, um den Feldzug gegen Syrien zu unternehmen. Bei dieſer Expedition ſchlugen die Araber den Kaiſer Heraclius und machten an

ſehn

---

*) Koran. cap. VIII. IX.

sehnliche Beute. Das Kriegsglück entflammte daher auch die Einwohner von Mekka, welche bisher neutral geblieben waren, daß sie, mit den Waffen in der Hand, herzueilten, um an der Beute Theil zu nehmen. Der General Amru erhielt den Auftrag mit einem Corps nach Palästina aufzubrechen, und Obeidah sollte in Syrien eindringen, um die Einwohner dieser Länder zum Mahomedanischen Glauben zu bekehren. Als der letztere von dem Griechischen Kaiser geschlagen wurde, so rufte ihn Abubekr zurück und Kaled erhielt an seiner Stelle das Commando. Dieser wetzte die Scharte wieder aus, bemächtigte sich vieler wichtigen Plätze in Syrien, und zwang die Einwohner zur Entrichtung eines Tributs. Bei der Belagerung von Bostra rufte Kaled seinen Truppen zu: „Fechtet, fechtet, ihr kommt ins Paradies!" Durch diesen Zuruf begeistert, fochten die Saracenen mit Löwenmuthe, eroberten diese wichtige Stadt mit stürmender Hand und machten die Einwohner zu Sklaven. Da liefen die Priester und Mönche auf den Straßen umher, und flehten umsonst zu dem Gotte, dessen Gesetze sie übertreten hätten, und der sie nun zur Strafe den Händen ihrer Feinde übergäbe. —

Als Kaled Damascus belagerte, sandte der Kaiser Heraclius den General Verban mit einer Armee, um die Stadt zu entsetzen; als aber Kaled solches inne wurde, detachirte er den General Derar mit einem kleinen Corps, um den kaiserlichen Feldherrn eine Diversion zu machen. Dieses Corps war dem Feinde bei weiten nicht gewachsen; aber dennoch rückte Derar damit vorwärts, um eine Schlacht anzubieten; denn es war ein Grundsatz unter den Muselmännern, wozu die bisherigen Erfahrungen beigetragen hatten: daß eine Hand voll Mannschaft auch eine große Armee angreifen müsse!

Als

Als die Action anfing, wurde Derar gefangen genommen, und die Seinigen würden die Flucht ergriffen haben, hätte ihn nicht Omeirah mit lauter Stimme zugerufen. „Wie? wißt ihr nicht, daß wir Gott und den Propheten beleidigen, wenn wir, wo es immer sei, dem Feinde den Rücken zeigen? und daß nur denen, die bis auf den letzten Blutstropfen für ihre Religion fechten, die Thore des Paradieses geöfnet werden? Diese Worte gaben dem erlöschenden Feuer der Soldaten neue Kraft; die getrennten Glieder fügten sich wieder zusammen, und behaupteten so lange das Feld, bis Hülfstruppen zu ihnen stießen; denn Kaled eilte selbst herbei, er focht über die Griechen einen vollkommenen Sieg, und kehrte sogleich wieder um, um die Belagerung von Damascus fortzusetzen. Heraclius, geschlagen aber nicht überwunden, sandte den Werban zum zweitenmale mit einer Armee von siebenzigtausend Mann, um die Belagerung abzuschlagen, die zu vollenden der feindliche General dergestalt erhitzt war, daß er die größten Befehlshaber, welche in verschiedene Gegenden des Landes eingerückt waren, zu seiner Hülfe eilig herberufte. Als nun die Armeen näher gegen einander rückten, eilt Kaled durch die Glieder der Seinigen und ermunterte sie, muthig für ihre Religion zu fechten, und keinen Fuß breit zu weichen, so würden die Feinde nach der Verheißung des Propheten, den Lohn ihres Unglaubens empfangen.*)

Ungeachtet die Griechische Armee an Mannschaft der feindlichen überlegen war, so wollte der General dennoch die Schlacht vermeiden, weil er wußte, daß seine Soldaten nicht mit dem Enthusiasmus fechten würden,

wel-

*) Koran, cap. VIII.

welcher die Saracenen entflammte, die die Märtyrer-
Krone im Paradiese erwarteten, wenn sie sich für die
Religion des Propheten aufopferten. Seine Besorgniß
war nur allzusehr gegründet; die Saracenen schlugen
die Christen gänzlich in die Flucht; er ließ funfzigtausend auf der Wahlstatt, und die Feinde zogen, mit rei-
cher Beute beladen, davon. Als darauf eine Anzahl
hungriger Araber, zumal die in Mekka, von dem Siege und der Beute ihrer Landesleute hörten; so hielten
sie um Erlaubniß an, den Feldzug mitzumachen; denn
sie suchten zu plündern, und die unfruchtbaren Wüsten
des steinigten Arabiens mit den Annehmlichkeiten von
Damascus zu vertauschen.

Nach jenem merkwürdigen Siege, kehrten die Saracenen, ihres fernern Glücks gewiß, zur Belagerung
von Damascus zurück, indeß die Belagerten untereinander berathschlagten, ob sie die Stadt übergeben, und,
um ihr Leben zu retten, sich zu einem Tribute verstehen
wollten. Diesem Vorschlage widersetzte sich Thomas,
des Kaisers Stiefsohn, und declamirte gegen die Araber, als arme und nackende Vagabunden, die den Da-
mascenern weder an Anzahl noch an Disciplin gleich kä-
men. Man wendete ihm zwar ein, daß diese Leute auf
eine verzweifelte Weise fechteten und überhaupt allen
Gefahren muthig entgegen gingen, fest überzeugt, daß
jeder, der von ihm auf dem Schlachtfelde bliebe, unmittelbar in das Paradies einginge, ihre Feinde hingegen
zur Hölle hinabführen. Dessen ungeachtet ging Thomas's Meinung durch, daß die Damascener sich gegen
den Feind wehren sollten. Er nöthigte auch die Saracenen, daß sie sich ein wenig zurückziehen mußten, ungeachtet ihnen Kaled vor der Action zugerufen hatte:
„Ihr sollt nach dem Tode Ruhe haben; und das ist die
er-

erwünschteste Ruhe, welche nie wieder von Arbeit unterbrochen wird." Ein Mahomedanisches Weib, deren Mann geblieben war, begehrte, von eigenem Enthusiasmus so wohl als von dem Zuruf der Generale belebt, den Tod. „Glücklich, sagte sie, bist du mein Lieber; du bist zu deinem Herrn gegangen, der uns ehedem mit einander verband, und uns nun wieder getrennt hat; ich will nun deinen Tod rächen, will alle meine Kräfte aufbieten, will mich dahin geben, daß ich auch dahin komme, wo du bist." Nachdem sie diese Worte gesagt hatte, vergoß sie weiter keine Thräne, sie hörte auf zu seufzen, waffnete sich zur Schlacht, und focht muthig, bis sie fiel.

Als die Einwohner von Damascus von den Saracenen hart gedrängt wurden, so wollten sie capituliren, weil sie fanden, daß die Stadt an Kaled war verrathen worden, der sie unmittelbar angriff, um der freiwilligen Uibergabe zuvor zu kommen, und seinen Soldaten das Plündern erlauben zu dürfen. Alle Einwohner waren genöthigt, die Stadt zu verlassen, außer diejenigen, deren Meinung dahin ausgefallen war, sich freiwillig zu einem Tribute zu verstehen.

An diesem Tage starb Abubekr, und ihm folgte Omar nach, welchem er das Chaliphat als ein Vermächtniß hinterließ. Omar schickte einige seiner Generale mit Truppen ab, um einen Einfall in das Persische Reich zu thun, und Eroberungen in Irak zu machen. Dieser Chaliphe nahm Kaled das Obercommando, weil er zu hitzig und zu stolz war, und gab es dem Abu Obeidah, welcher bedächtiger und bescheidener war. Als Abdalla von einem Heer Christen umringt war, ermunterte er seine Truppen mit folgenden Worten: „Entweder wir
sie

siegen und machen alle Beute; oder wir bleiben und gehen geradesweges in das Paradies." Als er diese Worte ausgesprochen hatte, stürzte er mit seinem Corps unter die Christen, und richtete eine große Niederlage an. Die Soldaten Obeidahs erlitten bei der Belagerung von Balbek einen großen Verlust, theils von den Maschienen, die zur Vertheidigung auf den Wällen angebracht waren, theils von den Ausfällen der Belagerten. Der General sagte daher zu seinen vornehmsten Ofñcieren, daß der Verlust dieser Soldaten von Gott beschlossen wäre, und ermahnte seine Truppen zur Geduld und Standhaftigkeit, denn Gott gäbe den Standhaften Glück, und wer in den Feldzügen zur Ausbreitung der Religion das Leben verliere, den erwarte die Krone des Märtyrerthums. Als die Saracenen, wie gewöhnlich, gesiegt, und den Gouverneur der Stadt Namens Herbis gefangen genommen hatten, so brachten sie ihn vor den General Obeidah. Als der Gouverneur sah, was nun sein Schicksal seyn würde, und die kleine Anzahl der feindlichen Truppen gewahr wurde, so biß er sich vor Wuth in die Finger. Der Mahomedanische Heerführer zog Vortheil von diesem Auftritte, und belehrte den Herbis, daß die Anzahl der wahren Glaubigen in den Augen der Götzendiener immer größer erschiene, als sie wirklich wäre; daß ihnen die Engel des Himmels beiständen, wie sie dem Propheten bei Bedar beigestanden hätten; daß sie von dem himmlischen Hülfsheere abhängig wären; und wenn sie ihrer auch selbst nie mit Augen gewahr würden, so geschähe solches doch von den Feinden, welche dadurch auf die Vermuthung geriethen, daß das Mahomedanische Heer größer sey, als es sich wirklich an der Zahl beliefe. *)

So

*) Ockley's History of the Saracens p. 204.

So groß waren die Wirkungen des Enthusiasmus in den Kriegen der erſten Caliphen, daß ſich auch ein Mahomedaniſcher Befehlshaber, belebt durch die Ausſicht in das ſchöne Paradies, auf eine beſondere Weiſe in dem Treffen bei Hems auszeichnete. Er drückte ſich auf folgende Weiſe aus: „Mich dünkt, ich ſehe ſchon die ſchwarzäugigen Mädchen auf mich blicken; eine davon iſt ſo reizend, daß wenn ſie in dieſer Welt auftreten ſollte, alle Männer, aus Liebe zu ihr, den Tod leiden würden." Nachdem er dieſe Worte ausgeſprochen hatte, griff er die Feinde mit aller Kühnheit an, und zur Rechten und Linken fielen die Erſchlagenen, bis er ſelbſt mit einem Wurfſpieße von der Hand des Gouverneurs getödet wurde. — Der Kaiſer Heraclius ſtrengte alle ſeine Kräfte an, dieſe Enthuſiaſten zu überwinden, und ſtellte dem Mahomedaniſchen General eine Armee entgegen, dergleichen man ſeit dem Einfalle der Saracenen in Syrien, nie geſehen hatte. Die Griechen machten den Angriff mit ſo viel Tapferkeit und Hitze, daß ſich die Mahomedaner zur Flucht umkehrten; allein die Weiber, welche in das Hintertreffen ſich geſtellt hatten, empfingen ihre Männer ſo tapfer mit Schlägen und Schimpfwörtern, daß ſie lieber dem Feinde wieder Fronte bieten als die Invectiven ihrer Weiber aushalten wollten. Allein die Griechen griffen ſie mit ſolcher Heftigkeit an, daß ſie den Zuruf ihres Generals vergaßen; ſelbſt der General ergriff die Flucht! Die Nacht kam dazwiſchen, und das Gefecht mußte von beiden Seiten aufhören. Da ſagte Obeidah zu ſeinen Soldaten, daß die Feinde das nemliche Ungemach zu erleiden hätten, was ſie jetzt erdulden müßten, aber nicht dieſelbigen Belohnungen erwarten dürften.*) Bei Anbruch des Tags erneuerte ſich

die

---

*) Ockley's hiſt. of. Sarac. p. 237.

die Schlacht, die Saracenen erfochten den Sieg, tödteten hundert und funfzigtausend Christen, nahmen vierzigtausend gefangen, und verloren vergleichungsweise von den ihrigen nur wenig.

Darauf kehrte Obeidah seinen Zug nach Jerusalem, um die Stadt zu belagern, und legte den Einwohnern die gewöhnlichen Bedingungen vor, entweder die Mahomedanische Religion anzunehmen, oder einen Tribut zu entrichten, oder die Entscheidung dem Glücke der Waffen zu überlassen. Die Belagerten entschlossen sich bis auf das Aeußerste die Stadt zu vertheidigen; Obeidah verstärkte sich deshalb mit mehrern Truppen und legte den Belagerten die nämlichen Bedingungen vor, mit dem spöttischen Zusatze, daß, wenn sie solche verwerfen würden, so sollten sie es mit Männern zu thun haben, die den Tod mehr liebten, als die Christen den Wein und das Schweinefleisch. Alle Saracenische Generale bedienten sich in ihren Gebeten vor Jerusalem der Worte, welche Mahomed Mosen gegen die Israeliten in den Mund legt: „Mein Volk gehe ein in das heilige Land, welches dir dein Gott bestimmt hat."*) Diese Worte zogen jetzt die Saracenen auf sich, und wurden dadurch von ganz besonderm Muthe zur Fortsetzung der Belagerung erfüllt. Nach Verlauf von vier Monaten konnte sich die Stadt nicht länger mehr halten; man unterwarf sich der Forderung eines Tributs und anderer harten Bedingungen, um Eigenthum, Leben und Gewissensfreiheit zu retten. **) In eben dem Jahre, in welchem Jerusalem überging, schlugen die Saracenen auch die Perser, und machten eine beträchtliche

---

*) Koran, cap. V.
**) Oakley's hist. of Sarac. p. 246.

che Beute, an Kleidern mit Gold und Edelsteinen geziert, und ansehnlichen Geldsummen, plünderten auch ein Zeughaus, in welchem sich alle Arten von Kriegsgeräthen befanden.

Hierauf wurde Aleppo belagert, und nach fünf Monaten durch einen Überfall eingenommen. Dann nahmen die Saracenen ihren Zug unmittelbar nach Antiochia, der Residenz der Griechischen Kaiser. Heraclius wurde durch Verrätherei seines eigenen Volks überwunden, die Hauptstadt von Syrien dem Obeidah übergeben, und der Kaiser entwischte heimlich, von wenigen Freunden begleitet, nach Constantinopel. Zu derselbigen Zeit machte Kaleb in andern Gegenden ansehnliche Fortschritte, und eine Menge Städte mußten sich ihm ergeben.

Nach der Einnahme von Jerusalem sandte der Chaliphe Omar den Feldherrn Amru mit einer Armee ab, um Aegypten einzunehmen und die Mahomedanische Religion in jenem Lande einzuführen. Constantin, des Kaisers Sohn, that zwar allen möglichen Widerstand; aber vergeblich! Die Saracenen waren siegreich, wie immer, auch glühte hier ihr gewöhnlicher Enthusiasmus in einem hohen Grade. Ein unbärtiger Jüngling hatte die Kühnheit, sich mit einem mannhaften Officier von Constantins Armee in einem Zweikampf einzulassen, und erlegte nicht allein diesen, sondern noch zwei, die ihm zur Seite standen. Dieser junge Mensch pflegte zu sagen, daß er den Feldzug noch gar nicht um deswillen mitgemacht habe, damit er die Annehmlichkeiten dieses Landes genießen wolle, sondern um in dem Dienste Gottes zu streiten, um dessen Gunst er sich bemühe, und dessen Apostel er seyn wolle. Bevor er sich

in

der Mahomedanischen Religion.

in den Zweikampf mit dem Christen-Officier einließ, nahm er von seinen Freunden Abschied, und ermunterte sie muthig zu streiten, und sie würden von dem Wasser trinken, welches Gott den Aposteln im Paradiese aufgehoben habe. *)

Die Städte Tripolis, Tyrus, Cäsarea und alle übrige feste Plätze Syriens, die bisher sich noch gehalten hatten, wurden nun ebenfalls von den Saracenen eingenommen; und Amru eroberte Pharmah, Cairo, und andere Plätze Aegyptens, mit Gewalt, List oder Verrätherei. Nachdem Alexandria übergegangen war, unterwarf sich ganz Aegypten, und jeder Einwohner erlegte für die Loskaufung seines Lebens und die Freiheit seines Eigenthums und Gewissens jährlich, nach unserm Gelde, zwei Ducaten Kopfgeld.

Omar verbannte während seines Chaliphats aus Arabien alle Juden und Christen, und unterwarf sich Syrien, Aegypten, und andere Provinzen Asiens nebst einem großen Theile von Persien. Nach seinem Tode kehrte sein Nachfolger Othman die Waffen abermals wider Persien, eroberte das ganze Land und unterwarf es dem Chaliphate.

Aus dem bisher Erwähnten können wir sehen, worauf sich der schnelle Fortgang der Saracenischen Waffen gründete, und durch was für Mittel das Ansehn und der Reichthum der Chaliphen befördert wurde; denn nach dem Ausspruche des Koran erhielten sie den fünften Theil der Beute, die im Kriege war gemacht worden, desgleichen einen Theil des Tributs, welchen die Einwoh=

*) Ockley's Hist. of Saracens p. 333.

wohner der eroberten Städte und Provinzen entrichten mußten. Die Chaliphen wußten sich auch in ihrer Herrschaft, in ihrem Reichthum und in ihrem Gebiete, welches sie sich unterworfen hatten, durch die Klugheit und List ihrer Generale und den Enthusiasmus ihrer Truppen fest zu setzen, um auch dann noch die Eroberungen weiter zu treiben, wenn sie auch gleich durch die Kühnheit oder Bedachtsamkeit feindlicher Armeen auf ihrer kriegerischen Laufbahn aufgehalten wurden.

Das waren die Lehren und Maaßregeln, deren sich Mahomed und seine Nachfolger bedienten, ihre Herrschaft zu erweitern und ihre Religion fortzupflanzen! Das waren die unmittelbaren Wirkungen, welche der ursprüngliche Mahomedismus bei seinen Anhängern und in Absicht auf das Wohl der bürgerlichen Gesellschaft hervorbrachte!

Mitwirkende Ursachen zu der Fortpflanzung der Mahomedanischen Religion und der Eroberungen der Saracenen.

Der Fortgang der Unternehmungen Mahomeds und seiner Nachfolger gründete sich zwar größtentheils auf seine Lehren; aber auch andere Ursachen trugen, wie wir allbereits gesehen haben, mit dazu bei. Die natürliche Tapferkeit der Araber, die Schwäche ihrer Nachbarn, die Treulosigkeit vieler Christen, welche ihre Glaubensgenossen verriethen, selbst die Tugenden der ersten Chaliphen, alles trug zu den Eroberungen der Saracenen bei. Mahomed selbst war sehr geschickt, die Menschen mit seinen Lehren zu täuschen; denn die Natur hatte ihn mit den herrlichsten Anlagen versehen. Er war schön von Körper, besaß einen feinen Witz, ein angenehmes Betragen, war freigebig gegen Arme, höflich gegen jedermann, und tapfer im Kriege. Nach den Grundsätzen der Mahomedanischen Religion sind die Pflichten des Gebetes, des Fastens und Almosengebens Gott so angenehm, daß Omar sagte: „Die Gebete bringen uns halben Weges zu Gott; das Fasten führt uns bis an das Thor des Himmels, und das Almosengeben verschafft uns den völligen Eingang." Die Pflicht des Fastens wurde von Mahomed für so wichtig ausgegeben, daß er sie die Thüre der Religion nannte, und die abgeschmackte Behauptung vorbrachte, daß der Geruch aus dem Munde eines Fastenden, Gott angenehmer sey, als Bisamduft.*)

Abubekr, Mahomeds Nachfolger, besaß viele Tugenden; er war keusch, mäßig, uneigennützig; er theilte alle Freitage das Geld in seinem Schatze nach Maßgabe der Verdienste aus. Omar gab jede Woche den Armen und behauptete, diese Handlung sey besser als die, des Abubekr, denn man müsse, sagte er, die zeitlichen Güter zur Unterstützung der Nothleidenden, nicht zur Belohnung der Verdienste, anwenden; dann diese würden in jener Welt schon vergolten werden.

Außer den bisher angeführten Ursachen, welche zu den Siegen der Saracenen mitwirkten, finden wir auch im Koran **) eine Lehre, welche außerordentlich geschickt war, die Eroberungen zu unterstützen. Mahomed

---

*) Broughton, Art. *Mahomed*.
**) Koran, cap. II. und V.

med untersagte nemlich seinen Anhängern durchaus das Weintrinken, und Paul Ricaut *) schreibt der Enthaltung von diesem Getränke einen Theil des guten Erfolgs zu, welcher die Unternehmungen der Chaliphen begleitete. In den frühesten Zeiten des Mahomedanismus wurde dieses Verbot auf keine Weise verletzt; auch noch jetzt findet man, daß ein gewissenhafter Gläubiger den Wein weder trinkt noch kauft oder verkauft, sogar nicht einmal von dem Gelde, welches aus dem Weinhandel genommen worden, Gebrauch machen will. Freilich übertreten jetzt die Perser und Türken dieses Gebot sehr häufig, und wenn ihnen von Christen der Vorwurf gemacht wird, daß sie hiermit wider den Koran sündigten, so antworten sie: „es ist mit uns eben so wie mit euch Christen; eure Religion untersagt das Betrinken, und ihr betrinkt euch dennoch, und setzt wohl gar noch eine Ehre in diese Ausschweifung. **)

Vergleichungen der Mahomedanischen und christlichen Lehren und ihrer Wirkungen.

Halten wir Mahomeds und Christi Lehren und die Mittel, durch welche jeder die seinigen auszubreiten suchte, gegen einander, so zeigt sich ein auffallender Contrast; und dieser wird dazu dienen, die Vortreflichkeit des Christenthums in ein helleres Licht zu setzen. Dieses wurde durch kein einziges Zwangsmittel fortgepflanzt;

---

*) Maximen der Türkischen Staatsverfassung, Buch 3. Kap. 11.

**) Sale's prelim. discourse, sect. 5.

pflanzt; vor jenen Aposteln ging der Schrecken ihrer
Waffen her, und die Furcht nöthigte die Menschen zur
Annahme dieser Religion. Das Evangelium wurde in
keinen Zeiten der Unwissenheit, keinem in Barbarei ver=
sunkenem Volke verkündigt, und Ueberredung, nicht das
Schwerdt, war das Werkzeug zur Ausbreitung dessel=
ben. Das Christenthum kam in keinem obskuren Win=
kel der Erde, der von Dieben, Räubern und Barbaren
bewohnt war, zum Vorschein, sondern in dem durch
Künste und Gelehrsamkeit blühenden Augusteischen
Zeitalter. Christi Lehre war eine geistige Lehre, welche
auf den Verstand wirkte; die Mahomedanische schmei=
chelte der Sinnlichkeit eines unwissenden Volkes; der
Koran nimmt alle mögliche Rücksicht auf die stürmischen
Leidenschaften der Araber; das Evangelium widersetzt
sich im Allgemeinen allen menschlichen Leidenschaften, und
gebietet Handlungen, die den natürlichen sich selbst über=
lassenen Neigungen aller Menschen zuwider sind. Ma=
homed war nicht so ganz ohne Wissenschaften, wie er
von sich vorgab, und wenn er es auch war, so mußte es
ein ungleich leichteres Werk seyn, ein ungebildetes Volk,
wie die Araber, mit seiner Lehre zu täuschen, als in
welchem Falle sich die Apostel befanden, von ihrer Lehre
gebildete und unterrichtete Menschen zu überzeugen. Die
Mahomedanische Religion verführte zu Eroberungen und
Ruhmsucht: die christliche versprach ihren Anhän=
gern von allen diesen Dingen nichts; vielmehr sagte sie
ihren Bekennern Trübsale und Verfolgungen voraus.
Die Heiden, welche die Juden von jeher gehaßt hatten,
waren auch dem Christenthume, welches so zu reden auf
den jüdischen Stamm gepfropft war, nichts weniger als
geneigt. Die Juden selbst verschmäheten das Christen=
thum, weil es sich als eine allgemeine Religion für alle

Dd 2   Men=

Menschen ankündigte, und alle Nationen unter sich gleich machen wollte. Dies war ihrem Rationalstolze durchaus unerträglich.

Bayle gesteht ein, daß man drei Jahrhunderte hindurch keine Gewalt zur Ausbreitung des Christenthums angewendet habe, sondern daß es erst nach dem dritten bis zum sechsten durch das Schwerdt sey verbreitet worden, so wie nachher der Mahomedismus. Ich will diese Behauptung, zu welcher ich freilich den Beweis sehen möchte, einstweilen zugeben; aber dessen ungeachtet wird hieraus nichts nachtheiliges für die Würde des Christenthums können gefolgert werden; denn das Christenthum war lange zuvor verkündigt und angenommen worden, eh' Fürsten sich's in den Sinn kommen ließen, durch die Gewalt der Waffen es zu vertheidigen. Die innere Uiberzeugungskraft des Christenthums, und die Wunder seiner Lehren, hatten tausend und aber tausend Menschen gewonnen, eh' ein Constantin auftrat und andere Maßregeln ergreiffen zu müssen wähnte. Ausgebreitet war es weit und breit, wenn gleich noch nicht befestigt genug, als dieser Fürst die Aufrechthaltung desselben versuchte. Dreihundert Jahre waren verflossen, und nie hatte man sich der geringsten Gewaltthätigkeit in Rücksicht der Religionsverbreitung schuldig gemacht. Der Koran hingegen verschaffte sich gleich vom Anfange seiner Entstehung an, seine Anhänger durch die Gewalt der Waffen.

Vergleichung der Leben und Lehren Christi und Mahomeds.

Vergleichen wir das Leben und die Lehren Christi und des Arabischen Propheten, so zeigt sich gleich beim er-

der Mahomedanischen Religion.

ersten Anblick der auffallendste Contrast. Jener verhies keine groben sinnlichen Vergnügungen und Wohllüste in dem Elysium, wie Mahomed und die Heiden, sondern reine geistige Vergnügungen. * Christus verbot nicht allein unbescheidene Blicke und unzüchtige Reden, sondern auch unreine Gedanken. Er empfahl Selbstverleugnung, Mäßigkeit, liebreiches Wesen, Versöhnlichkeit und Dahingebung in Gottes Rathschlüsse, nicht allein durch seine Lehren, sondern auch durch sein Beispiel. Er war ohne Mängel, ohne Sünde! Mahomed hatte von der Natur zwar manche vortrefliche Eigenschaften empfangen, aber dessen ungeachtet war er ein Landräuber, ein Mörder, ein Ehebrecher und Hurer. Christus schärfte Liebe zum Frieden und zur Eintracht, und gegenseitige Ertragung ein; Mahomed gebot Krieg und Rachsucht. Christus dämpfte die Lüste der Männer durch die Monogamie; Mahomed entflammte sie durch die Begünstigung der Vielweiberei. Christus gestattete einen mäßigen Gebrauch aller Güter dieses Lebens; Mahomed verbot den Wein und das Schweinefleisch. **)

Chri-

*) Aber doch mußte er sie unter Bildern vortragen, welche fähig waren, auf jüdische Gemüther einen Eindruck zu machen. Daher das Paradies, das Gastmahl mit Abraham, Isaak und Jacob u. d. m. Der Uib.

**) Selbst der größte Liebhaber von einem guten Stück Schweinefleisch und einem Glase Wein, wird es unmöglich dem Mahomed übel nehmen, daß er beides verbot. Unter Leuten von so hitziger Komplexion, als die Araber waren, die Mahomed zur Ordnung gewöhnen wollte, konnte der Wein große Unordnungen anrichten: und das Verbot des Schweinefleisches ist kein Religionsgesetz,

Christus gebot, in der Schrift zu forschen; Mahomed untersagte, den Koran in andere Sprachen zu übersetzen, oder ihn vom Volke lesen zu lassen. Christus pflanzte seine Religion durch seine eigenen und seiner Nachfolger Tugenden fort; Mahomed durch Tyrannei und Grausamkeit. Die Schüler des Erstern waren unschuldige Fischer, die des Letztern, Leute, welche im Namen ihres Propheten raubten und mordeten. Demuth und Versöhnlichkeit waren die charakteristischen Züge Christi, da hingegen die heftigsten Leidenschaften, Stolz und Rachsucht in Mahomeds Busen glühten. Die Schüler des Erstern waren ehrliche und menschenliebende Männer; die des Letztern, Räuber und Mörder. Das Christenthum verhies keine äußern Vortheile, seine Anhänger sahen auch die Mühseligkeiten und Verfolgungen voraus, die ihrer erwarteten; der Mahomedismus hingegen hatte manches Verführerische in Absicht irrdischer Glückseligkeit.

Es hielt schwer, Anhänger der Mahomedanischen Religion zum Abfall zu bewegen.

Wir haben das Zeugniß des Kahiti Agam, eines gelehrten Türken, welcher in allen Vorurtheilen wider die

setz, sondern es gehört in die medicinische Polizei. Denn da die Morgenländer so oft unheilbaren Hautkrankheiten ausgesetzt sind, so ist es besser, wenn ihnen solches schlechterdings verboten wird. Christus erlaubte alle Speisen; denn der Moralist hat hier weiter nichts zu sagen, als daß man sich in allen und jeden der Mäßigkeit befleißige. Der Ubers.

die christliche Religion war erzogen worden, und der dennoch behauptete, daß die Lehre des Evangeliums der des Korans vorzuziehen sey. Als er von seinen Glaubensgenossen aufgefordert wurde, diese Meinung abzuschwören, und im Weigerungsfalle mit dem Tode bedrohet wurde; so blieb er dennoch standhaft bei seiner Meinung und erduldete lieber freiwillig den Tod, als daß er ihr entsagte. Da er also so hartnäckig war — denn so nannte man sein Verhalten — so kam deshalb ein Edikt heraus, daß alle, welche ähnliche Meinungen hegten, dasselbe Schicksal erfahren sollten. Hieraus hören wir sehen, warum Bayles Behauptung wahr ist: daß weniger Menschen vom Mahomedismus zum Christenthume übergegangen sind, als umgekehrt. Es giebt aber auch noch andere Ursachen. Die Mahomedaner pflegen diejenigen zu bestrafen, welche jemand zum Abfall von ihrem Glauben verleiten; denjenigen hingegen, die dem Christenthume entsagen, und ihre Religion annehmen, gestatten sie die Immunität von öffentlichen Abgaben. Zufolge der Mahomedanischen Lehre, wird der Lasterhafte nach einem gewissen Zeitraume aus den Quaalen der Hölle wieder erlöst; nach der christlichen Lehre dauren die Folgen der Sünde ewig. Der Koran gestattet die Privatrache, welche den verderbten Neigungen der Menschen sehr angenehm ist, und die Mahomedaner sprechen mit so viel Ehrfurcht von Moses und Christus, daß die Christen für ihre Religion leicht können gewonnen werden.

Als der Mahomedismus durch die Gewalt der Waffen ausgebreitet wurde, und es darauf ankam, von der Unwissenheit der Gläubigen Vortheil zur Aufrechthaltung dieser Religion zu ziehen; so untersagte der Pro-

Prophet das Studium der Philosophie, und machte es zu einem Kapitalverbrechen, über die Lehren des Koran zu disputiren, ihn an Fremde zu verkaufen, zu übersetzen; oder einen Muselmann zu bekehren. *) Wäre es auch den Mahomedanern erlaubt, wider den Koran Einwendungen zu machen, es würde doch unmöglich seyn, einen Muselmann zu bekehren; denn der Prophet gesteht selbst, daß von zwölftausend im Koran enthaltenen Gedanken nur viertausend wahr wären; so, daß man richtig tausend Gedanken ad absurdum zurückführen könnte, und der Gläubige bliebe dessen ungeachtet in seiner Religion unerschüttert; denn er könnte immer der Meinung seyn, daß dieses Tausend zu den acht tausend falschen Gedanken gehörte. **) Man sieht hieraus, wie äußerst gefährlich es ist, in Mahomedanischen Ländern diese Religion bestreiten zu wollen. Das Ansehn der höchsten Obrigkeit ist auf den Koran gegründet; die Lehren dieses Buchs sind die Grundveste des Throns, so, daß irgend eine Veränderung in der Religion auch politische Unordnungen nothwendig hervorbringen würde. Neuerungen in der Religion sind daher nichts anders, als Feindseligkeiten gegen den Fürsten!

Der Despotismus eine Folge von den Eroberungen der Saracenen.

Da ich nun den Einfluß der Mahomedanischen Religion zu den Zeiten der ersten Chaliphen dargestellt habe,

---

*) Smyth's Sitten der Türken.
**) Sale's prelim. disc. sect. 3.

be, so fahre ich fort, die merkwürdigsten Folgen der Grundsätze dieser Religion in den folgenden Zeiten zu zeigen.

Die ersten Mahomedaner sahen die Siege unausgebreiteten Eroberungen des Propheten und seiner unmittelbaren Nachfolger als glückliche Wirkungen seiner Lehren an. Aber jedermann, der die gesunde Vernunft und die Geschichte dabei zu Rathe zieht, muß sich überzeugen, daß ausgebreitete Reiche nichts zur Glückseligkeit einer bürgerlichen Gesellschaft und der einzelnen Individuen beitragen. Eigene Erfahrung muß die Unterthanen des Großsultans überzeugen, daß indem ihre Vorfahren Eroberungen machten und ihre Religion ausbreiteten, Ketten für die Nachkommen schmiedeten, und die Gewalt eines unumschränkten Despoten vermehrten.

Die Länderbesitzungen, welche sich die drei ersten Chalyphen verschafften, muß man in einem gewissen Grade der Mahomedanischen Religion zuschreiben; auch in der Folge hatte sie keinen geringen Antheil an den weitläuftigen Eroberungen, in allen drei Welttheilen. Paul Ricaut *) schreibt von dem Ottomannischen Reiche folgendes: „Alle schönen Gefilde Asiens, die entzückenden Plänen von Tempe und Thracien, alle fruchttragende Felder Aegyptens, die Fruchtbarkeit des Nilstroms, das Mark von Peloponnesus, Athen, Lemnus, Chios, Mitylene und andere Inseln des Aegeischen Meeres; die Specereien Arabiens, die Reichthümer von einem großen Theile Persiens und des ganzen Armeniens; die Provinzen Galatien, Bithynien, Phrygien, Lycien, Pam-

*) Grundsätze der Türkischen Regierung, Buch I. Kap. 1.

Pamphylien, Palästina, Cölesyrien und Phönicien; Colchis und ein grosses Stück von Georgien; die steuerbaren Provinzen der Moldau, Walachei, Romanien, Bulgarien, Servien, und eines schönen Stücks von Ungarn; alle diese ausgebreiteten Besitzungen müssen dazu dienen, um die Lüste eines Großsultans zu befriedigen." Sklaverei und Gewaltthätigkeit waren die natürlichen Wirkungen der von Mahomed und seinen Nachfolgern gestifteten Regierung! Da das Ottomannische Reich zur Kriegszeit aufgerichtet wurde, so waren auch die Gesetze in demselben und die ganze Regierungsform willkührlich und strenge, völlig nach den Grundsätzen eines militärischen Systems! Befehlshaber der Armeen wurden bürgerliche Oberherrn, und was durch das Schwerdt war erobert worden, blieb ein Eigenthum der Fürsten oder ihrer Feldherrn.

Der Großsultan kann über Ländereien, Heerden, Häuser, und jedes andern Eigenthum der Unterthanen, nach Willkühr verfügen, ausgenommen die Ländereien, die die Kirche besitzt. Man gab ihm ehedem den Titel: Der Gott auf der Erde, der Schatten Gottes, der Bruder der Sonne und des Mondes, und der Geber aller irrdischen Kronen. Es ist ein Grundsatz der Türkischen Regierung, daß der Großherr weder abgesetzt noch für seine Grausamkeit und Unterdrückung kann zur Rechenschaft gezogen werden; und daher läßt er auch, wenn es ihm einfällt, wohl tausend Unterthanen an einem Tage umbringen, ohne daß eine vernünftige Ursache dazu da wäre. *)

Un=

---

*) Grundsätze der Türkischen Regierung, Buch 1. Kap. 3.

Unumschränkte Gewalt erfordert natürlicher Weise unbedingten Gehorsam, und man wendet daher im Türkischen Reiche den größten Fleiß an, denjenigen, die zu den ersten Staatsbedienungen bestimmt sind, alle mögliche Unterwürfigkeit einzuflößen. Von der Hand oder auf Befehl des Großherrn zu sterben und mit aller Ergebung in dessen Willen den Tod zu leiden, wird im Serail für die höchste Stufe des Märtyrerthums angesehen; und wer sich demselben unterziehen muß, von dem glaubt man, er gelange unmittelbar ins Paradies. *) Nach einem solchen Erziehungssystem, lernen die Unterthanen frühzeitig den Launen ihres Kaisers gehorchen; sie kommen seinen Wünschen zuvor; sie würden sogar keinen Anstand nehmen, sich von einem Felsen herabzustürzen oder einander zu tödten, wenn es dem Großherrn Unterhaltung oder Vergnügen gewährte. Ein Großvezier, der ein Günstling des Sultan war, und dem man deshalb glücklich pries, gestand, daß ihm nur das Einzige, von der Hand seines Herrn einmal den Tod zu leiden, zu seinem vollkommenen Glücke noch übrig sey. **)

Um die despotische Gewalt zu unterstützen, erhebt der Großherr niemand zu Staatsämtern, der nicht in den Grundsätzen der Mahomedanischen Religion erzogen worden, und an den leidenden Gehorsam vollkommen gewöhnt ist. Er erwählt jezuweilen Söhne von gefangenen Christen dazu, weil diese keine Familienverbindungen im Lande haben. Diese kann er ohne Gefahr anstellen und absetzen, je nachdem ihn seine Launen dazu an-

---

*) Grundsätze der Türk. Regierung, Kap. 3.
**) Ebend. Kap. 4.

anreißen. Kurz, an allen Orten, wo die Mahomedanische Religion herrscht, findet sich auch der vollendete Despotismus!

Ein gelehrter Schriftsteller *) behauptet, daß Aegypten durch die despotische Regierungsform und die Lehre von der unbedingten Vorherbestimmung in Ansehung der Volksmenge abgenommen habe, und bei weiten nicht so gut angebaut sey, als ehedem; daß die Einwohner von ihrer ehemaligen Zahl bis auf das Drittheil zusammen geschmolzen, und ein Drittheil des Landes, der ehedem urbar gewesen, jetzt wüste liege. Dies ist gar nicht zu verwundern, denn die Hausväter wenden keinen Fleiß an, ihre Ländereien in der Besserung zu erhalten, weil es ungewiß ist, ob ihre Kinder die Früchte ihrer Arbeit einmal genießen dürfen. Auch ist der Landmann zu sehr mit Abgaben überhäuft, daß es ihm in einem der ergiebigsten Länder, sogar an dem nöthigsten Lebensunterhalte fehlt.

Fortsetzung.

Nach den Grundsätzen der despotischen Ottomanischen Regierung, ist das Vermögen der Unterthanen nicht erblich; sondern es kommt dabei auf den Willen des Großherrn an. Indessen können die Unterthanen ihre Ländereien den Nachkommen zusichern, wenn sie sie, nach Mahomeds Vorschrift, mit der Kirche verbinden. Wenn jemand will, daß sein Vermögen ungeschmälert

an

---

*) Savarys Reisen nach Aegypten, Brief 43.

an seinen männlichen Descendenten kommen soll, so macht er daraus eine kirchliche Stiftung, mit dem Vorbehalt, daß es sein Descendent lebenslang besitze, und jährlich einen kleinen Erbzinß davon entrichte. Nach seinem Tode fällt alles der Kirche anheim. Da das politische und das kirchliche System im Koran miteinander vermischt sind, so besitzt jeder Unterthan, der sich nach diesem oben genannten Gesetze des Propheten richtet, seine Güter unter eben dem Rechte, unter welchem der Landesherr seinen Thron behauptet; und nie hat es ein Großsultan versucht, jemanden, der das Seinige unter dem Schutze der Kirche hatte, aus seinem Besitze zu vertreiben. Mahomed hatte dieses Gesetz nicht allein auf seine Anhänger eingeschränkt, sondern Juden und Christen wird diese Rechtswohlthat verstattet. Es ist leicht zu begreifen, daß das Kirchenvermögen im Ottomannischen Reiche unermeßlich seyn, und von Zeit zu Zeit immer größer werden muß. Schon Paul Ricaut*) hatte es berechnet, daß die Kirche den dritten Theil aller Ländereien dieses großen Reichs inne habe. Die Moscheen sind prächtig und reich botirt, und die Priester leben in großem Pracht und Reichthume. Die Chaliphen überließen das ganze Vermögen der christlichen Kirchen den Mahomedanischen Geistlichen; nichts von den alten Kirchengütern der christlichen Kirchen wurde zum Privatgebrauche bestimmt, sondern alles fiel der Mahomedanischen, die ohnedem schon reich war, anheim.

---

*) Dieser mehrmals angeführte Sir Paul Ricaut, (Rigaltius) war Königs Karl II. Gesandter beim Sultan Muhammed IV. und nachher 11 Jahre lang Englischer Consul zu Smyrna. Er lebte also, wie man sieht, im vorigen Jahrhunderte. Der Uibers.

heim. Dies ist nicht zu verwundern; denn die Stifter dieses Reichs waren Priester und Landesregenten zugleich, und sowohl die civil= als kirchlichen Gesetze sind insgesammt im Koran enthalten, so wie die jüdischen in den Büchern Moses. Anfangs wurde der Koran sowohl für ein bürgerliches als kirchliches Gesetzbuch angesehen; da man aber in der Folge Mängel darin inne wurde, so suchten die Mahomedanischen Schriftgelehrten diesen Mängeln dadurch abzuhelfen, daß sie, ohne das Ansehn des Koran im Geringsten herabzusetzen, darüber kommentirten, und die Gedanken des Propheten theils erläuterten, theils ihnen eine weitere Ausdehnung gaben.

Unwissenheit, eine Wirkung der Mahomedanischen Religion.

Außer dem mannichfaltigem Elende und der Knechtschaft, welche die überwundenen Völker von ihren Siegern zu erdulden hatten, muß man auch dieses hinzusetzen, daß die Eroberungen der Mahomedaner den Wissenschaften äußerst nachtheilig waren. Da der Chaliph Omar die berühmte Alexandrinische Bibliothek verbrennen ließ, so beraubte er gewisser Maaßen das Menschengeschlecht vieler Entdeckungen der Alten, welche der Nachwelt zu treflichen Materialien zu ihrer Litteratur hätten dienen können.*) Dieser Chaliphe behaup=

---

*) Der Verlust mag allerdings groß seyn; aber es ist auch nicht unwahrscheinlich, daß sich die Maße der historischen und antiquarischen Gelehrsamkeit zum Nachtheil des

hauptete: Wenn diese Bücher dem Inhalte nach mit dem Koran übereinkämen, so wären sie unnütz; wichen sie davon ab, so wären sie schädlich und müßten vertilgt werden. *) Da nun eine ansehnliche Menge Bücher, die zur Aufklärung und Kultur dienen könnten, verloren gegangen, und von den Chaliphen eine despotische Regierung eingeführt wurde, so sind deshalb die Mahomedaner, insbesondere die Türken, äußerst unwissend: sie suchen selten ihre Geisteskräfte auszubilden, verachten die Wissenschaften und legen noch dazu ihrer Unwissenheit einen großen Werth bei, weil sie glauben, daß Künste und Wissenschaften die Seele entnerven, und die Menschen zum Kriege gewissermaßen untüchtig machten. Da aber die Mittel des Unterrichts und der Anbauung des Genies so angelegentlich verboten sind, so hat dieses sklavische Volk auch alle Neigung, sich Kenntnisse einzusammlen, verloren: es ist zu gleichgültig geworden, um seine Fähigkeiten auszubilden, und zu stolz und verkehrt, um die Entdeckungen anderer Völker zu benutzen oder auch nur sich bekannt zu machen. In Ländern hingegen, wo das Christenthum in seiner Reinigkeit gelehrt wird, sind die Bekenner desselben thätig, nachforschend, wohl unterrichtet in Wissenschaften, in den Grundsätzen der Freiheit und der unveräußerlichen und unveränderlichen Menschenrechte.

Men=

des Selbstdenkens und des eigenen Erfindens zu sehr bei uns möchte gehäuft haben. Wie wenn uns der Menschenfreund Omar sogar einen Dienst erwiesen hätte, daß er mit jener berühmten Bibliothek ein so unbarmherziges Auto da Fe gegeben? Der Übers.

*) Mod. Univ. Hist. Vol. I, fol. B. I. ch. II. sect. 2.

Menschen, die gewöhnt sind an die abgeschmackten und einander widersprechenden Aussprüche des Koran zu glauben, werden dadurch vom Nachdenken gänzlich abgehalten. Es ist zwar an dem, daß der Koran von der Gottheit in Bildern spricht, die mit denen, der Propheten und Evangelisten die größte Aehnlichkeit haben; aber jener Betrüger hatte auch zugleich die erhabensten Vorstellungen von der Gottheit mit seltsamen Irrthümern und thörichten Gebräuchen vermischt. Oefters dispensirt er, so zu reden, das höchste Wesen von den Gesetzen der Sittlichkeit, und läßt es sich nach den Neigungen seiner Günstlinge bequemen. Mahomeds Weiber z. B. waren einmal zänkisch und verlangten auf eine ungestüme Weise schöne Kleider. Der Prophet wußte sich dabei nicht anders zu helfen, als daß er vorgab, der Allmächtige bestimme selbst, wie es in seiner Haushaltung hergehen solle, und wolle nicht, daß seine Weiber so kostbare Kleider trügen: hierdurch brachte er sie zum Schweigen. —

Rachsucht und Unterdrückung, Wirkungen der Mahomedanischen Religion.

Der Koran ermuntert zur Rache, und empfiehlt ausdrücklich das Wiedervergeltungsrecht. „Es sey ein Wiedervergeltungsrecht, sagt Mahomed, Mann für Mann, Auge für Auge, Ohr für Ohr, Nase für Nase, Zahn für Zahn, Wunde für Wunde." *) An einem andern Orte trägt er denselben Grundsatz in allgemeinen Ausdrücken vor: „Beleidigt, heist es, diejenigen, welche euch beleidigt

---

*) Koran, Kap. V.

digt haben, auf dieselbe Weise wieder!"*) Zufolge dieses Grundsatzes sind die Türken über alle Beschreibung rachsüchtig: Eltern erinnern die Kinder an jedes Unrecht, welches sie von andern erlitten haben und ermuntern sie zur Rachsucht, so, daß dieses Volk angethanes Unrecht selten zu vergessen fähig ist. **) Hier ist es nicht überflüßig zu bemerken, daß Mahomed sein Gesetz von der Wiedervergeltung auf eine irrige Vorstellung in dem Mosaischen Rechte gründete. Der hebräische Gesetzgeber gab den einzelnen Mitgliedern des Staates die Vollmacht nicht, dem andern wieder ein Auge auszuschlagen, wenn sie eins unter dessen Händen verloren hatten, sondern es war nur eine Anweisung für den Richter, um bei Injurienklagen ein Urtheil fällen zu können. Einige Juden ***) hingegen, und nachher Ma-

ho-

*) Koran, Kap. II.
**) Smyth's Sitten der Türken, Kap. I.
***) Schon zu Christi Zeiten müssen verschiedene Jüden das bürgerliche Mosaische Gesetz zu einer Maxime der Moral gemacht haben; sonst läßt sich nicht begreifen, wie Jesus das hohe moralische Gesetz der Versöhnlichkeit und Duldsamkeit jenem entgegen setzen konnte. Das Kriminalgesetz, „Auge um Auge u. s. w." konnte er weder tadeln noch abschaffen wollen, sonst hätte er im Allgemeinen wider alle bürgerliche Strafgesetze reden müssen. Dies war und konnte seine Absicht nicht seyn! Wenn in unsern Tagen jemand dem Andern an seinem Leibe vorsetzlich verletzt, und der Richter straft ihn mit Gefängniß, so wird kein Moralist etwas dagegen einzuwenden haben. Vielleicht wäre es gar nicht übel, daß in solchen Fällen das Mosaische „Auge um Auge" 2c. befolgt würde, weil der Endzweck der bürgerlichen Strafen,

med verstanden diese Verordnung so, als wenn jedes Individuum zur Selbstrache befugt wäre. — Der Koran flößte den Gläubigen nicht allein Rachsucht, sondern auch den Geist der Zwietracht ein: er erklärte es für ein verdienstliches Werk, alle diejenigen, die nicht an den Propheten glaubten, von der Erde zu vertilgen. Haß gegen andere Religionsparteien ist einer der ersten Grundsätze des Mahomedismus; und die Mahomedaner legen auch ihren Abscheu gegen Juden und Christen dadurch an den Tag, daß sie sie öffentlich mit den Schimpfnamen der Ungläubigen und Schweine belegen, weil wenigstens die Christen das Schwein für kein unreines Thier ansehen.*) Nach den Grundsätzen des Koran und den Beispielen der ersten Chaliphen betrachten die Türken alle und jede, die sich nicht zur Religion des Propheten bekennen, als Leute, die sie zu berauben, zu ermorden und auszurotten das Recht hätten. Nichts ist im Stande andere Secten vor ihrer Wuth zu schützen, als politische Rücksichten, welche ihren mächtigen Vorurtheilen gewissermaßen die Wage halten.

In Mahomedanischen Ländern, die der Oberherrschaft des Großsultans unterworfen sind, üben die Stadthalter alle Arten von Betrug und Erpressungen gegen die Christen aus; und wenn Klagen wider sie erho-

fen, andere von ähnlichen Vergehungen abzuschrecken, dadurch vielleicht gewisser erreicht würde. War diesem Mosaischen Gesetze das Moralgesetz Christi entgegen gesetzt, müßte er, wenn er konsequent bleiben wollte, alle mögliche Strafgesetze unserer Zeiten abgeschaft wissen wollen. Der Übers.

*) Volney's Reisen, Vol. II. Kap. 35.

der Mahomedanischen Religion. 435

hoben werden, so fehlt es ihnen nie an Scheingründen, ihre Unthaten zu rechtfertigen. In Aegypten z. B. über die Cadis auf eine so parteiische Weise Recht und Gerechtigkeit aus, daß es für einen Christen beinahe unmöglich ist, seine Klage wider einen Mahomedaner zu gewinnen; auch gilt der Eid zweier Christen gegen einen Muselmann nur für einen. Tödtet ein Türke einen Christen, so wird er bloß gefangen gesetzt; wagt es ein Christ hingegen, einem Muselmann nur einen Schlag zu geben, so hat er von Glücke zu sagen, wenn er nicht mit dem Leben dafür bezahlt. *) Herr Gibbon **) erzählt, daß zwei Jahrhunderte lang nach Mahomeds Tode die Christen von den Muselmännern durch einen Turban oder Bund; von schlechterer Farbe wären unterschieden worden; daß, anstatt jene auf Pferden oder Mauleseln geritten, diese auf Eseln, in der Attitüde der Weiber, hätten reiten müssen. Ihre öffentlichen und Privatgebäude wären mit einer kleinen Fahne bezeichnet gewesen; auf öffentlichen Straßen hätten sie dem niedrigsten Kerl von der Mahomedanischen Religion ausweichen und sich ehrerbietig vor ihm neigen müssen: das Zeugniß eines Christen gegen einen wahren Gläubigen wäre allemal als unzulänglich verworfen worden." Das Mahomedanische Religionsbuch hat von jeher sehr mächtig auf die Gesinnungen der Gläubigen gewirkt und die Socialpflichten bloß auf ihre Glaubensgenossen eingeschränkt. Das Christenthum hingegen hat die Herzen seiner Bekenner zur allgemeinen Erweisung der Pflichten der Menschen-

Ee 2 lie-

---

*) Volney's Reisen nach Syrien und Aegypten, Band 2. Kap. 35.
**) The history of Roman Empire, ch. 41. p. 381.

liebe erweitert; wobei wir uns getrost auf die Erfahrung berufen dürfen.

Wirkungen der Lehre von der unbedingten Vorherbestimmung (*praedestination*).

Der Koran enthält eine Lehre, welche in den Ländern, wo sie vorgetragen worden ist, sehr schädliche Folgen gehabt hat. Der Prophet hatte seine Anhänger gelehrt, daß Gott ihre Tage gezählt und ihr Schicksal voraus bestimmt habe; daß jedes menschliche Ereigniß unwiderruflich festgesetzt sey; daß nicht allein die Zeit, sondern auch die Art und Weise und die Umstände bei dem Tode eines Menschen unabänderlich angeordnet wären.*) Daher hält es auch ein wahrer Muselmann für Sün-

---

*) Dies alles ist in gewisser Rücksicht wahr, in gewisser Rücksicht falsch. Wer den Menschen nach der empirischen Psychologie untersucht, wird die Freiheit nicht retten können. Da zeigt sich, daß jede Idee Folge einer vorhergegangenen, jede Empfindung Folge eines vorhergegangenen Zustandes in der Seele, jeder Entschluß zu einer Handlung Folge eines vorhergegangenen Seelenzustandes ist. Die Ideen, Vorstellungen, Empfindungen, so oder anders, von außen zu überkommen, steht nicht in unserer Willkühr. Genug, wir kommen mit dieser Analyse zurück, als auf den ersten Augenblick, da der Mensch sich seiner bewußt ward. Seine allerersten Eindrücke, welche immerfort wirken, so oder anders, zu empfangen, stand nichts weniger, als in seiner Gewalt. Er erscheint am Ende als ein eingepaßtes Glied in der Kette der Dinge, von welcher, wie Baco sagt, das erste Glied am Throne der Gottheit befestigt ist. So ist zwar alles unumgänglich nothwendig, aber das Ma-

Sünde, dasjenige ändern, oder dem entgehen zu wollen, was Gott vorher bestimmt habe. Diesem Grundsatze zufolge halten es die Mahomedaner für äußerst gottlos, irgend eine Vorsicht zur Erhaltung ihres Lebens anzuwenden, wenn es in Gefahr ist. Man findet, daß in Constantinopel und andern Türkischen Städten, wo häufig die Pest grassirt, keine Mittel dagegen gebraucht worden! Man betrachtet dort dieses Uibel, als eine Schickung Gottes, die sich durch nichts abwenden lasse. Die Aegyptier machen sich so gar kein Bedenken, das Kleid eines Inficirten zu tragen; sie halten sich bei den Betten und in der Gesellschaft solcher Personen mit eben

Mahomedanische Fatum ist davon noch gar sehr verschieden; denn, die Meinung des Mahomedaners, daß z. B. keine Arzenei helfen werde, wenn ich krank bin, und daß sich wider die Nothwendigkeit nichts thun lasse, ist abgeschmackt, und heißt die Sache nur einseitig ansehen. Eins ist so nothwendig wie das Andere: Die Krankheit und der Gebrauch der Gegenmittel! Der Mahomedanische Glaube vom Fatum, ist die wahre ignava ratio qua omnis in vita actio tollitur, welche schon in dem treflichem Fragmente des Cicero de fato getadelt wird. Der Verfasser des Alexander von Joch hat das Türkische Fatum konsequenter dargestellt, als es ist. Indeß bleibt nach jenem Zwangssysteme, wenn es auch noch so gut verkleistert wird, die Tugend immer nicht in ihren Rechten. Psychologisch dürfte es aber nicht zu widerlegen seyn, und mir wenigstens scheint die Kritische Philosophie des unsterblichen Kant die einzige zu seyn, welche uns einen Weg eröfnet hat, auf welcher die Freiheit des Menschen zu retten ist. Kennern derselben würde ich etwas bekanntes sagen, wenn ich ebenfalls die Gründe mittheilen wollte, und für die Nichtkenner wäre ich hier nicht im Stande, die Sache auszuführen. Selbst das Gefühl jedes Menschen empört sich gegen das Zwangssystem. Der Uibers.

mit eben der Sorglosigkeit auf, mit welcher wir in unsern Landen mit Schnupfenpatienten umgehen. Der mehrmals angeführte Paul Ricaut behauptet, daß Constantinopel längst durch Kriege und Pest würde entvölkert seyn, wenn nicht jährlich eine Menge Sklaven von dem schwarzen Meere und aus Polen eingeführt würden. *) Der Baron Tott macht die Bemerkung, daß die Pest in Constantinopel unaufhörlich dadurch fortgepflanzt und erhalten würde, weil die Kleidertrödler die Kleider der an der Pest umgekommenen Personen öffentlich verkaufen dürften. **) Diese Seuche bricht zu Cairo alle Jahre einmal aus, und sie würde weit schrecklichere Verheerungen anrichten, als wirklich geschieht, wenn nicht die kühlen Seewinde, welche um die Sommersonnenwende die Stadt von der Nordseite bestreichen, gestillt würde. Ungeachtet die Prädestinatianer sich aus der Erfahrung überzeugen könnten, daß die Christen, welche vor einem inficirten Orte fliehen, ihr Leben erhalten, indeß ganze Städte der Glaubigen dahin gerafft werden; so beharren sie doch so hartnäckig auf ihrem Vorurtheile von Fatum, daß sie nicht einmal die Krankenstuben der Angesteckten vermeiden. Nein, man findet in großen Familien eine Menge Sklaven, gesunder so wohl als kranker, untereinander liegen und mit einander umkommen. Es giebt sogar ein Verbot, daß niemand die Stadt oder sein Haus

---

*) Was sich seit Paul Ricauts Zeiten sehr geändert hat. Der Uebers.

**) Memoires du Baron Tott sur les Turcs, To. I. (Diese Memoiren (5 Bände) von einem trefflichen Beobachter, der sich mehrere Jahre selbst in der Türkei aufgehalten hat, gehören zu den besten Nachrichten von diesem Lande. Der Uebers.)

Haus verlassen, auch sich des Umgangs mit angesteckten Personen nicht entziehen solle, wenn er auch nur eines geringen Geschäfts wegen etwas mit ihnen zu sprechen habe. Nur dann dürfen sie die inficirten Oerter vermeiden, wenn sie schlechterdings nichts da zu thun haben. Indeß giebt es doch einige wenige unter ihnen, die der Maxime des Propheten zuwider, die vergiftete Luft fliehen, und in reinerer Schutz suchen.*) Savary sagt, daß die Pest keine einheimische Krankheit in Aegypten sei, sondern durch die Türkischen Kaufmannsgüter, welche man nicht die Quarantaine halten ließe, eingeführt würde. Er behauptet, daß eine Seuche, welche in dem alten Lacedämon, Athen oder Byzanz nur wenig Unheil anrichtete, in den neuern Zeiten in denselben Gegenden auch nicht mehr schaden würde, wenn nicht die Lehre vom Fatum und die Sorglosigkeit der Mahomedanischen Regierung für die Gesundheit ihrer Unterthanen das Uebel beförderte. Daher kommt es, daß diese Krankheit jezuweilen in Cairo dreimalhunderttausend Menschen hinrafft. Es traf einmal in neuern Zeiten, daß in Moskau zweimalhundert tausend Menschen daran starben, weil sie durch inficirte Kaufmannsgüter war dahin gebracht worden.**)

Die Bassas ziehen in Aegypten von der Prädestinationslehre, und dem Schaden, welcher daher entspringt, große Vortheile. Der Großherr regiert dieses Land durch Bassen, oder Unterkönige, die ihm unermeßliche Abgaben einliefern müssen. Sie sind ferner verbunden den Tempel zu Mekka zu unterhalten, eine ansehnliche Anzahl Trup=

---

*) Paul Ricaut B. II. chap. VIII.
**) Savary, 44ster Brief über Aegypten.

Truppen auf den Beinen zu haben, und ihn mit Sklaven zu versorgen, deren es in Africa eine beträchtliche Menge giebt. Da nun diese Bassen insgemein nur ein Jahr zu regieren haben, so üben sie alle mögliche Gewaltthätigkeiten aus, um dem Sultan seine Renten zu entrichten und sich selbst zu bereichern. Den größten Vortheil ziehen sie dabei aus den Verwüstungen der Pest, welche jährlich viele Tausende wegrafft. Jedermann hat das Seinige auf Lebzeiten zur Lehen, selbst das Leben besitzt er auf eine precäre Weise; stirbt jemand, so fällt sein Vermögen an den Kaiser oder Vicekönig als ein eröfnetes Lehn zurück, der es auf der Stelle verkauft; mitunter auch dem Käufer sogleich wieder abnimmt, und es wohl viermal in einer einzigen Woche verkauft.

Die Lehre vom Fatum flößt auch den Menschen eine gewisse Unempfindlichkeit und Unthätigkeit, in Absicht der Vermehrung ihres Vermögens, ein. Sie beschränkt die freie Wirksamkeit, macht die Überlegung unnütz, hemmt die Industrie und unterdrückt Talente, die außerdem würden ausgebildet worden seyn. Ein wahrer Schüler Mahomeds sieht mit dummer Sorglosigkeit seine Eltern, Kinder oder Freunde erkranken und sterben; er sieht, wie die Pest sein Vaterland entvölkert, und thut doch schlechterdings nichts, um das Übel zu vertilgen oder wenigstens zu vermindern. Der Mahomedaner empfindet nichts von der frommen Unterwerfung des Christen unter den Willen des weisen und gütigen Regenten der Welt, der ihm Trübsale zuschickt; er empfängt auf der andern Seite Wohlthaten von Gott, ohne Dankbarkeit gegen ihn zu fühlen oder auszudrücken. *)

Wenn

---

*) Ich kann diesem Urtheile des Verfassers kaum zur Hälfte beistimmen. Ich gebe zwar zu, daß beim Mahomedaner, wenn er leiden muß, die Resignation des Christen nicht statt

Wenn ein Hauß einstürzt und ein Türke kommt mit heiler Haut davon, so dankt er nicht Gott für diesen Beweiß seiner Vorsehung, sondern ruft aus: „meine Stunde ist noch nicht gekommen!"

Wirkungen der Mahomedanischen Devotion auf die bürgerliche Gesellschaft und einzelne Glieder derselben.

Der Prophet sagte seinen Schülern, daß Gott den Koran zu dem untersten Himmel in dem Monat Ramadan herabgesendet habe: der Engel Gabriel habe ihn hier aufgenommen, und ihm solchen Stück vor Stück übergeben. Zum Andenken an jene beispiellose Begebenheit, verordnete dieser Betrüger dem genannten Monate ein Fest, welches mit unserer Fastenzeit eine Aehnlichkeit hat, und sehr heilig muß gehalten werden. Das Wesentliche dieses Fe-

statt findet, weil er den Glauben nicht hat, daß die Gottheit, auch durch Uibel, den höchsten Endzweck der Welt, die Moralität, befördern werde. Aber warum sollte er beim Empfange von Wohlthaten keiner Empfindungen der Dankbarkeit fähig seyn können? Der Gedanke „es ist alles Folge der Nothwendigkeit" kann das Gefühl in dem Grade nicht unterdrücken, daß keine Empfindung dieser Art möglich seyn sollte. Selbst Spinoza, ein vollendeter Fatalist! giebt zu, daß Empfindungen der Liebe und des Danks gegen die alles umfassende Kraft der Natur, im Menschen beim Genuß der Güter dieses Lebens, entstehen können. Warum sollte man also diese Möglichkeit, in Rücksicht der Mahomedaner, leugnen, die doch keine mechanische Kraft der Natur, sondern außer der Welt eine Gottheit annehmen, die nicht unter dem Fatum, sondern über dasselbe ist? Der Uibers.

Festes besteht darin, daß ein Gläubiger weder Fleisch essen, noch Scherbeth trinken, noch Umgang mit seinen Weibern haben darf, und an den Oertern der Gottesverehrung vom Aufgange der Sonne an bis zum Untergange derselben zugegen seyn muß. Die Muselmänner halten diesen Monat für heilig, und glauben, daß während desselben die Thore des Paradieses beständig offen wären, und die Eingänge zur Hölle verschlossen. Niemand kann des Fastens überhoben seyn, Kranke und Reisende ausgenommen, die aber dennoch ihre Fasten in einem andern Monate nachholen müssen *)

Die Verehrung der Mahomedaner gegen ihren Propheten ist so ausnehmend, daß jede Person, jedes Thier, jede Sache, welche irgend eine Beziehung auf ihn hat, mit äußerster Hochachtung behandelt wird. Die Priester neigen sich vor dem Koran und küssen ihn; die Muselmänner verehren das Thier, welches ihn trägt oder zieht; sogar das Schweißtuch, womit es getrocknet wird! Auch darf niemand den Koran mit ungewaschnen Händen und ohne eine weißgewaschene Serviette anrühren. Sie verehren sogar jedes Schnittchen Papier; denn der Koran ist, wie einige geglaubt haben, zuerst auf Papier geschrieben worden Andere erweisen auch dem Papier aus noch andern Gründen eine besondere Verehrung. Busbek erzählt, daß die Türken jedes Blatt Papier, welches ihnen im Wege läge, ehrfurchtsvoll aufhüben, weil doch der Name Gottes darauf könnte geschrieben werden, und es an einen Ort legten, wo es nicht mit Füßen könnte zertreten werden. Sie glauben, wenn Mahomed einst am Tage des Gerichts seine Anhänger vorfordern würde, um sie in den Himmel einzuführen, so müßten sie auf ihrem Wege dahin über ein Gegitter von glühen-

---

*) Broughton Art. Ramadan.

der Mahomedanischen Religion. 443

henden Eisen mit bloßen Füßen gehen; hätten sie nun viele Stückchen Papier hienieden vom Untergange gerettet, so dürften sie solche unter ihren Fußsohlen befestigen, und dadurch die Schmerzen abwenden, die das glühende Eisen ihnen verursachen würde. *) Die Descendenten des Propheten sind von allem rechtlichen Verfahren gegen sie in den Gerichtshöfen frei; und in Cairo wird sein Panzer noch aufbewahrt und an gewissen Tagen in feierlicher Procession und mit vielen Ceremonien einhergeführt. Jeder Mahomedaner ist verbunden, es mußten denn unüberwindliche Hindernisse vorwalten, wenigstens einmal in seinem Leben nach Mekka zum Grabe des Propheten zu wallfahrten. Wer dieser Pflicht sich entledigt hat, kann der Lossprechung von seinen Sünden und der zukünftigen Freuden des Paradieses gewiß seyn. Einige Pilgrimme verdammen sich nach dieser heiligen Handlung zu einem drei= oder viertägigen Stillschweigen; andere sind so schwärmerisch, sich selbst die Augen auszustechen, um nach dem göttlichen Anblick des heiligen Grabes nichts Irrdisches mehr zu erblicken.

*) Aug. Busbequii, Epist. I. p. 50. (*Auger Gislen de Busbek*, gebürtig aus Comines in Flandern, war 7 Jahre lang Gesandter Kaisers Ferdinand I. am Hofe Solymans II. gewesen. Das vom Verf. angführte Werk, heißt: *Augerii Gislenii Busbequii Legationis Turcicae Epistolae quatuor*, welches verschiedenemal ist abgedruckt worden, Paris 1595. Lateinisch; in der französischen Uibersetzung 1646. dasselbe Werk hatte zuvor den Titel gehabt: *Itinera Constantinopolitanum et Amasianum*, weil Busbek nach Constantinopel und nach Amasia in Asien eine Reise zum Sultan machen mußte. Von den sämtlichen Werken dieses Gelehrten s. Meusels historische Biblioth. Vol. II. P. I. p. 246. seqq. auch Bayle's Diction, Art. *Busbeque*. Der Uib.)

cken. Der Großherr steht sich bei diesen Pilgrimschaften nicht übel, weil die Wanderer einen beträchtlichen Zoll entrichten müssen. Dafür sendet er, zum Beweise seiner Ehrfurcht gegen den Propheten, jährlich fünfhundert Beutel nach Arabien, einen mit Gold überzogenen Koran, und ein Stük schwarz seidenen Stoffs zu einem Gezelte in die Moschee zu Mekka. Wenn das neue Gezelt errichtet worden ist, so zerreißen die Pilgrimme das alte in Stücken; jeder nimmt einen Lappen davon mit nach Hause und betrachtet ihn als eine kostbare Reliquie, weil er so nahe bei den Gebeinen des Propheten gewesen ist.

Da jährlich eine große Menge Menschen aus verschiedenen Ländern nach Mekka wallfarthen und dem Propheten ihre Huldigung erweisen, so gewinnt dieser Ort dadurch außerordentlichen Handel und Wandel; denn die Aus- und Einfuhr Persischer, Ostindischer und anderer Waaren, geht da sehr ins Große. So hat die Andacht in Mekka einen Markt hervorgebracht, und Caravanen von viertausend Menschen und darüber ziehen dahin, um ihre Andachten zu vollbringen, und machen dabei ansehnliche Handelsgeschäfte! *). Ohne diese Verbindungen würde der Handel unter so verschiedenen, von einander entfernten Ländern nicht bestehen können. Es wäre auch nicht möglich, daß wenige Menschen die großen Arabischen Wüsten,

ob-

---

*) Alle unsere Europäischen Messen sind auf gleiche Weise entstanden. Schon das Wort Messe zeigt, daß ehedem die Menschen der Andacht halber von fremden Orten, da wo jetzt solche große Märkte gehalten werden, zusammen kamen. Dieser Zusammenfluß von vielerlei Menschen veranlaßte Kauf und Verkauf; die erste Absicht wurde endlich vergessen, die zweite blieb. Der Uib.

ohne von Räuberhorden oder wilden Thieren angefallen zu werden, sicher paßiren könnten.

Beschluß.

Ich habe bisher die vornehmsten übeln Wirkungen der Mahomedanischen Lehre zu zeigen gesucht. Es sind, kurz gefaßt, folgende: ein allgemeiner Geist der Rachsucht, Haß anderer Religionssecten, unumschränkter Despotismus der Regenten, Unwissenheit und Knechtschaft der Unterthanen, Entvölkerung der Länder durch Krieg und Pest, und endlich die Ungemächlichkeiten der Pilgrimschaften nach Mekka. Diese Uibel sind natürliche Folgen der Lehren des Mahomedismus, und setzen die Vortreflichkeit des Christenthums in ein helles Licht. Denn jemehr in einem Lande die Vorschriften des Christenthums beobachtet werden, um so weniger darf es von diesen und ähnlichen Uibeln leiden. Die Mahomedanische Religion ist so weit vom göttlichen Ursprunge entfernt, als es die Gottheit selbst von einer Offenbarung oder Gesetzgebung ist, welche der Glückseligkeit ganzer Länder und einzelner Unterthanen nachtheilig wäre. Wer die guten Wirkungen des Christenthums, die ich in diesem Werke aufgestellt habe, mit denen der Mahomedanischen Religion vergleicht, wird keinen Anstand nehmen, die Vortreflichkeit der Lehre Jesu anzuerkennen.

Herr Gibbon *) billigt den allgemeinen Mahomedanischen Glauben: „Es ist ein Gott, Mahomed ist sein Prophet," und findet Ihn so vernunftmäßig, daß ein philosophischer Geist kein Bedenken tragen dürfte, ihn

*) The hist. of Roman Emp. Ch. I. p. 205.

ihn anzunehmen. Was den ersten Theil dieses Glaubens anlangt, so ist jedermann mit Herrn Gibbon einverstanden; daß aber Mahomed ein von Gott bevollmächtigter Gesandte sey, daran werden die philosophischen Theisten mit Recht zweifeln. Zweifelt er, als ein Theist, doch selber, ob er diesen Propheten einen Schwärmer oder Betrüger nennen soll; dabei äußert er auch die Meinung, daß der Koran Mahomeds alleiniges Eigenthum sey, und daß er weder Jüden noch Christen etwas dabei verdanke. „Die Einheit eines Werks, sagt er, zeigt von der Hand eines einzigen Künstlers!" Diese Bemerkung mag an sich wahr seyn; aber auf den Koran angewendet, würde so viel daraus folgen, daß ein so seltsames Gemisch von Wahrheit und Lügen, erhabenen und zugleich kindischen Ideen, nothwendiger Weise das Werk mehrerer Menschen seyn müsse. Und wiewohl Herr Gibbon dem Koran Einheit der Composition zugesteht, so sagt er doch einige Blätter nachher: „daß wenn ein ungläubiger Europäer den Koran in einer Uibersetzung durchläse, so würde er bey diesen weitschweifigen und unzusammenhängenden Rhapsodien und Fabeln, bei dem Gemisch von Vorschriften und Declamationen, die weder einen Gedanken noch eine Empfindung hervorbrächten, und bei einer Schreibart, die sich bald in den Wolken, bald in dem Staube verlöre, seine Geduld auf die härteste Probe stellen." Gesteht er dieses selbst ein, wie kann er Einheit in dem Ganzen finden?

www.ingramcontent.com/pod-product-compliance
Lightning Source LLC
Chambersburg PA
CBHW022143300426
44115CB00006B/322